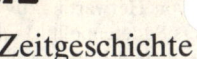
Zeitgeschichte

# Hans von Herwarth

# Zwischen Hitler und Stalin

Erlebte Zeitgeschichte
1931–1945

Mit 32 Abbildungen

Zeitgeschichte

Zeitgeschichte
Ullstein Buch Nr. 33048
im Verlag Ullstein GmbH,
Frankfurt/M – Berlin

Um ein Vorwort erweiterte Ausgabe

Umschlagentwurf:
Atelier Noth & Hauer
Unter Verwendung eines Fotos
aus dem Archiv des Autors
(Hitler-Stalin-Pakt, 1939; von links:
Molotow, Stalin, Graf von der Schulenburg,
Andor Hencke, von Ribbentrop)
Alle Rechte vorbehalten
© 1982 by Verlag Ullstein GmbH,
Frankfurt am Main – Berlin
Propyläen Verlag
Printed in Germany 1986
Druck und Verarbeitung:
Ebner Ulm
ISBN 3 548 33048 7

November 1986
9.–11. Tsd.

CIP-Kurztitelaufnahme
der Deutschen Bibliothek

**Herwarth, Hans von:**
Zwischen Hitler und Stalin: erlebte
Zeitgeschichte 1931–1945 / Hans von
Herwarth. – Um e. Vorw. erw. Ausg. –
Frankfurt/M; Berlin: Ullstein,
1985.
   (Ullstein-Buch; Nr. 33048:
   Zeitgeschichte)
   ISBN 3-548-33048-7
NE: GT

# Inhalt

# Vorwort zur Taschenbuchausgabe

Es freut mich, daß mein Buch in der Taschenbuchausgabe nunmehr einen weiteren Leserkreis erreicht.

Zu meiner eigenen Überraschung hatte das Buch schon in der gebundenen Ausgabe große Beachtung gefunden. Sie äußerte sich in den vielen Fragen alter und junger Zuhörer, die mir in den Vorträgen gestellt wurden, mit denen ich das Buch in vielen Städten des In- und Auslandes einführte.

Diese Fragen waren manchmal nicht ganz leicht zu beantworten. Ich bin kein Historiker, vielmehr ein Zeuge der Zeit, der versucht, die Geschehnisse aus damaliger Sicht den Zuhörern nahezubringen. Die Historiker haben anerkannt, daß ich nicht versucht habe, es ihnen gleichzutun.

Von Freunden, Zuhörern und Lesern habe ich zahlreiche Zuschriften mit Hinweisen auf Fehler oder Irrtümer erhalten. Aus den Diskussionen nach den Vorträgen ergaben sich Anregungen und Ergänzungen zu meinen eigenen Erlebnissen. Für alle diese Beiträge, die teilweise in der Taschenbuchausgabe berücksichtigt werden konnten, bin ich dankbar.

Nach dem Vortrag »Machtergreifung und Widerstand« (Juli 1984) bin ich oft gefragt worden, warum der organisierte Widerstand der Militärs und des Auswärtigen Amtes so spät eingesetzt habe. Erst Ende 1937 enthüllte Hitler seine Kriegspläne. Bis 1938 verwirklichte er – ohne daß es zum Krieg kam – außenpolitische Ziele, die zum größten Teil schon solche der Weimarer Republik gewesen waren und vielen Zeitgenossen durchaus legitim erschienen: Abänderung des Versailler Vertrages, Wiedereinführung der allgemeinen Wehrpflicht, Remilitarisierung des Rheinlandes, Rückkehr des Saargebiets in das Reich, Anschluß Österreichs und des Sudentenlandes. Außerdem waren die Menschen durch die Beseitigung der Arbeitslosigkeit und den Aufschwung der Wirtschaft durch Rüstungsaufträge beeindruckt. Angesichts dieser Erfolge und der Anerkennung, ja teilweise Bewunderung, die Hitler auch im Ausland fand, war bis 1938 ein organisierter Widerstand aussichtslos. Erst 1938 wurde den Eingeweihten deutlich, daß Hitler anfing, seine Kriegspläne konsequent zu verwirklichen. Die Eroberung der Tschechoslowakei sollte der erste Schritt sein. Erst zu diesem Zeitpunkt konnte ein organisierter Widerstand des Militärs und des Auswärtigen Amtes – bei Erfolg – auf Verständnis in der Bevölkerung hoffen. Dann aber entzog die Übergabe des Sudentenlandes durch die Engländer und Franzosen auf der Münchner Konferenz dem Widerstand erst einmal den Boden.

Die Rolle des Auswärtigen Amtes und des Staatssekretärs von Weizsäcker im Widerstand wird immer noch nicht allgemein gewürdigt. Dem Auswärtigen Amt hat es ohnehin nie gelegen, sich der Widerstandsleistungen seiner Angehörigen zu rühmen. Erfreulicherweise hat der Bundesminister des Auswärtigen, Hans-Dietrich Genscher, in seiner Rede zum 40. Jahrestag des 20. Juli 1944 unter anderem erklärt:

> »... Angehörige des Auswärtigen Amtes waren maßgeblich an der politischen und moralischen Begründung der beabsichtigten Staatsstreiche und an ihrer Planung beteiligt, sie unterrichteten das Ausland über diese Pläne, sie warben vergeblich um seine Unterstützung ...
>
> ... elf Mitglieder des Auswärtigen Amtes verloren ihr Leben, sie waren aktiv an der Vorbereitung des 20. Juli beteiligt ... Sie gaben ihr Leben für die Ehre des deutschen Volkes ...«

Bei Podiumsdiskussionen wurde manchmal die Ansicht geäußert, daß die Mehrzahl der Männer des 20. Juli sich erst unter dem Eindruck der nahenden militärischen Niederlage zum Handeln entschlossen hätten. Die Beispiele des Botschafters Graf von der Schulenburg und des Oberst i. G. Graf Stauffenberg zeigen aber, daß viele der Beteiligten aus Empörung über die Behandlung der Polen, Juden, der sowjetischen Kriegsgefangenen und der sowjetischen Bevölkerung in den besetzten Gebieten von ihrem Gewissen in den Widerstand getrieben wurden.

Die Männer des 20. Juli werden auch oft pauschal als »Konservative« abgetan. Zwar müsse man sich vor ihrem Opfertod in Ehrfurcht verneigen. Ihre damaligen Auffassungen über die zukünftige Gestaltung Deutschlands könnten aber heute nicht mehr richtungsgebend sein. Diese Kritiker vergessen die Rolle führender Sozialdemokraten und Gewerkschaftler bei der Vorbereitung des 20. Juli – wie Julius Leber, Carlo Mierendorf, Walther Leuschner u. a. Der 20. Juli war nicht, wie Hitler behauptete, »die Tat einer kleinen Gruppe ehrgeiziger Offiziere«.

Häufig bin ich auf die Frage des Hitler geleisteten Eides angesprochen worden. Dieser Eid hat allzuviele daran gehindert, sich dem Widerstand anzuschließen. Die Kenntnis von Fontanes Worten in seinem Roman *Vor dem Sturm* hätte ihnen helfen können, ihre Bedenken zu zerstreuen:

> »Es gibt Zeiten des Gehorchens und Abwartens, und es gibt andere, wo zu tun und zu handeln erste Pflicht ist. Ich liebe den König; er war mir ein gnädiger Herr, und ich habe ihm Treue geschworen, aber ich will um der beschworenen Treue willen die natürliche Treue nicht brechen. Und diese gehört der Scholle, auf der ich geboren bin. Der König ist um des Landes willen da. Trennt er sich von ihm, oder läßt er sich von ihm trennen durch Schwachheit oder falschen Rat, so löst er sich von seinem Schwur und entbindet mich des meinen. Es ist ein schnödes Unterfangen, das Wohl und Wehe von Millionen an die Laune, vielleicht an den Wahnsinn eines einzelnen knüpfen zu wollen; und es ist eine Gotteslästerung, den Namen des Allmächtigen mit in dieses Puppenspiel hineinzuziehen.«

# Einleitung

Nach dem Ende des Zweiten Weltkrieges drängten mich gute Freunde auf beiden Seiten des Atlantiks, meine Erinnerungen zu schreiben. Ich lehnte dies ab, denn ich war innerlich noch nicht über die schreckliche Zeit des Nationalsozialismus hinweggekommen; zu viele Wunden waren noch nicht geheilt, und ich fühlte mich außerstande, über diesen Abschnitt meines Lebens zu lesen oder gar zu schreiben. Hinzu kam, daß die Jahre von 1931 bis 1945 von drei für mich besonders tragischen Fehlschlägen überschattet waren.

Während meiner neunjährigen diplomatischen Tätigkeit in Moskau bemühte sich die deutsche Botschaft, die ehemals guten Beziehungen zwischen Deutschland und der Sowjetunion wiederherzustellen. Der deutsch-sowjetische Vertrag vom 22. August 1939 war ein scheinbarer Erfolg mit tragischem Ausgang. Er stellte die traditionellen freundschaftlichen Beziehungen wieder her, gab aber Hitler die Möglichkeit, den Zweiten Weltkrieg zu entfesseln.

Die deutsche Widerstandsbewegung fand am 20. Juli 1944 ein verhängnisvolles Ende.

Die sowjetischen Freiwilligen in der deutschen Wehrmacht wurden nach 1945 an die Sowjetunion ausgeliefert. Über diese Epoche waren viele Bücher erschienen. Ich glaubte, die Zeit sei für mich noch nicht gekommen, meine Erinnerungen zu schreiben. In den ersten Nachkriegsjahren behaupteten so manche aus verständlichen Gründen, aktive Widerstandskämpfer gewesen zu sein, ohne in Wirklichkeit mehr getan zu haben, als einen Sturz der nationalsozialistischen Schreckensherrschaft im stillen herbeizuwünschen. Auch aus diesem Grund beschloß ich zu schweigen, um nicht den Eindruck zu erwecken, ich wollte belohnt werden. Ich erinnerte mich an den deutschen militärischen Grundsatz »Generalstabsoffiziere sind namenlos«, und überdies hatte ich Hemmungen, über Persönlichkeiten und Freunde zu schreiben, die für ihre

Überzeugung gestorben waren, während ich das Glück hatte zu überleben.

Während der fünfziger und sechziger Jahre lagen meine Interessen und Aufgaben auf anderen Gebieten. Ich hatte nicht mehr unmittelbar mit der Sowjetunion zu tun. Während meiner Tätigkeit in der Bayerischen Staatskanzlei seit Herbst 1946 galt es, Bayern wiederaufzubauen. Von 1949 bis 1955 konnte ich unter Bundespräsident Heuss und Bundeskanzler Konrad Adenauer dazu beitragen, die Bundesrepublik Deutschland und ihren Auswärtigen Dienst neu zu gestalten. Von 1955 bis 1961 war ich Botschafter in London und anschließend Staatssekretär und Chef des Bundespräsidialamtes unter Bundespräsident Lübke. 1965 wurde ich zum Botschafter bei der italienischen Republik ernannt. Als ich 1969 in den Ruhestand trat, ernannte mich der Bundesminister des Auswärtigen, Willy Brandt, zum Vorsitzenden der Reformkommission des Auswärtigen Dienstes. Die Gegenwart ließ keine Zeit, mich mit der Vergangenheit zu beschäftigen. So konnte ich die zahlreichen Bücher, die jedes Jahr über den Nationalsozialismus und den Krieg erschienen, nicht lesen. Auch betrachtete ich die Jahre vor 1945 als ein abgeschlossenes Kapitel meines Lebens.

Als im Jahre 1973 die Memoiren des amerikanischen Diplomaten Charles Bohlen erschienen, in denen er ein Kapitel unseren Gesprächen in Moskau (1939) widmete[1], regte mein älter Freund Klaus Mehnert an, meine eigene Darstellung dieser Unterhaltungen in der Zeitschrift »Osteuropa« zu geben. Zur gleichen Zeit traten verschiedene Verlage an mich heran, ich solle meine Erinnerungen an die Zeit des Wiederaufbaus nach dem Kriege schreiben.

Ich ging nicht darauf ein. Obgleich ich im Ruhestand lebte, war ich doch immer noch viel zu sehr beschäftigt, um einen Blick in die Vergangenheit zu werfen. Seit 1969 wirkte ich als Vorsitzender des Aufsichtsrats der Deutschen Unilever; 1971 wurde ich zum Präsidenten des Goetheinstituts gewählt.

Im Sommer 1974 trat eine Wende ein. Ich nahm an einem Seminar des Aspen Instituts für humanistische Studien in Colorado teil. Am Tage meiner Abreise saß ich beim Mittagessen neben Frederick Starr, einem jungen Professor der Universität Princeton. Als Historiker, der selbst in Leningrad gearbeitet hatte, horchte er interessiert auf, als ich beiläufig bemerkte, daß ich längere Zeit als Diplomat in der Sowjetunion gewesen war. So kam das Gespräch auf das diplomatische Leben der dreißiger Jahre in Moskau. Fred Starr fragte mich, ob ich jenen legendären

»Johnnie« gekannt hätte, von dem er soviel in Chip Bohlens Buch gelesen hätte. Ich antwortete, daß er mir nicht unbekannt sei. Ich selbst sei Johnnie.

Beim Abschied bat mich Fred Starr, das Gespräch mit ihm so bald wie möglich fortzusetzen. Im Januar 1975 trafen wir uns kurz in Princeton und kamen überein, uns während des Sommers 1975 in Aspen wiederzu-sehen, um seine Fragen in aller Ruhe beantworten zu können. 1977 und 1979 folgten weitere und längere Begegnungen in Washington. Fred Starr war inzwischen Sekretär des George Kennan Institute for Ad-vanced Russian Studies in Washington geworden.

Ich war keineswegs überzeugt, daß das, was ich erlebt hatte, von historischem Wert sei. Nur für mich persönlich bedeuteten meine Erin-nerungen in Rußland und im Kriege sehr viel. Es waren doch sehr persönliche Erinnerungen und höchstens in ihrem menschlichen Aspekt von breiterem Interesse.

Fred Starr und ich verbrachten lange Tage mit dem Tonbandgerät. Und sein Verdienst war es, daß ich mich bewußt mit der Vergangenheit auseinandersetzte und sie mir wieder lebendig wurde. Die englischen Tonbandaufzeichnungen wurden niedergeschrieben. An ein Buch war zunächst nicht gedacht. Meine Erinnerungen sollten vielmehr als eine Art Spurensicherung an Freunde, Bibliotheken und Forschungsinstitute verteilt werden. Schließlich wurde doch ein Buch daraus, das im Mai und Juni 1981 in New York und London unter dem Titel »Against Two Evils« erschien.

Im September 1980 begann ich mit der Arbeit an der deutschen Fassung. Das Ergebnis war keine bloße Übersetzung, sondern eine Neubearbeitung mit einer Reihe von Ergänzungen. Dank für unermüdli-che Unterstützung schulde ich dabei vor allem meiner Tochter Alexan-dra Marchl. Lore Kordt und Lore Wolff halfen bei einzelnen Abschnit-ten. VLR I (vortragende Legationsrätin) Dr. Sabine Vollmar, meine bewährte Mitarbeiterin in Rom, trug entscheidend zur Verbesserung des Manuskripts bei. VLR I Heinz Weber besorgte die Übersetzung der eng-lischen und amerikanischen Dokumente. Dem Leiter des Politischen Archivs des Auswärtigen Amtes, VLR I Dr. Nikolaus Weinandy, und dem Wissenschaftlichen Direktor im Militärgeschichtlichen Forschungsamt Freiburg, Dr. Joachim Hoffmann, danke ich für eine kritische Durch-sicht des Manuskripts auf Ungenauigkeiten und Gedächtnisfehler. Für hilfreiche Sachkritik danke ich auch Prof. Dr. Walther Peter Fuchs, Prof. Dr. Klaus Hildebrand, Prof. Dr. Karl-Heinz Ruffmann und Prof Dr.

Michael Stürmer. Ganz besonders möchte ich Prof. Dr. Klaus J. Bade danken, der mir bei der Gestaltung des Manuskripts unermüdlich zur Seite stand.

Daß das Buch überhaupt entstehen konnte, verdanke ich meiner Frau Elisabeth und ihrem einzigartigen Gedächtnis. Meine Frau hat mich auf meinem Lebensweg in Höhen und Tiefen mit starkem Herzen und wachen Augen begleitet. Bei der Vorbereitung dieses Buches haben wir unser gemeinsames Leben in der Erinnerung noch einmal durchschritten.

# Jugend

Ich wurde am 14. Juli 1904 in Berlin geboren. Mein Vater Hans-Richard war Oberleutnant im 2. Garde Dragoner Regiment und zur Kriegsakademie kommandiert. 1909 wurde mein Vater als Rittmeister und Schwadronchef zu den 3. Garde Ulanen nach Potsdam versetzt. Dort besuchte ich die Vorschule.

Meine Mutter Ilse von Tiedemann entstammte einer westpreußischen Familie. Sie wuchs in Berlin und auf dem Lande auf. Ihr Vater, Heinrich, hatte als Major den Abschied genommen und war als Teilhaber in die Import- und Exportfirma seines Schwiegervaters Hardt in Berlin eingetreten, die im Handel mit den Vereinigten Staaten und mit Südamerika eine bedeutende Rolle spielte. Mein Großvater war nicht nur Kaufmann, sondern auch Landwirt. Im Geburtsjahr meiner Mutter, 1882, erwarb er das Rittergut Seeheim in der Provinz Posen.

Mein Großvater, der sich leidenschaftlich für Politik interessierte, hätte sich gerne politisch betätigt. Die Rücksicht auf die zarte Gesundheit meiner Großmutter hinderte ihn daran, hauptberuflich ein öffentliches Amt zu bekleiden. Lange Jahre war er aber Präsident des Deutschen Ostmarkenvereins, dessen Hauptziel es war, Deutsche in den mehrheitlich von Polen bewohnten Ostprovinzen Preußens anzusiedeln. Natürlich trafen diese Bestrebungen auf den erbitterten Widerstand der national gesinnten Polen. Im allgemeinen wurde Land polnischer Gutsbesitzer aufgekauft und an deutsche Siedler verteilt. Nur in Ausnahmefällen wurde polnischer Besitz enteignet. Wie immer der Deutsche Ostmarkenverein beurteilt wurde, zustimmend oder ablehnend, er drückte meinem Großvater seinen Stempel auf. So war er hoch angesehen und bestgehaßt zugleich.

In Seeheim führte mein Großvater ein patriarchalisches Leben, das sich nicht von dem eines polnischen oder russischen Gutsbesitzers unterschied. Die Dienstboten waren Teil der Familie und blieben dies bis zu ihrem Tod. In der gleichen patriarchalischen Weise wurden Häuser,

Schulen und Badeeinrichtungen gebaut, und im Krankheitsfall half die Gutsverwaltung.

Einem Kind glich das Leben in Seeheim dem Himmel auf Erden, voller Abwechslung und aufregender Erlebnisse. Das neuerbaute, geräumige Gutshaus bot genügend Raum für die Familie und die stets zahlreichen Gäste. Es lag inmitten eines schönen Parks mit einem künstlichen Teich – ein herrlicher Tummelplatz für Kinder. Im Obst- und Gemüsegarten und in den großen Gewächshäusern verbrachte ich Stunden mit den beiden Söhnen des Obergärtners beim Spielen und Naschen; manchmal auch halfen wir bei der Arbeit. Immer wieder zog es mich in die riesigen Ställe mit den Hunderten von Pferden, Kühen, Schweinen und Schafen. Daneben lagen die Werkstätten der Schmiede und Stellmacherei, die Molkerei und die Brennerei, die ebenso aufregend und interessant waren. Seeheim war eine in sich geschlossene Welt.

Bei den Förstern ging ich frühzeitig in die Lehre. Zunächst bekam ich ein Luftgewehr, dann ein Kleinkalibergewehr; als die ältere Generation meiner Familie und die Förster zum Kriegsdienst eingezogen wurden, wurde mir eine Flinte anvertraut. Das erlegte Wild lieferte ich in der Küche ab. Die Tatsache, daß ich zu jung war, einen Jagd- und Waffenschein zu besitzen, hinderte den Gendarmen nicht daran, mich freundlich zu grüßen, wenn er mich mit meinem Jagdgewehr traf, und mir Weidmannsheil zu wünschen.

Meine Spielkameraden waren meist Deutsche, aber auch Polen – wir sprachen immer Deutsch miteinander. Das Verhältnis zwischen Deutschen und Polen schien mir ungetrübt und ohne Spannungen. Mein besonderer Freund war der polnische Kutscher Witkowsky, der mich stets an der Bahnstation Opalinitza abholte. Im Wagen erwartete mich ein großer Korb, gefüllt mit belegten Broten und Obst, und während der Fahrt erzählte mir Witkowsky alles, was es auf dem Gut Neues gab. Mit seinem Sohn war ich besonders gut befreundet. Er war etwas älter als ich und wurde am Schluß des Krieges zu den 10. Ulanen eingezogen. Wenn er auf Urlaub kam, hörte ich voll Neid seinen Schilderungen vom Krieg zu.

Mein Großvater Tiedemann spielte in meiner Jugend eine wichtige Rolle. Ich bewunderte und liebte ihn, war er doch voller Liebe und Verständnis für Kinder. Weil ich lange Zeit das einzige Enkelkind war, galt mir seine ganze Liebe. Seine Erziehung bestand aus Vorbild und Güte, aber nie aus Tadel, und so prägte er mich in meiner Kindheit für mein späteres Leben.

Als ich älter wurde, beantwortete vor allem mein Großvater meine Fragen zum politischen und militärischen Geschehen. In der Familie wurde viel über politische Probleme gesprochen. Mein Großvater erlaubte mir, an diesen Gesprächen als Zuhörer teilzunehmen. Es war ein Kreis von meist acht bis zwölf Personen, Familienangehörige und Freunde, die mit ihren unterschiedlichen Auffassungen und Erfahrungen zu einer angeregten, oft hitzigen Unterhaltung beitrugen.

Von den vier Brüdern meiner Mutter diente der älteste als aktiver Offizier; der zweite – ein unruhiger Geist – wechselte oft seinen Beruf; er war Jurist, Offizier, Diplomat und Landwirt; Bruder Helmut stand im diplomatischen Dienst, und der Jüngste, Joachim, arbeitete als Kaufmann bei Hardt und Co. Das Hauptinteresse galt der Außenpolitik. Die Flottenpolitik Kaiser Wilhelms II. und des Admirals Alfred von Tirpitz erhitzte die Gemüter. Onkel Helmut, der Legationssekretär an der deutschen Botschaft in London gewesen war, verurteilte die Flottenpolitik, da sie die Briten unnötig reize und von zweifelhaftem militärischem Wert sei. Meine beiden älteren Onkel waren nicht so ablehnend, wenn sie es auch lieber gesehen hätten, daß die großen Mittel der Armee und nicht der Flotte zugeflossen wären.

Weitere Themen waren die Einkreisung Deutschlands durch die Entente Cordiale (1904) zwischen England und Frankreich und das Französisch-Russische Bündnis von 1892/1894. Immer wieder wurde die Tagespolitik mit der Bismarcks verglichen, und der Vergleich fiel stets ungünstig für die militärische und politische Führung seiner Nachfolger aus. Reichskanzler Theobald von Bethmann Hollweg wurde seine Schwäche vorgeworfen, aber auch die Politik des Kaisers wurde kritisiert. Nach dem Ausbruch des Krieges war sich die Familie einig, daß es zu dieser Katastrophe unter Bismarck und wohl auch unter Reichskanzler Bernhard von Bülow nicht gekommen wäre.

Meine Großmutter Herwarth, »Tante Jula«, war eine geborene von Haber und entstammte einer jüdischen Bankiersfamilie aus Karlsruhe. Die Habers waren 1829 vom Großherzog von Baden geadelt worden und zum Christentum übergetreten. Meine Großmutter hatte oft England und Frankreich bereist und hatte viele ausländische Freunde gefunden. Ihr Mann starb vor meiner Geburt. Sie lebte im Winter in Berlin und verbrachte den Sommer auf ihrem Besitz im badischen Oberkirch. Dort besaß die Familie ein idyllisches Weingut; vom Haus hatte man einen wunderbaren Blick auf die Rheinebene, Straßburg und die Vogesen.

Das Leben in Posen und Baden konnte nicht gegensätzlicher sein. Zwei Welten standen sich gegenüber. In Baden gab es nicht die unendlich weiten Felder, meine Großmutter hatte einen kleinen Hof mit Weinbergen, Wiesen und einigen Kühen. Das Jagen war für mich in Baden völlig ausgeschlossen. Ich durfte nicht einmal ein Eichhörnchen schießen. Mit den Kindern des Verwalters züchtete ich Kaninchen, ging mit ihnen zur Weinlese und putzte mein Pony selber. Den Badenern wäre es nicht in den Sinn gekommen, meinem Vater die Hand zu küssen. Anders als im patriarchalischen Osten, wo die Uhren hundert Jahre nachgingen, spürte man im demokratischen badischen Musterländle den Einfluß der Französischen Revolution und der Revolution von 1848. Ich liebte beide, Seeheim und Oberkirch; sie repräsentierten auf ihre Art den Osten und den Südwesten Deutschlands.

In Oberkirch kam ich auch zu dem Namen »Johnnie«. Eine englische Freundin meiner Großmutter nannte mich »Master John« oder »Master Johnny«. Der jüngste Bruder meiner Mutter fand diesen Namen viel besser als das förmlich steife Hans-Heinrich, und sorgte dafür, daß meine Freunde mich fortan nur noch Johnnie nannten, sehr zum Leidwesen meines Vaters.

Meine Großeltern, besonders mein Großvater Tiedemann, übten in meiner frühesten Kindheit einen stärkeren Einfluß auf mich aus, als meine Eltern. In der damaligen Zeit waren die Beziehungen zwischen den Kindern und ihren Eltern nicht so eng wie heute. Bis zu meinem zwölften Lebensjahr lag meine Erziehung in den Händen meiner Kinderfrau Emma, und später wurde ich erst einem belgischen und dann einem Schweizer Fräulein anvertraut. Während der Kriegsjahre wurde ich von April bis Oktober abwechselnd in Oberkirch und in Seeheim von einem Hauslehrer unterrichtet.

Mein Vater und meine Mutter waren ausgesprochene Pferdeliebhaber, sie gingen oft auf Rennen und Turniere und hatten viele gesellschaftliche Verpflichtungen. Ich hing sehr an meiner Mutter, wenn ich sie auch nicht so oft sah, wie wir beide gewünscht hätten. Dies änderte sich schlagartig, als der Krieg ausbrach. Meine Mutter hatte nun Zeit, sich um mich zu kümmern. Sie verstand es, mein Interesse für moderne Kunst und Literatur zu wecken.

Viel später, als ich seit 1971 in München lebte und meine Frau Elisabeth, eine geborene Freiin von Redwitz, in Oberfranken die Restaurierung des alten Familienbesitzes überwachte, wohnte ich bei meiner Mutter in ihrem Münchner Haus. Jetzt konnte sie, wie sie selber lachend sagte, ihre Versäumnisse während meiner ersten Kinderjahre gutmachen. So stand sie trotz ihrer fast neunzig Jahre schon morgens um sieben auf, um mich zu verwöhnen. Meine Freunde warfen mir vor, ich nützte meine arme alte Mutter schandbar aus. Ich beteuerte ihnen meine Unschuld, indem ich darauf hinwies, daß nach dem Tod meines Vaters die Sorge um mich ihr einen neuen Lebensinhalt gab.

Von ihrem Vater hatte sie die große Güte und Menschenliebe geerbt. Sie ließ sich in ihren Handlungen und in ihrem Verhältnis zu ihren Mitmenschen mehr von ihren Gefühlen, als von ihrem Verstand leiten, und sie irrte sich nur selten. Sie war unbestechlich in ihrer Liebe, aber auch in der Ablehnung von Menschen. Als Hitler zur Macht kam, empfand sie ihn als persönliche Beleidigung und haßte ihn dementsprechend.

Meine Vorfahren hatten seit Mitte des 18. Jahrhunderts in der preußischen Armee gedient; mein Urgroßvater war Kommandierender General, ebenso wie sein Bruder, ein anderer brachte es zum Generalfeldmarschall. So lag die irrige Vermutung nahe, ich stamme aus einer alten preußischen Offiziersfamilie. Die Herwarths aber gehörten zu den alten Augsburger Patrizierfamilien. Ihr Ursprung läßt sich bis ins 12. Jahrhundert zurückverfolgen. Meine Vorfahren waren jahrhundertelang Bankiers und Handelsherren, die vor allem in West- und Südeuropa ihre Geschäfte betrieben. Gegen Ende des 16. Jahrhunderts gerieten fast alle großen Augsburger Handelshäuser in wirtschaftliche Schwierigkeiten. Auch die Herwarths wurden davon betroffen.

Nach der Reformation erwarb die Familie ausgedehnten Grundbesitz vor allem in Bayern, aber auch in Württemberg, der aber Ende des 18. Jahrhunderts der Familie verlorenging, als die oberbayerischen Linien im Mannesstamme ausstarben.

Ein anderer Herwarth, Barthélemy, der zum protestantischen Glauben übergetreten war, wanderte nach Frankreich aus und spielte dort als Bankier Ludwigs XIV. eine bedeutende Rolle. Er erwarb das Schloß von St. Cloud und war bis zur Aufhebung des Edikts von Nantes 1685 einer der einflußreichsten und wohlhabendsten Männer von Frankreich. Seine Frau war die Gönnerin des Fabeldichters Lafontaine, der in ihren Armen starb. Als die Familie ihr Vermögen in Frankreich verlor, wanderte sie nach England aus. Ein Herwarth wurde Mitglied des Unterhauses und war britischer Gesandter bei den Eidgenossen. Auch diese Linie erlosch im Mannesstamm.

Die Linie Herwarth von Bittenfeld, der ich entstamme, hatte sich in Württemberg niedergelassen und war ebenfalls zum Protestantismus übergetreten. Der Urgroßvater meines Großvaters diente als Hauptmann im Infanterieregiment »Alt-Württemberg«. Der Herzog von Württemberg lieh dieses Regiment im Jahre 1747 an Friedrich den Großen aus. Mein Vorfahr fiel 1757 in der Schlacht bei Kolin als Regimentskommandeur. Er hatte seinen ältesten, vierzehnjährigen Sohn mit ins Feld genommen. Als dieser nach der Schlacht seinen Vater suchte, erblickte ihn der König und sprach: »Sein Vater ist nicht mehr, ich werde fortan sein Vater sein.« Er ernannte ihn zum Fähnrich, und die jüngeren Brüder wurden auf Kosten der Krone im preußischen Kadettencorps erzogen. Von nun an diente die Familie den Hohenzollern. Den Besitz in Bittenfeld kaufte die Familie des Dichters Friedrich von Schiller. Ein Sohn des gefallenen Oberst von Herwarth wanderte in den Freiheitskriegen nach Rußland aus. In den Wirren der Oktoberrevolution von 1917 verlor sich die Spur dieser Linie.

Im Jahre 1912 nahm mein Vater seinen Abschied und folgte damit dem Beispiel vieler seiner Kameraden, die bis zum Rittmeister dienten, um sich dann der Verwaltung ihrer Güter zu widmen. Für die Wintermonate hatten meine Eltern eine Wohnung in Berlin genommen.

Als der Krieg im August 1914 ausbrach, weilten wir in Oberkirch. Ich wußte nicht viel von der österreichisch-ungarischen Doppelmonarchie, aber die Ermordung des Erzherzogs Franz Ferdinand und seiner Gemahlin erfüllte mich mit Entsetzen und Abscheu. So waren meine Sympathien ganz auf Seiten Österreich-Ungarns. Noch 1912, als der Balkankrieg ausbrach, nahm ich Partei für die Türken und gegen die Italiener und Balkanvölker. Der Grund war einfach der, daß einige türkische Offiziere im Regiment meines Vaters bei den 3. Garde Ulanen gedient hatten und in unserem Hause verkehrten. Meine Meinung über die politischen Ereignisse war kindlich gefühlsbetont und beruhte auf persönlichen Eindrücken. Hätte ich Offiziere der gegnerischen Seite gekannt, hätten sich meine Sympathien wohl ihrer Heimat zugeneigt. Nach der Niederlage des Osmanischen Reiches verschwanden die türkischen Offiziere für lange Zeit aus meinem Blickfeld. Bis ich 1954, vierzig Jahre später, Bundeskanzler Adenauer auf seinem Besuch in Griechenland und der Türkei begleitete. Kaum waren wir in Istanbul eingetroffen, da meldeten sich meine türkischen Freunde aus der Jugendzeit, die inzwischen Oberste und Generäle geworden waren. Wir feierten ein bewegtes Wiedersehen.

Meine Familie beurteilte die politischen Ereignisse objektiver, als ich es tat. Mein Vater und meine Onkel bezweifelten den Wert des Dreibundes zwischen Deutschland, Österreich-Ungarn und Italien. Sie waren nicht überzeugt von der Zuverlässigkeit Italiens als Bundesgenosse. Mein Vater, der Ende des 19. Jahrhunderts drei Jahre an der deutschen Botschaft in Italien unter Botschafter Bernhard von Bülow, dem späteren Reichskanzler, gedient hatte, war auf Grund seiner Erfahrungen überzeugt, daß es den nationalen Interessen Italiens widersprach, auf Seiten Deutschlands und Österreich-Ungarns im Fall eines Krieges zu kämpfen. Mein Vater sprach gut Italienisch, er bewunderte und liebte Italien und seine Bewohner. So glaubte er, daß Italien nur dann dem Dreibund treu bleiben werde, wenn Österreich-Ungarn die von Italienern bewohnten Gebiete an Italien abtreten würde. Erst viel später erkannte ich die Richtigkeit des Bismarckschen Ausspruches, den mein Vater zitierte, man könne nicht erwarten, daß ein Land gegen seine Interessen handle. Selbst nach dem Mord von Sarajevo wollte mein Vater nicht glauben, daß der Krieg bevorstand. Sein Mobilmachungsbefehl sah vor, daß er sich in Berlin melden sollte. Er blieb zunächst ruhig in Oberkirch. Mehrmals in der Woche telefonierte er mit seinem Vetter Fritz von Lossberg, der Generalstabsoffizier in Stuttgart war und der die Lage ebenso gelassen betrachtete. Die Überzeugung meines Vaters, daß es keinen Krieg geben werde, übertrug sich auf unsere Nachbarn. In der Gegend erzählte man sich, es gäbe keinen Krieg, solange mein Vater in seinem Pferdewagen in die Stadt gefahren käme. Die Mobilmachung bereitete allen Hoffnungen auf Frieden ein Ende. Wir fuhren sofort mit der Eisenbahn nach Berlin. Auf den Bahnhöfen begegneten uns die ersten Truppentransporte, die an die Westfront gingen. Überall ertönten die Klänge des Deutschlandliedes und der Wacht am Rhein, ich wurde von den Wellen dieser ehrlichen Begeisterung mitgerissen.

Niemals wieder habe ich einen solchen Ausbruch nationaler Gefühle erlebt. Welch ein Gegensatz zu der Zeit des Nationalsozialismus. Ich erinnerte mich an diese patriotische Hochstimmung des Sommers 1914, als 1938 bei Beginn der Sudetenkrise auf Hitlers Befehl eine kriegsmäßig ausgerüstete Division durch Berlin zog und die Menge schweigend zuschaute.

Ich begleitete meinen Vater durch Berlin, als er sich zur Dienstleistung bei der Heeresgruppe des Herzogs Albrecht von Württemberg melden mußte. Als wir den Potsdamer Platz überquerten, gerieten wir plötzlich in eine patriotische Kundgebung. Kaum hatten die Teilnehmer meinen Vater in Uniform gesehen, hoben sie ihn auf die Schultern und trugen ihn jubelnd über den Platz. Ich war sehr stolz auf ihn.

Als der Krieg länger dauerte, als erwartet, und das Leben in der Großstadt Berlin immer schwieriger wurde, verbrachten wir noch mehr Zeit als früher auf dem Land. Mein Großvater, der ein gesetzesfürchtiger Mann war, hielt sich streng an die Bestimmungen, nach denen niemand, auch kein Großgrundbesitzer, mehr als die ihm zustehenden Lebensmittelrationen verzehren durfte. Die Lebensmittelzuteilungen wurden besonders gegen Ende des Krieges immer kleiner, sehr viel kleiner als während des Zweiten Weltkrieges. Auf dem Lande konnten wir aber wenigstens Obst und Gemüse bekommen, soviel wir wollten. Wenn mein Vater und meine Onkel auf Urlaub kamen, wurde sorgenvoll über die militärische und politische Lage gesprochen. Dabei gab es selten Übereinstimmung darüber, was geschehen werde oder getan werden solle. Besonders nach dem Eintritt der Vereinigten Staaten in den Krieg erkannten wir, daß die Aussichten für Deutschland immer ungünstiger wurden. Die Offiziere der Familie dachten aber noch nicht im entferntesten an einen Verständigungsfrieden und einen Verzicht auf wenigstens einen Teil der eroberten Gebiete. Nur mein Onkel Helmut ahnte als Diplomat, was Deutschland bevorstand.

Meine Vorfahren hatten seit Generationen den Hohenzollern gedient, und so waren wir alle überzeugte Monarchisten. Trotzdem warfen mein Vater und mein Onkel Helmut dem Kaiser seine Führungsschwäche im Krieg vor. Im Gegensatz zu seinem Auftreten in Friedenszeiten schien er nun nicht mehr in der Lage zu sein, in das politische und militärische Geschehen einzugreifen. Viele von uns konnten nicht verstehen, daß er 1918 sein Vaterland verließ und nach Holland ging. Sie hätten es lieber gesehen, wenn er an der Spitze eines Garderegiments seine Pflicht bis zum bitteren Ende erfüllt hätte.

Bei Ausbruch der Revolution 1918 war ich mit meiner Mutter bei den Großeltern in Berlin. Noch deutlich sehe ich vor mir, wie mit roten Fahnen geschmückte Lastwagen voll besetzt mit Soldaten und Arbeitern in langer Reihe auf der Charlottenburger Chaussee in die Innenstadt fuhren. Mit Entsetzen sah ich, wie Offizieren die Rangabzeichen abgerissen wurden. Für mich brach eine Welt zusammen, an die ich fest geglaubt hatte. Der Sturz der Monarchie zerstörte die Gesellschaftsordnung, zu deren herrschender Schicht meine Familie gehört hatte. Bei aller unterschiedlichen Beurteilung der Ereignisse war sich die Familie doch in einem Punkte einig. Die Schwächen und Fehler der politisch und militärisch Verantwortlichen hatten den Untergang der Monarchie bewirkt, viel mehr als die meuternden Soldaten und Arbeiter in der Heimat.

Als Schuljunge hatte ich mir sehnlichst gewünscht, der Krieg möge so lange dauern, bis ich alt genug sei, Soldat zu werden. Enttäuscht, daß ich nicht an dem großen Drama teilnehmen konnte, lief ich 1920, knapp sechzehnjährig, von zu Hause weg und trat in die Einwohnerwehr ein. Nach kurzer Zeit fand mein Kommandeur, daß hier nicht der richtige Platz für mich sei. Er schickte mich zu meinen Eltern und auf die Schule zurück. So endete das erste Kapitel meiner militärischen Laufbahn schneller als gedacht. Meine Eltern waren froh, mich wieder zu haben. Und doch war ich in der kurzen Zeit ein wenig gereift. Meine Leistungen in der Schule verbesserten sich und ich nahm regen Anteil am Unterricht. Damals konnte ich nicht ahnen, daß meine kurze Soldatenzeit für mein Verbleiben im Auswärtigen Dienst nach 1933 von entscheidender Bedeutung sein sollte.

Als ich im Frühjahr 1922 die Schule verließ, wußte ich nicht genau, welchen Beruf ich ergreifen sollte. Die traditionelle Offizierslaufbahn war wenig verlockend. Seit frühester Jugend war ich von der Eisenbahn so begeistert, wie heute die Kinder vom Auto. So entschied ich mich, in der Lokomotivfabrik von Orenstein und Koppel in Drewitz bei Potsdam zu arbeiten. Ein guter Freund riet mir, mich gleichzeitig an der Juristischen Fakultät der Universität Berlin zu immatrikulieren, um kein Semester zu verlieren. So fuhr ich mehrmals in der Woche nach Berlin, um juristische und volkswirtschaftliche Abendvorlesungen zu hören. Außerdem nahm ich noch englische Stunden und beteiligte mich an Leichtathletik-Wettkämpfen. So waren meine Tage mehr als ausgefüllt. In der Fabrik stand ich zunächst an einfachen Maschinen, lernte dann die Bedienung von Spezialmaschinen und schließlich wurde ich bei der Endfertigung und bei den Probefahrten der Lokomotiven eingesetzt. Damit ging ein Jugendtraum in Erfüllung. In dieser Zeit erfuhr ich am eigenen Leibe, was es heißt, acht Stunden am Tage zu arbeiten. Ich lernte die Arbeiter in ihrer eigenen Umwelt kennen. Trotz meiner Abstammung von einer adeligen Offiziersfamilie behandelten sie mich freundlich und hilfsbereit als ihren Arbeitskameraden. Ich erlebte die Arbeit der verschiedenen Gewerkschaften, und nahm oft teil an heftigen Auseinandersetzungen zwischen den Anhängern der Mehrheits-Sozialdemokraten, der Unabhängigen Sozialdemokraten und der Kommunisten.

Der verlorene Krieg und die Inflation gingen auch an unserer Familie nicht spurlos vorüber und veränderten unser Leben von Grund auf. Der Besitz in Baden war bereits 1916 verkauft worden, da er nur schwer zu bewirtschaften war. Die Provinz Posen war 1918 an Polen gefallen, und so wurde Seeheim im Jahre 1923 verkauft, um einer drohenden Beschlagnahme zuvorzukommen. Von dem, was uns geblieben war, konnten wir zwar bequem leben, aber ich war nicht mehr der Sohn reicher Eltern. Die Zeiten hatten sich geändert.

Eines Abends besuchte uns ein Freund meines Vaters, Gröber, der dem Vorstand der Deutschen Erdöl Gesellschaft angehörte. Beredt vertrat er die Auffassung, daß die Zukunft Deutschlands von der Wirtschaft bestimmt werden würde. Für einen jungen Mann wie mich sei es daher erfolgversprechender und reizvoller, einen kaufmännischen Beruf zu ergreifen, als in den Staatsdienst einzutreten. Da ich ihm aufmerksam zuhörte, forderte er mich auf, als Volontär in die Deutsche Erdöl Gesellschaft in Berlin Schöneberg einzutreten. Er würde persönlich den Ausbildungsplan für mich entwerfen. Ich nahm ohne Zögern an und arbeitete von Herbst 1922 bis 1924 in den verschiedenen Abteilungen des Unternehmens. Nach den Erfahrungen, die ich als Arbeiter gemacht hatte, lernte ich nun die Welt der kaufmännischen Angestellten kennen und wurde Mitglied im deutsch-nationalen Handlungsgehilfenverband der christlichen Gewerkschaft Adam Stegerwalds. Auch während dieser Zeit besuchte ich abendliche Vorlesungen und Übungen an der Universität.

1924 diente ich sechs Monate als Zeitfreiwilliger beim Reiter Regiment 4 in Potsdam. Der Dienst in der Reichswehr, dem sogenannten Hunderttausend-Mann-Heer, war hart und anstrengend. Dies hielt uns nicht davon ab, so manche Nacht zu durchtanzen und dennoch pünktlich zum Wecken in der Kaserne zu sein. Während meiner Militärzeit war ich bereits in München immatrikuliert. Auf Wunsch meiner Eltern ging ich im Sommersemester 1925 nach Breslau, da sie mit Recht das Gefühl hatten, in München würde ich von einem ernsthaften Studium allzusehr abgelenkt. In Breslau war ich nicht sehr glücklich, denn außer der schönen Altstadt fehlte mir alles, was mein Leben in München so schön gemacht hatte. An den Wochenenden besuchte ich entweder meinen Onkel Richard von Tiedemann auf seinem Gut in der Nähe von Sagan, oder meinen Onkel Walter Vogel von Falckenstein, der die Schwester meiner Mutter geheiratet hatte, auf seinem Gut Oberlichtenau bei Lauban. Er war ein großer Kenner und Verehrer Napoleons. Später, in Moskau und im Krieg, erinnerte ich mich noch oft an seine sachkundigen und anschaulichen Schilderungen des napoleonischen Rußlandfeldzuges.

Im Winter 1925 zog es mich wieder nach München zurück, sehr zum Mißfallen meiner Eltern. Dank guter Repetitoren in Breslau und München, bestand ich im Februar 1926 das erste juristische Staatsexamen in München. Nachdem ich diese Hürde zum großen Erstaunen meiner Eltern genommen hatte, ging ich für mehrere Wochen nach London. Ich nahm dort Sprachunterricht und lernte gleichzeitig, wie man mit den Widrigkeiten eines Generalstreiks fertig wird. Nach München zurückgekehrt, arbeitete ich als Referendar an verschiedenen Münchner Amtsgerichten. Noch immer wußte ich nicht, welchen Beruf ich ergreifen sollte, und war dankbar für jeden Ratschlag, den mir Verwandte und gute Freunde gaben. Mein Jurastudium hatte sich aus Zufall ergeben, meine Neigungen lagen eher auf dem Gebiet der Kunstgeschichte und der Archäologie, aber es schien fast aussichtslos, nach dem Studium dieser Fächer eine entsprechende Anstellung zu finden. Mein Interesse für Kunst war außer durch meine Mutter durch zwei meiner Onkel gefördert worden. Mein Onkel Richard, der von 1909 bis 1911 der deutschen Gesandtschaft in Tokio angehörte, hatte dort eine bedeutende Sammlung japanischer Kunst erworben. So lernte ich bei meinen Besuchen auf seinem Gut dank seiner sachkundigen Erklärungen diese fremdartige Kunst kennen und schätzen. Mein Onkel Helmut hatte, ohne ein wirklich systematischer Sammler zu sein, eine mit Geschmack und Kunstverständnis eingerichtete Wohnung, die oft ein Gespräch über Kunst anregte. Beide machten mich darauf aufmerksam, daß der Auswärtige Dienst, wenn er auch manche Nachteile hätte, den großen Vorzug habe, daß man auf Staatskosten die schönsten Museen, alte Städte und archäologische Ausgrabungen sehen könnte. Dieser Hinweis schien mir einer Überlegung wert.

Onkel Helmut gab mir eine Empfehlung für das Auswärtige Amt, und ich wurde vom Personalchef und seinem Vertreter freundlich empfangen. Ministerialdirektor Eberhard von Stohrer erklärte mir gleich zu Beginn meiner Vorstellung, ich sollte mich für den auswärtigen Dienst nur dann entscheiden, wenn in meinem Herzen das »heilige Feuer der Diplomatie« brenne. Diese göttliche Flamme hatte ich bisher noch nicht verspürt, was mich nicht weiter beunruhigte, da ich annahm, daß der Personalchef diese mahnenden Worte an alle Bewerber richtete. Beide Herren fanden, daß meine Tätigkeit in einer Fabrik und einem großen Wirtschaftsunternehmen eine gute Vorbereitung sei. Ich hütete mich, ihnen zu sagen, daß ich meine praktischen Erfahrungen nicht im Hinblick auf meine Bewerbung für das Auswärtige Amt, sondern durch Zufall erworben hatte.

Da ich in der Bibliothek meines Großvaters vor allem geschichtliche Werke, zum Beispiel Ranke, Treitschke und Sybel, sowie Erinnerungen des 19. Jahrhunderts gelesen hatte, konnte ich die geschichtlichen Fragen beantworten. Als die Fragen nicht aufhören wollten, bezog ich mich auch auf Autoren, die ich nur dem Namen nach kannte. Der Leiter der Personalabteilung schien mich für geeignet zu halten, meinte aber einschränkend, daß ich mit meinen zweiundzwanzig Jahren wohl noch zu jung sei. Als er mir vorschlug, mich für ein oder zwei Jahre im Auswärtigen Amt oder in der Presseabteilung der Reichsregierung zu beschäftigen, lehnte ich freundlich aber bestimmt ab mit dem Hinweis, daß ich dann lieber mein zweites juristisches Staatsexamen in München ablegen wolle. Damit schien das Thema Auswärtiges Amt abgeschlossen, und ich kehrte zufrieden in mein geliebtes München zurück. Einige Monate später erhielt ich eine kurze Mitteilung mit der Aufforderung, mich im Auswärtigen Amt zur Aufnahmeprüfung einzufinden. Da ich den Gedanken, ins Auswärtige Amt einzutreten, eigentlich aufgegeben hatte, ließ ich die Aufforderung unbeantwortet. Erst als mein Onkel Helmut mir ein wütendes Telegramm schickte, in dem er mich darauf hinwies, daß mein Schweigen ungezogen und unentschuldbar sei, meldete ich mich zur Prüfung an und machte mir im übrigen keinerlei Gedanken über das bevorstehende Examen.

Als der Tag des Examens feststand, fuhr ich dritter Klasse mit dem Nachtzug von München nach Berlin. Mein Abteil war voll, an Schlaf war nicht zu denken, und so unterhielt ich mich die ganze Nacht mit meinem Nachbarn, einem sympathischen Ingenieur des Walchensee-Kraftwerks. Am nächsten Morgen wußte ich über das Thema Wasserkraftwerke und Elektrifizierung der Eisenbahnen bestens Bescheid. In der französischen mündlichen Prüfung traute ich meinen Ohren nicht, als der Prüfer mich aufforderte über die Zukunft von Wasserkraftwerken in Bayern zu sprechen. Ich begann langsam und bedächtig meine Kenntnisse vorzutragen, ohne zu verraten, daß ich sie einem Zufall verdankte. Die Kommission war sichtlich beeindruckt. Ähnliches Glück hatte ich in der englischen Prüfung. Der Prüfer fragte mich, welches Buch über England mir besonders gefallen hatte. Ohne Zögern nannte ich John Robert Seeleys »The Expansion of England«. Da es mich durch seine Kürze und Klarheit begeistert hatte, fiel es mir leicht, einige Minuten flüssig darüber zu sprechen. Als ich sah, daß das Gesicht des Prüfers zu strahlen begann, erriet ich, daß auch er ein großer Bewunderer Seeleys war. Auch diese Prüfung bestand ich mit Glanz und Gloria, und ich wurde im April 1927 in das Auswärtige Amt einberufen, ohne genau zu wissen, was es mit diesem Ministerium auf sich hatte.

Ich wurde der Europa-Abteilung zugeteilt und sah darin den Anfang einer vielversprechenden Karriere am Schaltwerk der Politik. Ich hoffte, in das Frankreich-Referat zu kommen, und war sehr enttäuscht, als ich mich im Referat Besetzte Gebiete und Saargebiet wiederfand. Zu meiner freudigen Überraschung stellte ich aber bald fest, daß in diesem Referat die entscheidenden deutsch-französischen Probleme behandelt wurden. Zudem hatte ich das Glück, in Heinrich von Friedberg einen Vorgesetzten zu finden, der viel Zeit und Liebe auf meine Ausbildung verwandte. Vor 1918 hatte Friedberg im Preußischen Ministerium des Inneren eine Reform der preußischen Verfassung ausgearbeitet, die die Monarchie hätte retten können. Er entstammte einer jüdischen Familie. Sein Großvater war als preußischer Justizminister geadelt worden. Ich bewunderte Friedbergs scharfen Verstand und seine Fähigkeit, druckreif zu formulieren. Wenn er ein längeres Memorandum diktierte, ließ er mich meistens kommen, um gegebenenfalls durch mich Detailfragen zu klären. So war ich Zeuge, wie er oft zwanzig oder dreißig Seiten ohne Notizen und praktisch in einem Zuge diktierte. Ich war ein regelmäßiger Gast bei den Einladungen in seinem Haus, da er fand, die jungen Leute könnten als Polisson zum Gelingen beitragen und selbst eine Menge lernen. Das große pädagogische Talent Friedbergs zeigt sich auch darin, daß sein Unterricht sich nicht nur auf die tägliche Arbeit des Referats bezog. So pflegte er von Zeit zu Zeit mir eine praktische Aufgabe zu stellen, wie zum Beispiel die folgende:

»Sie sind Legationssekretär an einer deutschen Mission in Südamerika. Es ist der deutsche Nationalfeiertag, und ihr Missionschef teilt Ihnen eine Stunde vor Beginn der Feier der Deutschen Kolonie mit, daß Sie an seiner Stelle die Rede zu halten haben, da er sich nicht wohlfühle. Beachten Sie, daß die deutsche Kolonie in sich gespalten ist. Der größere Teil sind schwarz-weiß-rote Monarchisten, und die Minderheit ist schwarz-rot-gold liberal. Sie haben eine Stunde Zeit. Ich habe einige Ihrer Kollegen als Publikum eingeladen.«

Da ich keinerlei Übung im Reden hatte, brachten meine kritischen Zuhörer nur ein mitleidiges Lächeln für meinen Festvortrag auf. Der erzieherische Wert der Übung lag darin, daß Friedberg im Anschluß an meine klägliche Leistung eine brillante Festrede hielt.

Immer wieder zeigte er mir an praktischen Beispielen, wie wichtig die Kenntnis von Geographie und Geschichte für die Lösung aktueller Probleme sei. Zusammenhänge europäischer Geschichte könnten nur verstanden werden, wenn man die Genealogie der herrschenden Häuser kenne. Leopold von Rankes Werke hielt er für eine Pflichtlektüre junger Diplomaten.

Wir waren ein Kreis junger Attachés, die sich nach Vorbildung und Herkunft stark unterschieden, aber einig waren in ihrer Bewunderung für Außenminister Gustav Stresemann. Seine beiden Söhne waren mit uns gleichaltrig, so weilten wir oft zu Gast in der Villa Stresemanns gleich hinter dem Auswärtigen Amt. Frau Käte Stresemann war in ihrer heiteren Art eine von uns bewunderte und verehrte Gastgeberin, deren Ungezwungenheit das ernstere Wesen ihres Mannes gut ergänzte.

Stresemann war ursprünglich Monarchist und Nationalliberaler gewesen. Im Krieg trat er für eine betont nationale und auf ausgedehnte Kriegszielforderungen gerichtete Reichspolitik ein. Nach dem Krieg wurde er ein guter Republikaner und mit dem Franzosen Aristide Briand der Architekt der deutsch-französischen Verständigung.

Für uns Jüngere waren 1918 manche Ideale zerbrochen, und wir suchten nach neuen Werten. Wir nahmen uns Stresemann als Vorbild; er half uns, die Vergangenheit zu überwinden, wie er es selbst getan hatte, er wies uns neue Horizonte und lehrte uns an neue Ziele zu glauben. Er verehrte Napoleon und Goethe und setzte uns immer wieder in Erstaunen, wenn er in hitzigen Diskussionen beide zitierte, um damit seine eigenen Argumente zu untermauern. Die profunde Kenntnis des Lebens und der Werke dieser beiden großen Männer waren für ihn wie eine Festung, in die er sich zurückziehen konnte. Nach einer Weihnachtsfeier gab er uns den guten Rat, seinem Beispiel zu folgen, ein Thema zu wählen und es gründlich zu studieren.

Während meiner Berliner Zeit verkehrte ich viel im Garde-Kavallerie-Club. Es herrschte eine ähnliche Atmosphäre, wie in den traditionsreichen englischen Clubs, man konnte gut und billig essen, und einmal im Jahr gab es einen großen Ball. Der Präsident lud Göring zu einem dieser Bälle ein, um aus erster Hand etwas mehr über ihn und die Nazis zu erfahren. Da Göring selbst Offizier gewesen war, fragten wir ihn im Kameradenkreis ohne Umschweife, wie nach seiner Auffassung die Nationalsozialisten an die Macht kommen könnten. Ruhig und seiner Sache ganz sicher erklärte er, seine Partei werde in einigen Jahren mit

Unterstützung der bürgerlichen Parteien legal an die Macht kommen. Damals glaubte ihm keiner.

Im Dezember 1929 bestand ich meine Abschlußprüfung im Auswärtigen Amt. Um dieses Ereignis gebührend zu feiern, ging ich nach Gargellen in Österreich, wo die Eltern meines Attachékollegen Eddie Brücklmeier zwei Häuser hatten. Als ich eines Vormittags meine Skier anschnallen wollte, tauchte der Postbote auf mit einem Telegramm für den »Apachen« von Herwarth. Da ich ahnte, daß es meine Verwendung im Ausland betraf, gab ich mich nicht zu erkennen und bat ihn, das Telegramm beim Hotelportier abzugeben. Als ich von meiner mehrtägigen Skitour zurückkam und das Telegramm öffnete, stellte ich fest, daß der Tag, an dem ich mich im Auswärtigen Amt melden sollte, schon verstrichen war. So beschloß ich, daß ich unter diesen Umständen ein paar fröhliche Faschingsnächte in München anhängen könnte. Als ich mich mit Unschuldsmine bei unserem Attachévater, Legationssekretär Trutter, meldete, teilte er mir zu meinem Entsetzen mit, daß man mich ursprünglich nach Paris habe schicken wollen. Da ich mich so spät gemeldet hätte, sei nunmehr ein Konsulat in der Sowjetunion für mich vorgesehen. Ich ließ mir meine Gefühle nicht anmerken und behauptete tapfer, ich hätte mir immer eine Verwendung in Rußland gewünscht. Trutter, der ein gemütlicher Bayer war, gab mir noch eine Chance. Wenn ich noch am selben Abend nach Paris führe, käme ich noch zur rechten Zeit, um mich bei Staatssekretär Ernst von Simson zum Dienst zu melden.

Simson war Vorsitzender der Kommission, die mit den Franzosen über die vorzeitige Rückgliederung des Saargebiets an Deutschland verhandelte. Die Stunden bis zur Abfahrt reichten gerade, um mich von meinen Eltern zu verabschieden. Mit dem wenigen Geld, das mir nach dem Urlaub verblieben war, kaufte ich mir die billigsten Koffer aus Japan-Strohgeflecht. Am nächsten Morgen stand ich in der Halle des Hotels George V, damals das modernste und eleganteste von Paris. Der Portier warf einen Blick auf mein Gepäck und begrüßte mich als den neuen Diener seiner Exzellenz. Auf meine bescheidene Bemerkung, daß ich der neue Attaché sei, brach er in schallendes Gelächter aus und meldete mich sogleich beim Herrn Staatssekretär. Herr von Simson war der Enkel des Präsidenten des ersten Deutschen Reichstages, und späteren Präsidenten des Reichsgerichts. Er selbst war Unterstaatssekretär für Wirtschaftsfragen im Auswärtigen Amt gewesen und nach seinem Ausscheiden Vorstandsmitglied der IG Farben geworden. Als ich mich bei ihm meldete, empfing er mich mit väterlicher Güte. Da ich ihm als ständiger Begleiter zugeteilt sei, bäte er mich, das Begleichen aller Rechnungen, auch der kleinsten, zu übernehmen und darüber genau Buch zu führen. Von Zeit zu Zeit würde er die Buchführung überprüfen, und wenn er Fehler feststellen würde, so müßten wir uns leider trennen. Im übrigen sollte ich mich immer als sein Gast betrachten.

Am Abend wolle er mit mir im Hotel essen und anschließend ins Theater gehen. Er bat mich, im Smoking zu erscheinen und bemerkte beiläufig, daß er abends die Gewohnheit habe, kalt zu essen. Als Student hatte ich mir jahrelang nur kalte Abendessen leisten können und hatte nicht erwartet, daß es in Paris so weitergehen würde. Als wir uns zu Tisch setzten, war ich auf das Schlimmste gefaßt, hörte aber erheblich erleichtert, daß Simson kalten Hummer, Austern und Pilsener Bier bestellte. Dann wandte er sich zu mir mit der Bemerkung, daß ich nicht verpflichtet sei, immer das gleiche zu bestellen wie er. Mit Hummer und Austern war ich mehr als einverstanden, der Gedanke, dazu Bier zu trinken, gefiel mir weniger. So bat ich Herrn von Simson, mir zur Feier des Tages Champagner bestellen zu dürfen. Lachend wurde mir die Bitte gewährt, aber ich trank meinen Champagner allein. Dann gingen wir ins Theater. Nach dem zweiten Akt kehrte er ins Hotel zurück, bat mich bis zum Ende zu bleiben und dann im Hotel über den Ausgang des Stücks zu berichten. Nach seiner Erfahrung lohne es sich nur selten bis zum Ende auszuharren.

Mein alter Chef Friedberg, dem ich die Abordnung nach Paris zu verdanken hatte, war der stellvertretende Leiter der Kommission. Am nächsten Morgen weihte er mich in meine Aufgaben ein. Herr von Simson hatte erst nach langem Zögern den Vorsitz der deutschen Delegation angenommen, weil er sich nur ungern von seiner Arbeit und von seiner Familie trennte. Meine Hauptaufgabe sei es, dafür zu sorgen, daß Herr von Simson sich in Paris wohlfühle und nicht auf den Gedanken komme, aus Paris abzureisen. Als Frau Martha von Simson kurz nach ihrem Sohn ihren Mann in Paris besuchte, konnte ich wohl verstehen, daß es ihn immer wieder nach Hause zog. Da die Arbeit sich meist in Unterausschüssen abspielte, gab es oft Tage, an denen er nicht zu erscheinen brauchte.

Friedberg, der an allen Sitzungen teilnahm, informierte mich jeden Tag über die Fortschritte in den Verhandlungen, so daß ich vortragen konnte, wenn Friedberg dies nicht selber tat. Nachdem ich bald gemerkt hatte, welch hervorragender Cicerone Simson war, war es kein Problem, ihn bei Laune zu halten. Seine Interessen waren außerordentlich vielseitig, so daß ich ständig von ihm lernen konnte. Er kannte die Memoiren des 19. Jahrhunderts wie kein anderer und verstand es, die europäische und vor allem die französische Geschichte für mich lebendig zu machen, wenn wir die historischen Stätten von Paris und Umgebung besuchten. Gemeinsam gingen wir in Museen und stöberten in Antiquitätenläden; an ihm war ein Kunsthistoriker oder Antiquar von Format verloren gegangen. Niemand konnte sich seinem Charme entziehen, und schon nach kurzer Zeit fand ich, daß ich keinen besseren Chef hätte finden können. Eines Tages ließ er mich kommen und empfing mich mit den Worten, er habe eine große Bitte an mich, zögere aber sie auszusprechen. Es stellte sich heraus, daß er seinen Sohn Otto zur Belohnung für das Abitur nach Paris eingeladen hatte. Ich wäre sicher viel geeigneter, ihm die Stadt und die Umgebung zu zeigen als er selbst. Ob er mir das zumuten könne? Natürlich war ich mehr als einverstanden, und zwei Wochen lang zogen wir durch Paris. Mehr als zwanzig Jahre später trafen Otto und ich uns in Chicago wieder, als ich Bundeskanzler Adenauer auf einer Reise durch Amerika begleitete. Otto hatte ebenso wie seine Eltern Deutschland nach der Machtergreifung verlassen müssen und war nun Professor für Kunstgeschichte an der Universität von Chicago. In Erinnerung an unsere fröhlichen Tage in Paris feierten wir unser Wiedersehen. Ich redete ihm zu, nach Deutschland zurückzukehren und ins Auswärtige Amt einzutreten, da dies sicher im Sinne seines Vaters sein würde und auch der Tradition seiner Familie entspräche. Zu meiner Freude folgte er meinem Rat und begann im Auswärtigen Amt im Amerika-Referat.

Die Verhandlungen über die vorzeitige Rückgliederung des Saargebiets verliefen ergebnislos. Ich verließ Paris traurig, aber mit dem Gefühl, viel gelernt zu haben. Meine ersten Gehversuche im Ausland hatten mir den diplomatischen Beruf schmackhaft gemacht, meine Erziehung und Ausbildung hatten sich bewährt, und ich war überzeugt, daß mein bisheriges Glück mir treu geblieben sei.

# Blick nach Osten

Nach meiner Rückkehr aus Paris im Herbst 1930 arbeitete ich im Auswärtigen Amt wieder in Friedbergs Abteilung und wartete auf eine neue Auslandsverwendung. Als ich kurze Zeit darauf erfuhr, daß ich nach Buenos Aires, Argentinien, versetzt werden sollte, war ich nicht eben begeistert. Die Firma Hardt und Co. hatte eine Niederlassung in Buenos Aires, in der der jüngste Bruder meiner Mutter, Joachim, seit Kriegsende tätig war. So wußte ich einiges über das Land, hatte mich aber niemals für Südamerika interessiert, da es sehr am Rande des Weltgeschehens zu liegen schien. Herr von Friedberg hatte Verständnis für mich und erreichte, daß der Plan aufgegeben wurde.

Ich wohnte bei meinen Eltern in Potsdam und fuhr jeden Tag mit der Eisenbahn von zu Hause nach Berlin und zurück. Im Zug traf ich oft Legationsrat Martin Schliep, der ebenfalls in Potsdam wohnte. Er war lange Jahre in der Sowjetunion auf Posten gewesen und arbeitete jetzt in der Personalabteilung. Er konnte lebhaft und anschaulich erzählen. Ich freute mich immer auf die Fahrt mit ihm und auf seine Geschichten. Er hatte die Zeit der Neuen Ökonomischen Politik (NEP) erlebt, die Lenin nach dem Scheitern des Kriegskommunismus eingeführt hatte. Er war Augenzeuge, als diese Politik aufgegeben und durch den ersten Fünfjahresplan ersetzt wurde, der immer noch lief. Diese schwer zu verstehenden politischen und wirtschaftlichen Vorgänge veranschaulichte er mit Anekdoten und persönlichen Erfahrungen.

Schlieps Erzählungen fielen bei mir auf fruchtbaren Boden, da Rußland schon seit meiner Jugend eine Rolle in meinem Leben gespielt hatte. 1807 war ein Zweig der Herwarths nach Rußland ausgewandert, mein Vater begleitete im Jahr 1894 den Bruder des Kaisers, Prinz Heinrich von Preußen, zu den Krönungsfeierlichkeiten von Zar Nikolaus II. nach Moskau. Seine russischen Erlebnisse und Eindrücke waren ein Lieblingsthema seiner Erzählungen. Die Erinnerungsstücke und Geschenke, die er aus Moskau mitgebracht hatte, beflügelten meine Phantasie. Von meinem Urgroßvater, Bodo von Herwarth, hatte ich eine goldene Uhr geerbt, die Zar Nikolaus I. ihm zur Erinnerung an seine Dienste als Leibpage in Berlin geschenkt hatte.

Als sowjetische Truppen im Frühjahr 1920 vor Warschau und an den Grenzen Ostpreußens standen, schien der Zusammenbruch Polens besiegelt. In diesem Augenblick sahen vor allem junge Menschen, die durch die entehrende und unsinnige Behandlung Deutschlands durch die Westalliierten verbittert waren, die Zeit für gekommen, mit der Sowjetunion zusammenzugehen, um die Fesseln des Versailler Vertrages abzuschütteln. Als der sowjetische Vormarsch durch das persönliche Eingreifen des französischen Generals Maxime Weygand zum Stehen gebracht worden war und zwei sowjetische Armeekorps nach ihrem Übertritt auf ostpreußischen Boden interniert worden waren, verflogen diese Träume.

Diese Jugenderinnerungen und Schlieps Schilderungen veranlaßten mich, um meine Versetzung nach Moskau zu bitten. Es gab aber noch andere Gründe für meinen Entschluß. Die politische und wirtschaftliche Lage in Deutschland verschlechterte sich zusehends, die Weltwirtschaftskrise traf Deutschland härter als jedes andere Land, die Arbeitslosigkeit wuchs ständig. Das Volk war gespalten, der Einfluß der Kommunistischen Partei und der Nationalsozialistischen Arbeiterpartei stieg merkbar, die Parteien der Mitte schienen unfähig, einen Weg aus der Krise zu finden. Junge Menschen wie ich fragten sich, ob die alten Geleise nicht verlassen und ein neues politisches und wirtschaftliches System gefunden werden müßten.

Brüning schien mir und vielen anderen jungen patriotischen Deutschen das letzte Bollwerk gegen den anbrandenden Nationalsozialismus zu sein. Wir hatten Vertrauen zu ihm, denn er zeigte im Frieden denselben Mut, den er im Krieg bewiesen hatte. Unerschrocken wandte er sich gegen Extremisten von links und rechts. Wir waren beeindruckt von seiner staatsmännischen Leistung. Es war ihm gelungen, wesentliche Bestimmungen des Versailler Vertrages außer Kraft zu setzen; er stand im Begriff, dem Deutschen Reich die Anerkennung als gleichwertiges Mitglied der Völkergemeinschaft zu verschaffen.

Als Hindenburg am 10. April 1932 gegen Hitler und Thälmann als Reichspräsident wiedergewählt wurde, war ich zunächst begeistert. Damit schien mir gesichert, daß Brüning sein Werk erfolgreich fortsetzen konnte. Ich wußte, daß Hindenburg die Nazis verachtete und nach seinen eigenen Worten bereit war, gegebenenfalls die Reichswehr gegen SA und SS einzusetzen. Daß Hindenburg Brüning im Mai 1932 entließ, war ein schwerer Schlag für mich. Ich konnte Hindenburg um so weniger verstehen, als sich neben Brünings außenpolitischen Erfolgen eine langsame wirtschaftliche Erholung anzubahnen schien. Es war erschütternd zu sehen, wie Hindenburg, alt und senil geworden, unter den fatalen Einfluß Papens, Schleichers und seines eigenen Sohnes Oskar geriet und damit zum Wegbereiter des Nationalsozialismus wurde. Ich hatte Hindenburg gewählt in der Hoffnung, er würde mit Brünings Hilfe die Nazis an der Machtübernahme hindern und fühlte mich von ihm betrogen, den ich früher so verehrt hatte. Brünings Tragödie sollte auch die Tragödie Deutschlands werden.

Von Anfang an lehnte ich den Nationalsozialismus ab, seine Ideologie war mir zuwider. Außerdem mußte ich damit rechnen, daß man mich als »Nichtarier« aus dem Auswärtigen Dienst entlassen würde. Über den Kommunismus wußte ich wenig aus eigener Anschauung, und ich wollte mehr darüber wissen. Schliep sorgte dafür, daß meine Versetzung nach Moskau für Frühjahr 1931 vorgesehen wurde. Ich hatte also genügend Zeit, um mich auf Moskau vorzubereiten. Dabei kam mir zugute, daß der Professor für osteuropäische Geschichte, Otto Hoetzsch, den jungen Attachés Vorlesungen über neuere Geschichte gehalten hatte. Mich fesselten vor allem seine Betrachtungen über Rußland, so wählte ich im Abschlußexamen für meine geschichtliche Hausarbeit das Thema »Die Liquidierung des Russisch-Japanischen Krieges durch den Friedensvertrag von Portsmouth im Jahre 1905«, das mich mit der fernöstlichen Politik Rußlands bekannt machte. In der Einleitung beschrieb ich den jahrhundertealten Drang Rußlands nach einem eisfreien Hafen, betonte aber, daß die Russen damals nie zur gleichen Zeit in mehreren Richtungen expansiv geworden waren, sondern immer nur in einer Richtung vorstießen. Neben der Lektüre von Büchern über Rußland las ich alles, was ich in der deutschen und internationalen Presse über die Sowjetunion finden konnte. Der beste Beobachter der sowjetischen Zustände war zweifellos Paul Scheffer, der Moskauer Korrespondent des »Berliner Tageblatts«. Er war lange Jahre in Moskau tätig gewesen und hatte dort eine russische Aristokratin geheiratet. Er galt als das delphische Orakel für die Sowjetunion.

Anfang der dreißiger Jahre erschien eine Reihe von Büchern über die jüngste Entwicklung in der Sowjetunion. Klaus Mehnerts Buch »Jugend in Sowjetrußland«[1] vermittelte ein anschauliches Bild über die Einstellung der jungen Menschen und ihre damalige Begeisterung für die kommunistischen Ideale. Mehnerts Schilderungen waren so lebensnah, weil er in Rußland geboren war, fließend Russisch sprach und wie wohl kein anderer in dieser Zeit trotz aller Unbequemlichkeiten Rußland bereist hatte.

Mehnert war schon in jungen Jahren eine bemerkenswerte Persönlichkeit. Jeder war beeindruckt von seiner lebendigen Erscheinung, von seiner Offenheit, seinem Idealismus und seinem praktischen Verstand. Die materielle Seite des Lebens interessierte ihn nicht. Er hatte etwas von einem Kleistschen Helden an sich. Aber er war ganz ein Mensch unserer Zeit. Seine rastlose Neugierde und seine wache Aufnahmebereitschaft machten ihn zu einem scharfen Beobachter und Reporter im besten Sinne. Seine Eindrücke und Ansichten äußerte er mit ungewöhnlicher Ehrlichkeit, was ihn sicher mit den Herren des Dritten Reiches in Schwierigkeiten gebracht hätte. Zuweilen hatten wir Angst um ihn, und ich sagte einmal, nur halb im Scherz: »Du wirst noch auf den Barrikaden enden.« Die Rettung war seine amerikanische Frau Enid, die aus Hawaii stammte. Auch sie war eine außergewöhnliche Persönlichkeit, freilich ganz anders als Klaus. In sich ruhend, trotz ihrer Jugend weise und ausgeglichen, bewahrte sie ihn vor mancher Fährnis. Sie gingen 1937 nach Hawaii, später nach Schanghai und kehrten erst 1945 nach Deutschland zurück.

Schon in dieser Vorbereitungszeit fiel mir auf, daß gewisse Züge der sowjetischen Politik nicht so sehr kommunistisch als einfach russisch waren. Ich nahm Russisch-Stunden, mein Lehrer war ein ehemaliger zaristischer General, Naskow, ein besonders sympathischer Mann, der mir durch seinen Humor den schwierigen Anfang erleichterte. Wenn ich zuweilen verzweifelte, tröstete er mich damit, daß »Krieg und Frieden« im Original viel schöner seien. Er würzte seinen Unterricht mit lustigen Geschichten aus dem alten Rußland und machte keinen Hehl daraus, daß er den Bolschewismus verabscheute.

Trotz der vielen sowjetischen Bücher und Artikel, die ich las, fiel es mir schwer, mir ein Bild davon zu machen, was in der Sowjetunion wirklich vor sich ging. Die Kommunisten und wir verbanden mit den gleichen Worten ganz unterschiedliche Vorstellungen. Ich mußte oft an den Spruch denken, den ich einmal irgendwo gelesen hatte: »Sie redeten dieselbe Sprache, aber sie meinten mit ihren Worten ganz andere Wirklichkeiten.« Im Februar 1931 besuchte mein Kamerad Gustav Struve, der im Vorzimmer des Reichsaußenministers Julius Curtius arbeitete, Moskau. Er war so beeindruckt von seiner Reise, daß er um seine Versetzung nach Moskau bat. Als ich dies hörte, ging ich sofort zu

Friedberg und erklärte ihm nachdrücklich, daß ich größten Wert darauf legte, nach Moskau zu gehen. Erstens hätte ich nun monatelang eifrig Russisch gelernt und zweitens einen Pelzmantel gekauft. Ich ging aus dem Rennen als Sieger hervor, aber meine Freude wurde bald getrübt. Im April 1931, kurz vor meiner Ausreise nach Moskau, besuchte ich meinen alten Freund Albrecht von Kessel an der Vatikan-Botschaft in Rom. Durch Zufall traf ich dort meinen zukünftigen Botschaftsrat in Moskau, Fritz von Twardowski und seine Frau. Er lud mich zu sich ins Hotel ein und eröffnete mir freundlich aber bestimmt, daß jeder, der nach Moskau wolle, sich zunächst einmal an einem Konsulat in der Sowjetunion bewähren müsse. Innerlich verfluchte ich meinen Eifer, mit dem ich versucht hatte, Struve aus dem Feld zu schlagen, da der Preis nun Nowosibirsk oder bestenfalls Kiew war. Aber wieder einmal hatte ich Glück. Als ich im Mai in Moskau eintraf, waren gerade zwei Legationssekretäre der Botschaft nach Leningrad und Charkow versetzt worden, und ein dritter ging nach Abessinien, weil er zur Persona non grata erklärt worden war.

Meine Familie war davon überzeugt, daß ich etwas Furchtbares angestellt haben mußte und nach Moskau strafversetzt worden war. Mein Vater hatte den Verdacht, daß ich in Paris versagt hätte. Viele meiner Freunde wußten über die Sowjetunion nur wenig mehr, als die Schauergeschichten über Massenhinrichtungen und Elend der Bevölkerung, und sie bemitleideten mich zutiefst. In ihren Augen ging ich in die Verbannung. Niemand ahnte damals, daß ich acht Jahre in Moskau bleiben würde.

Meine Reise nach Moskau begann am Bahnhof Friedrichstraße in Berlin. Der östlichste Bahnhof von Berlin war der Schlesische, der nur wenige Kilometer vom Stadtzentrum entfernt lag. Man fühlte, daß hier eine andere Welt begann. Die Menschen auf den Bahnsteigen, die Gerüche, die ganze Atmosphäre war unverkennbar östlich. Unser Militärattaché in Moskau, General Ernst Köstring, behauptete immer: »Asien beginnt am Schlesischen Bahnhof.« Von hier aus erstreckt sich eine weite, unendliche Ebene bis Wladiwostok, die nur vom Ural unterbrochen wird. Je weiter der Zug nach Polen hineinfuhr, um so spärlicher war das Land besiedelt, und der Zug bewegte sich langsamer, weil die Gleise nicht geschottert waren. An der sowjetischen Grenze fuhr der Zug durch ein hölzernes Gerüst, links und rechts von Stacheldraht umrahmt, an dem rote Spruchbänder mit einem Willkommensgruß für die Reisenden und kommunistische Parolen befestigt waren. In Nigoreloje, der sowjetischen Grenzstation, hatten wir zwei Stunden Aufenthalt und stiegen in den russischen Breitspurzug um. Nach der Ankunft ging ich sogleich ans Buffet, um meine russischen Sprachkenntnisse auf die Probe zu stellen. In meinem besten Russisch bestellte ich »Kaviar« in der Meinung, daß dies ein russisches Wort sei. Als die Kellnerin verständnislos den Kopf schüttelte, zeigte ich mit dem Finger auf den Kaviar. »Ah, Ikra«, strahlte sie, und ich hatte meinen ersten Sprachunterricht in der Sowjetunion erhalten. Später stellte ich fest, daß es viel schwieriger war, Kaviar in Moskau zu beschaffen als an der Grenzstation, am Fenster zum Westen. Später sollte ich noch öfter solche Schaufensterdekorationen sehen. Ich machte noch eine weitere Erfahrung. Ich wurde als Inhaber eines Diplomatenpasses von den Grenzbeamten höflich und bevorzugt behandelt, während die gewöhnlichen Sterblichen genau kontrolliert wurden.

Als ich ein Jahr später die lettisch-sowjetische Grenze zugleich mit zwei führenden deutschen Kommunisten, Ernst Thälmann und Wilhelm Pieck, passierte, bemerkte ich nicht ohne Schadenfreude, daß ich als ehrenwerter Vertreter eines kapitalistischen Staates schnell abgefertigt wurde, während das Gepäck der beiden prominenten Genossen eingehend untersucht wurde.

Ich kam in Moskau Ende Mai an, im schönsten Monat des Jahres. Der Frühling bricht unvermittelt aus, zwischen den ersten Knospen und der Blüte vergehen nur wenige Tage. Es ist ein unvergeßliches Erlebnis, wenn nach dem langen, kalten Winter die Natur so plötzlich zu neuem Leben erwacht. Die Diplomaten waren in Moskau in alten Bürgerhäusern untergebracht, die einst für große Familien mit vielen Dienstboten gebaut worden waren. Sie hatten für uns den Nachteil, daß mehrere Familien oder alleinstehende Mitarbeiter der Botschaft Küche und Bad teilen mußten. Zunächst nahmen mich zwei Legationssekretäre, Hans Kastner und Kurt Brunhoff, in ihre Wohnung im Kalaschni Pereulok auf. Die Wohnung war klein, aber obwohl mich Brunhoff warnte, ich müsse auf dem Klavier schlafen, fand sich für mich ein Sofa im Wohnzimmer. Der Haushalt lief gut und reibungslos, eine Köchin ungarischer Abstammung verwöhnte uns mit Köstlichkeiten, die wir aus besonderen Geschäften für Diplomaten und aus dem Ausland bezogen. Der Diener Gregori stammte vom Lande, konnte zwar nicht lesen und schreiben, sah aber aus wie ein Großfürst. Er war immer freundlich und dienstbereit, auch wenn wir ihn nachts weckten und lautstark nach Brot, Käse und Bier verlangten. Er hatte nur einen wirklichen Fehler, er konnte ebensowenig kochen wie ich. Daß seine Kochkünste sich auf Spiegeleier und Kaviar auf Eis beschränkten, stellte sich heraus, als Brunhoff, Kastner und die Köchin gleichzeitig auf Urlaub gingen. Es gab morgens, mittags und abends das gleiche Menü und nach einigen Tagen konnte ich Kaviar nicht mehr sehen. Da wurde der neue Militärattaché, General Köstring, mein Retter. Als ich ihn am Bahnhof abholte, fragte er mich, ob ich ihm Kaviar beschaffen könne. Ich versprach ihm seinen Wunsch zu erfüllen unter der Bedingung, daß er mir von seiner deutschen Wurst abgebe.

Der Botschafter, Herbert von Dirksen, war Regimentskamerad meines Vaters. Als Reserveoffizier hatte er bei den 3. Garde Ulanen geübt, mein Vater war sein Schwadronschef. Dirksen war stolz, diesem Regiment angehört zu haben, das den Ruf hatte, Seiner Majestät sportlichstes Reiterregiment zu sein. Alle Offiziere waren bekannte Renn- und Springreiter; sie waren mit ihren gelben Uniformen berühmte Erscheinungen auf allen Renn- und Turnierplätzen. Am Ende des Jahres wurden alle errittenen Preise im Casino ausgestellt. Dirksen begrüßte mich herzlich, obwohl er, von Natur scheu, im Ausdruck seiner Gefühle zurückhaltend war. Scherzend bemerkte er, daß ich unter ihm nun ebenso leiden müsse wie er einst unter meinem Vater. Ich wurde zunächst der Konsularabteilung zugeteilt, was in jeder Beziehung nützlich und lehrreich war. Ich lernte das tägliche Leben außerhalb der diplomatischen Welt kennen und hatte genügend Zeit, Moskau zu entdecken und das Leben in der Sowjetunion in einem entscheidenden Augenblick ihrer Geschichte, der Stalinschen Reformen und Säuberungen, kennenzulernen. Mein erster Eindruck von Moskau war beklemmend. Außer dem Grün der Bäume und Sträucher war alles grau in grau. Anzüge und Kleider und Gesichter waren alt und grau und hatten dieselbe Farbe wie die Häuser. Über allem lag eine traurige und bedrückende Stimmung. Es herrschte Mangel an allem, und die Härte des Lebens hatte die Menschen gezeichnet. Es war damals den Russen noch nicht verboten, mit Ausländern zu verkehren, und so konnte ich entsetzt feststellen, daß ganze Familien in einem Zimmer hausten. Bad und Küche wurden mit vielen anderen Familien geteilt. Man war keinen Augenblick allein. Dieser menschenunwürdige Zustand stand im krassen Gegensatz zu der Unterbringung der privilegierten Gruppen. Hohe sowjetische Funktionäre und ausländische Spezialisten erhielten kleine Wohnungen zugewiesen und genossen auf diese Weise den großen Vorzug eines Privatlebens. Sie hatten auch noch weitere Vorteile. Ihre Lebensmittelzuweisungen waren größer, und sie konnten in nur ihnen vorbehaltenen Geschäften einkaufen. Wenn schon die Lebensbedingungen für die alteingesessenen Bewohner Moskaus schlecht waren, so war das Schicksal der Zuwanderer aus den ländlichen Gebieten erbarmungswürdig. 1931 und 1932 wurde die Stadt von Bauern überschwemmt, die auf der Suche nach Arbeit und Brot das Land verließen. Sie waren auf der Flucht vor der Hungersnot, die Millionen von Todesopfern forderte und eine Folge der Zwangskollektivierung war. Viele dieser Flüchtenden waren Kinder, die ihre Eltern verloren oder ihre Familien verlassen hatten. Man nannte sie Besprisorniky. Es waren jene verwahrlosten, ebenso bemitleidenswerten wie furchterregenden Kinder, deren Schicksal Nikolaj Ekks dramatisches Filmepos »Der Weg ins Leben« beschrieben hat. Nur die Widerstandsfähigsten hatten eine Chance, zu überleben. Allein oder in Gruppen, zogen sie durch das Land. Oft sah man sie an Bahnhöfen um ein Feuer sitzen, um sich vor dem nächsten Raubzug aufzuwärmen. In Moskau übernachteten viele von ihnen in leeren Asphalttonnen, die überall auf den Straßen zu finden waren. Sie schliefen sogar in der Nähe des Lenin-Mausoleums, des neuen sowjetischen Heiligtums auf dem Roten Platz.

Mir wurde immer wieder nahegelegt, mich vor den Besprisorniky zu hüten, sie seien gefährliche, listenreiche Diebe und schreckten selbst vor einem Mord nicht zurück. Russen warnten mich, vor allem in der Eisenbahn die Fenster nur bei voller Fahrt zu öffnen. Während der Fahrt saßen die Kinder auf den Dächern und auf den Puffern, und wenn der Zug anhielt, griffen sie in die Fenster und stahlen alles was in ihrer Reichweite lag. Sie hatten ihre eigenen einfallsreichen Methoden, Geld zu erpressen. So drohten sie dem Passanten, ihn zu beißen und mit ihrer Syphilis anzustecken, wenn er nicht fünf Rubel herausrückte. Ich bemitleidete diese heimatlosen Kinder, die Opfer des Systems geworden waren, bewunderte aber ihren Mut und ihren Lebenswillen.

Diese Eigenschaften waren es auch, die die Sowjetregierung veranlaßten, diese Kinder einzufangen und in besonderen, von Anton Makarenko eingerichteten Schulen wieder in die Gesellschaft einzugliedern.

Beim Besuch eines solchen Heims in der Nähe von Moskau war ich beeindruckt von den Erfolgen dieser Umerziehung, der es gelang, aus verwilderten Geschöpfen wieder normale Kinder zu machen. Traurig war der Anblick von verkrüppelten Kindern, die wohl bei Stürzen von fahrenden Zügen einen Arm oder ein Bein verloren hatten. Ganz allmählich verschwanden diese Kinder von den Straßen, aber noch 1935 sah ich im Kaukasus alleinreisende Kinder in den Zügen. Die traurige Erinnerung an die Besprisorniky kann auch nicht dadurch gemildert werden, daß einige von ihnen im Leben erfolgreich waren, so wie der berühmte Tenor Leschtschenko.

Außer den Besprisorniky sah man viele abgehärmte Frauen, die mit ihren kleinen Kindern um Brot bettelten, auch sie die erschütternden Opfer der Hungersnot. Man traf sie vor allem an größeren Eisenbahnstationen, die damals Wahrzeichen des russischen Leidens waren. Anfang der dreißiger Jahre wurden die Bahnhöfe von hunderten armseliger Menschen bevölkert, die oft bis zu vierzehn Tagen geduldig warteten, bis sie einen Platz im Zuge fanden. Je höher die Stellung, desto einfacher war es, sich einen Platz zu sichern. Für die Tausende von verarmten Bauern, die durch die Politik der Sowjetregierung vom Lande vertrieben wurden, war es fast unmöglich einen Platz zu finden. So kam es, daß sich auch viele Erwachsene ebenso wie die Besprisorniky auf die Zugdächer, auf die Kupplungen oder in die Güterwagen setzten.

Auch die Angehörigen des diplomatischen Korps, die aus dienstlichen Gründen reisen mußten, hatten größte Schwierigkeiten. Bei der Abreise in Moskau mußten Fahr- und Platzkarte lange Zeit vorher bestellt werden. Eine Reise ohne Platzkarte ist in Rußland bis heute nicht gestattet. Wenn man bei der Rückfahrt, vor allem von kleineren Stationen, nicht wie die anderen tagelang warten wollte, blieb nur der Weg zur GPU, der Geheimpolizei. Diese händigte dann anstandslos eine Platzkarte aus, holte einen unglücklichen Reisenden aus dem Zug mit der Anweisung, auf den nächsten Zug zu warten, und der ehrenwerte Ausländer hatte seinen Platz. Das war keine schöne Methode, aber oft die einzige Möglichkeit, wenn man in diesem Lande mit der Eisenbahn reisen wollte.

Das Reisen wurde einem auch dadurch verleidet, daß Ungeziefer jeder Art, vor allem Wanzen, über einen herfiel. Die Wirksamkeit von DDT war noch nicht entdeckt. Ein besonders gewitztes Mitglied der Botschaft ließ sich einen Schlafanzug anfertigen, der Hände und Füße völlig bedeckte und nur einen kleinen Teil des Gesichts freiließ. Der geniale Erfinder war unser Marineattaché, Korvettenkapitän Norbert von Baumbach. Das Reisen in der Sowjetunion glich damals mehr Expeditionen, denn auch die Wege, die Unterbringung und die Verpflegung waren oft abenteuerlich.

Zur Zeit meiner Ankunft in Rußland befanden sich die sowjetische Landwirtschaft und die Landbevölkerung in einer schweren Krise. Stalins Politik der »Preisschere« finanzierte die Industrialisierung des Landes auf Kosten der Bauern. Die landwirtschaftlichen Produkte wurden zu Niedrigstpreisen aufgekauft und die daraus gewonnenen Lebensmittel zu weit höheren Preisen verkauft. Die Lage der Bauern wurde noch dadurch verschlimmert, daß sie für Industrieerzeugnisse unverhältnismäßig viel bezahlen mußten. Nikolai Bucharin und einige andere »Abweichler« hatten diese Politik als Abweichung vom wahren Kommunismus gebrandmarkt, aber Stalin ließ sich dadurch nicht stören. Er liquidierte die Bauern, die sich der Kollektivierung widersetzten und auch seine Kritiker.

Der Landwirtschaftsattaché der deutschen Botschaft, Otto Schiller, brachte von seinen ausgedehnten Reisen immer wieder erschütternde Berichte über das Massensterben auf dem Lande mit. Auf einer dieser Expeditionen begleitete ich Schiller und erkannte, daß er nicht übertrieben hatte. Wir sahen kleine Kinder mit aufgetriebenen Hungerbäuchen, unschuldige Wesen, die vom Tode gezeichnet waren. Schiller nahm bei seinen Fahrten durch das Land genügend Lebensmittel mit, um den Hungernden etwas geben zu können. Bald fragte er sich, ob diese mitleidigen Werke sinnvoll seien, denn sie konnten das Leben dieser Todgeweihten nur um ein paar Tage verlängern. Ich fuhr nach Möglichkeit nicht in die vom Hunger heimgesuchten Gebiete. Wenn wir einmal mit dem Auto unterwegs waren, vermieden wir, in der Nähe von Dörfern zu picknicken. Als wir einmal diese Regel nicht befolgten, waren wir bald von Bauern umringt, die uns fragten, ob sie die Orangenschalen, die wir weggeworfen hatten, mitnehmen dürften, obgleich sie noch nie eine Orange gesehen hatten.

Schiller erzählte mir, er sei bei seinen Besuchen in verschiedenen Dörfern mit sowjetischen Landwirtschaftsbeamten zusammengetroffen. Sie ließen sich auf keine Diskussion mit den Bauern über die Ursachen der Hungersnot ein. Baten die Bauern um Brot, erhielten sie zur Antwort: »Ihr müßt den Plan erfüllen und den Anordnungen der Partei folgen.« Die Funktionäre weigerten sich auf höheren Befehl, von der Hungersnot Kenntnis zu nehmen.

Im Jahre 1932 besuchte der französische Ministerpräsident Edouard Herriot die Sowjetunion. Von Kiew aus besichtigte er ein Musterkolchos. Er unterhielt sich mit den Bauern über einen Dolmetscher. Nach Frankreich zurückgekehrt, erklärte er, die ukrainischen Bauern seien gut ernährt und zufrieden mit dem neuen System. Überall gäbe es ausreichend Lebensmittel. Er hatte nicht erkannt, daß er ein Potemkinsches Dorf wie in der Zeit von Katharina II. besucht hatte. Die Läden in den

Straßen von Kiew, durch die er fuhr, zeigten ein extra für diesen Anlaß sorgfältig zusammengestelltes Warenangebot, Lieferwagen mit der Aufschrift »Brot« fuhren durch die Straßen, die Portiers trugen weiße Kittel, die von den Krankenhäusern ausgeliehen waren, und gut angezogene Straßenfeger kehrten die Straßen, durch die Herriot fuhr. Zum großen Leidwesen der französischen Botschaft fiel Herriot auf diesen groß angelegten Schwindel herein. Meine französischen Kollegen schämten sich so sehr über Herriots Leichtgläubigkeit, daß sie jedes Gespräch über diesen Besuch vermieden. Als die Hungersnot auf dem Lande immer verheerender wurde – ihr sollen etwa acht bis zehn Millionen Menschen zum Opfer gefallen sein –, fragten wir uns, wie sich die Rote Armee verhalten würde, die aus Söhnen und Brüdern der Bauern bestand, die auf dem Lande elend zugrunde gingen. Gefühlsmäßig erwartete ich, daß es zu Meutereien in der Armee kommen würde. Dies erwies sich aber aus verschiedenen Gründen als falsch. Die Soldaten, die aus den Hungergebieten stammten, erhielten keinen Urlaub. Ihre Korrespondenz wurde streng zensiert. Den Soldaten wurden aufmunternde Briefe diktiert, in denen die Familien aufgefordert wurden, die Weisungen der Regierung zu befolgen. Soweit wir wissen, waren die Maßnahmen erfolgreich, die Armee verhielt sich ruhig. Diese Erfahrung blieb nicht ohne Einfluß auf die Beurteilung der Armee durch unsere Botschaft.

Wie verhielt sich die deutsche Botschaft angesichts der Hungersnot? Dieses brennende Problem beschäftigte uns Jüngere immer wieder. Einige meinten, die deutsche Regierung sollte die Lieferung von industriellen Ausrüstungen an die Sowjetunion einstellen, um sie zu zwingen, ihre mörderische Behandlung der Bauern zu beenden. Ich persönlich hielt es für unmoralisch, irgend etwas an die Sowjetunion zu liefern. Die deutsche Regierung ließ sich von anderen Gesichtspunkten leiten. Sie war der Ansicht, daß die Einstellung der Lieferungen an die Sowjetunion die Zahl der Arbeitslosen in Deutschland, die an sich schon beängstigend hoch war, noch weiter erhöhen und damit die innere Stabilität des Landes gefährden würde. Der deutsche Arbeiter stand ihr näher als der russische Bauer, und die deutschen Exporte nach Rußland liefen ebenso weiter wie die der übrigen kapitalistischen Staaten.

Botschafter von Dirksen und Legationsrat Gustav Hilger, der Leiter der Wirtschaftsabteilung, hatten Verständnis für unsere humanitären Gefühle, verteidigten aber die Haltung der Regierung. Sie wiesen darauf hin, daß ein Boykott die Sowjetunion nicht von ihrer Politik abbringen, sondern höchstens den industriellen Aufbau verzögern werde, zumal die

Sowjetunion über alle notwendigen Rohstoffquellen verfüge; außerdem würden andere Staaten mit Freuden an unserer Stelle liefern. Damit hatten sie sicher recht. So blieb uns nur die Möglichkeit, für die Aktion »Brüder in Not« Geld zu sammeln, eine deutsche Organisation, die den deutschstämmigen Bauern, vor allem im Wolga-Gebiet, Hilfssendungen zukommen ließ.

Als ich in der Sowjetunion ankam, stand das Land ganz im Zeichen des ersten Fünfjahresplans. Eine der Hauptaufgaben der Botschaft war es, seine Auswirkungen zu beobachten und zu analysieren. Ich hielt die Erfolgsmeldungen der Sowjetregierung für übertrieben, da die Zusammenarbeit zwischen den verschiedenen Industriezweigen der »Geplanten Volkswirtschaft« zu wünschen übrig ließ. So konnte es beispielsweise geschehen, daß die Arbeiter des Motorenwerks erheblich mehr als vorgesehen produzierten, während die Chassisfabrik unter dem Plansoll blieb, mit der Folge, daß überzählige Motoren gelagert werden mußten. Es war offensichtlich, daß diese Art von geplanter Wirtschaft unrationell war.

Die Überproduktion in einzelnen Fabriken wurde durch die sogenannte Stachanow-Bewegung angeheizt, ein ausgeklügeltes Akkordsystem, in dem die Norm immer wieder heraufgesetzt wurde. Stachanow war ein Bergarbeiter, dessen sagenhafte Leistungen täglich in der Sowjetpresse ausposaunt wurden. Seine Arbeitskollegen wußten sehr wohl, daß seine Rekordleistungen nur unter unnatürlich guten Arbeitsbedingungen zustande kamen. Sie litten unter dem Druck der Normen, die sie dank seiner künstlichen Leistungen einzuhalten hatten. Ihre Verärgerung führte auf die Dauer zu einer Verringerung der Produktivität. Der Kohlebergbau war kein Einzelfall – das Stachanow-System wurde auch in anderen Industriezweigen angewandt. Auf Grund dieser Erfahrungen nannte ich den Fünfjahresplan einen Unplan. Der Aufbau neuer Fabriken blieb oft hinter den gesteckten Zielen zurück, so daß die teuren eingeführten Maschinen auf Abstellgleisen verrosteten.

Die deutschen Hersteller waren verärgert über diese Verschwendung, bei der ihre guten Maschinen nicht in der Produktion eingesetzt wurden, sondern wie in einem Freilichtmuseum herumstanden. Trotz aller Kritik am System verfolgten wir die sowjetischen Bemühungen, das Land so schnell wie möglich zu industrialisieren, mit einer gewissen Sympathie. Wir hatten Verständnis für die Geburtswehen der sowjetischen Industrie, denn bei der Industrialisierung im Deutschland des 19. Jahrhunderts hatte es große Anlaufschwierigkeiten gegeben.

Die Botschaft in Moskau teilte nicht die Auffassung, daß der Fünfjahresplan ein völliger Mißerfolg sei und schließlich zum Zusammenbruch der sowjetischen Wirtschaft führen würde. Trotz des Planungsdurcheinanders und der passiven Resistenz der Arbeiterschaft glaubten wir an einen beschränkten Erfolg der Industrialisierung. In unserer Analyse kamen wir zu dem Schluß, daß mit einem Zusammenbruch des Systems in absehbarer Zeit nicht zu rechnen sei.

Die Schwer- und Rüstungsindustrie hatte Vorrang und die Verbraucherinteressen wurden rücksichtslos zurückgestellt. Dennoch brachte der erste Fünfjahresplan Erfolge, die dem Volk großen Eindruck machten. Die beschleunigte Durchführung der Elektrifizierung war nicht nur eine Voraussetzung für die Entwicklung der Schwerindustrie, sie brachte auch Strom in die Bauernhütten und veränderte damit die langen Winternächte. Die Glühlampe wurde zum leuchtenden Symbol des Fortschritts. Der Bau der Moskauer Untergrundbahn wurde im Westen oft als überflüssiger Luxus kritisiert, die Bevölkerung aber war begeistert von einem Luxus, den sie nur aus den Palästen der früheren Monarchen kannte. Immerhin hatten unter der Herrschaft Peters des Großen etwa vierzigtausend Menschen beim Bau von St. Petersburg ihr Leben verloren, und doch bewunderte auch der einfache Russe diese großartige Stadt. Immer wieder sah ich Bauern, die gebannt die prächtig ausgestatteten Untergrundbahnstationen bewunderten, die an die Salons des Kremls erinnerten. In solchen Augenblicken waren sie beeindruckt von ihrer Regierung.

Anfang der dreißiger Jahre konnten Ausländer Fabriken und öffentliche Einrichtungen besuchen. Die Sowjets liebten es sogar, ihre Errungenschaften zu zeigen. Bei manchen offiziellen Besuchen fand man vor lauter Besichtigungen kaum Zeit, in ein Museum zu gehen. Manche Arbeiter waren stolz auf ihre neuen Fabriken, auch wenn Maschinen und Instrumente aus dem Ausland stammten. Ihr Fortschrittsglaube ließ sie die Leiden und Entbehrungen vergessen.

Die Entwicklung des Schulwesens war eine erfolgreiche Maßnahme der Regierung, die der Bevölkerung zugute kam und auch von ihr anerkannt wurde. Nach kurzer Zeit gab es kaum mehr ein Dorf ohne Schule und auch in der Armee wurde Lesen und Schreiben gelehrt. Die Erziehung war gleichrangig mit der Industrialisierung, der Elektrifizierung und dem Aufbau der Roten Armee. Die Entwicklung einer modernen Industrie und Armee war nur möglich, wenn die Bevölkerung lesen und schreiben konnte.

Trotz aller Fortschritte mußte sich der sowjetische Verbraucher mit zu wenig und zu schlechter Ware begnügen. Nur die Privilegierten machten eine Ausnahme. Es gab in Moskau 1932 keine Cafés und nur wenige Restaurants und Hotels. Kleider, Medikamente und viele andere Bedarfsartikel waren so gut wie nicht erhältlich. Die Annahme, daß der fortdauernde Mangel zu einem Anstieg der Kriminalität führen würde, erwies sich als falsch. Obgleich die Sowjetunion keine verläßliche Verbrechensstatistik herausgab, hatte ich den Eindruck, daß die Kriminalität in Moskau geringer war, als in anderen Ländern. Die meisten Gesetzesübertretungen waren eine Folge des Überlebenskampfes – Diebstahl von Kartoffeln oder ähnliches. Hier herrschte das Gesetz des Dschungels. Die Zahl der Kapitalverbrechen war gering. Trotzdem waren die Gefängnisse und Straflager voll von Menschen, die dem Regime mißliebig waren.

Die Frage, ob die Sowjetbevölkerung in den Jahren zwischen 1931 und 1933 zufrieden war, ist wohl falsch gestellt. Sie wäre auf jeden Fall von den »Ehemaligen« anders beantwortet worden als von den Schichten, die das Sowjetsystem trugen. Bei diesen konnte man deutlich zwischen Idealisten und solchen, die es nicht waren, unterscheiden. Die Idealisten waren zufrieden. Sie dachten an die Zukunft und begeisterten sich an der Vision einer neuen, besseren Welt. Die Masse der Bevölkerung lebte in ärmlichsten Verhältnissen, ihre anfängliche Begeisterung für den Kommunismus verflog schnell.

Damals habe ich noch zahlreiche Idealisten getroffen. Vor allem in den Erholungsheimen, die in ehemaligen Gutshäusern untergebracht waren, und in den Badeorten am Schwarzen Meer begegneten wir ihnen. Mein Freund Brunhoff und ich besuchten diese Heime ungehindert. Stets wurden wir freundlich empfangen und über die Verhältnisse in Deutschland ausgefragt. Der Wissensdurst, vor allem der Jüngeren, war groß. Das Gespräch endete immer in einer lebhaften Diskussion über die Vor- und Nachteile des kapitalistischen und des sowjetischen Systems. Brunhoff war ein schlagfertiger Gesprächspartner in diesen improvisierten Konferenzen. Anfangs war ich nur ein stiller Zuhörer, aber bald beteiligte auch ich mich an diesen Gesprächen. In den Erholungsheimen waren natürlich nur linientreue Kommunisten anzutreffen. Mein Eindruck von den Jüngeren deckte sich mit dem Urteil von Klaus Mehnert über die sowjetische Jugend. Sie waren überzeugte, begeisterte und selbstlose Anhänger des Kommunismus, die bereit waren, große Opfer für ihre Ideale auf sich zu nehmen. Über die Vorgänge im Ausland waren sie erstaunlich gut, wenn auch einseitig, unterrichtet.

In den frühen dreißiger Jahren kannte die Sowjetunion noch keinen Fremdenhaß. Erst nach 1933 wurde der Bevölkerung von Stalin die Ausländerfeindlichkeit systematisch eingetrichtert. Ursprünglich war man Fremden, besonders Deutschen gegenüber sehr aufgeschlossen. Wenn wir im Auto über Land fuhren und anhielten, waren wir gleich umringt von einer Schar neugieriger Dorfbewohner. Kaum hatten sie bemerkt, daß wir Deutsche waren, meldeten sich regelmäßig diejenigen, die im Ersten Weltkrieg in Deutschland Kriegsgefangene gewesen waren. Sie waren stolz, ihre geringen Deutschkenntnisse von damals anzubringen, erzählten aus ihrer Zeit der Gefangenschaft und erkundigten sich nach deutschen Personen, die sie in guter Erinnerung hatten. Sie waren dann ganz enttäuscht, wenn wir diese Leute nicht kannten – oft baten sie, sie zu grüßen. Ihre Sympathie für Deutschland hatte offensichtlich durch die Kriegsgefangenschaft nicht gelitten – im Gegenteil eher gewonnen.

Von Jugend an hatte ich eine besondere Neigung zu Kunst und Kunstgeschichte und mich lange mit dem Gedanken getragen, Kunstgeschichte zu studieren. In Rußland fand ich ein ungeahnt weites Feld, dieser Neigung nachzugehen. Mit Eifer und Hingabe nützte ich jede Gelegenheit, Kunst und Kulturleben der Vergangenheit und Gegenwart zu ergründen. An Wochenenden unternahmen wir Ausflüge, die oft den Charakter von Expeditionen annahmen. Schlechte Straßen und erbärmliche Hotels konnten uns nicht abhalten. Oft schlugen wir unsere Zelte an idyllischen Plätzen in der Nähe alter Kirchen auf. In den Klöstern offenbarte sich der Genius des russischen Volkes. Aus den Ikonen sprachen tiefe Frömmigkeit und kindlicher Glaube der meist unbekannten Maler, die sie zur Ehre Gottes geschaffen hatten. Jeder von uns, der Gottesdienste, besonders zu Ostern, besucht hat, war von der inbrünstigen Andacht ergriffen. Ihren naiven Glauben hatten sich Teile der Bevölkerung trotz aller Verfolgungen und antireligiösen Propaganda erhalten.

Sooft ich konnte, besuchte ich die Museen in Moskau und Leningrad mit ihren unendlichen Reichtümern an europäischer und russischer Kunst. In jenen Jahren wurden die ausgestellten Gegenstände nicht so sehr als Kunstwerke gewertet, sondern dienten vor allem als Dokumente der Sozialgeschichte und als Illustration der Mißstände des Kapitalismus. Die Beschriftungen, Erläuterungen und Führungen durch die Sammlungen entsprachen diesem Schema. Die Direktoren der Tretjakow-Galerie in Moskau und des Russischen Museums in Leningrad hatten ein besonderes Talent, die russische Geschichte anhand von Bildern in diesem Sinne zu illustrieren. So sah man betrunkene Popen in der Gesindestube tafeln und suchte damit den Betrachtern den Mangel an Erziehung und die niedrige Kultur des geistlichen Standes zu beweisen. Deutsche, die in der Zarenzeit in Rußland gelebt haben, gaben zu, daß viele dieser Bilder keineswegs Karikaturen waren, sondern sehr oft der Wirklichkeit entsprachen.

Ein reichhaltiges Programm gab es an den Wochenenden, an denen wir nach Leningrad fuhren. Da der »Rote Pfeil«, ein verhältnismäßig schneller Zug, um Mitternacht Moskau verließ, benützten wir den angebrochenen Abend vor der Abfahrt, um die Oper oder das Theater in Moskau zu besuchen. In Leningrad war das deutsche Generalkonsulat im Gebäude der ehemaligen Deutschen Botschaft untergebracht, wo wir, dank der Gastfreundschaft unseres Generalkonsuls Sommer, jederzeit willkommen waren. Immer wieder war es ein Genuß, ohne bestimmtes Ziel durch die Straßen, über die Plätze, entlang der Newa zu schlendern und die geniale Architektur dieser nordeuropäischen Hauptstadt – besonders in den weißen Nächten – in sich aufzunehmen. Am Abend vor der mitternächtlichen Heimfahrt ging es natürlich wieder in die Oper oder das Ballett. Wir mußten doch sachverständig an dem dauernden Streitgespräch teilnehmen können, ob die Aufführungen in der alten oder der neuen Hauptstadt besser seien.

Da die Russen geborene Schauspieler sind, war ihr Theater von hoher Qualität. Besucher aus Deutschland nahm ich mit ins Theater, auch wenn sie kein Russisch verstanden und aus diesem Grunde nicht mitgehen wollten. Ich überredete sie immer doch mitzukommen – sie könnten ja nach dem ersten Akt nach Hause gehen, wenn es ihnen nicht gefiele. Fasziniert von der Darstellungskunst und dem schönen Klang der Sprache blieben sie begeistert bis zum Ende. Das Geheimnis der einzigartigen Aufführungen – besonders des Stanislawski-Theaters – bestand darin, daß alle Rollen, die Hauptrollen bis zur kleinsten Nebenrolle, mit erstklassigen Schauspielern besetzt waren, und daß ein neues Stück bis zu zwei Jahre lang geprobt wurde. Das Bühnenbild, auch in Oper und Ballett, wurde in Farbe und Bewegung so harmonisch und ausgewogen gestaltet. Die Ausstattung insgesamt war konservativ und prächtig.

Damals erfreuten sich noch Wsewolod Meyerhold und sein modernes Theater großer Beliebtheit und wurden von der Partei gefördert. Sein Publikum war unterschiedlich zusammengesetzt; Intellektuelle, die ein besonderes Interesse für das Theater hatten, und Arbeiter und Angestellte mit Freikarten. Die Reaktion der Zuschauer war dementsprechend verschieden und gegensätzlich – die Intellektuellen bejahten den Avantgardismus, während die anderen die Vorstellung verwirrt verließen. Die Regierung stellte sich später auf die Seite der Konservativen, und Meyerhold verschwand von der Bühne. Er wurde ein Opfer der großen Säuberungsaktionen.

Viele Theaterstücke, die die Revolution verherrlichten, verschwanden im Laufe der Zeit vom Spielplan, weil sie das Publikum nicht mehr begeistern konnten. Das Revolutionsballett »Der rote Mohn« wurde abgesetzt, da die Zuschauer das klassische Ballett bevorzugten. Die Menschen gingen ins Theater, um eine Scheinwelt zu genießen und für einige Stunden den grauen Alltag zu vergessen. Das Theaterstück »Die Tage der Familie Turbin« von Michail Bulgakow war eine Ausnahme von dieser Regel. Das Stück spielte in der Revolutionszeit, enthielt sich aber jeder Propaganda für Rote oder Weiße. Es war beim Publikum sehr beliebt, sicherlich auch weil es von hervorragenden Schauspielern im ersten Künstlertheater bewegend gespielt wurde.

Für unseren Militärattaché, General Köstring, war das Stück von besonderem Interesse. An einer Stelle des Stückes muß der Hetman der Ukraine, Pawel Skoropadsky, vor der anrückenden Roten Armee in Sicherheit gebracht werden. Er wird als deutscher Offizier verkleidet und unter der Aufsicht eines deutschen Majors wie ein Verwundeter auf einer Tragbahre hinausgetragen. Als der Ukrainer in dieser Verkleidung von der Bühne verschwindet, bemerkt der deutsche Major, auf russisch, aber mit starkem deutschen Akzent »tschistaja nemetskaja rabota« – saubere deutsche Arbeit. Nun war Köstring zu der Zeit, in der das Stück spielt, Skoropadsky tatsächlich zugeteilt und war der fragliche Major gewesen. Als er das Stück sah, ärgerte er sich, daß der Schauspieler mit starkem deutschen Akzent sprach, während doch er, Köstring, das Russisch wie ein Russe beherrschte. Er beschwerte sich bei dem Direktor des Theaters, aber natürlich wurde die Szene nicht geändert. Das russische Publikum konnte hier die Revolution noch einmal erleben, aber sicher nicht in der Weise wie die Partei dies gewünscht hätte. In einer Szene, in Kiew in einem Bürgerhaus, setzt sich ein junger weißrussischer Offizier ans Klavier und spielt die alte Zarenhymne. Ein Teil des Publikums klatscht Beifall. Etwas Ähnliches geschah bei der Aufführung der Oper »Das Mädchen von Pskow« von Rimski-Korssakow. Iwan der Schreckliche zieht als Sieger in die Stadt ein, deren Kirchen mit ihren goldenen

Zwiebeltürmen auf der Bühne naturgetreu nachgebildet waren. In dem Augenblick, in dem die Kirchenglocken läuten und die Zarenhymne ertönt, bricht das Publikum in begeisterten Beifall aus. Später wurden solche patriotischen Gefühle nicht nur begrüßt, sondern auch gefördert. Mit Staunen stellten wir nach 1933 fest, daß die Nationalhelden vergangener Jahrhunderte wie Iwan der Schreckliche, Peter der Große, und die Feldherrn Suworow und Kutusow, die Napoleon geschlagen hatten, wieder zu Ehren kamen. Die Flut der Filme, Bücher und Theaterstücke, die die glorreiche russische Geschichte verherrlichten, bewies, daß Stalin in diesem Falle erkannt hatte, was das Volk sich wünschte. Selbst die Komponisten Dimitri Schostakowitsch und Sergei Prokofjew folgten dieser neuen patriotischen Richtung.

Nach der Revolution wurden die Weißen als früher herrschende Klasse geschildert, die die Arbeiter und Bauern brutal unterdrückte. Sie wurden stets als dekadente, lasterhafte und charakterlose Schwächlinge dargestellt. Kein gutes Haar wurde an ihnen gelassen. Dies änderte sich, als die Ära des »Sowjet-Nationalismus« begann. Die negative Darstellung der Weißen war insofern problematisch, als der Sieg der Roten Armee über eine solche minderwertige Bande kein großes Verdienst gewesen wäre. Den Parteipropagandisten war klar geworden, daß die Rote Armee ihre Schlagkraft und Tapferkeit nur im Kampf gegen einen harten und tapferen Gegner hatte beweisen können. Diese Erkenntnis führte dazu, daß das Bild der Weißen entzerrt wurde. Der bekannte Film »Tschapaew«, der am Jahrestag der Revolution 1934 uraufgeführt wurde, bezeichnete den Wendepunkt. Aus der heutigen Sicht mögen die Weißen in diesem Film immer noch karikaturhaft überzeichnet sein, damals erschien der Film den sowjetischen und den ausländischen Zuschauern als bedeutender Schritt in Richtung einer objektiveren Darstellung der Vergangenheit.

Im Gegensatz zu der Bedeutung der bildenden Künste wurde der Sport, vor allem der Leistungssport, als Stiefkind behandelt. Es gab nur wenige gute Sportler und die Sportbegeisterung von uns jüngeren Diplomaten stieß auf wenig Verständnis bei der sowjetischen Bevölkerung. Erst Ende der dreißiger Jahre erkannte die Sowjetregierung die Bedeutung des Sportes für die Entwicklung des Nationalstolzes. Mit Vorliebe besuchten wir damals den Zirkus, der hervorragende Leistung nicht nur in den üblichen Nummern zeigte, sondern der auch einer der ganz wenigen Orte war, wo der politische Witz noch geduldet wurde. Zwei Clowns machten sich durch ihre Unerschrockenheit einen Namen. Sie erschienen, einer mit einem Bild von Lenin, der andere mit einem Bild von Stalin, blickten von der Mitte der Arena fragend herum und einer von ihnen fragte »Wo sollen wir sie hintun? Aufhängen oder an die Wand stellen?« Jedesmal brach das Publikum in schallendes Gelächter aus. Das kommunistische Regime war inzwischen so fest im Sattel, daß es solchen Humor als Sicherheitsventil dulden konnte. Auch zu Beginn des Nationalsozialismus waren in Deutschland politisch aggressive Witze im Umlauf, einige von ihnen wurden sogar Göring zugeschrieben. In beiden Ländern sollte diese ironische Selbstkritik bald verstummen.

Dies waren meine ersten persönlichen Eindrücke von Rußland. Ich war bestrebt, die Menschen und die Vorgänge in der Sowjetunion ohne Scheuklappen und Vorurteile zu beobachten. Gegenüber meinen Kollegen im Außenkommissariat betonte ich, daß ich versuchte, das Experiment Sowjetunion objektiv zu analysieren. Ich würde auch bereit sein, gegebenenfalls anzuerkennen, daß das kommunistische System seine guten Seiten habe. Für mich persönlich allerdings, so bemerkte ich ironisch, schiene der Kommunismus keine gute Lösung, da, wie ich gehört hätte, Adlige im allgemeinen verbannt, in Konzentrationslager geschickt oder als Klasse liquidiert würden.

# Kontakt mit Russen

Der Verkehr mit Russen war mit mehr Schwierigkeiten und auch Gefahren für die Einheimischen verbunden als uns lieb war. Mir war zum Beispiel von Anfang an bekannt, daß die Russinnen, die den Diplomaten Sprachunterricht gaben, von Zeit zu Zeit der Geheimpolizei berichten mußten. Seit 1933 wurde jeder, der mit einer Botschaft in regelmäßigem Kontakt stand, von der Geheimpolizei, der GPU (später NKWD)[1], überwacht. Wir hüteten uns, unsere russischen Freunde darauf anzusprechen. Um so mehr war ich erstaunt über die Offenheit, mit der Russen auch in Gegenwart von Ausländern kritische Bemerkungen über die Zustände in der Sowjetunion machten. Ebenso wie in Deutschland, gab es immer wieder Furchtlose oder Leichtsinnige, die sich kritisch über das Regime äußerten, obwohl sie wußten, daß sie Gefahr liefen, verhaftet und in ein Lager geschickt zu werden, wenn ihre Äußerungen bekannt würden. Wie immer, wenn die freie Meinung unterdrückt wird, kommen Augenblicke, wo der Mensch nicht mehr schweigen kann und seinem Herzen Luft machen muß. Als der Ehemann meiner Russischlehrerin verhaftet wurde und verschwand, nahmen wir an, daß wohl unvorsichtige Äußerungen der Anlaß gewesen waren. Später wurde auch seine Frau verhaftet, aber wieder freigelassen. Sie lebt noch heute in Moskau und gibt Sprachunterricht.

Ein besonders wachsames Auge hatte die GPU auf das Hauspersonal der Diplomaten. Unsere beiden Hausmädchen waren Wolga-Deutsche, die uns schon wegen der gemeinsamen Sprache besonders nahestanden. Niemals versuchten wir zu erfahren, welche Aufträge sie von der GPU erhielten und was sie der GPU berichteten. Die GPU wäre sicherlich erstaunt gewesen, wenn sie gewußt hätte, daß die beiden ihr Zimmer mit Bildern von Hitler und Stalin geschmückt hatten – als ob sie den Hitler-Stalin-Pakt von 1939 vorausgeahnt hätten.

Die im Lauf der Jahre sich verstärkenden Polizeimaßnahmen hatten zur Folge, daß Kontakte zwischen Diplomaten und Sowjetbürgern immer schwieriger und seltener wurden. Weder die Diplomaten noch die Russen verspürten angesichts der krankhaften Fremdenfeindlichkeit der Regierung große Neigung, miteinander zu verkehren. Die einzige Möglichkeit, mit Einheimischen zusammenzutreffen, bot sich in den Wohnungen deutscher Spezialisten, die mit russischen Frauen verheiratet waren. Dank ihrer bevorzugten Behandlung konnten sie einen größeren Kreis von Freunden zu sich einladen, darunter auch die russischen Verwandten und Bekannten ihrer Frauen. Nach 1933 hörte auch dieser familiäre Verkehr auf. Der größte Teil der ausländischen Spezialisten verließ die Sowjetunion. Ihre Verträge wurden entweder nicht verlängert oder in wesentlichen Teilen nicht eingehalten. So wurden die in Devisen vorgesehenen Gehaltsauszahlungen eingestellt. Die Sowjetregierung betrachtete die Spezialisten als unerwünschte Beobachter. Die fremdenfeindlichen Maßnahmen richteten sich nicht nur gegen die Deutschen sondern gegen alle Ausländer.

Während wir immer mehr von der Bevölkerung abgeschnitten wurden, blieben die Verbindungen zwischen Angehörigen der Deutschen Botschaft und offiziellen Vertretern des Landes bestehen. Intellektuelle, hohe Funktionäre und Offiziere nahmen auch weiterhin unsere Einladungen an, soweit die Sowjetregierung ihnen die Genehmigung dazu gab.

Die jüngeren Diplomaten, die sich für das kulturelle Leben besonders interessierten, suchten die Begegnung mit den Künstlern, denen gewisse Freiheiten eingeräumt waren. Schauspieler, Künstler und Musiker wohnten zum größten Teil noch in denselben Wohnungen wie vor der Revolution. Ihre alten Möbel, Porträts von Emigranten, ja sogar Bilder der Zarenfamilie ließen sie und ihre Besucher die rauhe Wirklichkeit vergessen und gaben ihnen das Gefühl, sich auf einer Insel zu befinden, die einer längst verklungenen Welt angehörte.

Unser Kulturreferent Gerhard Stelzer hatte sich in wenigen Jahren zu einem großen Kenner russischer Kunst entwickelt. Er bewohnte in dem Haus, in dem auch ich untergebracht war, einen der alten, großen Salons. In regelmäßigen Abständen gab er Abendempfänge, die bis in die frühen Morgenstunden dauerten. Unter den Gästen waren Schriftsteller, Schauspieler, Opernsänger, Musiker, Maler und Professoren. Da stets ein Milizionär vor dem Haus stand, war die Gästeliste der Regierung wohlbekannt. Es war ein ungeschriebenes Gesetz, und das wußte wohl die Regierung, daß über Politik nicht gesprochen wurde. Stelzer war ein idealer Gastgeber, kümmerte sich um jeden einzelnen Gast, sorgte dafür, daß er nach Herzenslust essen und trinken konnte, unterhielt sich mit jedem, ohne jemals eine indiskrete Frage zu stellen. Die Gäste kamen mit Begeisterung zu Stelzer, weil sie diese einmalige Atmosphäre eines großen Salons liebten. Seine Veranstaltungen fielen völlig aus dem allgemeinen Rahmen.

Bei Stelzer wurde russisch gesprochen, obwohl viele der Russen gut deutsch konnten. Die jüngeren Mitglieder der Deutschen Botschaft sprachen alle fließend russisch, die meisten hatten die russische Sprachprüfung abgelegt. Der berühmte russische Kunsthistoriker Igor Grabar war einer der regelmäßigen Gäste nicht nur bei Stelzer, sondern auch bei anderen deutschen Familien. Da er deutscher Abstammung war, zog er es vor, sich mit uns deutsch zu unterhalten. Er verstand es, uns für die eigenartige Schönheit der russischen Kunst die Augen zu öffnen. Wir folgten ihm gebannt, wenn er uns die fremde Welt der alten Ikonen und Kirchen erklärte. Deutlich ist mir noch in Erinnerung, daß er immer wieder darauf hinwies, daß es in Rußland keine Renaissance gegeben habe. Vor allem in der Kirchenarchitektur und Ikonenmalerei habe sich die alte byzantinisch-russische Tradition erhalten. Die Kunstwerke des Barock und des Klassizismus seien meist durch ausländische Künstler geschaffen worden oder gingen auf ausländische Einflüsse zurück. Vielleicht weil er bayerischer Abstammung war, hatte er eine Vorliebe für die Architektur des Barock und des Klassizismus. Leider wurden auch Grabars Besuche mit der Zeit immer seltener. Ich selbst verdanke diesem verspäteten kunsthistorischen Seminar von Grabar außerordentlich viel.

Zwei andere bemerkenswerte Gäste Stelzers waren die Schauspieler Iwan Moskwin und Wassili Katschalow. Allein ihrer schönen Sprache zuzuhören war ein Genuß. Moskwin war voll sprühenden Humors und wußte immer neue Anekdoten zu erzählen, die aber nie etwas mit Politik zu tun hatten. Katschalow war ernster und für mich der großartigste Schauspieler, dem ich je begegnet bin. Meine Liebe zum russischen Theater verdanke ich wohl diesen beiden Meistern der Schauspielkunst.

Auch die Welt der Musik war bei Stelzer vertreten. Sergei Prokofjew kam hin und wieder zu ihm, war aber häufiger Gast auf der Amerikanischen Botschaft, weil er Freunde in Amerika hatte. Prokofjew machte den Eindruck eines fest in sich ruhenden Menschen, der seiner selbst so sicher war, daß er ohne Hemmungen mit Ausländern zusammenkommen konnte.

Bei Botschafter von Dirksen und auch bei Stelzer verkehrte Anatol Lunatscharski. Er war bis 1929 Volkskommissar für das Bildungswesen und, als ich ihm begegnete, mit der Aufsicht über die wissenschaftlichen Institute beauftragt. Er erzählte gerne von seinen Bemühungen als Denkmalspfleger, alte Kunstwerke zu erhalten und zu restaurieren. Unter Lunatscharski wurde eine besondere Methode entwickelt, die Übermalungen späterer Jahrhunderte von den Kirchenfresken abzulösen und zu erhalten. Lunatscharski machte den Eindruck eines gebildeten Fachministers, weniger den eines überzeugten kommunistischen Funktionärs. Er fiel in den Jahren 1933/34 in Ungnade, zu einer Zeit, als Stalin die neue Richtung in der Kulturpolitik verkündete, wonach die Kunst für die Massen verständlich sein müsse. Damit verwandte die neue proletarische Kunsttheorie nun praktisch dieselbe fatale Losung, die das Dritte Reich dekretiert hatte: Die Kunst muß volksnah sein. Diese Entwicklung bedeutete das Ende der russischen abstrakten Kunst, die nun durch den sozialistischen Realismus ersetzt wurde. Die Werke moderner Künstler wurden aus den Museen entfernt, anders als in Deutschland aber nicht verkauft, sondern in die Depots genommen. Avantgardistische Theaterstücke wurden abgesetzt, die Theaterdirektoren Meyerhold und Alexander Tairow verschwanden, ohne daß man erfuhr, was aus ihnen geworden war. Meyerholds Sturz war wohl auch darauf zurückzuführen, daß er Jude war.

Als Stalin seine Politik des Staatskapitalismus in Gang setzte, blieb dies auch nicht ohne Folgen für die Intellektuellen, die der Avantgarde angehörten. Besonders hart wurden auch die Nichtrussen, vor allem die Juden, betroffen.

Die sowjetische Parteispitze hatte so gut wie keinen Umgang mit den Diplomaten. Eine Ausnahme bildeten die Angehörigen des Außenkommissariats und einiger anderer Kommissariate, mit denen die diplomatischen Missionen dienstlich zu tun hatten. Wenn auch keine private Geselligkeit möglich war, so konnten wir doch einen persönlichen Eindruck von einigen der führenden Persönlichkeiten gewinnen, die wir teilweise sympathisch und menschlich fanden. Genosse »Sergo« Ordschonikidse, der Verantwortliche für die Schwerindustrie, und Abel Jenukidse, Generalsekretär der Kommunistischen Partei, stammten wie Stalin aus Georgien. Sie waren, wie die meisten Georgier, aufgeschlossen, fröhlich, deutschfreundlich und auch bereit, eine freundschaftliche, offene Unterhaltung zu führen. Sie waren öfter Gäste im Hause unseres Botschafters von Dirksen und unterschieden sich wohltuend von den meisten sowjetischen Funktionären, die es nicht wagten, persönliche Meinungen zu äußern und sich linientreu an das hielten, was die Partei in der »Prawda« oder »Iswestija« verkündete.

Ein gerngesehener Gast war auch der Politiker und Schriftsteller Karl Radek, ein in Lemberg geborener Jude, der fließend deutsch sprach. Lebhaft und gern erzählte er vom kommunistischen Aufstand im Jahre 1923 in Sachsen, an dem er persönlich teilgenommen hatte. Er hatte sich in demselben Hotel befunden wie der Stab der gegen die »Roten« kämpfenden Reichswehr. Seine Kenntnis der deutschen Geschichte und vor allem der deutschen Militärgeschichte war erstaunlich. Wenn wir mit ihm diskutierten, waren wir ihm stets unterlegen. Er machte sich ein besonderes Vergnügen daraus, unsere Militärattachés darauf hinzuweisen, daß die von ihnen vertretenen Ansichten sich im Widerspruch zu dem befänden, was Clausewitz und Moltke in dem oder dem Kapitel ihrer Werke geschrieben hätten. Als ich ihn einmal fragte, ob die Sowjetunion auch heute noch wie 1923 hoffe, daß Deutschland kommunistisch werde, erwiderte Radek lachend, daß die sowjetischen Kommunisten keinerlei Interesse an einer erfolgreichen kommunistischen Revolution in Deutschland hätten, weil dann unweigerlich die Hauptstadt der kommunistischen Welt von Moskau nach Berlin verlegt werden würde.

Unsere Beziehungen zum Außenkommissariat waren korrekt und besonders dadurch erleichtert, daß der größte Teil der sowjetischen Diplomaten fließend deutsch sprach. Freundschaftliche Beziehungen bestanden mit Nikolai Krestinsky, dem stellvertretenden Kommissar für Auswärtige Angelegenheiten, der lange in Berlin Botschafter gewesen war. Seine Frau und er machten auf uns nicht den Eindruck überzeugter Kommunisten. Er war der Typ eines Beamten ohne großen politischen Einfluß, wie man ihn auch bei uns antrifft. Daß Krestinsky ein mitfühlendes Herz hatte und bereit war, Menschen zu helfen, auch wenn damit ein gewisses Risiko für ihn selbst verbunden war, zeigte sich, als mein Freund Kurt Brunhoff im Frühjahr 1933 von Moskau nach Stockholm versetzt wurde. Durch ein Versehen der GPU wurde seiner langjährigen russischen Freundin einige Tage bevor Brunhoff von Moskau abreiste, mitgeteilt, daß sie nach Sibirien verschickt werden würde. Brunhoff war zutiefst beunruhigt, suchte, ohne Botschafter von Dirksen zu fragen, Krestinsky auf und bat ihn, dafür zu sorgen, daß seine Freundin zusammen mit ihm die Sowjetunion verlassen könne. Krestinsky war sofort bereit, das Nötige zu veranlassen. Einige Tage später begleitete ich

Brunhoff und seine Freundin zum Zug nach Deutschland. Krestinsky hatte das Unmögliche möglich gemacht. In der Regel dauerte es Monate, wenn nicht Jahre, bis ein Sowjetbürger, wenn überhaupt, die Ausreisegenehmigung erhielt.

Auch Krestinsky und seine Frau wurden Opfer der Stalinschen Säuberung. In der öffentlichen Gerichtsverhandlung gegen Krestinsky im Ballsaal des ehemaligen Adels-Klubs, kam es zu einem dramatischen Zwischenfall. Krestinsky bekannte sich zunächst schuldig, setzte sich, sprang blitzschnell wieder auf und widerrief in wenigen Worten, die er laut und schnell herausstieß, sein Geständnis. Er habe es unter Druck abgegeben. Die Gerichtsverhandlung wurde sofort unterbrochen und Krestinsky abgeführt. Nach wenigen Tagen wurde die Verhandlung wieder aufgenommen. Krestinsky, der inzwischen von der GPU entsprechend behandelt worden war, gab das ihm vorgeschriebene Geständnis ab. Wir bewunderten seinen Mut und seine Charakterstärke und dachten mit Schaudern an die Qualen, die er ertragen mußte. Er wurde hingerichtet und seine Frau nach Kasachstan in ein Isolationslager verschickt.

Der Deutschland-Referent des Außenkommissariats, Lewin, war der Sohn eines bekannten Kreml-Arztes, der sich ängstlich auf den dienstlichen Verkehr mit uns beschränkte und seine Sympathien für Deutschland, die er wie viele Juden empfand, verbarg. Er vermied es auch, wie die meisten seiner Kollegen, von der bürgerlichen Vergangenheit seiner Familie zu sprechen. Ein oder zwei Mal im Jahr fuhren wir mit unseren sowjetischen Kollegen des Außenkommissariats in die schöne Umgebung von Moskau, wo vorher ein gemütlicher Platz für eine »Brotzeit« ausgekundschaftet worden war. Politische Themen wurden nicht berührt. Einmal waren die Russen, einmal wir die Gastgeber, und jeder bemühte sich, durch liebevoll ausgesuchte Speisen und Getränke eine freundschaftliche Atmosphäre zu schaffen. Ausnahmsweise kamen auch sowjetische Diplomaten in unsere Wohnung. Nach 1933 hörten diese wenigen menschlichen Kontakte auf. Nur noch die höheren Beamten wagten es, aus ganz offiziellen Anlässen in die Residenz des Botschafters zu kommen.

Nur Ivy Litwinow, die Frau des Außenkommissars Maxim Litwinow, eine gebürtige Engländerin, bewahrte sich als einzige eine völlige Unabhängigkeit von allen Beschränkungen im Verkehr mit Ausländern. Sie war eng befreundet mit Mrs. Strang, der Frau des britischen Botschaftsrates, und Mrs. Rabinavičius, der Frau des litauischen Legationsrates.

In diesen beiden Familien ging sie ein und aus und wurde wie ein Familienmitglied behandelt. Der Verkehr von Frau Litwinow mit dem Diplomatischen Korps hatte keinerlei politische Bedeutung, war aber doch ein außergewöhnlicher Zug des Moskauer Lebens.

In den frühen dreißiger Jahren trugen die Sowjetfunktionäre uniform-ähnliche Anzüge ohne Rangabzeichen. Ich sehe noch den Volksbildungs-kommissar, Andrei Bubnow, in seiner Uniformjacke und hohen Stiefeln vor mir und seine schöne, hochgewachsene Frau, die mich immer an Delacroix' die Trikolore tragende »Marianne« erinnerte, in einer ähnli-chen militärischen Aufmachung. Frau Bubnow trug allerdings anstelle der blau-weiß-roten Kappe eine Ballonmütze. Einige Beamte des Volks-kommissariats des Äußeren, die schon dem zaristischen Außenministe-rium angehört hatten und aus Adelsfamilien stammten, wie der Proto-kollchef Florinsky und der langjährige Außenkommissar Georgi Tschit-scherin, trugen wohl absichtlich diese »Uniformen«, um zu beweisen, daß sie sich von ihrer Herkunft losgesagt hatten. Sein proletarisches Gehabe hinderte aber Florinsky nicht daran, seiner alten Leidenschaft, dem Bridgespiel, zu frönen. So sah man ihn regelmäßig am Bridgetisch in den Häusern der Missionschefs. Gelegentlich hatte man den Eindruck, daß das proletarische Auftreten von Florinsky und seinesgleichen einstu-diert war. Dann verschwand Florinsky von einem Tag auf den andern, und wir hörten nie wieder etwas von ihm. Sein Nachfolger Nikolai Barkow kam nicht aus dem zaristischen auswärtigen Dienst, trug bürger-liche Kleidung und war angenehmer und natürlicher im Umgang als sein Vorgänger, der in ständiger Angst lebte, seine Vergangenheit zu verra-ten. Aber auch Barkow verschwand.

Da Stalin bis 1941 kein Staatsamt, sondern nur ein Parteiamt innehat-te, gab es so gut wie keine Begegnungen zwischen ihm und staatlichen Vertretern des Auslands. Stets nahm er vor der Kreml-Mauer die Paraden am 1. Mai und 7. November ab. Von Zeit zu Zeit erschien er überraschend in den Vorstellungen des Bolschoi-Theaters. Zu unserem größten Erstaunen erklärte er sich bereit, im Dezember 1931 den damals vieldiskutierten deutschen Schriftsteller Emil Ludwig zu empfangen.

Stalin, den ich nur einige Male flüchtig sah, erinnerte mich mit seinen scharf beobachtenden, etwas lauernden Augen und der Art, wie er sich bewegte, an eine Großkatze. Die über ihn verbreiteten Gerüchte von seiner Vorliebe für Trinkgelage und laute, ausschweifende Feste erschie-nen mir übertrieben und wenig glaubhaft. Wie alle Georgier war er ein Freund fröhlicher, ausgelassener Gesellschaften, und ein liebenswürdiger

Gastgeber. Hiervon konnte ich mich 1932 auf einem Empfang im Kreml zu Ehren des Türkischen Ministerpräsidenten Ismet Inönü überzeugen. Es war ein rauschendes Fest. Auserlesene Speisen und Getränke, die an den Luxus vergangener Zeiten erinnerten, wurden angeboten.

Kurt Brunhoff wurde Zeuge eines Gesprächs zwischen dem afghanischen Botschafter und dem stellvertretenden Volkskommissar Karachan. Der Botschafter meinte vorsichtig, dies opulente Buffet stünde in einem gewissen Gegensatz zu der Not und dem Hunger die im Land herrschten. Karachan lächelte: »Das ist bei uns doch Tradition.«

Die vergoldeten Teller und Bestecke verrieten durch die eingravierten Initialen der Zaren ihre Herkunft. Mein italienischer Kollege Micki Lanza bemerkte mit einem spitzbübischen Lächeln, »Hony soit qui mal y pense«! Es ging das Gerücht, daß ein englischer Diplomat ein Messer in seiner Tasche verschwinden ließ mit dem Hinweis, es sei ja gestohlenes Gut.

Nach dem Essen mischte sich Stalin unter die Gäste und unterhielt sich zwanglos mit ihnen. Im Gegensatz zu Hitler wirkte er aufgelockert und natürlich. Man konnte ihm einen gewissen Charme und Sinn für Humor nicht absprechen.

Seit 1934 war den Diplomaten in Moskau klar, daß Stalin der alleinige Machthaber war und daß alle wichtigen Entscheidungen von ihm ausgingen. Seine Untertanen ließen sich durch sein zuweilen freundliches Gebaren nicht darüber täuschen, daß er seine Macht mit großer Grausamkeit ausübte. Selbst seine engsten Mitarbeiter lebten in der Furcht des Herrn. Als Stalin während der Verhandlungen mit Ribbentrop im August 1939 den Generalstabschef Boris Schaposchnikow, der im Begriff war, den Saal zu verlassen, zurückrief, ließ dieser vor Schreck einen Teil seiner Unterlagen fallen.

Nur sehr selten traf man in der Provinz sowjetische Funktionäre, die eine eigene Meinung vertraten. Im Sommer 1935 hatte ich ein erstaunliches Erlebnis im Kaukasus. Die georgische Regierung gab zu Ehren von Botschafter Graf von der Schulenburg, der von seiner Tochter Christa, meiner Frau und mir begleitet wurde, ein echt georgisches Fest. Es gab zunächst eine nicht enden wollende Folge von Vorspeisen und Gerichten. Der Alkohol in Form von schweren georgischen Weinen floß in Strömen. Der georgische Ministerpräsident Budu Mdivani entstammte einer fürstlichen Familie, die Graf Schulenburg bereits kennengelernt hatte, als er vor dem Ersten Weltkrieg Konsul in Tiflis war. Nach georgischer Sitte übte Mdivani das Amt des »Tamada« aus, dessen Aufgabe es ist, unentwegt Trinksprüche auszubringen und die Gäste durch humorvolle kurze Reden zu unterhalten. Mdivani begann mit einem Trinkspruch auf Stalin und Hitler, dann trank er auf das Wohl jedes einzelnen Anwesenden einschließlich ihrer Vor- und Nachfahren. Bei jedem Trinkspruch wachte der Tamada darüber, daß jeder Gast sein Glas bis zum letzten Tropfen leerte. Nach kurzer Zeit waren alle Anwesenden mit Ausnahme der Damen, die der Tamada mit Nachsicht behandelte, in feucht-fröhlicher Stimmung. Das fröhliche Fest ließ alle für kurze Zeit die schlechten Beziehungen zwischen Deutschland und der Sowjetunion vergessen. Das erste Opfer des unerbittlichen Tamada war unser Generalkonsul Karl Dienstmann, den Mdivani immer wieder ermahnte, sein Glas auszutrinken. Als plötzlich ein lauter, explosionsartiger Knall erfolgte, ging ich unter den Tisch in Deckung, weil ich glaubte, eine Handgranate sei explodiert. Gräfin Schulenburg und meine Frau bewogen mich, wieder zum Vorschein zu kommen, weil keine Bombe explodiert sei, sondern Mdivani nur eine ungeöffnete Champagnerflasche in einen Spiegel geworfen habe. Nach dem Essen fand ich mich mit Georgi Astachow, dem Vertreter des Außenkommissariats bei der georgischen Regierung, auf einem Stuhl sitzend. Astachow sprach deutsch und hatte die deutschen Klassiker gelesen.

Am nächsten Morgen hatte ich nur eine verschwommene Erinnerung an unsere Unterhaltung. Ich entsann mich dunkel, daß wir über Hitler und Stalin gesprochen hatten. Meine Frau bestätigte mir, daß ich Astachow immer wieder versicherte, Hitler sei eine Katastrophe für Deutschland, und Astachow meinte, Stalin wäre auch nicht viel besser. Unser Gespräch hätte uns beide Kopf und Kragen kosten können. Glücklicherweise war niemand mehr in der Lage, unserer Unterhaltung zu folgen.

Ich begegnete Astachow noch einmal, als er Botschaftsrat und zeitweilig Geschäftsträger in Berlin war. 1939 bereitete er mit meinem alten Jahrgangskameraden Karl Schnurre die deutsch-sowjetische Annäherung vor. Mdivani hatte weniger Glück. Bereits 1929 war er als Trotzkist in Verdacht geraten und wurde später als angeblicher britischer Agent zum Tode verurteilt.

Als Schulenburg das Fest verließ, hatte er Schwierigkeiten, in das Auto einzusteigen. Er hielt den »Horch« für ein offenes Cabriolet. Da aber nur das Dach offen war, stieß er mit dem Kopf an dem Rahmen an. Als wir schließlich vor dem Konsulat eintrafen, fanden wir den Generalkonsul auf den Eingangsstufen seines Hauses vor. Den Damen gelang es nur unter Schwierigkeiten, uns zu bewegen, das Innere des Hauses zu betreten. In der Eingangshalle war ein ausgestopfter Bär aufgestellt, der in seinen Tatzen ein Tablett für Visitenkarten hielt, und mit dem wir uns lebhaft unterhielten. Am nächsten Morgen kam meine Frau in mein Zimmer gestürzt mit der Schreckensnachricht, Graf Schulenburg sei anscheinend tot. Ich sprang aus dem Bett und raste in das Zimmer des Botschafters, wo er mit blutüberströmter Stirn im Bett lag – aber laut schnarchte. Als er bald darauf wach wurde, meinte er, er sei wohl auf dem Heimweg mit dem Davidsberg, zu dessen Füßen Tiflis liegt, zusammengestoßen.

Nur einmal hatte ich in Moskau einen Abend im Hause des Botschafters von Dirksen miterlebt, der in einer ähnlichen, wenn auch weniger ausgelassenen Stimmung stattfand. 1932 gab Herr von Dirksen ein Abendessen zu Ehren der hohen sowjetischen Generalität. Alexander Jegorow, der Chef des Generalstabs, die Marschälle Semjon Budenny und Kliment Woroschilow, Michail Tuchatschewski und einige andere Generäle waren anwesend. Von Dirksen persönlich ausgesuchte deutsche Weine und Schnäpse sowie deutsche Gerichte ließen bald eine aufgelockerte Stimmung und eine Atmosphäre der Verbrüderung aufkommen, die die engen freundschaftlichen Beziehungen zwischen der Reichswehr und der Roten Armee deutlich widerspiegelten. Wenn ich mich recht erinnere, so saß ich am Schluß des Abends auf den Knien des Generalstabschefs Jegorow.

Die enge militärische Zusammenarbeit zwischen Deutschland und der Sowjetunion war nur wenigen Eingeweihten bekannt. Im Ausland liefen nur unbestimmte Gerüchte um. General von Seeckt hatte diese Zusammenarbeit, die Ende der zwanziger Jahre ihren Höhepunkt erreichte, eingeleitet. In der Nähe von Kasan wurden gemeinsam Panzer entwickelt und auf ihre Verwendbarkeit erprobt. In der Nähe von Lipetsk wurde an neuen Flugzeugmodellen gearbeitet. Reichswehroffiziere wurden zu Piloten ausgebildet, was nach dem Versailler Vertrag den Deutschen verboten war. So verfügte die von Hitler neu gegründete Luftwaffe von Anfang an über ausgezeichnet ausgebildete Flugzeugführer. Im Süden Rußlands wurden gemeinsame Versuche mit chemischen Kampfstoffen durchgeführt. 1932 fand diese Zusammenarbeit ein Ende.

Unser Militärattaché, General Köstring, vertrat auch in seinen später veröffentlichten Berichten die Auffassung, daß diese Stationen auf deutsche Veranlassung geschlossen worden seien, weil wir in der Lage waren, die Versuche auf deutschem Boden weiterzuführen. Tatsächlich erfolgte aber die Schließung bereits vor der Machtergreifung Hitlers. Mein Eindruck war, daß die Sowjets von sich aus die militärische Zusammenarbeit mit Deutschland beenden wollten, weil sie im Begriff waren, eine Politik der Annäherung an die Westmächte zu beginnen. Diese von Litwinow betriebene Neuorientierung der sowjetischen Politik war wohl auch eine Folge des Mißtrauens gegenüber den Regierungen von Brüning, Papen und Schleicher, die nach sowjetischer Ansicht zu sehr westlich orientiert waren.

Alljährlich nahm eine Delegation sowjetischer Generäle an den Manövern der Reichswehr teil. Sie wurden bevorzugt behandelt, und es wurde ihnen wesentlich mehr gezeigt als den Manöverteilnehmern der Westmächte. Die Generäle der Roten Armee gaben sich in Deutschland ungezwungener als in der Sowjetunion, denn sie fühlten sich nicht überwacht. Das tägliche Zusammensein während der Manöver gab die Möglichkeit, sich gegenseitig besser kennenzulernen, als dieses bei Begegnungen in der Sowjetunion möglich war. Die sowjetischen Generäle machten nach Leistung und Charakter einen guten Eindruck. Sie hatten meist bereits in der zaristischen Armee als Offiziere gedient. Bei den Lagebesprechungen und Manöverkritiken zeigte sich, daß sie gut ausgebildet waren und ihre militärischen Fähigkeiten und Kenntnisse denen westlicher Militärs nicht nachstanden.

Die Marschälle Woroschilow und Budenny kamen aus dem Mannschafts- beziehungsweise Arbeiterstand. Besonders beliebt war, auch bei den Ausländern, Budenny, der kein strategisches Genie war, dafür aber einen ausgesprochenen Mutterwitz besaß. Budenny sah wie ein Kosakenwachtmeister aus und hatte sich seine Natürlichkeit bewahrt. Er war bei seinen Soldaten angesehen und hatte sich im Feldzug gegen Polen 1920 in vorderster Front ausgezeichnet.

General Köstring, der selbst Kavallerist war, stand mit Budenny auf gutem Fuß. Als Köstring im Oktober 1935 zum zweiten Mal als Militärattaché nach Moskau entsandt wurde, umarmte ihn sein Freund Budenny beim ersten Wiedersehen und gab seiner Freude Ausdruck, daß er von den Nazis nicht »kastriert worden sei«.

Einer der brillantesten Generäle der Roten Armee war Tuchatschewski, ein nicht leicht zugänglicher Mann, der ehrgeizig und selbstbewußt wirkte. In unseren Augen war Tuchatschewski Deutschland gegenüber zurückhaltender als die meisten anderen sowjetischen Generäle. Wir hielten ihn eher für frankophil. Als Tuchatschewski 1936 einen offiziellen Besuch in Paris machte, war Köstring beunruhigt und sorgte dafür, daß er auf der Rückreise in Berlin mit Reichskriegsminister von Blomberg zusammentraf. Der Verlauf des Gesprächs zerstreute Köstrings Besorgnis nicht. Als Tuchatschewski 1937 verhaftet und hingerichtet worden war, wurde sowjetischerseits behauptet, dies sei wegen seiner deutschfreundlichen Einstellung erfolgt, er habe bei seinem Aufenthalt in Berlin mit Blomberg konspirativ verhandelt. Dieses Gerücht soll von Churchill an Benesch und von diesem an Stalin gelangt sein – für Stalin ein vollkommener Vorwand, um Tuchatschewski zu beseitigen.

Tuchatschewski und die anderen mit ihm verhafteten Generäle wurden ohne Gerichtsverfahren bei Nacht und Nebel erschossen. Stalin ahnte nach unserer Auffassung, daß die Generäle selbst unter Foltern keine Geständnisse ablegen würden und sich mit ihnen daher kein Schauprozeß durchführen ließe.

Es ist schwer zu verstehen, warum Stalin seine besten Generäle selbst vernichtet hat. Wir waren überzeugt, daß der Vorwurf, sie hätten mit Deutschland gegen Stalin konspiriert, aus der Luft gegriffen war. Vielleicht ging Stalin davon aus, daß die Generäle mit seiner Politik, auch wenn sie seine restaurativen Maßnahmen begrüßten, insgesamt nicht einverstanden sein konnten und ihm eines Tages erklären würden: »Genosse Stalin, du hast verdienstvollerweise viel getan, um den Kommunismus und die alten Kommunisten durch die Säuberungen zu liquidieren. Das einzige was noch zu tun übrig bleibt ist, dich auszuschalten. Wir werden dir dabei behilflich sein.« Im Krieg erzählten sowjetische Offiziere, die wir gefangennahmen, daß sie zur Zeit der Hinrichtung der Generäle in Lager geschickt und nach Kriegsausbruch wieder mit ihren alten Rängen in die Armee eingestellt worden seien. Sie bestätigten im übrigen die These, daß die Säuberung des Offizierkorps durch Stalin ein vorbeugender Terror war.

Zwei Jahre nach dem Tod Tuchatschewskis sollte mich eine ungewöhnliche Begegnung an ihn erinnern. Nach Beendigung des Polenfeldzuges lag mein Regiment – ich war inzwischen Soldat geworden – im Südosten von Warschau, in der Nähe von Garwolin. Der Verkehr mit der polnischen Bevölkerung war untersagt, wir hielten uns aber nicht an dieses Verbot. Eines Abends lud ein Schwadronchef meines Regiments zu einem abendlichen Konzert ein, bei dem Polen und Deutsche gemeinsam spielten. Nach dem Essen sprach mich die polnische Hausfrau auf meine Tätigkeit an der Deutschen Botschaft in Moskau an und fragte mich, ob ich Tuchatschewski begegnet sei. Ich bejahte dies und fügte hinzu, daß mich das tragische Ende dieses großen Generals seinerzeit erschüttert habe. Daraufhin erzählte mir unsere Gastgeberin, während des Ersten Weltkrieges sei Tuchatschewski, damals Leutnant im Semonowsky-Garderegiment, bei ihren Eltern einquartiert gewesen. Sie hätte sich in ihn verliebt und sich schließlich mit ihm verlobt. Danach sei er in deutsche Kriegsgefangenschaft geraten und habe ihr regelmäßig geschrieben. Sie wolle mir einen dieser Briefe zeigen. Sie bat mich lächelnd, nicht den Anfang und das Ende des Briefes zu lesen, da sie rein persönlicher Natur seien, und zeigte mit dem Finger auf einen bestimmten Absatz. Ich traute meinen Augen nicht, als ich die Zeilen las, in denen Tuchatschewski seiner Braut versicherte, er habe eine große Zukunft vor sich und werde einst als »roter Bonaparte« in die Geschichte eingehen. Mein erster Eindruck bestätigte sich, daß Tuchatschewski von höchstem Ehrgeiz erfüllt war. Stalin hatte wohl guten Grund, ihn zu fürchten. Trotzdem möchte ich noch einmal wiederholen, daß alle Mitglieder der Deutschen Botschaft im Augenblick der Verhaftung der Generäle überzeugt waren, daß es keinen konkreten Anlaß für Stalins Vorgehen gab.

# Ausländer in Moskau

Anfang der dreißiger Jahre war das diplomatische Korps in Moskau verhältnismäßig klein. Bei weitem nicht alle Regierungen hatten die Sowjetunion anerkannt, und die Zahl der unabhängigen Staaten war viel kleiner als heute. Als ich in Moskau eintraf, gab es sechsundzwanzig diplomatische Missionen. Da die üblichen Zerstreuungen in Moskau nicht vorhanden waren, unterschied sich das Leben der Diplomaten sehr von dem in anderen Hauptstädten. Man war auf den Verkehr untereinander angewiesen. So entstanden auf ganz natürliche Weise Freundschaften zwischen Angehörigen verschiedener Nationen, zu denen es unter normalen Verhältnissen nicht gekommen wäre. Viele, mit denen ich in Moskau Freundschaft geschlossen hatte, sollten nach dem Krieg eine bedeutende Rolle in meinem Leben spielen.

Die Diplomaten in Moskau bildeten eine Art großer Familie, der wir uns ebenso verbunden fühlten wie unseren Heimatländern. Die Ablehnung des Kommunismus einigte uns und ließ manches Trennende vergessen. Mit der Zeit wurde es immer deutlicher, daß wir durch Hitlers Politik auseinandergerissen werden würden, aber bis zum letzten Augenblick empfanden wir uns als eine Gruppe, die nur zeitweilig getrennt, aber nie ganz aufgelöst werden könnte.

So war, um nur ein Beispiel zu nennen, das Verhältnis zwischen Deutschland und Polen gewiß nicht das beste. Die Spannungen zwischen den Staaten hatten aber kaum Einfluß auf die persönlichen Beziehungen zwischen den Angehörigen der beiden Botschaften in Moskau. Als mir der Polnische Botschaftsrat Henrik Sokolnicki eines Tages erzählte, er habe Mikrophone im Botschaftsgebäude entdeckt, teilte ich seine Empörung.

Die Zusammenarbeit zwischen allen diplomatischen Missionen war so eng, wie sonst nur zwischen verbündeten Staaten. So kam eines Tages der Schwedische Gesandte, Baron Gyllenstierna, zu Graf von der Schulenburg und führte darüber Klage, daß er im Augenblick keinen geeigneten Mitarbeiter habe, der ihm bei der protokollarischen Vorbereitung des Besuches seines Außenministers behilflich sein könnte. Schulenburg hatte Verständnis für seine Nöte und schlug ihm vor, mich für diese Gelegenheit auszuleihen. Der Schwedische Gesandte ging gern auf dieses Angebot ein. So half ich hinter den Kulissen und wurde zur Belohnung ständig über die schwedisch-sowjetischen Gespräche auf dem laufenden gehalten.

Der Austausch von Informationen über die Sowjetunion war nichts Außergewöhnliches. So kamen die ausländischen Militärattachés nach den Paraden oder nach Manövern, an denen sie teilgenommen hatten, zusammen, um ihre Eindrücke und Erfahrungen zu vergleichen. Moskau war wohl der einzige Ort in der Welt, wo französische, polnische und deutsche Offiziere einträchtig zusammenarbeiteten. In gewissem Sinn war hier der Geist der späteren Europäischen Gemeinschaft vorweggenommen.

Eine andere Besonderheit Moskaus war es, daß jüngere Diplomaten nicht nur vom eigenen Missionschef, sondern auch von den Gesandten und Botschaftern der anderen Missionen eingeladen wurden. Die jüngeren Diplomaten erwarben durch ihre Reisen und die für sie leichteren Kontakte zur Bevölkerung Kenntnisse und Erfahrungen, die sie für die Missionschefs als Gesprächspartner interessant machten. Besonders gern und dankbar erinnere ich mich an den Britischen Botschafter Lord Chilston und an den Italienischen Botschafter Rosso, bei denen ich öfter in kleinem Kreis zu Gast war.

Als ich nach Moskau versetzt wurde, war der offizielle Kurs 2,16 Reichsmark für 1 Rubel. Wir konnten einen Teil unserer Ausgaben in Rubel bezahlen, die in der Botschaft zu einem günstigeren Kurs abgerechnet wurden. Die Botschaft verfügte ständig über höhere Rubelbeträge, die für die deutsch-sowjetischen Versuchsstationen benötigt wurden oder von der Deutsch-Russischen Saatbau A.G. (Drusag), einer deutsch-russischen Landwirtschaftskonzession am Kuban im Nordkaukasus, stammten. Die Erträge der Drusag konnten größtenteils nicht nach Deutschland überwiesen werden, so war die Botschaft eine Art Clearing-Stelle. Wir kauften auch, wie unsere ausländischen Kollegen, in Berlin, Warschau, Helsingfors, Teheran oder selbst in China Rubel ein. Die billigsten Rubel gab es in der Mandschurei. Es war manchmal nicht ganz einfach, sich diese »schwarzen« Rubel zu beschaffen. Aber Diplomaten sind erfinderisch. Nur in Ausnahmefällen wechselten wir Geld bei der Staatsbank. Die Sowjetregierung drückte ein Auge zu, wahrscheinlich weil sie selbst Rubel im Ausland zu einem billigeren Kurs verkaufte. Da Fahrkarten und Hotels in Rubel gezahlt wurden, war das Reisen in der Sowjetunion zwar anstrengend, aber billig. Auch Fahrkarten ins Ausland konnten wir in den ersten Jahren noch mit Rubel bezahlen. So kostete ein Erster-Klasse-Billett über Berlin nach Italien weniger als ein Dritter-Klasse-Billett nach Berlin. Noch dazu konnte man die Schiffsreise von Sizilien über Istanbul nach einem sowjetischen Schwarzmeerhafen auch in Rubel bezahlen. Das war natürlich ein besonders gutes Geschäft.

Da es so gut wie unmöglich war, in Moskau einzukaufen, waren die ausländischen Missionen gezwungen, vieles im Ausland zu bestellen. Lebensmittel, vor allem Fleisch und Fisch kamen wöchentlich von Polen, Finnland und Deutschland. Wein, Bier und Spirituosen wurden aus Frankreich, Italien oder Deutschland bezogen. Unsere Botschaft machte halbjährlich eine Sammelbestellung für Haushaltsbedarf, wie Seife, Haarwasser, Schuhbänder, Reinigungsmittel bis zum Toilettenpapier. Wenn es einem von uns an irgend etwas dringend fehlte, was nicht in Moskau erhältlich war, so half stets ein Kollege aus der eigenen oder fremden Mission aus. So bewährte sich die diplomatische Solidarität auch bei der Befriedigung der elementaren Lebensbedürfnisse.

Die Jagd nach Antiquitäten brachte Abwechslung in das sonst etwas eintönige diplomatische Leben. Die »Torgsin«-Läden, in denen man nur in ausländischer Währung zahlen konnte, aber auch die Kommissionsgeschäfte, die gegen Rubel verkauften, hatten eine reiche Auswahl. Das Angebot war so vielseitig, daß sich eine gewisse Spezialisierung im Sammeln ergab. Die einen sammelten nur altes Porzellan, andere hielten nach Silber Ausschau, wieder andere Kollegen interessierten sich nur für alte Bilder und Ikonen. Der schwedische Gesandtschaftsrat und langjährige Geschäftsträger Assarson verfügte nicht nur über das Geld, sondern auch über die erforderlichen Kenntnisse, um eine bemerkenswerte Sammlung an Ikonen zu erwerben. Auch mein Freund Micki Lanza von der Italienischen Botschaft erwies sich als erfolgreicher Ikonensammler. Eine Kategorie für sich waren die Botschafter, die mehr Zeit und Mittel hatten als wir Jüngere, um ihrer Sammelleidenschaft nachzugehen. Die Frauen des französischen und des italienischen Botschafters, Alphand und Attolico, hatten eine glückliche Hand. Der französische Botschafter, Comte de Jean, war mehr an Antiquitäten als an Politik interessiert. Oft traf ich ihn in den verschiedenen Läden, wie er Antiquitäten sachverständig daraufhin prüfte, ob sie würdig seien, in seine Sammlung aufgenommen zu werden. Er brauchte diese Antiquitäten auch deshalb, weil er die nette Angewohnheit hatte, Glücksspiele zu veranstalten, bei denen niemand verlor und deren Gewinne in kleinen Kostbarkeiten aus den Antiquitätenläden bestanden.

Die Buchläden waren eine Fundgrube für wertvolle, alte Ausgaben, die bis ins 16. Jahrhundert zurückgingen. Nicht nur russische, sondern auch deutsche und französische Bücher tauchten auf. So fand ich die Reisebeschreibungen von Herberstein und Olearius, deren damalige Eindrücke von Rußland nicht eben sehr verschieden von den meinen waren, obgleich sie dreihundert Jahre vor mir gelebt hatten. Bedrückend war das Gefühl, daß die Bücher und Antiquitäten von Angehörigen der früher herrschenden Schicht stammten, die sie verkaufen mußten, um überleben zu können, oder die enteignet worden waren.

Die Art und Weise, wie der amerikanische Botschafter Joseph Davies Antiquitäten aufkaufte, wurde von uns mißbilligt. Davies und seine Frau erwarben so viele Kunstgegenstände, daß sie ein Museum hätten ausstatten können. Natürlich zahlte Davis in Rubeln, die er auf dem schwarzen Markt erworben hatte. Die großen Summen, die er brauchte, trieben den Kurs in die Höhe. Auf diese Weise bekamen auch wir die Sammelleidenschaft von Davies am eigenen Leibe zu spüren. Abgesehen davon, daß er an den Schauprozessen persönlich teilnahm und sie auch noch öffentlich billigte, waren seine Rubelkäufe ein Grund mehr, ihn unbeliebt zu machen.

Auch ich machte meine regelmäßigen Runden in den Antiquitätengeschäften.

In einem Kommissionsgeschäft fand ich ein Ölgemälde des 16. Jahrhunderts, auf dem ein Ball der Augsburger Patrizierfamilien, darunter einige Mitglieder der Familie Herwarth, dargestellt war. Das Bild stammte aus Familienbesitz, und war nach 1807 von einem Herwarth, der nach Rußland auswanderte, mitgenommen worden. Seine Nachkommen haben die Revolution nicht überlebt.

Wie viele meiner Kollegen war ich ein passionierter Besucher des Theaters, des Balletts und der Oper. Im übrigen waren die Interessen der ausländischen Diplomaten weit gespannt, und sie hatten auch die Zeit, ihren Neigungen nachzugehen. Der Vertreter des Deutschen Nachrichtenbüros, des DNB, Ernst Schüle, war ein hervorragender Kenner der russischen Geschichte. Seine Gelehrsamkeit half uns, wenn ein Problem der Gegenwart seine Wurzeln in der Vergangenheit hatte. Er war noch jung und liebte es, zu belehren. Er wäre ein idealer Universitätsprofessor geworden. An meinem italienischen Kollegen Bartolomeo

Migone war ein Komponist verlorengegangen. Dan Lascelles von der Britischen Botschaft war ein Sprachgenie, der Franzose Graf Ostrorog Experte für Geschichte und Religion des Fernen Ostens. Mit einem gewissen Stolz stellten wir zuweilen fest, daß wir eine beachtenswerte Privatuniversität abgegeben hätten.

Unter den Moskauer Missionschefs waren einige bemerkenswerte Persönlichkeiten. Vor allem unter den Vertretern der früheren, zum Zarenreich gehörenden Staaten befanden sich interessante Gesprächspartner. Ihnen waren die Zustände im alten Rußland aus eigener Anschauung wohlbekannt. Sie konnten beurteilen, was an dem Geschehen in der Sowjetunion kommunistischen Ursprungs war oder auf russischer Tradition beruhte. Der litauische Gesandte, Jurgis Baltrušaitis, war vor dem Krieg bereits ein bekannter Dichter und Schriftsteller, der im kulturellen Leben Moskaus eine Rolle gespielt hatte. Der italienische Botschafter Attolico dagegen kam wie viele seiner Kollegen ohne große Vorkenntnisse nach Moskau, zeichnete sich aber schon bald durch seinen Fleiß und sein Einfühlungsvermögen aus. Seine Gabe, die Ereignisse intuitiv zu deuten, half ihm auch bei seinem späteren Posten als Botschafter in Berlin, das kommende Unglück vorauszusehen.

Der erste amerikanische Botschafter, William C. Bullit – wie die meisten amerikanischen Botschafter nicht Berufsdiplomat – war eine eindrucksvolle Persönlichkeit, die von allen geschätzt wurde. Er war schon früher in der Sowjetunion gewesen, sprach mehrere Sprachen und war vielseitig interessiert. Als er seinen Posten übernahm, stürzte er sich mit Begeisterung und ohne Vorurteile in die Arbeit. So war er bereit, die guten Seiten des Sowjetsystems anzuerkennen und die Schattenseiten zunächst zu übersehen. Anfänglich unterstützten die Sowjets seine Bemühungen, mit möglichst vielen sowjetischen Persönlichkeiten aus verschiedenen Lebensbereichen in Berührung zu kommen. Nach kurzer Zeit wurden seine Verbindungen zur Bevölkerung mehr und mehr unterbunden, viele Künstler wurden gezwungen, sich von ihm zurückzuziehen, und seine anfänglichen Sympathien und Illusionen schwanden dahin. Enttäuscht vertauschte er im Jahr 1936 Moskau mit Paris. In seiner optimistischen wie in seiner pessimistischen Phase wurde er von den jüngeren Diplomaten gleich geachtet, weil er den Mut hatte, seine Meinung zu ändern. Das ist bemerkenswert, denn niemand beurteilt Botschafter kritischer als deren jüngere Mitarbeiter.

Eine wichtige Nebenlinie unserer diplomatischen Großfamilie bildeten die Journalisten. Da nicht alle Zeitungen eigene Vertreter hatten, war ihre Zahl klein, was die Beziehungen zu ihnen erleichterte. Die drei oder vier deutschen Journalisten standen mit uns in enger Verbindung. Wir tauschten unsere Erfahrungen aus und stimmten uns in der Beurteilung der Lage ab. Anfangs war der Vertreter des Deutschen Nachrichtenbüros (DNB) auch als Presseberater der Botschaft tätig. Dies war bei meiner Ankunft in Moskau Wilhelm Baum, ein Balte. Baum war ein hochgebildeter, sehr sensibler Mann, der sich nie durch seine Gefühle hinreißen ließ und ein sehr ausgewogenes Urteil hatte.

Als er 1937 nach Berlin versetzt wurde, konnte er sich nicht damit abfinden, daß sich vieles von dem, was er in der Sowjetunion gesehen und verurteilt hatte, nun in Deutschland wiederholte. Im Krieg 1942 nahm er sich das Leben.

Auch Arthur W. Just, der zwölf Jahre lang die »Kölnische«, die »Deutsche Allgemeine« und die »Frankfurter Zeitung« vertrat, stammte aus dem Baltikum. Für uns war er eine besondere Quelle des Wissens, weil er viele Reisen unternahm. Seine Beobachtungen bildeten eine wichtige Ergänzung zu unserer Berichterstattung. Als er 1937 Moskau verließ, wurde Hermann Poerzgen sein Nachfolger als Vertreter der »Frankfurter Zeitung«. Im Gegensatz zu Baum und Just hatte er keine Bindungen an das alte Rußland und konnte unbelastet von der Vergangenheit seine Arbeit in Moskau beginnen. Während des Krieges trat er in den Auswärtigen Dienst ein und war Presseattaché in Sofia, wo er in sowjetische Gefangenschaft geriet und erst nach zehn Jahren freigelassen wurde. Seine Liebe zu Rußland war so groß, daß er Ende der fünfziger Jahre wieder als Korrespondent der »Frankfurter Allgemeinen Zeitung« nach Rußland zurückkehrte und dort bis zu seinem Tod im Jahre 1976 wirkte. Er war einer der großen Moskauer Korrespondenten, dessen Urteil Gewicht hatte. Von den ausländischen Journalisten schienen mir William Chamberlin vom »Christian Science Monitor« und seine Frau die besten Kenner der Sowjetunion zu sein. Seine Bücher »Russia's Iron Age« (1934) und »The Russian Revolution 1917–1921« (1935) waren nicht nur für mich Standardwerke[1].

Die Zahl der ausländischen Besucher war gering. Touristen gab es so gut wie gar nicht, Vertreter der deutschen Industrie kamen nur von Zeit zu Zeit. Groß war dagegen die Zahl der deutschen Spezialisten, die, von der Sowjetregierung angestellt, in sowjetischen Unternehmen arbeiteten. Es waren Ingenieure, Werkmeister und Facharbeiter, die sich auf mehrere Jahre verpflichtet hatten. Außerdem wurden Professoren aller Fachrichtungen für kurze Zeit als Berater von der Sowjetunion zugezogen.

Bald stellte ich fest, daß man die Besucher der Sowjetunion in drei verschiedene Kategorien einteilen konnte. Die ersten waren jene Sachverständigen, die die Verhältnisse in der Sowjetunion danach beurteilten, wie sie selbst untergebracht und verpflegt wurden. Weil sie morgens Kaffee und mittags Kaviar bekamen, nahmen sie an, daß in Rußland alles zum besten stünde.

Besucher der zweiten Kategorie fühlten sich durch die Atmosphäre in der Sowjetunion so niedergedrückt, daß sie nach kurzer Zeit das Land verließen. Einer von ihnen war Legationssekretär von Mumm. Er war so entsetzt über die Zustände, daß er spontan ausrief: »Lieber Klosettfrau Unter den Linden als Legationssekretär an der Moskauer Botschaft!« Mumm war allerdings ein Ästhet von hohen Ansprüchen. Gewöhnt an den berühmten Champagner der Familie Mumm, erschien ihm der Krimsekt ungenießbar. Der Nationalsozialismus war ihm ebenso zuwider wie der Kommunismus. Er bezahlte seine Gegnerschaft zu Hitler mit dem Leben. Die dritte Gruppe, die wohl die kleinste war, bemühte sich unvoreingenommen, die guten und die schlechten Seiten zu sehen.

Die deutschen Spezialisten waren vor allem für unsere Wirtschaftsabteilung eine unschätzbare Quelle der Information, denn sie waren Augenzeugen des industriellen Aufbaus. Da die offiziellen Informationen spärlich flossen, trugen ihre Eindrücke wesentlich zu unserer Berichterstattung bei, die darauf angewiesen war, sich aus kleinen Mosaiksteinen ein Bild zusammenzusetzen. Wichtige Hinweise auf die Absichten der sowjetischen Führung ergaben sich auch aus dem genauen Studium der Zeitungen. Wie bei jeder gelenkten Presse gaben schon feine Nuancierungen in den Artikeln und Meldungen wichtige Aufschlüsse über Entwicklungen, Wertungen und die Pläne der Sowjets. Auch wir lernten es schnell, wie die Sowjetbürger selbst zwischen den Zeilen zu lesen. Eine der wichtigsten Expertengruppen in Rußland war das Architektenteam unter der Leitung von Ernst Mai. Die Sowjetunion hatte Mai berufen, weil er als avantgardistischer Architekt und Städteplaner international bekannt war. Vor allem seine Bauten in Frankfurt hatten die Sowjets beeindruckt. Er und seine etwa zwanzig jungen Architekten kamen voller Hoffnungen und mit hochgespannten Erwartungen in die Sowjetunion. Neben seinem großen Können war sein Idealismus beeindruckend. Manche deutschen Ingenieure kamen nach Rußland, weil in der Zeit der Arbeitslosigkeit in Deutschland eine gutbezahlte Stelle in der Sowjetunion verlockend war. Mai dagegen sah seine Aufgabe darin, den Menschen zu einem besseren Leben zu verhelfen, und war überzeugt, daß kein anderer Beruf dazu mehr beitragen könnte, als der des Architekten.

In Deutschland galt Mai als Linker, mir erschien er seinem ganzen Charakter nach eher unpolitisch, aber besessen von seinem Beruf. Sein Idealismus machte ihn blind gegenüber den Schwierigkeiten, die ihn bei seiner Arbeit in der Sowjetunion erwarteten. Bei seinem Eintreffen bemühten wir uns, ihn darauf vorzubereiten. In seiner Naivität glaubte er uns nicht. Er war überzeugt, daß er mit offenen Armen empfangen werden und jede nur mögliche Unterstützung erhalten würde. Fünf Jahre früher, vor Beginn des Fünfjahresplans, wäre dies vielleicht möglich gewesen. Aber die Wirklichkeit des Fünfjahresplans sah anders aus. Mai und seine Mitarbeiter hatten sich nach allem, was sie in Deutschland gehört und gelesen hatten, diesen Plan als großartige, prometheische Anstrengung vorgestellt. Um so enttäuschter waren sie, als sie an Ort und Stelle erkennen mußten, daß der Fünfjahresplan das Hauptgewicht einseitig auf die Entwicklung der Schwerindustrie legte, und dies auf Kosten der anderen Wirtschaftszweige und damit auch des Wohnungsbaus. Dazu kam, daß sie durch die unvorstellbaren Schwierigkeiten, in der Sowjetunion irgend etwas zu erreichen, entmutigt wurden. Immer öfter suchten sie die Botschaft auf und führten Klage über die Hindernisse, die sich ihnen entgegenstellten. Baumaterialien wurden nicht rechtzeitig geliefert, die Zusammenarbeit mit den sowjetischen Architekten wurde durch unterschiedliche Vorstellungen über die Arbeit erschwert, und die sowjetische Bürokratie zeigte sich unvorstellbar schwerfällig.

Die ersten, die den Weg zur Botschaft fanden, waren die jungen Mitarbeiter Mais. Er selbst hatte zunächst Hemmungen, das Scheitern seiner Mission einzugestehen. Die Sowjets waren ebenso wie Mai und seine Architekten davon ausgegangen, daß sich deren Aufenthalt in der Sowjetunion über viele Jahre erstrecken würde. Ihre vorzeitige Abreise war das Ende eines mißlungenen Experiments.

Ein anderer bedeutender Architekt, der in der Sowjetunion arbeitete, war Hannes Meyer, ein geborener Schweizer und letzter Direktor des Bauhauses in Dessau. Anders als der verschlossene und von seinem Wert überzeugte Mai war Meyer ein liebenswürdiger und aufgeschlossener Mann, der aussprach, was er dachte. Schon bei der ersten Begegnung fühlte man sich zu ihm hingezogen. Er und seine Tochter waren eng befreundet mit dem Ehepaar Hilger. Meyer hatte einen Plan für den Sowjetpalast entworfen, der zunächst von der Jury gut beurteilt, dann aber doch nicht angenommen worden war. Meyer war tief enttäuscht und ist über diese Enttäuschung nie hinweggekommen. Er blieb noch einige Jahre in Moskau und beteiligte sich lediglich an Diskussionen über Architektur.

Nach 1933 wanderten einige deutsche Staatsangehörige jüdischer Abstammung in die Sowjetunion aus, nicht ahnend, was sie dort erwartete. Sie waren nach kurzer Zeit enttäuscht, denn auch in der Sowjetunion wurden die Juden verfolgt, und die sowjetischen Behörden zeigten sich ihnen gegenüber wenig entgegenkommend. 1936 suchte mich ein deutscher Jude in der Botschaft auf. Mein alter Schulkamerad Gerhard Holländer hatte ihm empfohlen, sich im Notfall an mich zu wenden. Er und einige seiner Freunde waren so enttäuscht über die Aufnahme, die ihnen zuteil geworden war, daß sie so schnell wie möglich in ein anderes Land ausreisen wollten. Ihre deutschen Pässe waren aber nicht mehr gültig. Die deutschen Vertretungen im Ausland hatten Weisung, Pässe von deutschen Juden nicht zu verlängern. Als ich Graf Schulenburg den Fall vortrug, entschied er sich gegen die Weisung und für die Menschlichkeit. Die Pässe wurden verlängert.

Auch deutsche Kommunisten kamen zu uns. Im Frühjahr 1933 läutete mitten in der Nacht meine Wohnungsglocke. Ich öffnete die Tür, und vor mir stand ein verängstigter Mann, der sich zunächst weigerte, seinen Namen zu sagen. Ich führte ihn ins Wohnzimmer und weckte meine Kollegen Brunhoff und Pfeiffer, um nicht allein mit dem unbekannten Gast zu sein, der möglicherweise ein Provokateur war. Nach einiger Zeit gab sich der nächtliche Gast zu erkennen, es war Max Hölz, der Führer des kommunistischen Aufstandes in Sachsen im Jahre 1923. Nach dem Zusammenbruch des Aufstandes war es Hölz gelungen, in die Sowjetunion zu fliehen. Wir wußten, daß er in der Sowjetunion war und vermuteten, daß er einen wichtigen Posten bekleidete, vielleicht als Berater der Sowjetregierung für deutsche Angelegenheiten. Hölz war sichtlich erregt und sah sich immer angstvoll um, wie auf der Flucht vor Verfolgern. Allmählich beruhigte er sich und begann zu erzählen. Aus seinen Worten klang bittere Enttäuschung über den Kommunismus in der Sowjetunion. Seinen sowjetischen Gastgebern war seine ablehnende Haltung nicht verborgen geblieben, und sie hatten ihn kaltgestellt. Er hatte nun den Entschluß gefaßt, nach Deutschland zurückzukehren. Wir wiesen ihn darauf hin, daß er in Deutschland wegen Hochverrats vor Gericht gestellt werden würde und mit einer schweren Strafe zu rechnen habe. Auch dadurch ließ er sich nicht von seinem Plan abbringen. Als er noch ein zweites Mal zu uns kam, sagten wir ihm, daß es uns zweifelhaft erschiene, ob er die Erlaubnis bekommen würde, nach Deutschland einzureisen. Wir berichteten an das Auswärtige Amt in Berlin und bekamen die von uns erwartete Antwort, daß kein Interesse an seiner Rückkehr nach Deutschland bestehe. Hölz hatte dies wohl geahnt, und kam nicht mehr zu uns. Vielleicht wurde er auch von den Sowjets daran gehindert. Am 16. September 1933 teilte TASS, die offizielle sowjetische Nachrichtenagentur, in dürren Worten mit, Max Hölz sei beim Baden in der Oka in der Nähe von Gorki ertrunken. Wir nahmen an, daß er entweder Selbstmord begangen habe oder beseitigt worden sei.

Im Frühjahr 1934 flüchtete eine größere Zahl von Angehörigen des Republikanischen Schutzbundes aus Österreich in die Sowjetunion, nachdem Dollfuß ihren Aufstand in Wien niedergeschlagen hatte. Sie wurden auf verschiedene sowjetische Fabriken verteilt. Nach kurzer Zeit wurden sie ein ernsthaftes Problem für die sowjetischen Dienststellen, weil sie ihren Unmut und ihre Enttäuschung lautstark äußerten. Ihre Auffassung vom Sozialismus deckte sich in keiner Weise mit der der sowjetischen Führung in Moskau, und sie scheuten sich nicht, den sowjetischen Arbeitskollegen ihre eigenen Ideen vom Sozialismus darzulegen. Die Gastgeber waren unschlüssig, wie sie die aufsässigen Ehrengäste behandeln sollten, und erleichtert, als einige die Sowjetunion wieder verließen. Andere besonders Aufsässige endeten im Lager. Ich war einigen von ihnen in Moskau begegnet und hatte selber feststellen können, wie bestürzt und enttäuscht sie waren. Nach dem Anschluß erschienen ein paar Schutzbündler auf der Botschaft und baten darum, als Deutsche heimkehren zu dürfen. Ihr Wunsch wurde erfüllt, und soweit uns bekannt, wurden sie wegen ihrer früheren Teilnahme am Aufstand gegen Dollfuß nicht zur Rechenschaft gezogen.

Unter den Deutschen in der Sowjetunion gab es viele mit eigenartigem und merkwürdigem Schicksal. Der Werdegang von Karl Albrecht war wohl der Erstaunlichste. Er war als württembergischer Feldwebel-Leutnant im Ersten Weltkrieg mit der goldenen Tapferkeitsmedaille für Unteroffiziere ausgezeichnet worden. Nach dem Krieg wanderte er in die Sowjetunion aus, vielleicht weil er überzeugter Kommunist war, vielleicht weil er in Deutschland keine Arbeit finden konnte. In der Sowjetunion war seine Laufbahn steil und erfolgreich, und schließlich erreichte er die Stellung eines stellvertretenden Kommissars für Forstwirtschaft in der Russischen Sozialistischen Sowjetrepublik, der größten und bedeutendsten der Sowjetunion.

Wir trauten unseren Augen nicht, als Albrecht eines Tages im Jahre 1934 auf der Botschaft erschien und darum bat, mit seiner russischen Frau und seinem Kind nach Deutschland zurückkehren zu dürfen. Er erklärte uns, trotz seiner beruflichen Erfolge habe ihn seine Arbeit nicht befriedigt, er habe genug von der Sowjetunion und von der grausamen Politik Stalins, die ihm zutiefst zuwider sei. Auch die Tatsache, daß inzwischen die Nationalsozialisten an der Macht seien, könne nichts an seinem Entschluß ändern, in die Heimat zurückzugehen. Sein Fall sei insofern schwierig, als seine Frau und seine Tochter nach sowjetischem Recht sowjetische Staatsangehörige waren. Nach langer Zeit gelang es uns, für ihn die Ausreise zu erwirken. Seine Frau weigerte sich schließlich, mit ihm auszureisen und ließ sich scheiden. Nach einiger Zeit konnte ihm seine Tochter folgen.

Albrechts und meine Wege sollten sich noch einmal im Dezember 1942 auf höchst ungewöhnliche Weise kreuzen.

In meinen ersten beiden Moskauer Jahren, als ich in der Konsulatsabteilung tätig war, bestand meine Aufgabe hauptsächlich darin, den Deutschen in der Sowjetunion zu helfen. Zu den erfreulichsten unserer Pflichten im Konsulat gehörten die standesamtlichen Aufgaben. Eheschließungen zwischen deutschen Staatsangehörigen erfolgten in der Botschaft. Legationssekretär Peter Pfeiffer, der Leiter der Konsulatsabteilung, war ein hervorragender Redner, der bei solchen Gelegenheiten seine Talente entfalten konnte. Mit einem Schmunzeln pflegte er Brunhoff und mich vor der Trauung zu fragen, ob nur die Braut oder auch der Bräutigam durch seine Worte zu Tränen gerührt werden sollten. Wir antworteten dann, wir würden ihm eine Belohnung von fünf Mark zahlen, wenn nur die Braut weine, aber von zehn Mark, wenn beide in Tränen ausbrächen.

Eine weitere, weniger unterhaltende Tätigkeit im Konsulat bestand in der Beglaubigung einer Unzahl von verschiedenen sowjetischen Urkunden, die mir als dem jüngsten Beamten zufiel. Diese Tätigkeit hatte aber auch ihre guten Seiten. Ich lernte schnell Russisch und bekam einen guten Einblick in Wirtschaft und Recht des Landes. Da ich nicht voraussah, wie viele Dokumente ich an einem Tag beurkunden mußte, unterschrieb ich zunächst in voller Ausführlichkeit mit »Hans-Heinrich Herwarth von Bittenfeld«, rationalisierte aber nach kurzer Zeit in »Herwarth«.

Nach zwei Jahren wurde ich Nachfolger Brunhoffs, des persönlichen Referenten des Botschafters. Damit änderten sich meine Funktionen, und ich hatte nun vornehmlich mit Politik und Presse zu tun. Da Dirksen und später auch Graf Schulenburg Doyen des diplomatischen Korps waren, wurde ich auch Sekretär des diplomatischen Korps.

Eine meiner Aufgaben in dieser Eigenschaft war es, Noten in deutscher, englischer und französischer Sprache abzufassen, die Mitteilungen des Doyen an die Missionschefs enthielten. Den englischen Text stimmte ich meistens telefonisch mit einem Mitglied der englischen oder amerikanischen Botschaft ab. Bei französischen Texten war die Prozedur wesentlich komplizierter. Zunächst sprach ich meinen Entwurf mit Legationssekretär Juniac durch. Handelte es sich um einen schwierigen Text, gingen wir gemeinsam zum Botschaftsrat Payart, um mit ihm eine Formulierung in bestem Französisch zu finden. In ganz schwierigen Fällen wurde der Botschafter als letzte Instanz angerufen.

Mein Französisch verbesserte sich dabei, aber vor allem lernte ich den Respekt der Franzosen vor ihrer Sprache schätzen. Gleichzeitig begriff ich, wie schwer und wichtig das Amt des Übersetzers ist.

Je bedrückender die Entwicklung in der Sowjetunion wurde, um so mehr suchten vor allem die jüngeren Angehörigen des diplomatischen Korps Zerstreuung und Abwechslung nicht nur im kulturellen Bereich, sondern auch im Sport. Gemeinsames Reiten, Schwimmen, Skilaufen und Tennis ließen uns noch enger zusammenwachsen. Im Sommer trafen wir uns fast täglich beim Tennis. Außer uns hatten die englische und die italienische Botschaft Tennisplätze. Die drei Botschafter gaben jede Woche an einem bestimmten Tag einen sogenannten Tennisempfang, zu dem nicht nur Tennisspieler, sondern auch nicht tennisspielende Diplomaten kamen. Tennisturniere wurden abgehalten, und am Schluß gab der deutsche Botschafter einen rauschenden Ball mit Preisverteilung. Für Stunden vergaßen wir den grauen sowjetischen Alltag und führten wie auf einer Insel ein fröhliches, heiteres Leben. Die Briten hatten ebenso wie wir zwei Tennisplätze, die auf benachbarten Grundstücken lagen. In dem einen Gebäude war die englische Wirtschafts- und Konsulatsabteilung, in dem anderen lebte Oskar Ritter von Niedermayer, der geheime Vertreter der Reichswehr in Moskau, der nicht mit dem diplomatischen Korps und auch nicht mit seinen englischen Nachbarn verkehren durfte. Er war verantwortlich für die drei deutsch-sowjetischen Stationen und betreute die deutschen Offiziere, die an gemeinsamen Programmen mit der Roten Armee teilnahmen. Niedermayer, ein geselliger Bayer, litt unter seiner erzwungenen Einsamkeit um so mehr, als er wegen seiner abenteuerlichen Tätigkeit im Ersten Weltkrieg (s. S. 260) eine bekannte Persönlichkeit war. Sein Nachbar, der englische Handelsrat G. P. Paton, war begierig, seinen geheimnisvollen Nachbarn kennenzulernen. Anlaß für verbotene Treffen waren Tennisbälle, die Niedermayer absichtlich auf den benachbarten Tennisplatz von Paton schlug, um sie dann selber abzuholen und Gelegenheit zu einem kurzen Gespräch zu haben.

Ein Treffpunkt besonderer Art war die Datscha der Amerikaner. Dieses kleine Landhaus mit Tennisplatz und Pferdestall hatten die jüngeren Mitglieder der Amerikanischen Botschaft gemietet. Hier traf sich der engere Kreis unserer Diplomatenfamilie, zu dem außer uns in erster Linie Amerikaner, Engländer, Franzosen und Italiener gehörten. Gelegentlich kamen auch Angehörige von anderen Missionen. Wir waren eine »verschworene Gemeinschaft«, die wie Pech und Schwefel zusammenhielt. Die Datscha der Amerikaner war ausgezeichnet geführt. George, ein altes Faktotum mit einem bewegten Lebenslauf zwischen den Weißen und den Roten, kümmerte sich hingebungsvoll um unser leibliches Wohl. Der alte Bauer Panteleimon versorgte die Pferde. Das Leben auf der Datscha war ungezwungen und ohne jedes Protokoll. Die ständigen Gäste von den anderen Botschaften leisteten ihren Beitrag zu Keller und Küche der Datscha. Wir brachten Bier und Würstchen, die Engländer schottischen Whisky, und natürlich gab es immer gute deutsche, französische und italienische Weine. Jeder von uns wird sich immer dankbar an diesen einzigartigen Ort der Begegnung erinnern, der von den Amerikanern mit soviel Liebe und Arbeit geführt wurde.

Zum britischen Element der Datscha gehörten Fitzroy Maclean, John Russel, William Hayter und Noel Charles. Fitzroy Maclean hatte in Marburg studiert, sein Deutsch war hervorragend, und in kürzester Zeit lernte er auch russisch. Seine Spezialität waren Enten-Diners, bei denen er sich als vollendeter Gastgeber zeigte. Er ließ sich durch keinerlei Schwierigkeiten davon abhalten, ausgedehnte Reisen selbst in verbotene Gebiete der Sowjetunion allein zu unternehmen. Lebhaft und anschaulich erzählte er von seinen Reisen, und schon damals konnte man ahnen, daß er ein guter Schriftsteller werden würde. William Hayter und ich kamen uns besonders nahe, als wir mit Graf Schulenburg, seiner Tochter und meiner Frau eine Reise nach dem Kaukasus und der Krim machten. Auf dem Schlachtfeld von Sewastopol entdeckten wir das Grab von Leutnant Hayter, einem Vorfahren meines Freundes William, der bei der Belagerung von Sewastopol im Jahre 1855 gefallen war.

Der britische Botschaftsrat, Noel Charles, hatte einen gesunden Menschenverstand und sagte von sich, daß er kein »Intellektueller« sei. In seinem Äußeren verkörperte er das Bild des eleganten Diplomaten, und zunächst konnte man nicht vermuten, daß er, wenn es darauf ankam, seine Meinung undiplomatisch offen äußern konnte. Als meine Frau und ich ihn nach dem Anschluß von Österreich in Rom besuchten, wohin er als Botschaftsrat versetzt worden war, erklärte er kurz und unzweideutig, daß Großbritannien Deutschland niederschlagen werde, wenn Hitler weiterhin Verträge verletzen würde.

Unsere Freundschaft überstand den Krieg. Als meine Frau im Juni 1946 nach Rom reiste, um sich für einen österreichischen Freund zu verwenden, der durch einen Irrtum an die Jugoslawen ausgeliefert worden war, bewährte sich seine Freundschaft. Er war inzwischen Botschafter in Rom geworden und begrüßte sie, als ob es keinen Krieg gegeben hätte. Er war sogleich bereit zu helfen, und seine Bemühungen hatten Erfolg. Unser Freund wurde freigelassen.

Von Zeit zu Zeit besuchten auch die Missionschefs, die sich ein junges Herz bewahrt hatten und die bei uns Jüngeren beliebt waren, die Datscha. Graf Schulenburg und der italienische Botschafter hatten ein besonders gutes Verhältnis zu uns, sie waren für uns väterliche Freunde. Die amerikanischen Botschafter ließen sich selten im Landhaus ihrer Landsleute sehen.

Von den amerikanischen Hausherren der Datscha standen mir George Kennan, Charles Bohlen, Charles Thayer, Elbridge Durbrow, Loy Henderson und Norris Chipman besonders nahe. Bis auf Loy Henderson waren wir etwa gleichaltrig und alle gleichermaßen »besessen« von Rußland. Selbst wenn wir uns lange nach dem Kriege wieder trafen, kam das Gespräch nach kurzer Zeit auf Rußland. Rußland läßt uns nicht los.

Von Anfang an empfanden wir für George Kennan eine besondere Hochachtung. Er hatte in Berlin studiert, sprach Deutsch ebenso gut wie Russisch und verstand von beiden Ländern gleich viel. George Kennan betrachtete das Geschehen mit den Augen eines Gelehrten und sah die Tagesereignisse in ihrem geschichtlichen Zusammenhang. Er stellte an sich selbst hohe moralische Ansprüche und war reifer als wir. Manchmal hatten wir das Gefühl, er verdiene einen Heiligenschein. Seine liebenswerte norwegische Frau Anneliese war eine ideale Frau für George. War er ernst und nachdenklich, war sie fröhlich und heiter. Der ernste Zug in seinem Charakter fand ein Gegengewicht in seiner Liebe zur Musik. Er spielte sehr gut Gitarre und sang dazu russische und Zigeunerlieder, von denen er viele auswendig konnte. Er hatte seine Freude am russischen Jazz.

Chip Bohlen dagegen war mehr Pragmatiker, seine Stärke lag in der genauen Berichterstattung. Sein Fleiß und sein Interesse ließen ihn bald zu einem vorzüglichen Kenner Rußlands werden. Die Faszination Rußlands hat ihn sein Leben lang nicht mehr losgelassen. Er hatte, wie die meisten amerikanischen Diplomaten dieser Zeit, in den baltischen Staaten russisch gelernt. Seine Sprachkenntnisse waren so gut, daß Roosevelt ihn gleichzeitig als Berater und Dolmetscher einsetzte. Seine Frau Avis war das Herz der Datscha.

Avis' Bruder, Charlie Thayer, war das genaue Gegenteil von Kennan und Bohlen. Er war der »Lausbub« in der Botschaft und steckte voller lustiger Einfälle, sein umwerfender Humor bewährte sich auch in ernsten Augenblicken. Er war ein ausgezeichneter Beobachter, und hinter seinem jungenhaften Auftreten verbarg sich ein ernster Charakter. Loy Henderson ähnelte Kennan am meisten. Auch er war ernst, hatte mehr Lebenserfahrung als wir, und wir waren beeindruckt von seinem ausgewogenen Urteil.

Elbridge Durbrow, wir nannten ihn Durby, hatte ein übersprudelndes Temperament. Er war oft wie kein anderer entsetzt über die Vorgänge in der Sowjetunion und machte seiner Empörung Luft. Die Säuberungsaktionen Stalins bewegten ihn zutiefst, und seine Wut steigerte sich noch, als sein Botschafter Davies einigen Schauprozessen beiwohnte und sie öffentlich rechtfertigte.

Meine Frau und ich waren ständige Tischnachbarn von Norris Chipman und seiner Frau Fanny, da Norris und ich gleichrangig waren. So ließ uns das Protokoll zu guten Freunden werden. Norris hatte eine besondere analytische Begabung und war für mich ein interessanter Gesprächspartner über die innere Entwicklung der Sowjetunion. Fanny war Enkelin des bekannten französischen Bildhauers Bourdelle und selbst Künstlerin. Sie war eine klassische griechische Schönheit griechisch-französischer Abstammung.

Die Arbeitsweise der amerikanischen Botschaft unterschied sich von der unseren schon dadurch, daß die Vereinigten Staaten damals keine aktive Rolle in der Weltpolitik spielten. So waren die amerikanischen Diplomaten in Moskau mehr interessierte Zuschauer, als tätige Mitspieler. Sie ließen sich Zeit in ihrer Berichterstattung, während wir unter Zeitdruck arbeiteten. Oft beneidete ich sie, daß sie mehr Muße hatten, nachzudenken und sorgfältiger und geschliffener zu berichten.

Wenn Besuch zu den einzelnen diplomatischen Missionen aus dem Ausland kam, wurde er in unserem Freundeskreis weitergereicht. So lernte ich John F. Kennedy 1938 kennen, kurz nachdem dessen älterer Bruder Joe Moskau besucht hatte. Chip Bohlen bat mich, mich seiner anzunehmen und ihm einiges über die Sowjetunion aus deutscher Sicht zu erzählen. Ich tat es diesmal besonders gern, weil John F. Kennedy intelligente Fragen stellte und trotz seiner Jugend ein erstaunliches Interesse für die inneren Vorgänge in der Sowjetunion und ihre Stellung in der Welt zeigte. Nach seiner Abfahrt riet ich Chip Bohlen, diesen gescheiten jungen Mann in den Auswärtigen Dienst aufzunehmen, da er sicher einen brillanten Berufsdiplomaten abgeben würde.

Ich sah John F. Kennedy erst wieder, als er als Präsident der Vereinigten Staaten im Jahre 1962 Deutschland besuchte. Adenauer gab ein Essen zu seinen Ehren, zu dem ich als Staatssekretär und Chef des Bundespräsidialamtes geladen war. Als ich ihm versehentlich als Staatssekretär von Hase vorgestellt wurde, sagte er zu meinem Erstaunen: »Nein, das ist Staatssekretär von Herwarth, ich kenne ihn aus Moskau.« In der kurzen Unterhaltung nach Tisch beeindruckten mich wieder seine außerordentliche Auffassungsgabe und sein erstaunliches Gedächtnis.

Als Sekretär des Doyens und damit auch des diplomatischen Korps bemühte ich mich, für Abwechslung im Leben der jungen Diplomaten zu sorgen. So organisierte ich neben Tennisturnieren auch Schnitzeljagden und Ausflüge. Wenn ein jüngerer Kollege versetzt wurde, gab ich ihm eine Abschiedsparty. Es war üblich, daß die Botschaft regelmäßig über die Missionschefs berichtete, die versetzt wurden. Über die Jüngeren wurde im allgemeinen nur berichtet, wenn sie nach Deutschland auf Posten gingen. Da ich diese Berichte zu entwerfen hatte, wurde aber über die Mitglieder unserer Freundesgruppe, der »society for mutual admiration«, immer berichtet. Diese Berichte schrieb ich mit besonderer Sorgfalt und bemühte mich, meine Freunde so zu charakterisieren, daß ihnen dies in ihrer weiteren Laufbahn half. Auch für unsere Auslandsmissionen waren diese Berichte von großem Wert, da sie auf bewährte Gesprächspartner aufmerksam gemacht wurden. Das Netz unserer Freundschaft breitete sich so über die ganze Welt aus und bewährte sich über die Jahre.

Im März 1948 besuchte ich William Hayter im Foreign Office in London. Wir hatten uns seit mehr als zehn Jahren nicht mehr gesehen. Er war inzwischen Assistant Undersecretary im Foreign Office geworden. Als ich mich bei seiner Sekretärin meldete, meinte sie, er würde wohl kaum Zeit haben. Sie war ganz erstaunt, als er selbst ins Vorzimmer kam, und mich mit den herzlichen Worten begrüßte, ich käme wie gerufen. Er habe durch einen merkwürdigen Zufall soeben den Bericht bekommen, den Schulenburg seinerzeit über ihn gemacht habe, als er von Moskau ins Foreign Office versetzt worden sei. Der Bericht kam von Whaddon Hall, wo ein großer Teil der beschlagnahmten Akten des Auswärtigen Amts in Verwahrung war, und schilderte ihn als vielversprechenden jungen Diplomaten. Lachend stellten wir fest, daß Schulenburgs Prophezeiung wahr geworden war. Hayters spätere Karriere als Botschafter in Moskau und dann als Warden des New College in Oxford waren eine weitere Bestätigung für Schulenburgs Urteil.

Wenn wir uns auf der Datscha oder an einem anderen Ort trafen, um gemeinsam Sport zu treiben oder ins Theater und in Konzerte zu gehen, so kamen wir immer wieder auf unser Lieblingsthema zurück, das Weltgeschehen und die Sowjetunion. Wie Generalstabsoffiziere pflegten wir alle nur möglichen, selbst die unwahrscheinlichsten Entwicklungen durchzuspielen, immer wieder untersuchten wir den ehrgeizigen Wahlspruch der Sowjetunion »Einholen und Überholen«. Manche glaubten, daß es den Sowjets gelingen würde, die kapitalistischen Staaten einzuholen und vielleicht sogar zu überholen. Fitzroy Maclean und ich hielten unbeirrt daran fest, daß die Sowjetunion immer mehrere Pferdelängen hinter uns zurück liegen würde. Wir waren im Grunde überzeugt, daß das ganze der menschlichen Natur und wirtschaftlichen Vernunft widersprechende System ohne weitere einschneidende Änderungen nicht länger als hundert Jahre bestehen könne.

Nicht nur die sowjetische Politik, sondern auch die wachsenden internationalen Spannungen wurden eingehend durchgesprochen. Ich war nicht der einzige, der im Laufe der Jahre zu der Überzeugung kam, daß die Gefahr eines weiteren Weltkrieges immer bedrohlicher wurde. Wir schrieben diese Entwicklung nicht der sowjetischen Politik, sondern der aggressiven Politik Hitlers zu. Aus dieser düsteren Vorahnung flüchteten wir uns in Sarkasmus und schwarzen Humor. So beschlossen wir eines Tages im Jahr 1938 unsere »Testamente« zu machen. Sollten wir die Sowjetunion verlassen müssen, würden unsere britischen und amerikanischen Kollegen unseren Weinkeller erben. Sollten die Briten gehen müssen, würden wir die Erben ihres Whiskys.

Auch in unserer eigenen Botschaft besprachen wir immer wieder die Hitlersche Politik und ihre möglichen Folgen. Meine Frau erinnert sich noch deutlich an ein hitziges Streitgespräch, das am 6. April 1936 stattfand und bei dem es um den Einmarsch der deutschen Truppen in die entmilitarisierte Zone des Rheinlandes ging. Ich behauptete, daß sich Hitler auch durch die englisch-französische Generalstabsbesprechung nicht von seinen »Samstagsüberraschungen« abhalten lassen werde. »Er wird Österreich dem Reich einverleiben und Polen überrennen. Das bedeutet den Zweiten Weltkrieg.« Meine älteren Kollegen, die den Ersten Weltkrieg miterlebt hatten, lachten mich aus und sagten, daß solch ein Wahnsinn wie der Erste Weltkrieg sich nicht wiederholen könne. Die Argumente wurden immer schärfer, und ich verlor die Beherrschung und wiederholte stur: »Der Weltkrieg römisch zwei ist so sicher wie das Amen in der Kirche.«

Unsere Datscha-Gruppe glich einer Freimaurergesellschaft, eine Art Lobe-Club, der ebenso wie Großbritannien keine Verfassung und keine Satzung hatte, und der trotzdem blühte. Da wir miteinander sehr offen waren, mußten wir in der Auswahl neuer Mitglieder sehr vorsichtig sein, und nahmen nur solche auf, die uns gefielen und denen wir voll vertrauen konnten. Streng geheime Angelegenheiten wurden in der Gruppe nicht besprochen. Diese Einschränkung ließ ich für mich nur zum Teil gelten, da ich sehr bald zu der Erkenntnis kam, daß die nationalsozialistische Regierung immer mehr verbrecherische Züge trug.

Fitzroy Maclean, Charlie Thayer und ich fühlten uns noch in besonderer Weise verbunden. Wir hatten alle drei beschlossen, im Fall eines Krieges den diplomatischen Dienst zu verlassen und Soldat zu werden. Die Gründe, die uns dazu bewogen, waren verschiedener Art. Maclean wurde von dem Gefühl geleitet, daß man im Krieg Soldat sein müsse. So erschien auch die amerikanische Ausgabe seiner Erinnerungen der Vorkriegs- und Kriegszeit unter dem Titel »Escape to Adventure« (1950)[2]. Es war nicht einfach für ihn, seinen Entschluß wahr zu machen, weil es britischen Angehörigen des Auswärtigen Dienstes verboten war, zu den Fahnen zu eilen. So mußte er sich ins Parlament wählen lassen, denn nur so konnte er aus dem diplomatischen Dienst ausscheiden und Soldat werden.

Für Charlie Thayer bedeutete der Eintritt in die Armee die Rückkehr in den Beruf, den er zunächst ergriffen hatte. Er hatte in der berühmten Kadettenanstalt Westpoint sein Offiziersexamen abgelegt. Als der Krieg ausbrach, zog es ihn unwiderstehlich in die Armee zurück.

Meine Beweggründe waren anderer Art. Nach Unterzeichnung des deutsch-sowjetischen Paktes 1939 hatte ich das bestimmte Gefühl, daß meine Zeit im diplomatischen Dienst abgelaufen sei. Der Versuch der deutschen Diplomatie, den Frieden zu erhalten, war fehlgeschlagen. Mit dem, was nun folgen mußte, wollte ich nichts mehr zu tun haben. Für mich als einen der letzten »Nichtarier« im Auswärtigen Dienst war es abzusehen, wann meine Stunde schlagen würde. Die Armee war das letzte Bollwerk gegen Hitler, weil sie die Waffen in der Hand hatte. 1938, nach der Sudetenkrise, stand unser Entschluß fest, Soldaten zu werden.

# Die deutsche Botschaft

Die deutsche Botschaft in Moskau unterschied sich in vieler Hinsicht von unseren anderen Vertretungen im Ausland. Da die Botschaft für acht Jahre meine Heimat sein sollte, wird mir der Leser verzeihen, wenn ich sie näher beschreibe.

Der Stamm des Personals ging aus einer deutschen Rot-Kreuz-Mission hervor, die nach Abbruch der kurzen diplomatischen Beziehungen im Jahre 1918 in Moskau eingerichtet worden war. Sie sollte deutsche Kriegsgefangene ausfindig machen, für sie sorgen und ihre Heimkehr nach Deutschland ermöglichen – eine sehr schwierige Aufgabe während des Bürgerkrieges. Die Rot-Kreuz-Mitarbeiter sprachen ausgezeichnet russisch, weil sie alle entweder in Rußland geboren, in russischer Kriegsgefangenschaft gewesen oder mit in Rußland geborenen Frauen verheiratet waren. So hatte meine Sekretärin Elisabeth Winkler vor dem Ersten Weltkrieg eine Mädchenschule in Moskau geleitet; und Alexander Kaempffe, der Presse-Sachbearbeiter, hatte als Schauspieler an russischen Bühnen gespielt. Von diesen beiden hochgebildeten Menschen habe ich viel gelernt.

Die altgedienten Kollegen kannten wie kaum andere die Verhältnisse im Land und leisteten uns mit ihren Kenntnissen große Dienste; kurz, sie waren ein Glücksfall für die Botschaft, und manche andere diplomatische Vertretung beneidete uns um sie.

Wer aus Deutschland neu hinzukam schämte sich seines schlechten Russisch und strengte sich an, mit Hilfe der zweisprachigen Kollegen gleichzuziehen. Auch die Botschafter selbst gaben sich Mühe: Herbert von Dirksen lernte während seiner gesamten Moskauer Zeit fleißig Russisch, so daß er bald jeder Unterhaltung folgen und sich verständlich machen konnte. Sein Nachfolger, Rudolf Nadolny, hatte schon vor dem Krieg als Vizekonsul in St. Petersburg gut Russisch gelernt. Graf Friedrich-Werner von der Schulenburg, der kaum Russisch sprach, ersetzte diesen Mangel durch sein großes Einfühlungsvermögen. Die jungen

Diplomaten hatten es leichter, denn ihnen half die Grammatica viva, das waren die russischen Mädchen.

Damals waren die ausländischen Missionen viel kleiner als heutzutage. Unsere Botschaft zählte nur sieben höhere Beamte. Ich beispielsweise, mit neunundzwanzig Jahren Attaché, war persönlicher Sekretär des Botschafters, politischer Referent, auch gleichzeitig für Presse und Protokoll zuständig. Als Dirksen und Schulenburg zum Doyen des Diplomatischen Korps aufrückten, fungierte ich auch als dessen Sekretär und mußte den Schriftwechsel auf Englisch und Französisch zwischen dem Doyen und den übrigen Missionschefs führen.

Mein erster Botschaftsrat, Fritz von Twardowski, früherer Torpedoboot- und Unterseebootkommandant, konnte seine Marinevergangenheit nie ganz verleugnen und wurde daher von uns »Bootsmannsrat« genannt. Er hatte bereits unter Graf Ulrich von Brockdorff-Rantzau (1922 bis 1928 Botschafter in Moskau) als Legationssekretär in Moskau gedient. Bevor er das zweite Mal nach Moskau versetzt wurde, arbeitete er in der Presseabteilung der Reichsregierung als Verbindungsmann zum Reichstag und erfreute sich ausgezeichneter Beziehungen zu den Mittelparteien und den Sozialdemokraten. So sah man ihn häufig mit dem SPD-Abgeordneten Rudolf Breitscheid in den Wandelgängen des Reichstags, was ihm später noch Schwierigkeiten bereiten sollte. Vielleicht wäre dieses Gespann, der ehemalige Kapitänleutnant und der führende Sozialdemokrat, nicht so aufgefallen, wenn nicht beide hochgewachsene und gutaussehende Männer gewesen wären.

Frau Gertrud von Twardowski war eine lebhafte und ungewöhnliche Frau, die über jeden von uns genau Bescheid wußte und nicht mit Unrecht »Mutti Twarda« genannt wurde. Unter ihrer Leitung führten wir am Sylvesterabend Sketche und selbstverfaßte Stücke auf.

Dabei hatte sie eine besondere Gabe, ungeahnte Talente zu entdecken und zu fördern. So bestimmte sie mich zum Conférencier, was ich zunächst erschrocken ablehnte. Aber sie verwies mich auf mein loses Mundwerk und gab mir den Rat, diese Anlage durch Besuche von Berliner Kabaretts zu schulen. Der Erfolg war so bemerkenswert, daß auch andere Missionen zur Teilnahme eingeladen wurden. Frau von Twardowski forderte fünf Botschaften, die Engländer, die Franzosen, die Amerikaner, die Italiener und natürlich uns selbst auf, je einen Sketch, »Der Heiratsantrag«, zu verfassen und aufzuführen. Die verschiedenen Mentalitäten der Beteiligten kamen in Text und Aufführung glänzend heraus.

Ein anderer Einfall war, eines Tages ein großes Käsefest zu veranstalten. Englischer Stilton, Danish Blue, Bel Paese und Tilsiter konnten zwar nicht ganz mit französischen Stars konkurrieren, aber mit den dazugehörigen Weinen schmeckten sie alle köstlich. Die Stimmung war glänzend, und die westliche Allianz hat solche Höhepunkte der Einigkeit seither nicht wieder erreicht.

Wir veranstalteten »internationale Treasure Hunts«. Die heutigen Diplomaten in Moskau werden es mit Neid vermerken, daß es die Dreißig-Kilometer-Grenze um Moskau damals noch nicht gab. Dafür gab es noch keine Tankstellen, so daß unseren Unternehmungen natürliche Grenzen gesetzt wurden. Unser französischer Kollege Charpentier dünkte sich besonders klug, als er während einer Treasure Hunt den Bahnwärter mit einem fürstlichen Trinkgeld zum Schließen der Schranke bewog; was ihm wenig nützte, denn wir bestachen den Mann gleich noch einmal. Es klingt merkwürdig, aber unser Leben schien manchmal dem der englischen und französischen Kolonialherren zu gleichen. Die Entwicklung der Sowjetunion zur Weltmacht hatte noch nicht begonnen.

Der Nachfolger von Twardowski war Werner von Tippelskirch, der zwar kein Russisch sprach, aber durch seine frühere Tätigkeit an der Gesandtschaft in Riga, an der Botschaft in Moskau und im Auswärtigen Amt als Referent für die Sowjetunion über nützliche Erfahrungen verfügte. Auch er war aktiver Offizier gewesen und infolge einer schweren Verwundung ein Schreibtischarbeiter geworden. Seine Liebe zum Detail brachte mich manchmal zur Verzweiflung. Ich sehe ihn noch, über meine Berichtsentwürfe gebeugt, die Asche einer Zigarette, ohne aufzusehen, in den Aschbecher tippen.

Es war Tippelskirch, der uns nach der Machtergreifung als erster darauf aufmerksam machte, daß wir einen neuen Stil der Berichterstattung benutzen müßten. Zunächst sah ich darin nur eine Verbeugung vor den neuen Machthabern und war empört, mußte aber bald einsehen, wie recht er hatte. Wir hatten schließlich die Aufgabe, nicht nur das Auswärtige Amt, sondern auch die Partei von der Richtigkeit unserer Auffassung zu überzeugen, wobei es galt, Mißtrauen und vorgefaßte Meinungen zu überwinden. Selbstverständlich mußten in den Berichten gewisse Zugeständnisse an den Zeitgeist und die Sprache der neuen Herren gemacht werden, um zum Ziel zu gelangen. Wir, die Angehörigen des Auswärtigen Dienstes, mußten lernen, zwischen den Zeilen zu schreiben und zu lesen. Wer heute die diplomatischen Akten dieser Zeit studiert, darf nicht vergessen, daß wir in einer Diktatur lebten.

Die Schlüsselfigur der Botschaft war Legationsrat Gustav Hilger, Leiter der Wirtschaftsabteilung. Er hatte schon die erste Russische Revolution im Jahre 1905 als Geschäftsmann in Moskau miterlebt. Die Familie seiner Frau hatte dort eine Armaturenfabrik besessen. Nachdem er 1918 in der Kriegsgefangenenkommission gearbeitet hatte, wurde er 1922 in die Botschaft übernommen. Er hatte die deutsch-sowjetischen Beziehungen von Anfang an mitgestaltet. Obgleich es ihm und seiner Frau unter dem Zaren nicht schlecht gegangen war, hegte er für das alte Regime keine Sympathie. Vielleicht mag zu seiner Abneigung beigetragen haben, daß seine Frau und er seit Kriegsausbruch 1914 als Deutsche in Sibirien interniert waren. Für den Verlust seines Eigentums machte er eher die verfehlte Politik des alten Rußland als die Sowjets verantwortlich. So war er trotz seiner Ablehnung des Kommunismus geneigt, die Entwicklung der Sowjetunion mit Nachsicht zu verfolgen. Ich glaube sogar, Hilger hätte sich über eine erfolgreiche Sowjetunion gefreut, weil er auf seine Weise stolz auf Rußland war und die Russen liebte. Rußland betrachtete er als seine zweite Heimat. Er und seine Frau schienen mir immer hin- und hergerissen zwischen Deutschland und Rußland, ein Umstand, der seine Urteile nicht immer ganz objektiv sein ließ. Andererseits war nicht nur sein Wissen um das alte Rußland, sondern vor allem seine phänomenale Personenkenntnis von unschätzbarem Wert. Er wußte mit Sicherheit, wo eine wichtige Person vor, während und nach der Revolution tätig gewesen war. Er glich einer lebenden Enzyklopädie, die immer bereit war, Auskunft zu geben. In seinem Idealismus sah er mit einer gewissen kindlichen Naivität in jedem Menschen das Gute. So verstand er nur schwer, welche Schreckensregimenter in der Sowjetunion und später im nationalsozialistischen Deutschland herrschten. Wir liebten diesen unschuldigen Mann, der so gar nicht das war, was die Angelsachsen »sophisticated« nennen.

Seine Naivität wurde mir niemals klarer, als um die Jahreswende 1940/41, wo er sich außerstande zeigte, zu erkennen, daß der Krieg mit der Sowjetunion bevorstand. Er wollte an so etwas einfach nicht glauben. Schon der Erste Weltkrieg hatte ihn gebrochen. So konnte er den Gedanken an eine Wiederholung nicht ertragen. Als die Würfel fielen, war er außer sich. Er ahnte noch nicht, daß sein einziger Sohn in Rußland fallen würde.

Von großer Bedeutung war auch der Landwirtschaftsattaché Otto Schiller. Durch seine langjährige Tätigkeit auf der Kruppschen Konzession am Fluß Manyč[1] und, später, bei der Deutsch-Russischen Saatbau-

Gesellschaft im Kuban-Gebiet war er für seine Tätigkeit bei der Botschaft bestens vorgebildet. Er sprach so gut Russisch, daß selbst die Bauern ihn für einen Einheimischen hielten. Trotz aller Schwierigkeiten bereiste er die UdSSR bis in die entferntesten Winkel. Wir nannten ihn den »Kolchosnik«. Was er über die sowjetische Landwirtschaft berichtete, war nicht nur für uns, sondern auch für die anderen Missionen eine Art Evangelium. Besonders von den westlichen Botschaften wurden seine Analysen wörtlich übernommen. Selbst Stalin ließ sich die Berichte Schillers übersetzen. Wir erfuhren dies unter der Hand vom Übersetzer, den wir durch Zufall kannten. Im Jahre 1938 wurde dieser hervorragende Mann nicht etwa durch die Sowjets, sondern durch eine Nazi-Intrige zu Fall gebracht und mußte Rußland verlassen. Später, während des Krieges, arbeitete er Pläne aus, nach denen die Kolchosen in den von Deutschland besetzten Gebieten in Genossenschaften umgewandelt werden sollten. Trotzdem hatten die Sowjets nach dem Krieg keine Bedenken, ihn wieder als Landwirtschaftsattaché an der neuen deutschen Botschaft zuzulassen. Dies ist um so bemerkenswerter, als die Russen nie gezögert haben, einen ihnen unliebsamen Diplomaten zur Persona non grata zu erklären. Sie wußten eben Schiller als einen hervorragenden Experten zu schätzen, der ihnen wohlgesinnt war.

Als ich in Moskau eintraf, war Peter Pfeiffer Leiter der Konsulatsabteilung. Er stammte aus der Pfalz und war das jüngste von vierzehn Kindern. Sein älterer Bruder war nach dem Ersten Weltkrieg deutscher Gesandter in Wien gewesen. Ein anderer, Anton Pfeiffer, spielte vor 1933 eine Rolle in der Bayerischen Volkspartei und war nach 1945 bayerischer Minister und mein Chef in der Bayerischen Staatskanzlei. Wir Jüngeren hielten Pfeiffer damals für einen kommenden Mann und sahen in ihm den zukünftigen Staatssekretär. Er wurde es nicht. Als er Generalkonsul in Tunis war und die Alliierten 1943 im Begriff waren, einzumarschieren, telegrafierte er dem Auswärtigen Amt, das Konsulat müsse seine Tätigkeit einstellen: gezeichnet: Heil Hitler, Pfeiffer. Das »Heil Hitler« wurde ihm später vorgeworfen. Heute ist erwiesen, daß er das Telegramm nur mit seinem Namen unterzeichnet hatte und der diskriminierende Zusatz von einem Konsulatsangestellten stammte. Pfeiffer war zu stolz, darauf hinzuweisen.

Dirksen, unser damaliger Chef, teilte unsere hohe Meinung von Pfeiffer und gab viel auf seinen politischen Rat. 1934 wurde Pfeiffer auf Grund seiner Qualifikation an die Botschaft in Paris versetzt, da man an den großen Botschaften Rußlandkenner haben wollte.

Vor dem Krieg hatten wir sieben Konsulate in der Sowjetunion: in Leningrad, Charkow, Kiew, Odessa, Tiflis, Nowosibirsk und Wladiwostok. Jedes Jahr wurden die Konsuln zu einer einwöchigen Konferenz nach Moskau gerufen. Am Anfang herrschte meist leicht gereizte Stimmung. Wir spürten den ewigen Gegensatz zwischen Front und Generalstab. Die Konsuln warfen uns vor, Potemkinsche Dörfer zu bewundern und geschminkte Berichte nach Berlin zu schicken. Sie gingen so weit, uns übertriebene Sowjetfreundlichkeit vorzuhalten. Wir versuchten zunächst, ihnen die von uns »Blaue Woche« genannte Zeit so angenehm wie möglich zu machen. Kein Abend verging ohne Opern, Theater, Konzerte und fröhliche Parties, wo sich die Tische vor Speisen und Getränken bogen. Am Ende jeder Blauen Woche waren wir überzeugt, bis zum nächsten Mal volle Einigung erzielt zu haben.

Das Leben der Konsulatsangehörigen wurde gegen Ende der dreißiger Jahre immer unerträglicher. Die Sowjets wollten sie hinausekeln, da sie in ihnen Spione sahen. So wurden 1937 das deutsche und das polnische Konsulat in Kiew in eine Art Belagerungszustand versetzt. Die Sowjets waren im Schikanieren erfinderisch. Das Hauspersonal wurde verhaftet, Telefone und Elektrizität wurden abgeschaltet. Genial war der Einfall, die Abflußrohre zu verstopfen und gleichzeitig von oben mit Hilfe einer dreckigen Dauerspülung die Toiletten zum Überschwappen zu bringen. Heulende Sirenen wurden montiert und machten die Nächte zur Hölle. Auch die Ukrainer, die das Unglück hatten, in der Nähe zu wohnen, litten unter den Maßnahmen. Kein Wunder, daß sich die Konsuln schließlich wie Frontsoldaten fühlten, an deren Tapferkeit alle Teufeleien abprallten. 1938 wurden dann auf offizielles Verlangen die Konsulate geschlossen.

Ich hatte den Eindruck, daß die Schließung der Konsulate sich zunächst in erster Linie gegen die Polen richtete und aus einem fehlgeleiteten Gerechtigkeitsgefühl heraus auf die anderen Konsulate ausgedehnt wurde. Die Polen hatten natürlich in der Ukraine geschichtlich bedingte gute Kontakte, durch die sie an wertvolle Informationen herankamen. In Gesprächen mit den deutschen Konsuln, die über Moskau heimreisten, gewann ich die Überzeugung, daß wir durch die Schließung der Konsulate nicht viel verloren hatten. Der Wert der Informationen, die sie sammelten, standen in keinem Verhältnis zu den unerträglich harten Lebensbedingungen.

Befremdlich war auch eine Erfahrung, die Botschafter Graf Brockdorff-Rantzau mit einem Bericht aus Kiew gemacht hatte. Als erstes fiel auf, daß sich auf dem Briefumschlag des Konsulats Kiew das Siegel des Generalkonsulats Charkow befand. Offenbar hatte die GPU, die wohl alle unsere Siegel besaß, den falschen Stempel gegriffen. Noch peinlicher war es, daß sich nicht nur der Bericht des Konsulats, sondern auch eine russische Übersetzung im Umschlag befanden. Mit steinernem Gesicht erschien Botschafter Graf Brockdorff-Rantzau beim sowjetischen Außenkommissar Tschitscherin und erklärte, er wolle sich gar nicht über das Öffnen der amtlichen Post durch die Sowjets beschweren, daran hätte er sich gewöhnt. Empörend sei jedoch die miserable Qualität der von der GPU angefertigten Übersetzung, die zu internationalen Mißverständnissen führen könnte. Er müsse die Einstellung eines besser qualifizierten Übersetzers verlangen.

1936 wurde Gebhardt von Walther zu uns versetzt. Er wirkte auf uns »alte Moskauer« gleich einem Katalysator. Wir Moskauer neigten inzwischen allzusehr dazu, unsere Erkenntnisse über die Sowjetunion sozusagen in Schubladen mit aufgeklebten Etiketten einzuordnen. Walther regte uns an, die sowjetische Politik unter neuen Gesichtspunkten zu analysieren. Er erbrachte insofern den lebendigen Beweis für die Richtigkeit der Praxis, Diplomaten nicht zu lange auf demselben Posten zu belassen, damit sie sich nicht allzu bequem in ihren einmal konstruierten Gedankengebäuden einrichten. Unter dem Einfluß Walthers begann die Botschaft in ihren Berichten den Abbau der kommunistischen Ideologie durch Stalin schärfer zu verdeutlichen. Das war um so nötiger, als die Nationalsozialisten, gefangen in ihrer eigenen antikommunistischen Propaganda, unfähig waren, die Veränderungen zu erkennen. Wir waren inzwischen überzeugt, daß Stalin ideologischen Ballast abwarf und mit seiner pragmatischen Politik aus dem ungefährlichen kommunistischen Chaos eine wirtschaftlich und militärisch potente Macht zu schmieden begann. Anders als die Nationalsozialisten nahmen wir Rußland ernst. Ich habe oft gedacht, daß diejenigen, die heute den Sowjetstaat tragen und seine Nutznießer sind, Stalin Kränze winden müßten, weil er das sowjetische Staatsschiff vor dem Kentern bewahrt hat. Dies gelang ihm nicht so sehr durch die Anwendung Leninscher Prinzipien, als durch den Rückgriff auf Erfahrungen und Methoden, die sich in Rußland und in vielen anderen Staaten seit Jahrhunderten bewährt hatten.

Merkwürdigerweise störten uns die Überwachungsmethoden der Sowjets relativ wenig. Wir hatten uns daran gewöhnt, daß unsere Telefongespräche abgehört wurden und daß es Mikrofone in den Räumen der Botschaft gab; das hinderte uns nicht, frei zu sprechen, im Gegenteil:

Gelegentlich sagten wir über den »anonymen« Draht Wahrheiten, die wir im direkten Gespräch nicht hätten aussprechen dürfen.

Als 1933 ein Attentat auf Botschaftsrat von Twardowski erfolgte, bei dem er verwundet wurde, begann die ständige, offene Bewachung unseres Botschafters und Twardowskis. In der sich danach ausbreitenden allgemeinen Spionage-Hysterie wurden auch rangniedrigere Botschaftsangehörige von Zeit zu Zeit beschattet, und zwar so intensiv, daß der Schatten oft tagelang nicht von ihrer Seite wich. Wohin man auch ging, der Schatten stand neben einem und reagierte weder auf Anrede noch auf Beschimpfungen in russisch oder deutsch. Er folgte einem, aber man existierte nicht für ihn. Gelegentlich packte uns die Wut. Wir verfielen auf kindliche Spiele, um unsere Verfolger zu ärgern. So verließen wir die Wohnung zu ungewohnter Zeit und versuchten, uns in rasender Fahrt kreuz und quer durch Moskau von unserem Schatten zu trennen. Oder wir fuhren zu dritt, jeder in seinem Wagen, hinter jedem unserer Wagen ein Wagen der GPU, auf den Roten Platz und exerzierten dort Vorwärts- und Rückwärtsfahren.

Beim Aufbruch von der amerikanischen Datscha ließ ich mein Auto stehen und entkam unbemerkt, auf dem Boden eines anderen Wagens hockend, selig über das dumme Gesicht des Schattens, der noch stundenlang auf mich wartete. Oder ich fuhr, gefolgt von meinem Quälgeist in seinem Ford, dem wiederum Fitzroy Mclean von der britischen Botschaft auf den Fersen war. Als wir einen gewöhnlichen Milizionär am Straßenrand sahen, hielten wir an. Fitzroy sprach den Milizionär an und erklärte, ich würde von Strolchen verfolgt. Der brave Beamte näherte sich meinem Verfolger mit strenger Miene und mußte zu seinem Schrecken feststellen, daß er es mit Agenten der Geheimpolizei zu tun hatte.

Zu den Bewachern des Botschafters hingegen unterhielten wir gute Beziehungen. Wir informierten sie ständig über das Programm des Botschafters und benachrichtigten sie auch rechtzeitig, wenn etwas Unvorhergesehenes unternommen werden sollte. So brauchten sie nicht ständig, oft bei dreißig Grad unter Null, im ungeheizten Ford zu sitzen. Dafür revanchierten sie sich auf Reisen des Botschafters über Land, sorgten für gute Unterkunft und Verpflegung. Da auch ihnen das Reisen mit dem Botschafter eine angenehme Abwechslung zum eintönigen Dienst in Moskau war, machten sie sogar Vorschläge für weitere Reisen. Als Botschafter Graf von der Schulenburg nach Kriegsausbruch über die Türkei ausreiste, gaben ihm seine Bewacher bis zur Grenze das Geleit und winkten dem abdampfenden Zuge traurig-freundlich nach.

Bei meinen eigenen Überlandreisen war ich um ein ähnlich gutes Einvernehmen bemüht. Kaum hatten wir – mein Fahrer und ich – das Stadtgebiet von Moskau verlassen, hielten wir nach der ersten Kurve, deren es auf dem Land nicht viele gab, und machten uns am Vergaser zu schaffen. Da brauste auch schon der Ford unserer Bewacher heran und fuhr fast auf uns auf. Nun gab es Gelegenheit zu einem freundlichen Gespräch. Wie in großen, weiten Ländern üblich, erzählte ich die Einzelheiten meiner Reise, so, als ob ich ganz gewöhnlichen Leuten gegenüberstände. In der ersten Nacht glaubten sie mir nicht, daß ich erst um acht Uhr weiterfahren wollte und standen die ganze Nacht vor meinem Zelt. Die armen Teufel hätten sich sicher ein Dach über dem Kopf gewünscht. Ihr Los dauerte mich, und später übernachteten wir alle vier im gleichen Zelt, eng, aber freundschaftlich.

Auf derselben Reise hatte ich in Odessa einen Achsbruch. Ich verständigte die GPU und teilte ihr mit, daß ich am nächsten Tag mit dem Zug nach Moskau zurückkehren müsse, weil es zu lange dauern würde, die Ersatzteile in Deutschland anzufordern und nach Odesssa kommen zu lassen. Meine Freunde waren sichtlich enttäuscht über den Abbruch der harmonischen Reise und schlugen sofort vor, die Ersatzteile zu besorgen. Sie steckten die Köpfe unter die Motorhaube, stellten sachkundig fest, woran es fehlte und machten sich auf den Weg, einen entsprechenden Autotyp zu finden und die benötigten Teile einfach auszubauen. Ich hatte meine Zweifel, dachte an den unglücklichen Besitzer des auszuweidenden Autos und war baß erstaunt, als sie nach zwei Tagen mit meinem Wagen wieder vorfuhren. Inzwischen hatte ich noch Gelegenheit gehabt, die berühmte Treppe aus Eisensteins Film »Panzerkreuzer Potemkin« zu besichtigen und im Geiste den hochbeinigen Kinderwagen hinabholpern zu sehen.

In Batum am Schwarzen Meer, auf einer Reise mit Schulenburg, oblag es mir, früh am Morgen ein Auto zu besorgen. Natürlich wandte ich mich an die treuen Geheimdienstmänner. Wir kamen am Hafen vorbei, und stolz zeigten mir die Agenten ein dort liegendes sowjetisches U-Boot, das ich gar nicht bemerkt hatte. Es sei, sagten sie, der neueste Typ und nannten auch die Länge. Ich bezweifelte die Meterzahl, worauf sie mit mir das U-Boot abschritten, ein Schritt, ein Meter. Die Länge stimmte. Unser Marineattaché war begeistert.

# Meine drei Botschafter

*Herbert von Dirksen – der Preußische Beamte und »Oberpräsident«*

Dirksen genoß hohes Ansehen bei seinen Berufskollegen. Einer seiner Vorfahren gehörte zu den sogenannten Schöneberger Millionenbauern, die in den Gründerjahren, während der stürmischen Ausweitung Berlins, ihre Äcker als Bauland teuer verkauften. Als preußischer Regierungsbeamter wurde er nach 1918 in den diplomatischen Dienst übernommen. Auf seinen Posten in Moskau war er als ehemaliger Generalkonsul in Danzig und Leiter der Ostabteilung im Auswärtigen Amt gut vorbereitet. Einst hatte er an den Verhandlungen zum Rapallovertrag mitgewirkt. Als enger Mitarbeiter stand er Staatssekretär Ago von Maltzan nahe, der als »Roter Baron« bekannt war und stets für gute deutsch-sowjetische Beziehungen focht. Dirksen beeindruckte durch seine große und breitschultrige Erscheinung. Mit seiner wuchtigen Stirn und den klug beobachtenden Augen hinter Brillengläsern wirkte er wie ein Intellektueller. Der preußische Beamte in ihm überwog, er war peinlich genau, gründlich und ein harter Arbeiter, der in seinem Beruf aufging.

Dank meinem Freund Albrecht von Kessel erfuhr ich schon in Berlin von seinen Eigenheiten und besonders von seiner Abneigung gegen Gefühlsäußerungen, Ausdruck seiner allgemeinen Schüchternheit. Nur gelegentlich überwand er seine Hemmungen und zeigte sein gutes Herz. So sagte er zu Kessel, der monatelang wie ein Pferd für ihn gearbeitet und außer »Guten Morgen« und »Guten Abend« nichts Menschliches von ihm gehört hatte, einmal spät in der Nacht: »Sie armes Kind!« Kessel war erschüttert, ging nach Hause und entkorkte eine Flasche Sekt.

Dirksens extreme Zurückhaltung in allen Gefühlsäußerungen spiegelte sich auch in seinen privaten Interessen. Er spielte am liebsten Schach. Sein Stolz war sein altes chinesisches Porzellan, dessen schlichte Schönheit nicht von allen Besuchern gewürdigt wurde. Als die Frau des französischen Botschaftsrats diese liebevoll gesammelten Prunkstücke für modernes deutsches Porzellan hielt, verzog er dennoch keine Miene. Dirksen hatte es nicht leicht, als Nachfolger des legendären Brockdorff-Rantzau aufzutreten, der als Gegner der Westalliierten bei den Sowjets in hohem Ansehen stand und als der erste der ausländischen Missions-chefs galt. Besonders gut verstand er sich mit Außenkommissar Tschit-scherin, dem Vorkriegs-Diplomaten und Aristokraten.

Dirksens Aufgabe wurde noch dadurch erschwert, daß sich zur Zeit seines Amtsantritts im Jahre 1929 ein Wandel in den engen deutsch-sowjetischen Beziehungen abzeichnete. Die Russen wurden mißtrauisch. Heinrich Brüning wurde 1930 Reichskanzler, die Sowjets befürchteten, seine Politik sei zu westlich gerichtet. Um ein Gegengewicht gegen Brünings scheinbare Annäherungen an Großbritannien und Frankreich zu schaffen, bemühte sich der sowjetische Außenkommissar, Maxim Litwinow, seinerseits gute Beziehungen zu den Westmächten herzustel-len, um nicht in die Isolation zu geraten. Brüning sah diese Entwicklung, war aber an der deutschen Ostpolitik nicht im gleichen Maße interessiert wie sein Vorgänger.

Zu Brünings Zeit gewannen die Handelsbeziehungen zwischen Deutschland und der Sowjetunion immer mehr an Bedeutung. Die Russen wollten von Deutschland, wie von anderen Ländern, vor allem Werkzeugmaschinen und Fabrikausrüstungen beziehen, und zwar auf Kredit. Es gab einflußreiche Leute in Deutschland, die diesen Handel als zu großes Risiko ablehnten, weil sie glaubten, daß die Sowjets ihren Zahlungsverpflichtungen nicht nachkommen würden. Aber die Sowjets waren um einen guten Ruf als pünktliche Zahler bemüht, einen Ruf, den manche kapitalistischen Staaten bereits verloren hatten. Dirksen setzte sich unermüdlich für die Sowjets als Partner ein und suchte die deutsche Öffentlichkeit, die Regierung und die Industriellen davon zu überzeugen, daß die Handelsbeziehungen mit der Sowjetunion für beide Teile nütz-lich seien. Es kam ihm zugute, daß der Schwarze Freitag im Jahre 1929 und die folgende Weltwirtschaftskrise zu katastrophaler Arbeitslosigkeit geführt hatten. Die deutschen Exporte in Höhe von mehreren Milliarden Mark verhalfen Tausenden von Deutschen zu Arbeit und Brot.

Seine Tätigkeit als Doyen des Diplomatischen Korps nahm Dirksen ernst. Mit schöner Regelmäßigkeit pflegte er sich bei Außenminister Litwinow über schlechte Behandlung des Diplomatischen Korps zu beschweren. Die Lebensbedingungen waren unbefriedigend, und die Versorgung mit Nahrungsmitteln und Gebrauchsgütern ließ zu wünschen übrig. Dafür gab es zuviel Bespitzelung und Schikanen am Zoll. Als gar nichts half, überreichte er Litwinow ein schöngebundenes Werk über die Behandlung von Ausländern in der Zarenzeit. Es habe sich nichts geändert, kommentierte er trocken. Dirksen erwiderte natürlich die Besuche der Botschafter und der Gesandten, aber auch, was nicht üblich war, die Besuche der Geschäftsträger. Auf diese Weise machte er sich nicht nur viele gute Freunde unter den Jüngeren, sondern er erfuhr auch manche Dinge, die Missionschefs sonst nicht hören.

Ein Alptraum war die Abfassung des Jahresberichts an das Auswärtige Amt, der eine Zusammenfassung aller wichtigen Ereignisse in der Innen- und Außenpolitik enthalten mußte. Dirksen schrieb den Bericht allein, wie er auch die meisten grundsätzlichen Schriftstücke selbst verfaßte. Während ich ihm über die Schulter sah, ohne selbst viel dazu beitragen zu müssen, lernte ich eine Menge. Wir wußten dieses Verfahren zu schätzen. Später, unter Nadolny und Schulenburg, wurden die sechzig bis hundert Seiten des Jahresberichts gemeinsam erarbeitet.

Ende 1933 wurde Dirksen zu seinem und unserem Erstaunen nach Japan versetzt, wo sich dann herausstellte, wie ein preußischer Beamter seiner Pflicht zur Loyalität nachkommt. Schon auf dem Dampfer nach Japan verfaßte er einen Bericht an das Auswärtige Amt, in dem er sich für eine Verbesserung der Beziehungen zu Japan einsetzte. Als wir in Moskau diesen Bericht erhielten, machten wir erstaunte Gesichter. Hatte Dirksen doch von Moskau aus immer nur Moskau propagiert und vor einem zu engen Verhältnis Deutschlands mit Japan mit Rücksicht auf die Sowjetunion gewarnt. Von Tokio aus sah er die Beziehungen gleich umgekehrt. Nun wurde die Sowjetunion zu einer Bedrohung für den Fernen Osten.

Seine Frau Hilda trug auf ihre Art zum Erfolg ihres Mannes in Moskau bei. Sie interessierte sich für die bildenden Künste, wenn auch ihr Geschmack eher konservativ war. So schwärmte sie für den Bildhauer Georg Kolbe, der oft bei Dirksens zu Gast weilte. Sie liebte nicht nur die alten Ikonen, sondern verkehrte auch mit russischen Künstlern, was an sich ein Kunststück war, denn sie sprach weder Russisch noch eine andere Fremdsprache.

Sie konnte verletzend offen zu ihren Mitmenschen sein. Sie sagte anderen Wahrheiten und gab ihnen Ratschläge, weil sie es gut meinte. Aber Aussprüche wie »Sie sind doch hübsch genug, ohne sich anzumalen«, oder »Tragen Sie wollene Unterhosen, sonst bekommen Sie ein Blasenleiden«, wirken nun einmal befremdend auf junge Diplomatenfrauen. Hilda von Dirksen war auf dem Land aufgewachsen und verstand sich, wie ein alter Schäfer, auf die Natur, das Wetter und alte Hausmittel. Sie ging immer davon aus, daß man von einem Rittergut stamme und fragte Neuankömmlinge gern nach dem Familienbesitz. Mein Vorgänger, Kurt Brunhoff, erstaunte sie als er ihr antwortete: »Außer einem Balkon mit ein paar Blumentöpfen haben wir keinen Landbesitz.« Nach einer Pause sagte Frau von Dirksen mitfühlend: »Das tut mir aber leid«, was sie beileibe nicht zynisch meinte. Sie war nicht ganz zu Unrecht der Ansicht, daß Besitz im Hintergrund dem Staatsdiener die nötige Unabhängigkeit gibt, nie gegen sein Gewissen handeln zu müssen und gegebenenfalls seinen Dienst zu quittieren. Sie war im diplomatischen Korps wegen ihrer Ehrlichkeit und Originalität allgemein beliebt.

Der Botschafter bestand darauf, daß ich sie, als die Frau des Doyens, bei Besuchen begleitete. Zu Gast bei der Frau des estnischen Gesandten Seljamaa, der übrigens später Außenminister wurde, kritisierte sie die herumhängenden Bilder in Grund und Boden. Frau Seljamaa war begeistert, denn sie mißbilligte schon lange die wahllose Sammelleidenschaft ihres Mannes. Sofort schlug sie vor: »Das müssen Sie meinem Mann sagen.« So geschah es zu meinem Entsetzen. Auf dem Heimweg meinte Frau von Dirksen: »Das mußte ich doch tun, sonst kauft er noch mehr schlechte Bilder.« Als Herr von Dirksen fünfzig Jahre alt wurde – ein beträchtliches Alter, so fanden wir –, wünschte er sich von seiner Frau ein Stilleben von Lovis Corinth, fand aber für diesen Wunsch kein Verständnis bei ihr. Trotzdem stand das Bild auf dem Geburtstagstisch. Auf einem kleinen Silberschild am Rahmen entdeckte ich die Inschrift: »Herbert seinem lieben von Dirksen.« Er hatte es sich selbst geschenkt.

### Rudolf Nadolny – der Politiker

Bei der Machtübernahme durch die Nationalsozialisten war Dirksen noch Botschafter in Moskau. Zunächst zeichnete sich noch keine Veränderung der deutschen Politik gegenüber der Sowjetunion ab. In der Reichstagsrede vom 17. Mai 1933 sprach Hitler von der Fortsetzung normaler Beziehungen. Kaum hatte jedoch Nadolny am 16. November 1933 seinen Posten angetreten, als ein scharfer Wind aufkam.

Nadolny stammte aus Ostpreußen; seit seiner Jugend war er vom Osten fasziniert. Vor dem Krieg war er Vizekonsul in St. Petersburg gewesen – eine Zeit, die ihn geprägt hatte. Er hatte sich den Botschafterposten in Moskau immer als Krönung seiner Karriere gewünscht, doch als es soweit war, sollte Moskau das Ende und nicht der Höhepunkt seiner Laufbahn sein. Nadolny sah gut und ein wenig fremdländisch aus. Mittelgroß und zierlich, mit leicht slawischem Einschlag, hätte man ihn für einen vornehmen Bojaren halten können. Er galt als streng, fordernd, ehrgeizig und eigensinnig, Charakterzüge, die ihm so manche Ablehnung eingebracht hatten. Aber ebensoviel Zuneigung erwuchs ihm aus seiner Charakterstärke und Aufrichtigkeit. Er besaß eine erstaunliche Vitalität, war kompromißlos und ausdauernd. Seine Freunde bewunderten seine Loyalität, und seinen klaren, analytischen Verstand, mit dem er die Lage erfaßte und darauf eine konstruktive Politik aufbaute. Darüber hinaus besaß er eine erstaunliche Intuition, mit der er die zukünftige Entwicklung sicher voraussah. Sein Impetus war ungewöhnlich für einen Botschafter. In der Tat war er mehr Politiker als Diplomat.

Twardowski beauftragte mich, Nadolny und seine Familie in Berlin abzuholen. Ich war Nadolny nie begegnet und fuhr ihm mit gemischten Gefühlen entgegen; aber er gewann mich sofort. Während Dirksen eher schüchtern und zurückhaltend gewesen war, wirkte Nadolny durch seine Offenheit und Spontaneität sofort gewinnend. Seine vornehme Frau und die beiden reizenden Töchter trugen ihr Teil zu seinem Erfolg bei. So groß der Unterschied zwischen Dirksen und Nadolny war, der zwischen ihren beiden Frauen war noch größer.

Anny Nadolny war eine sanfte Frau und in jeder Beziehung die ideale Ergänzung zu ihrem dynamischen Mann. Sie ruhte in sich selbst und war so geduldig, wie ihr Mann rastlos war. In meiner Erinnerung sehe ich sie klar und ruhig wie ein Bild von Vermeer oder Terborch.

Die schönen Töchter Ursula und Anorte, die eine blond, die andere dunkel, machten Furore im diplomatischen Korps, wo junge Mädchen Seltenheitswert besaßen. Legationssekretär Dittmann und ich, die sie auf alle Gesellschaften begleiten durften, wurden von den Moskauer Junggesellen beneidet und – im Hinblick auf unsere schönen Begleiterinnen – umworben.

Die Zahl der Nadolnyschen Ideen zur Verbesserung des politischen Klimas war erstaunlich. Es würde zu weit führen, sie hier im einzelnen aufzuführen, aber die Drähte zwischen Moskau und Berlin liefen heiß. Doch Außenminister Konstantin von Neurath ging auf seine Gedanken nicht ein. Die beiden Männer lagen sich nicht. Neurath war bequem und ging Schwierigkeiten aus dem Weg. Nadolny, der von seinem Dienstherrn erwartete, daß er sich gegen die Nazis und ihre bornierte Einstellung zur Sowjetunion durchsetzte, war ihm lästig. Kam doch einmal ein positives Zeichen aus Berlin, so war das Wasser auf Nadolnys Mühlen. Er ging sofort über das Vorgeschlagene mit zusätzlichen Forderungen hinaus. Neurath schätzte das nicht.

An sich war der Augenblick für Nadolnys Initiative nicht ungünstig. Der Berliner Vertrag von 1926, das Fundament der deutsch-sowjetischen Beziehungen, war erst kürzlich erneuert worden. Nadolny baute darauf auf und plante neue Abmachungen, die Litwinows Vorschläge zu einer Neutralisierung der baltischen Staaten unterliefen.

Schon auf der Reise nach Moskau hatte mich Nadolny mit seinen zielsicheren Fragen beeindruckt. Gleich nach der Ankunft nahm mich Twardowski beiseite und fragte: »Wie ist er denn?« Mich ritt der Teufel als ich antwortete: »Er ist großartig. Ihr fliegt alle raus und ich bleibe!«

Bei seiner ersten Morgenbesprechung kam Nadolny, nach den üblichen Freundlichkeiten, gleich zur Sache und erklärte, was er von uns erwartete. Nach allem, was wir von ihm gehört hatten, waren wir erstaunt, wie anerkennend er sich über unsere Arbeit und unser Engagement äußerte. Er forderte uns auf, abweichende Meinungen offen vorzubringen und ihn gegebenenfalls auch zu kritisieren, vorausgesetzt, daß dies nicht nachträglich geschähe. »Haben Sie den Mut, Ihrem Botschafter zu widersprechen«, sagte er wörtlich. Eine solche Erklärung hatten wir gerade von diesem Mann nicht erwartet.

Als Nadolny von seiner Ernennung zum Botschafter in Moskau erfahren hatte, verfaßte er sofort ein Memorandum mit seinen Gedanken zur Rußlandpolitik für das Auswärtige Amt. Wie sich später herausstellte, wurde dieses Memorandum zur Grundlage für die Instruktionen, die Berlin ihm mit auf den Weg gab. Nadolny war fest entschlossen, einer weiteren Verschlechterung der deutsch-sowjetischen Beziehungen mit allen Kräften entgegenzuwirken und eine positive, »Nadolnysche Politik« einzuleiten. Der Gedanke an einen Krieg gegen die Sowjetunion wäre ihm nie in den Sinn gekommen.

Als Ostpreuße und Erbe der Bismarckschen Tradition war er überzeugt von der Richtigkeit des Satzes: Deutschland und Rußland müssen zusammenhalten, sonst geht es beiden schlecht. Als alle seine Bemühungen, die politischen, wirtschaftlichen und kulturellen Beziehungen zu beleben, auf kein Verständnis in der Wilhelmstraße stießen, wandte er sich unter Umgehung des Dienstwegs an Reichspräsident von Hindenburg. Er fühlte sich dazu berechtigt, weil Botschafter Graf Brockdorff-Rantzau als ehemaliger Außenminister sich das Recht der unmittelbaren Berichterstattung an den Reichspräsidenten ausbedungen hatte.

Dabei kam Nadolny zugute, daß er mit Staatssekretär Otto Meißner, dem Chef der Präsidialkanzlei, befreundet war. Hindenburg, der Nadolny schätzte, reagierte auf dessen Warnungen, daß Gefahr im Verzuge sei, und berief ihn im Juli 1934 nach Berlin. Dort hatte Nadolny zunächst ein fruchtloses Gespräch mit Neurath. Dann wurde er von Hitler allein empfangen.

Es gehörten Mut und Selbstvertrauen dazu, den Verfasser von »Mein Kampf« überzeugen zu wollen. Nadolny hatte sich vorgenommen, einen Streit, wie er ihn früher schon mit Hitler erlebt hatte, unter allen Umständen zu vermeiden. Dennoch endete die Begegnung mit einem Riesen, Auf Nadolnys Drängen, sich mit der Sowjetunion zu arrangieren, hatte Hitler gebrüllt: »Mit den Schweinen paktiere ich nicht!«, worauf Nadolny nur entgegnet hatte: »Ich bin Sohn eines Landwirts und halte Schweine für nützliche Tiere.« Nadolnys weitere Bemerkung: »Wenn Sie Ihre Provokationspolitik gegen und in Polen weiter fortsetzen, werden die Engländer eingreifen, und wir haben den Zweiten Weltkrieg«, hatte Hitler vollends aus der Fassung gebracht. Er konnte nur noch sagen: »Wie reden Sie mit mir?«, worauf Nadolny kühl geantwortet hatte: »Nicht als deutscher Botschafter, sondern als gewöhnlicher Deutscher!« Während dieses Wortwechsels liefen beide Männer fortwährend um den runden Tisch herum und schlugen abwechselnd mit der Faust auf den Tisch.

Als Nadolny einige Tage später noch einmal, diesmal in Gegenwart von Neurath, von Hitler empfangen wurde, verlief die Unterhaltung ruhiger, aber ebenso ergebnislos. Bevor er nach Moskau zurückkehrte, machte Nadolny einen letzten Versuch bei Neurath. Als dieser aber nur äußerte, er habe keine neuen Instruktionen für ihn, erklärte Nadolny, er sei Botschafter und kein Briefträger und nahm seinen Abschied. Innerhalb eines Jahres war der Traum seines Lebens, einen geschichtlichen Auftrag zu erfüllen, zerronnen. Der Entschluß zum Rücktritt, der ihm unendlich schwer gefallen sein muß, entsprach seinem unbeugsamen Charakter. Wir waren stolz auf unseren Botschafter. Als er Moskau endgültig verließ, standen nicht nur mir die Tränen in den Augen.

Graf von der Schulenburg traf im Oktober 1934 in Moskau ein. Die Sowjets freuten sich über die Ernennung eines Grafen aus altem Adelsgeschlecht und sahen darin ein Zeichen der Wertschätzung ihres Regimes. Sie hatten Botschafter Graf Brockdorff-Rantzau nicht vergessen, der die guten Beziehungen zwischen der Sowjetunion und Deutschland mit persönlichem Engagement stets gefördert hatte.

Im deutschen Auswärtigen Amt kam die Ernennung Schulenburgs für die meisten überraschend. Außenminister Neurath wollte wohl nach dem unruhigen Geist Nadolny einen ruhigen Beobachter auf diesem Posten sehen. Schulenburg war der ideale Diplomat, der die Situation in der Sowjetunion und vor allem in Deutschland realistisch einschätzte und versuchte, daraus das Beste zu machen. Er war durch das Scheitern Nadolnys gewarnt und erkannte, daß die beste Strategie für ihn Bismarcks Grundsatz war, die Dinge zu gestalten, ohne gegen den Strom zu schwimmen. Er wartete geduldig auf die Gunst der Stunde.

Bei der Überreichung des Beglaubigungsschreibens begrüßte das Staatsoberhaupt Michail Kalinin den neuen Botschafter freundlicher, als es die gespannten Beziehungen zwischen den beiden Ländern erwarten ließen. Als der offizielle Teil der Zeremonie vorüber war, betrachtete Kalinin den hochgewachsenen Botschafter und seine ebensogroßen Begleiter – er war selber klein von Wuchs – und bemerkte mit einem verschmitzten Lächeln: »Man sieht es gleich – die Vertreter einer höheren Rasse!«

Nach kurzer Zeit schätzten die Sowjets den vornehmen Grafen und professionellen Diplomaten mehr als die meisten anderen Missionschefs. Unsere ausländischen Kollegen waren manchmal neidisch auf die Sonderstellung des Grafen; aber auch sie konnten sich seinem Charisma nicht entziehen. Als der amerikanische Botschafter Josef Davies Litwinow gegenüber eine spitze Bemerkung darüber machte, daß ausgerechnet der Vertreter des nationalsozialistischen Deutschland besonders freundlich behandelt werde, antwortete Litwinow: »Wir mögen ihn und können nicht nein zu ihm sagen.« Für Litwinow und die Sowjets war Schulenburg der Vertreter des alten Deutschland, das sie im Grunde ihres Herzens liebten. So bemerkte Litwinow eines Tages zu Schulenburg, er bedaure es, als Jude nicht mehr nach Deutschland auf Urlaub fahren zu können, was er immer so gern getan hätte.

Schulenburg kannte die Menschen und wußte sie richtig zu behandeln. Das Auswärtige Amt hatte die Botschaft angewiesen, gegen eine bestimmte Maßnahme der Sowjets zu protestieren und ihre Rücknahme zu verlangen. Ich schlug Graf Schulenburg vor, einen jüngeren Beamten der Botschaft in das Außenministerium zu schicken, da mir diese Demarche aussichtslos erschien. Schulenburg lächelte milde und meinte, er werde selbst zu Litwinow gehen. Ich solle inzwischen das Telegramm mit der Erfolgsmeldung aufsetzen. Ich setzte das Telegramm nicht auf, weil ich Schulenburgs Bemerkung für einen Scherz hielt. Als er aus dem Außenministerium zurückkam, bat er mit dem gleichen Lächeln um das Telegramm. Entgeistert fragte ich ihn, wie er das geschafft hätte. Er hatte zunächst mit Litwinow über dies und jenes geplaudert. Ganz nebenbei hatte er dann bemerkt, er habe durch einen Diplomaten von einer bevorstehenden Maßnahme der Sowjets erfahren, die von der deutschen Regierung als unfreundlicher Akt angesehen werden müsse. Er habe diesem Diplomaten aber geantwortet, daß es sich nur um ein Gerücht handeln könne, denn sein Freund Litwinow sei ein Gentleman und würde so etwas nie zulassen. Darauf hatte Litwinow geantwortet: »Ich danke Ihnen, mein lieber Freund, Sie haben natürlich recht. Ich freue mich, daß Sie für mich eingetreten sind.«

Auch in Berlin war Schulenburg so beliebt, daß ihm fast jeder Wunsch erfüllt wurde. Mit Neurath verstand er sich gut. So hatte er die Möglichkeit, Hitler zu sehen, wenn er es für nötig hielt. Während die Begegnungen zwischen Hitler und Nadolny von wilden Temperamentsausbrüchen begleitet waren, hütete sich Schulenburg, seine Gefühle offen zu zeigen.

Schulenburgs Interesse galt nicht so sehr den Institutionen und Prinzipien, sondern viel mehr dem einzelnen Menschen, der dahinter stand. Er war stets bereit, die guten Eigenschaften im Menschen zu suchen und sie zu nutzen, ohne dabei ihre Schwächen zu übersehen. Dies ermöglichte es ihm, Beziehungen zu Personen zu knüpfen, mit denen er sonst wenig Gemeinsames hatte. Wir, die wir täglich mit ihm zu tun hatten, sahen in dieser positiven Einstellung zu den Menschen auch eine Schattenseite. Er begegnete allen mit der gleichen Freundlichkeit, und die, die ihm besonders nahestanden, waren oft enttäuscht, daß er keinen Unterschied machte zwischen wirklich guten Freunden und beinahe Unbekannten, oder auch solchen, die seine Freundschaft nicht verdienten. Schulenburg ging nur selten in die Kirche, aber sicher entsprang seine menschliche Güte seiner christlichen Einstellung. Für ihn war der Mensch ein Geschöpf Gottes und einen Menschen zu beleidigen war eine Beleidigung des Schöpfers.

Schulenburg war fünfundzwanzig Jahre alt, als er 1902 nach bestande-
nem Assessorexamen in den auswärtigen Dienst eintrat. Damals waren
der diplomatische und der konsularische Dienst streng voneinander
getrennt. Voraussetzung für den diplomatischen Dienst war ein ausrei-
chendes Vermögen, das weder Schulenburg noch Nadolny besaßen. So
begannen beide ihre Laufbahnen im Konsulardienst. Nach kurzer Tätigkeit in Barcelona verbrachte Schulenburg einige glückliche Jahre am
Generalkonsulat in Warschau. Er fand viele Freunde, vor allem unter
den Aristokraten. Seine Sympathie für die Polen und seine Anteilnahme
am Schicksal ihres Landes bewahrte er sich über die Jahre. Nach der
Teilung Polens 1939 konnte er vielen seiner polnischen Freunde helfen.
Er setzte sich in Moskau oder in Berlin unermüdlich für sie ein und
erreichte schließlich, daß sie rechtzeitig das Land verlassen durften und
so der Verfolgung und vielleicht dem Tod entgingen. Als Schulenburg
sich bei Außenminister Wjatscheslaw Molotow dafür bedankte, daß
seinen Freunden die Ausreise gestattet worden sei, bemerkte Molotow,
dem italienischen König habe man den gleichen Wunsch kürzlich abge-
schlagen. Ihm, dem Grafen Schulenburg, habe man aber diesen Gefallen
erweisen wollen.

Bei Ausbruch des Ersten Weltkrieges war Schulenburg Konsul in
Tiflis und befand sich auf Heimaturlaub. Als Reserveoffizier wurde er
zunächst an der Front eingesetzt und dann als Verbindungsoffizier in
diplomatischer Mission nach Damaskus entsandt. Als deutsche Truppen
1917 den Kaukasus besetzten, wurde er als deutscher Vertreter nach
Tiflis versetzt. Zu seiner Überraschung fand er in seiner alten Wohnung
alles so vor, wie er es bei Urlaubsantritt zurückgelassen hatte. In seiner
Heimatstadt hingegen war ihm während des Krieges so einiges abhan-
den gekommen.

Er war einer der Geburtshelfer der Georgischen Republik. Emigranten
und bolschewistische Georgier erinnerten sich dankbar seiner Verdienste
um die georgische Unabhängigkeit, die freilich nur wenige Jahre dauerte
(1918–1921).

Erst als nach dem Ende des Ersten Weltkrieges der diplomatische und
konsularische Dienst zusammengelegt wurden, begann die eigentliche
diplomatische Laufbahn Schulenburgs. Nach acht Jahren in Persien und
Rumänien begann die große Karriere mit seiner Versetzung nach Moskau, die er selbst weder angestrebt noch erwartet hatte.

Schulenburg war ebenso wie seine Vorgänger überzeugt, daß gute
Beziehungen zwischen Deutschland und Rußland ein wichtiger Bestand-

teil deutscher Politik sein müßten. Immer, wenn er dienstlich oder privat nach Berlin kam, legte er besonderen Wert darauf, Nadolny zu besuchen, um so seine Sympathie für den Vorgänger zu bezeugen.

Schulenburg ging ruhig und fast unauffällig an die Arbeit, und seine anscheinende Passivität verblüffte uns, da wir an Nadolnys Tempo gewöhnt waren. Er war geduldig und nachsichtig. Nur einmal verlor er seine Beherrschung, als es um seine zwei persischen Windhunde ging, die er liebte und wie gute Freunde behandelte. Als einer meiner Kollegen sich beschwerte, daß die Hunde ihr Geschäft ausgerechnet auf dem Tennisplatz verrichteten, brüllte Schulenburg: »Meine Hunde können hinmachen, wo sie wollen, und Sie können Tennis spielen, wo Sie wollen.«

Schulenburg war unfähig, eine Rede zu halten, und selbst eine vorbereitete Rede abzulesen, war ihm eine Qual. In merkwürdigem Gegensatz dazu stand seine außerordentliche Begabung, Geschichten zu erzählen. Er steckte voller herrlicher Anekdoten, und wir nannten ihn den »Persisch-Rumänischen Märchenerzähler«. Der Aufenthalt in Rumänien und vor allem in Persien hatte seine Lebensauffassung und sein Verhalten geprägt. Der orientalische Fatalismus entsprach einem Grundzug seines Charakters, und einer seiner Lieblingsausdrücke war »Inschallah«. Manchmal fragten wir uns, ob er nicht für einen erfolgreichen Diplomaten manchmal zu passiv sei und ob er nicht allzusehr an die Unabänderlichkeit historischer Entwicklungen glaubte. Er hatte ein ganz unpreußisches Zeitgefühl. Als er seinen Nachfolger in Teheran, Wipert von Blücher, besuchte, traf er seinen alten Majordomus Kasem wieder. Seit seinem sechzehnten Lebensjahr hatte Kasem in der deutschen Gesandtschaft gedient. Er verstand Deutsch, Englisch und Französisch, hatte aber nie Lesen und Schreiben gelernt. Seine Haushaltsabrechnungen waren Kunstwerke, da er seine Einkäufe bildlich darstellte. Schulenburg merkte sofort, daß Kasem traurig und bedrückt war, und Kasem schüttete ihm sein Herz aus. Der Gesandte spräche nicht mehr mit ihm, nachdem er zwei Wochen verspätet von einer Pilgerreise nach Mekka zurückgekehrt sei. »Was! Nur zwei Wochen!« war Schulenburgs erstaunte Antwort, und zu Blücher bemerkte er, daß dessen mecklenburgische Pünktlichkeit in diesen Teil der Welt nicht passe.

Schulenburg sah auch in der Sowjetunion mehr orientalische Züge, als ich das bisher getan hatte. Er wies darauf hin, daß das deutsche Wort »sofort« im Russischen mit »seichas«, in dieser Stunde, ausgedrückt würde. Langsam kam ich dahinter, daß er die Schwerfälligkeit der sowjetischen Bürokratie verstand, und daß dieses Verständnis ihn davor bewahrte, Dinge erzwingen zu wollen, die nicht zu erzwingen waren.

Schulenburgs Lebensweise war ein Ausdruck seiner Geisteshaltung. Er stand früh auf, aber erschien nie vor elf Uhr in der Botschaft. Wenn er dann kam, war er in schrecklicher Eile, und wir fragten uns immer, was in aller Welt er die ganze Zeit gemacht hatte, um so gehetzt zu sein. Mit der Zeit entdeckten wir das Geheimnis. Er verbrachte viel Zeit mit der morgendlichen Toilette, frühstückte in aller Gemütsruhe, las die Zeitung und spielte mit seinen Hunden. Dann setzte er sich in einen Lehnstuhl, um, wie er mir erklärte, über die Probleme der Welt nachzudenken. Zunächst schienen mir diese Gewohnheiten merkwürdig, aber allmählich verstand ich, daß viel Weisheit und Erfahrung in dieser Methode lagen. In diesen Stunden in seinem Lehnstuhl war Schulenburg sein eigener Planungsstab.

Nach seinem Eintreffen in der Botschaft gab ich ihm einen kurzen Überblick über die letzten Ereignisse, bevor die tägliche Konferenz, Morgenandacht genannt, begann. Schulenburg äußerte nur selten seine Meinung. Der einzige Hinweis auf sein Interesse waren seine Daumen. Je schneller er sie drehte, desto aufmerksamer hörte er zu. Wenn seine Daumen stillstanden, war es ein sicheres Zeichen, daß er nichts mehr hören wollte. Nach dem Pressevortrag beauftragte er uns, Berichte zu schreiben und verteilte die anfallende Arbeit. Er selber schrieb keine Berichte. Selbst wenn er ein Gespräch im Außenministerium oder mit einem Kollegen geführt hatte, unterrichtete er den Botschaftsrat, mich und oft auch Hilger in allen Einzelheiten. Es war unsere Aufgabe, den Bericht zu verfassen.

Einmal in der Woche fuhr der Kurier mit dem Nachtzug nach Berlin. An diesen Tagen kam ich am späten Nachmittag in Schulenburgs Residenz und legte ihm die Berichte zur Unterschrift vor. Selbst wenn er nicht mit allen Einzelheiten einverstanden war, unterschrieb er. Wenn ich sein Arbeitszimmer betrat, saß er immer mit einem Glas Whisky an seinem großen Schreibtisch und erledigte seine Privatkorrespondenz, die er entweder mit zwei Fingern tippte oder in seiner schönen, deutlichen Handschrift verfaßte. Er verwendete viel Zeit und Sorgfalt auf diese privaten Briefe, die eine wichtige Rolle in seinem Leben spielten. Sie gingen an Menschen, die ihm nahestanden – vor allem Frauen –, und er schilderte in ihnen seine täglichen Erlebnisse und seine Gedanken zum Zeitgeschehen.

Schulenburgs äußere Erscheinung beeindruckte seine diplomatischen

Kollegen und seine sowjetischen Gesprächspartner. Auch wir bewunderten sein aristokratisches Auftreten, aber noch mehr schätzten wir seine Auffassung vom Beruf eines Botschafters. Er wußte, daß die Amtszeit eines Botschafters an einem Ort nicht ausreichen kann, um alle Gedanken und Pläne zu verwirklichen. So sah er eine Hauptaufgabe darin, den Jüngeren seine Ansichten über Menschen, über Politik und über die Welt zu vermitteln. Er glaubte daran, daß der Mensch solange lebendig bleibt, wie seine Gedanken in anderen fortwirken. Er hatte ein offenes Herz für junge Leute – Charlie Thayer, John Russel und Fitzroy Maclean waren seine besonderen Lieblinge. Er beobachtete den Nachwuchs genau, und beurteilte ihn treffend und wohlwollend.

Eine besondere Zuneigung faßte Schulenburg zu der sechzehnjährigen Tochter des japanischen Botschafters Togo, Ise, die gelegentlich als Amateur-Diplomatin tätig war. Ise, deren Mutter Deutsche war, beherrschte die deutsche Sprache sehr viel besser als ihr Vater. So kam es, daß sie gelegentlich nach einer Unterhaltung Schulenburgs mit ihrem Vater »Onkel Friedrich Werner«, wie sie den Botschafter nannte, aufsuchte und um nähere Erläuterungen dessen bat, was er mit ihrem Vater besprochen hatte. Schwierigere Fälle diktierte ihr Schulenburg dann mit großer Geduld Wort für Wort in die Feder.

Schulenburg war nur kurze Zeit verheiratet gewesen, seine einzige Tochter blieb nach der Scheidung bei ihrer Mutter. Vater und Tochter hatten kaum Kontakt. Als sie ihren Vater 1935 zum ersten Mal in Moskau besuchte, war sie voller Vorbehalte gegen ihn und seine diplomatische Welt, ja wehrte sich dagegen, seinem Charme zu unterliegen. Wir beobachteten gespannt, wie die beiden sich zusammenrauften. Allmählich begriff sie, warum ihr Vater so verehrt und geschätzt wurde; auch sie begann, ihn zu verstehen und zu lieben. Sie erkannte, wie ähnlich sie sich in manchem waren. Schulenburg war glücklich, daß er nun eine Tochter gewonnen hatte. Seitdem kam sie oft zu Besuch nach Moskau.

Schulenburg war ein Romantiker, und sein größter Wunsch war es, seinen Lebensabend auf einer alten Burg zu verbringen. Zunächst lockte ihn Südtirol, es erwies sich aber als nicht ratsam, sich dort niederzulassen, da der Erwerb von Grundbesitz durch Deutsche schwierig war. Schließlich fand er, was er suchte, in der Oberpfalz. In der Nähe von Weiden besichtigten wir die verfallene Burg Falkenberg. Nur die Mauern standen noch. Ich konnte mir nicht vorstellen, daß der Ort jemals wieder bewohnbar sein sollte. Ich verstand überhaupt nicht, warum ein Junggeselle sich die Mühe machte, eine Ruine zu restaurieren. Aber Schulenburg hatte wohl mehr Phantasie als ich, er kaufte Falkenberg und verwirklichte seinen Jugendtraum. Schulenburg liebte die Vergangenheit und lebte in ihr. Mit Hilfe des Archäologen Ernst Herzfeld hatte er in Persien mit viel Liebe und Verständnis bemerkenswerte alte iranische Kunstgegenstände gesammelt. Auch konnte er sich für alte kunstvoll gearbeitete Waffen und Rüstungen begeistern. Moderne Kunst lag ihm dagegen weniger. Er wünschte sich, mit seinem Offizierssäbel zur Rechten, die Sporen zu seinen Füßen und in einen kaukasischen Teppich gehüllt beerdigt zu werden. Dieser Wunsch sollte nicht in Erfüllung gehen. Nach seiner Hinrichtung am 10. November 1944 in Plötzensee wurde seine Asche in alle Winde verstreut.

Schulenburg liebte Geselligkeit und freute sich, möglichst oft Gäste bei sich zu sehen. Meine Frau Pussi und ich waren immer dabei, um ihm zu helfen. Bei Platzmangel empfingen wir zunächst die Gäste, aßen dann für uns allein im Arbeitszimmer und mischten uns nach dem Diner wieder unter die Gäste. Wir fühlten uns wie Kinder des Hauses. Dies wurde von einigen Kollegen mit Neid vermerkt. Als er einmal gefragt wurde, warum er meine Frau so oft um sich habe, antwortete er lächelnd: »Ich brauche jemand wie Pussi, der immer Zeit hat, mir zu helfen, weder Grippe noch Depressionen, noch Kinder hat und Russisch ebenso wie drei andere Fremdsprachen spricht.« Es gehörte zu Pussis Aufgaben, sich um Schulenburgs Hausgäste zu kümmern, und ihnen vor allem Moskau zu zeigen. Zusammen mit dem Koch und dem Diener besprach sie die Menus und die Blumendekorationen.

Die Lehrjahre bei Schulenburg waren für meine Frau Elisabeth und mich die beste Vorbereitung auf meine späteren diplomatischen Posten in London und Rom. Moskau war meine letzte Auslandsverwendung, bevor ich sechzehn Jahre später als Botschafter nach London ging. Kollegen, die von diesem Sprung in meiner Laufbahn verblüfft waren, beruhigte ich mit dem Hinweis auf meine Lehrjahre bei Schulenburg.

Wenn ich in Moskau gefragt worden wäre, ob Schulenburg sich dem Widerstand gegen Hitler anschließen würde, hätte ich dies bestimmt verneint. Ich hielt ihn eher für einen passiven Beobachter und nicht für einen Mann, der die Hand gegen den Nationalsozialismus erheben würde. Mit dieser Beurteilung tat ich ihm Unrecht, denn er beteiligte sich aktiv am Widerstand gegen Hitler und bezahlte dies mit seinem Leben. Es waren nicht philosophisch abstrakte Gründe, die ihn nach Ausbruch des Krieges in den Widerstand trieben, sondern seine Abscheu vor dem Leiden der Menschen. Die grausame Vernichtung von Juden, die unmenschliche Behandlung der Polen waren ihm als Christ und Aristokrat unerträglich und beleidigten sein Gefühl von Humanität. Aus dem liebenswerten östlichen Weisen, der sich auf die Rolle des Beobachters beschränkt hatte, wurde ein zum Handeln entschlossener Mann. Es war seine persönliche Tragödie, daß sein Handeln zum Scheitern verurteilt war.

# Erste Berührung mit dem Nationalsozialismus

Von Anfang an hatte Dirksen klargestellt, daß die Nationalsozialistische Partei sich nicht in die Arbeit der Botschaft einzumischen habe. Seine beiden Nachfolger nahmen die gleiche Haltung ein. Dirksen verfügte darüber hinaus, daß wir uns in der Sowjetunion weiterhin wie bisher mit »Guten Tag« begrüßten und nicht mit »Heil Hitler«.

Die Auslandsorganisation der NSDAP hatte in fast allen Ländern der Welt Vertretungen, deren Aufgabe es war, die Auslandsdeutschen zu organisieren. Sie mischten sich auch in zunehmendem Maße in die Arbeit der diplomatischen und konsularischen Vertretungen ein und kontrollierten die nationalsozialistische Gesinnung der Angehörigen des Auswärtigen Amts. Sie hatten keine klaren Vorstellungen von dessen wirklichen Aufgaben, und so gab es ständig Reibereien.

Nadolny und Schulenburg gelang es, die Partei zu überzeugen, daß es im Hinblick auf die außergewöhnliche Lage der Ausländer in der Sowjetunion und wegen der Unvereinbarkeit der beiden Ideologien unmöglich sei, eine Vertretung der Auslandsorganisation der NSDAP in Moskau einzurichten. Sie erklärten sich aber bereit, statt dessen einen Vertrauensmann der Partei zu akzeptieren. Dieser Vertrauensmann mußte ein Diplomat der Botschaft sein, der von der Auslandsorganisation ausgewählt und vom Botschafter bestätigt wurde. Dank dieser Regelung gab es in der Botschaft und in den Konsulaten keinerlei Parteiaktivitäten, wie Versammlungen und Schulungskurse. Der Nationalsozialismus blieb vor der Tür. Dies war möglich, weil die Nazis an dem Geschehen in der UdSSR, diesem von »Untermenschen« regierten kommunistischen Land, nur ein begrenztes Interesse zeigten. In ihren Augen galt ein Posten in Moskau als das Schlimmste, was einem Diplomaten passieren konnte, und gerade gut genug für einen »Nichtarier« wie mich. Sicherlich wäre mein Leben auf einem anderen Posten viel schwieriger, wenn nicht sogar unmöglich gewesen. So war ich dankbar, in der Oase Moskau acht Jahre verbringen zu können.

Der erste Vertrauensmann der NSDAP war Herbert Hensel, ein Baltendeutscher und ehrlich überzeugter Nationalsozialist, der Pfeiffer als Leiter der Konsulatsabteilung folgte. Er war ein gutmütiger, eher unpolitischer Mensch, dessen Lieblingsbeschäftigung es war, altes Silber und Teppiche zu sammeln; von beiden verstand er sehr viel. Die von ihm erwartete Volksverbundenheit zeigte er, indem er Sekretärinnen einlud und ihnen seine Schätze vorführte. Trotz seiner Stellung zeigte er für meine Schwierigkeiten Verständnis. Nach dem Krieg besuchte er mich in München, und im Gegensatz zu vielen anderen machte er kein Hehl daraus, überzeugter Nazi gewesen zu sein. Heute bedauere er diesen Irrtum zutiefst. Er sah auch ganz klar, daß eine Übernahme in den neuen Auswärtigen Dienst für ihn nicht in Frage kam. Nachfolger von Hensel als Vertrauensmann wurde 1937 Wilm Stein, der als Korrespondent der Vossischen Zeitung in Moskau und Warschau gewesen war, bevor er Presseattaché in Moskau wurde. Als ich ihn 1931 das erste Mal in Moskau traf, machte er auf mich den Eindruck eines echten Demokraten. Seine Frau war eine gebildete und patriotische Polin, die damals den aufkommenden Nationalsozialismus in Deutschland heftig verurteilte. Mein Erstaunen war groß, als ich ihn nun als Parteimitglied und Vertrauensmann der Partei wiedersah. Er blieb für mich eine rätselhafte Person, und nach jedem Gespräch mit ihm fragte ich mich verblüfft, wie dieser Mann Parteigenosse werden konnte. Stein war gewiß kein militanter Nazi. Ich stand mich mit ihm ebenso freundschaftlich wie mit Hensel, nahm mich aber in acht, meine innersten Gedanken vor ihnen auszusprechen. Ich wußte sehr wohl, daß jedes Parteimitglied und besonders ein Vertrauensmann unter Androhung von Strafe gezwungen war, jede gegen die Partei gerichtete Bemerkung und Verhaltensweise zu berichten. Ich wollte sie nicht in das Dilemma bringen, zwischen ihrer Loyalität zu ihrem Kollegen und der zur Partei wählen zu müssen.

Es war erstaunlich, daß Parteimitglieder, die die Botschaft besuchten, keinen Anstoß daran nahmen, daß die Reglementierungen des Nationalsozialismus bei uns nicht zu gelten schienen. Die Erklärung war aber sehr einfach. Sie fühlten sich unsicher in der Sowjetunion und wußten sehr wohl, daß wir im Falle von Schwierigkeiten ihr einziger Schutz waren. Einen Nazi, der mir gegenüber besonders ausfällig wurde, machte ich höflich darauf aufmerksam, daß er seine Zunge im Zaum halten solle, denn nur ich oder einer meiner Kollegen könne ihn im Notfall aus dem Gefängnis befreien, in das man in der Sowjetunion sehr leicht kommen könne.

Als erste traten die in Rußland geborenen Botschaftsangehörigen in die Partei ein, denn sie schätzten am Nationalsozialismus seine unversönliche Feindschaft gegenüber dem Kommunismus. Da sie ihr Hab und Gut oder ihre Stellung durch die Sowjets verloren hatten, sahen sie ihr Heil im Nationalsozialismus. Von der Ideologie des Nationalsozialismus wußten sie wenig, denn sie waren nur selten in Deutschland.

Für die Beamten, die aus Deutschland kamen, war die Situation etwas anders. Die Partei erwartete von ihnen, daß sie beitraten. Viele von ihnen wußten nicht, was sie tun sollten. Unser damaliger Staatssekretär, Bernhard von Bülow, ein überzeugter und bewährter Demokrat, setzte sich ernsthaft mit diesem Problem auseinander. Als er den früheren Reichskanzler Heinrich Brüning um Rat fragte, redete dieser ihm zu, seinen Mitarbeitern zum Eintritt zu raten. Es sei besser, wenn verantwortungsbewußte Personen, die etwas von ihrem Beruf verstünden, im diplomatischen Dienst blieben, als wenn sie von überzeugten Nazis ersetzt würden. Bülow selbst befolgte diesen Rat nicht, gab ihn aber an seine Untergebenen weiter. Bis 1935 waren alle Beamten der Botschaft Parteimitglieder, bis auf Twardowski und Hilger, die später beitreten mußten und mich, dem es erspart blieb.

Mein Freund Karl-Georg Pfleiderer war bei der Machtübernahme Vizekonsul in Leningrad und kam uns oft in Moskau besuchen. In langen Gesprächen diskutierten wir, ob es sinnvoll sei, in die Partei einzutreten. Mit schwäbischer Gründlichkeit erwog Pfleiderer das Für und das Wider und entschloß sich, dem Rat Brünings zu folgen. Dies schien ihm der einzige Weg zu sein, die nationalsozialistische Politik in vernünftige Bahnen zu lenken. Ich gab zu, daß dies für ihn ein möglicher Weg sei, für mich aber nicht in Frage käme. Als Pfleiderer nach Berlin versetzt wurde, gelangte sein sowjetisches Tagebuch in die Hände der Gestapo. Dies war Anlaß genug, ihn zu verhaften. Seine Freilassung verdankte er der persönlichen Intervention des Staatssekretärs Ernst von Weizsäcker.

Alle meine Kollegen hatten Verständnis und Mitgefühl für meine Lage als »Nichtarier« und waren bemüht, mir zu helfen. Dies taten sie nicht nur, weil sie meine Freunde waren, sondern auch, weil sie Hitlers Rassenpolitik verabscheuten. Ich kann mich nur an zwei oder drei Angehörige unseres Dienstes erinnern, die die Entlassung aller Nichtarier billigten. Das Auswärtige Amt stellte sich, so lange es irgend ging, vor seine Nichtarier und am Anfang mit Erfolg, da die Nazis Opfer ihrer eigenen Propaganda geworden waren. Das Gesetz zur Wiederherstellung des Berufsbeamtentums im April 1933 schloß alle Nicht-Arier von öffentlichen Ämtern aus. Nur diejenigen, die vor 1918 bereits Beamte oder die im Ersten Weltkrieg Frontsoldaten gewesen waren, fielen nicht unter diese Bestimmung. Die Nazis gingen davon aus, daß Juden feige seien, und sich bestenfalls in der Etappe herumgedrückt hätten. Groß war ihr Erstaunen, als sie feststellen mußten, daß die deutschen Juden als Patrioten gut gekämpft hatten und viele von ihnen hoch dekoriert worden waren. Im Auswärtigen Amt gab es eine beträchtliche Zahl von Nicht-Ariern, die alle unter die Ausnahmebestimmungen fielen. Nun setzte sich der Rassenhaß über alle Gesetze hinweg. Auch das sonst so hochgepriesene Fronterlebnis zählte nicht mehr und die Nichtarier wurden allmählich aus allen Ämtern entfernt. So mußte auch Legations-rat Robert Ulrich seinen Beruf aufgeben, obgleich er Vorgesetzter von Rudolf Hess gewesen und im Krieg schwer verwundet worden war. Er ging nach England. Wie die meisten Betroffenen trat er nach 1949 wieder in den Auswärtigen Dienst ein und wurde Botschafter in Belgrad. Außer ihm gab es in den fünfziger Jahren noch mehr als ein halbes Dutzend nicht-arischer Botschafter. Sie hatten nicht vergessen, daß ihre alte Behörde ihnen in der Stunde der Not geholfen, und ihnen Stellungen in Deutschland oder im Ausland vermittelt hatte, wo sie überleben konn-ten. Ein Kuriosum war es, daß die nicht-arischen Beamten in der Nazizeit mit vollem Gehalt pensioniert wurden und ihnen das Geld bis zum Schluß des Krieges auch ins Ausland überwiesen wurde, was der Partei glücklicherweise nie auffiel.

Von 1933 an hatte ich in Berlin drei besondere Schutzengel im Amt. Theo Kordt im Vorzimmer des Staatssekretärs von Bülow, seinen jünge-ren Bruder Erich Kordt, der Ribbentrop zugeteilt war, und Hasso von Etzdorf in der Personalabteilung. Theo Kordt war es, der sich an mein jugendliches militärisches Gastspiel erinnerte, das ich selber aus meiner Erinnerung verdrängt hatte. Damit fiel ich unter die Ausnahmeregelung und war zunächst gerettet. 1939 war ich der letzte Nichtarier im Auswärtigen Dienst. Das verdankte ich nicht zuletzt auch dem Personal-chef Hans Schroeder.

Schroeder hatte als Konsulatssekretär in Ägypten Rudolf Hess ken-nengelernt. Auf Veranlassung von Hess wurde er in den höheren Dienst übernommen, in die Personalabteilung versetzt und schließlich ihr Lei-ter. Ich konnte mir keinen besseren Mann in dieser Stellung wünschen. Unerschrocken und tatkräftig stellte er sich schützend vor mich und andere, die in der gleichen Lage waren. Er hatte einen schweren Stand gegenüber der Partei, und wir alle werden immer mit Dankbarkeit an diesen mutigen Mann denken.

Mein Verbleiben in Moskau wurde nur dadurch ermöglicht, daß meine drei Botschafter für mich eintraten. Dirksen ließ von Anfang an keinen Zweifel aufkommen, daß er voll und ganz auf meiner Seite stand. Als die Lage der Nichtarier sich verschlechterte, war es Nadolny der mich darin bestärkte, nicht freiwillig zu gehen. Er tat dies wohl in der optimistischen Annahme, daß das nationalsozialistische Regime sich ändern oder zusammenbrechen werde. Ich folgte seinem Rat, zumal es nicht einfach war, in einen anderen Beruf auszuweichen. Nadolny wußte natürlich, daß ich jeden Augenblick von den Nazis entlassen werden konnte, und für diesen Fall versprach er mir, mich als seinen Privatsekretär zu beschäftigen. So machte ich mir über meine unsichere Lage wenig Sorgen. Ich ging davon aus, daß der Nationalsozialismus im Widerspruch zur göttlichen und menschlichen Moral stand und sich selbst zerstören werde. Ich glaubte an das Sprichwort »Gottes Mühlen mahlen langsam, mahlen aber trefflich klein«. Nach Nadolnys plötzlichem Rücktritt mußte ich mich erneut mit meiner Lage auseinandersetzen. Da er mich nicht mehr schützen konnte, fragte ich mich, ob es nicht besser wäre, zu gehen.

Ich ging nicht, denn Nadolnys Nachfolger, Graf von der Schulenburg, übernahm auf Nadolnys Bitte die Rolle des Beschützers. Vier Jahre lang versäumte er keine Gelegenheit, in Berlin ein gutes Wort für mich einzulegen und jeder, der mir auch nur im entferntesten helfen konnte, wurde von ihm aufgefordert, es zu tun. 1934 war ich noch Attaché und Beamter auf Probe. Meine Ernennung zum Legationssekretär war überfällig. Das Auswärtige Amt hatte Bedenken, meine Ernennungsurkunde den Parteistellen vorzulegen, weil es nicht zu Unrecht fürchtete, daß dies zu meiner Entlassung führen könnte.

Im Herbst 1937 erhielt ich aus Berlin die Mitteilung, daß ich entlassen werden sollte. Schulenburg reagierte sofort und teilte dem Auswärtigen Amt mit, daß er in diesem Fall seinen Rücktritt erklären würde. Er unternahm diesen Schritt in der ihm eigenen ruhigen Weise, ohne nach außen Aufsehen zu erregen. Er gab deutlich zu verstehen, daß er nicht zu den Persönlichkeiten gehöre, die die Verfolgung ihrer Mitarbeiter hinnehmen. Dies war eine Anspielung auf Franz von Papen, der nichts unternommen hatte, als seine beiden Mitarbeiter Edgar Jung und Herbert von Bose am 30. Juni 1934 erschossen worden waren, und der auch später als Botschafter in Österreich untätig blieb, als seine Mitarbeiter Freiherr Wilhelm von Ketteler in Wien ermordet wurde und Fritz-Günther von Tschirschky gezwungen war, über Nacht ins Ausland zu fliehen.

Schulenburgs Ultimatum hatte Erfolg. Im Februar 1938, einige Tage vor der Ernennung Ribbentrops zum Außenminister, überreichte mir Schulenburg meine Ernennungsurkunde zum Legationssekretär, eine der letzten Urkunden die Neurath noch unterzeichnet hatte. Gleichzeitig wurde mir mitgeteilt, daß ich in keine leitende Stellung aufsteigen, und nicht Behördenchef werden könnte.

Bereits im Herbst 1937 hatte ich mich an meine Kollegen Loy Henderson in der Amerikanischen Botschaft und Dan Lascelles in der Britischen Botschaft gewandt. Bei ihnen erkundigte ich mich, ob ich notfalls eine Beschäftigung in einer internationalen Organisation, in einem Forschungsinstitut oder an einer Universität finden könnte. Nach einiger Zeit teilten sie mir mit, daß ihre Erkundigungen ergebnislos verlaufen seien. Es war nirgendwo ein Posten frei. Beide rieten mir, im deutschen Auswärtigen Dienst zu bleiben. Ohnehin war das Problem der Auswanderung schwierig, da ich meine Eltern mitnehmen wollte. So entschloß ich mich, so lange wie möglich im Auswärtigen Dienst zu bleiben.

In dieser Zeit wurde mir bewußt, daß mich in Moskau nur die Ausläufer der Nationalsozialistischen Flut erreicht hatten. Obgleich ich Deutschland in den dreißiger Jahren öfter besuchte und jedes Mal deprimierter nach Moskau zurückkam, gab ich wie Nadolny die Hoffnung nicht auf, daß sich der Nationalsozialismus ändern würde. Einige meiner jüngeren Kollegen teilten diese Meinung und glaubten sich durch das Studium der Geschichte bestätigt. Wir waren der Ansicht, daß eine Bewegung wie der Nationalsozialismus ihren ideologischen Schwung auf die Dauer nicht beibehalten könnte und im Gegensatz zum Kommunismus mit seinem soliden marxistischen Fundament auch ideologisch auf schwachen Füßen stünde.

Als ich George Kennan mein Herz über die Lage in Deutschland ausschüttete, die so viele Parallelen mit der Entwicklung in der Sowjetunion aufwies, versuchte er mich mit dem Hinweis zu trösten, daß eine solche Entwicklung auch in anderen Ländern möglich sei. Er verglich Hitlers Programm zur Ankurbelung der Wirtschaft mit dem New Deal von Roosevelt, und den rassischen Wahnsinn der Nationalsozialisten mit dem des Ku-Klux-Klan in Amerika. Der Unterschied bestehe zum Glück für Amerika darin, daß der Ku-Klux-Klan sich nicht zu einer Massenbewegung ausgewachsen habe.

Mit dem Röhmputsch wurde mir zum ersten Mal das volle Ausmaß der Gefahr bewußt. Es gab keine ordentliche Gerichtsbarkeit mehr, Menschen konnten ohne Gerichtsurteil ins Gefängnis gebracht und erschossen werden. Meine Erschütterung war um so größer, als ich gedacht hatte, eine solche Entwicklung sei nur in der Sowjetunion, aber niemals in Deutschland möglich.

Auch Nadolnys Mißerfolg bei Hitler bestärkte mich in der Überzeugung, daß Hitlers Politik zum Krieg führen würde. Ich sah, daß der wirtschaftliche Aufschwung vor allem eine Folge der Aufrüstung war und fürchtete, daß der Krieg das beste Mittel sein würde, das ideologische Feuer zu nähren. Kaum war eine Krise vorbei, wurde bereits eine neue sichtbar. Intuitiv fühlte ich, daß ein neuer Krieg unvermeidlich war, und betonte dies immer wieder im Kreise meiner deutschen Kollegen. Die meisten hielten mir meine Jugend und Unerfahrenheit vor und glaubten mir nicht. Wenn ich auch ihren Rat befolgte, alles noch einmal in Ruhe zu überdenken, blieb ich doch bei meiner Meinung.

Von Februar bis Mai 1935 machte ich eine Reserveoffiziersübung beim Reiterregiment 4 in Potsdam. Ich tat dies vor allem in der Hoffnung, meine schwache Stellung zu festigen. Der Erfolg war nur begrenzt, da ich zwar zum Wachtmeister befördert wurde, die verschärften Rassengesetze aber eine weitere Beförderung ausschlossen, auch wenn das Regiment mich zum Leutnant vorgeschlagen hätte. Die Offiziere des Reiterregiments 4 stammten zum größten Teil aus der Gardekavalleriedivision, sie waren konservativ und hatten nur wenig Sympathien für den Nationalsozialismus. Die Unterhaltungen im Offizierskasino spiegelten diese Einstellung wider. Eines Abends kam das Gespräch auf Horst Wessel. Mein Nachbar, Max Freiherr von Guttenberg, der wie ich an der Reserveoffiziersübung teilnahm, erklärte mit aller Entschiedenheit, daß Horst Wessel kein Nationalheld, sondern ein Zuhälter gewesen sei. Ich stimmte ihm zu. Der Regimentsadjutant Bogislav von Bonin unterbrach das Gespräch mit der Bemerkung, daß dies kein geeignetes Thema für ein Offizierskasino sei. Eine gefährliche Stimmung kam auf, und es sah so aus, als ob Bonin den Vorfall melden würde. Geistesgegenwärtig rettete Major York Bötterling die Situation mit der Bemerkung: »Es ist gleichgültig, ob Horst Wessel ein Held oder ein Zuhälter ist, worauf es allein ankommt, ist die Kameradschaft im Reiterregiment 4; Ordonnanz, bringen Sie Champagner, die Herren wollen auf das Wohl des Regiments trinken.« Wie viele andere wurde Bonin später ein Gegner des Nationalsozialismus. Er kam ins Konzentrationslager, weil er den Führerbefehl, Warschau zu verteidigen, nicht ausführte.

In meine Potsdamer Militärzeit fiel eine der wichtigsten Entscheidungen meines Lebens.

Ich verlobte mich. Meine Münchner Freunde, die schon lange fanden, daß Elisabeth von Redwitz die richtige Frau für mich sei, verhalfen mir zu meinem Glück. Als ich mich, noch von Moskau aus, bei ihnen erkundigte, ob nicht nette Münchner Bekannte in Berlin seien, gaben sie mir ihre Adresse, sicherheitshalber mit einigen anderen. Ich war neugierig auf Elisabeth von Redwitz, denn als ich sie das letzte Mal gesehen hatte, war sie erst zwölf Jahre alt, ein fröhliches Kind voll von lustigen Einfällen. Ich rief sie an; eine Woche später waren wir verlobt. Mein Vater machte ein langes Gesicht, als ich ihm meine Blitzentscheidung mitteilte. Als ich Pussi, wie meine Frau von allen Freunden genannt wird, zu Hause vorstellte, gewann sie auch sein Herz im Flug. Im Sommer 1935 kam Pussi nach Moskau, um die Stadt und das Leben, das so ganz anders war als in Berlin, kennenzulernen. Schulenburg war, wie die anderen Freunde in Moskau, begeistert von ihrer unbeschwerten Art und lud sie ein, an einer Kaukasusreise teilzunehmen, die er mit seiner Tochter und mir unternehmen wollte.

Als ich Pussi fragte, ob sie meine Frau werden wollte, hatte ich sie natürlich darauf aufmerksam gemacht, daß ich Nicht-Arier sei und daß sie darauf gefaßt sein müsse, die damit verbundenen Schwierigkeiten mit mir zu teilen. Dies war kein Problem für Pussi. Sie entstammt einer alten oberfränkischen Familie. Ihre Abneigung gegen den Nationalsozialismus hatte ihre Wurzeln in der katholisch-monarchischen Tradition der Redwitz. Kurz vor der standesamtlichen Trauung schien es, als würden die Rassengesetze wieder einmal eingreifen, diesmal in unser gemeinsames Leben. Die Unsicherheit, ob wir überhaupt heiraten dürften, dauerte bis zum letzten Augenblick. Ich war beschämt und niedergedrückt.

# Deutschland und die Sowjetunion nach der Machtergreifung Hitlers

Als Hitler an die Macht kam, mußten die deutschen Diplomaten, die seine Politik und Ideologie ablehnten, einen dauernden Balanceakt ausführen. Als offizielle Vertreter waren sie verpflichtet die Politik ihres Landes zu vertreten, was sie mit ihrem eigenen Gewissen oft nicht vereinbaren konnten. Dies galt in besonderem Maße für uns in Moskau, da wir häufig nicht genau wußten, was zu Hause vor sich ging. So erschien uns die amtliche Nachricht, daß die Kommunisten den Reichstag angezündet hätten, schlecht begründet und daher wenig überzeugend. Die Nachrichten von Berlin flossen spärlich, und es war schwer, sich eine eigene Meinung zu bilden. Unser Verdacht, die Nazis hätten das Feuer selbst gelegt, blieb bestehen.

Nach dem Röhmputsch waren nicht nur wir entsetzt über das Blutbad dem viele Unschuldige zum Opfer fielen, sondern auch unsere ausländischen Kollegen bestürmten uns mit Fragen. Die Skandinavier, und vor allem der Dänische Gesandte Ove Engel, waren wie wir empört darüber, daß Menschen ohne Gerichtsverfahren erschossen worden waren. Die offizielle Erklärung, die Opfer seien gefährliche Radikale gewesen und hätten einen Aufstand gegen Hitler geplant, überzeugte nicht. Wir konnten nur hoffen, daß die Partei, nach der Ausschaltung der radikalen Elemente, in ein ruhigeres Fahrwasser kommen würde. Ich selber glaubte nicht mehr daran.

Die wachsende Brutalität der Stalinschen Politik lenkte die Aufmerksamkeit unserer Kollegen von den Ereignissen in Deutschland ab. Auch die sowjetischen Bürger schenkten den Ereignissen in Deutschland weniger Aufmerksamkeit, nachdem nach 1934 eine blutige Säuberungswelle über die Sowjetunion hinweggefegt war. Sie waren nicht bereit, zu glauben, was die Zeitungen über die Schandtaten des Nationalsozialismus berichteten. Außerdem waren sie mit ihren eigenen Problemen beschäftigt; das hatte manchmal groteske Folgen. Im Frühjahr 1935 machte ich eine Reise nach Georgien. In dieser Zeit war eine Kominterntagung in Moskau von einem Tag zum andern verschoben worden. Die Delegierten, die bereits angekommen waren, wurden auf Besichtigungsreisen durch die Sowjetunion geschickt. Als ich eines Abends in einem Restaurant von Tiflis, das hoch über der Stadt auf dem Davidsberg lag, essen wollte, war der Kellner ausnehmend unfreundlich. »Sie sind doch sicher einer von den ausländischen Kommunisten, die für die Kominterntagung gekommen sind. Jetzt reisen Sie auf unsere Kosten durch das ganze Land, und wie der Sowjetbürger wirklich lebt, davon wissen Sie nichts. Am liebsten würde ich Sie hinausschmeißen, denn Sie sind ein korrupter Nichtsnutz.« Ich versicherte ihm, daß ich kein Kommunist sei. Wutentbrannt nannte er mich jetzt einen Feigling. Erst als ich ihm meinen Diplomatenausweis zeigte, ließ er sich überzeugen. Ich versicherte ihm, daß mein Land bestimmt nicht von Kommunisten regiert sei. Daraufhin wurde er mit einem Male freundlich und entschuldigte sich. Er sei felsenfest überzeugt gewesen, ich sei einer von diesen widerlichen ausländischen Kommunisten.

Schon lange hatte ich das Gefühl gehabt, ich müsse wieder einmal nach Deutschland fahren, um aus eigener Anschauung festzustellen, was in der Heimat vor sich ging. Da es in Moskau sehr viel zu tun gab, kam ich erst 1936 zusammen mit Schulenburg wieder nach Berlin. Ursprünglich hatte ich die Absicht gehabt, die Olympischen Spiele zu besuchen. Ich sah die Ankunft der amerikanischen Mannschaft mit Jesse Owens. Die ausländischen Sportler und Besucher, gleichgültig welcher Farbe, wurden begeistert von den Deutschen empfangen. Ich hatte das Gefühl, daß der Jubel ehrlich war und daß die Menschen in der Teilnahme so vieler Nationen eine Anerkennung des Nationalsozialismus sahen. Die Spiele selbst habe ich nicht mehr besucht, weil mich das von den Nazis geschickt in Szene gesetzte Schauspiel anwiderte und das wirkliche Geschehen im Lande nur verschleierte.

Nachdem ich den Olympischen Spielen den Rücken gekehrt hatte, tat ich etwas ganz Ungewöhnliches. Erich Kordt riet mir zu meinem größten Erstaunen dringend, an einem Reichsparteitag in Nürnberg teilzunehmen, dies sei die beste Gelegenheit, um Hitlers magischen Einfluß auf die Massen zu erleben. Ich lehnte zunächst kategorisch ab, denn einerseits hatte ich nicht die geringste Lust, andererseits konnte ich gar nicht teilnehmen, da ich kein Parteimitglied und noch dazu Nicht-Arier war. Kordt ließ kein Argument gelten, meinte dieser Ausflug sei notwendig für die Abrundung meines Weltbildes und schlug vor, mich als wichtigen ausländischen Gast einzuführen. So traf ich als »ausländischer Besu cher« in Nürnberg ein. Ich sollte in demselben Hotel untergebracht werden, in dem außer prominenten Ausländern auch hohe Parteifunktionäre untergebracht waren. Ich zog es vor, den Bogen nicht zu überspannen und wohnte bei der Familie eines Kollegen. Ich bekam für alle Veranstaltungen Plätze in den vordersten Reihen und besuchte die feierliche Eröffnung, den Aufmarsch des Reichsarbeitsdienstes und den der Wehrmacht, die hervorragend organisiert waren. Ich muß zugeben, daß es ein überwältigender Eindruck war. Ich war besonders gespannt darauf, Hitler bei einer Veranstaltung zu sehen und zu hören. Mir war bekannt, daß er seine Reden vorsichtig und leise begann, um die Stimmung der Massen auszuloten. Allmählich steigerte er sich, die Massen erregten sich, und nun entwickelte sich sein demagogisches Talent. Mit sich überschlagender Stimme zwang er die Menschen in seinen Bann, so daß sie nicht mehr ihrem Verstand, sondern ihren Gefühlen folgten.

Auf den Parteitagen wurden alle Sinne angesprochen, die Aufmärsche und Versammlungen waren wie ein Ballett bis in die letzte Einzelheit geplant. Der Einklang von menschlichen Bewegungen, Licht und Musik war überwältigend. Ich persönlich fand das Schauspiel erschreckend und abstoßend und fragte mich, ob Hitler Gustave Le Bons »Psychologie der Massen« gründlich studiert hatte.

Als ich nach dem Krieg dieselben Ansprachen noch einmal als Tonaufnahmen hörte, konnte ich mir die Faszination nicht mehr erklären, die Hitler noch vor wenigen Jahren ausgeübt hatte. Er wirkte nur noch wie eine Karikatur seiner selbst, so wie ihn Charly Chaplin in dem Film »Der große Diktator« dargestellt hat.

In seiner Nürnberger Rede griff Hitler die Sowjetunion heftig an und ging sogar soweit, Deutschlands Interesse an dem Gebiet bis zum Ural zu bekunden. Wir waren an derartige Tiraden schon so gewöhnt, daß wir sie nicht ernst nahmen. Wir hielten sie für demagogische Ausbrüche. Wir hätten gewarnt sein sollen durch Hitlers Taten. Als im Frühjahr 1936 deutsche Truppen in die entmilitarisierte Zone im Rheinland einmarschierten und damit den Vertrag von Versailles verletzten, war das deutsche Volk begeistert. Eine als diskriminierend empfundene Folge des Ersten Weltkrieges war beseitigt worden. Auch ich freute mich darüber. Hatte ich doch meine Karriere im Auswärtigen Amt im Referat »Besetzte Gebiete« begonnen. Auch wir hatten damals auf die Räumung des Rheinlandes hingearbeitet. Trotz aller Freude befürchtete ich aber eine Reaktion von Seiten der Alliierten. Später erfuhr ich von Graf Schulenburg, daß Hitler ähnliche Befürchtungen hatte. Neurath hatte Schulenburg erzählt, daß Hitler angesichts der scharfen Reaktion in England und Frankreich erwogen habe, seine Truppen zurückzunehmen, und daß er ihm entgegnet habe, zum Rückzug sei immer noch Zeit genug, jetzt müsse man die Nerven behalten und warten, ob sich die Alliierten damit abfinden würden. Neurath hatte recht behalten, die Engländer und die Franzosen unternahmen nichts.

Die Ausfälle Hitlers gegen die Sowjetunion standen in einem merkwürdigen Gegensatz zu unserem Handel mit der Sowjetunion, und deshalb beunruhigten sie uns nicht. Der Export von hochwertigen industriellen Erzeugnissen, die für den Ausbau der sowjetischen Industrialisierung dringend benötigt wurden, ging weiter. Hitler wußte um diesen Widerspruch, aber er war bereit, ihn hinzunehmen. Die Kreditpolitik der Weimarer Republik wurde von den Nationalsozialisten fortgesetzt. Die Wünsche der Sowjetunion wurden voll erfüllt; 1935 machte Schacht überdies ein großzügiges Kreditangebot. Die Sowjetunion nahm das Angebot an und schlug zu unserer Überraschung vor, mit dem Geld Kriegsmaterial zu kaufen. Der Vorschlag wurde allerdings von Deutschland abgelehnt.

Die Widersprüche zwischen Worten und Taten führten wir darauf zurück, daß die Reichsregierung und bis zu einem gewissen Grad auch Hitler die wirtschaftliche Entwicklung höher stellten, als die Reinheit der Lehre. Vor allem Schacht war bereit, alles zu tun, um die Wiederaufrüstung Deutschlands zu finanzieren. Selbst Göring, dem sicherlich keine Sympathie für die Sowjetunion nachgesagt werden konnte, war als Verantwortlicher für den Vierjahresplan bereit, die Vorteile des Handels mit der Sowjetunion zu nutzen. Einige Beamte dieser Behörde, die vom Auswärtigen Amt ausgeliehen worden waren, sahen hier eine Möglichkeit, die Beziehungen zur Sowjetunion zu verbessern. Ein Vetter Görings, Ministerialrat im Vierjahresplan, war ein überzeugter Verfechter des Handels mit den Sowjets, da sie teilweise in Gold zahlten. Dahinter stand die Sorge um die deutsche Zahlungsbilanz, die durch Reparationsleistungen und Auslandsüberschuldung aus dem Gleichgewicht geraten war.

Während die wirtschaftlichen Beziehungen sich in den dreißiger Jahren günstig entwickelten, führten Hitlers Schmähreden gegen die Sowjetunion und ihre Menschen zu einer politischen Entfremdung. Als Brüning Reichskanzler war, streckten die Sowjets bereits Fühler nach dem Westen aus, weil sie der deutschen Politik nicht mehr trauten. Litwinow und seine Kollegen sahen, daß Deutschland seine Beziehungen zu England und Frankreich normalisierte, und befürchteten eine Isolierung ihres Landes. Um diese Gefahr abzuwenden, trat die Sowjetunion dem Völkerbund in dem Augenblick bei, als Deutschland ihn verließ. Schulenburg beobachtete die Annäherung der Sowjetunion an den Westen und vor allem an Frankreich und mußte zugeben, daß Deutschland den Russen keine andere Wahl gelassen hatte. Er glaubte aber nicht, daß diese Entwicklung nur von Berlin verursacht worden sei und ohne weiteres rückgängig gemacht werden könnte, sondern er sah darin eine grundsätzliche Neuorientierung der Sowjetunion, die wir nicht aufhalten konnten.

Auch die Säuberungsprozesse, die 1938 einen blutigen Höhepunkt erreichten, wirkten sich unmittelbar auf die deutsch-sowjetischen Beziehungen aus. Die Schauprozesse waren nichts Neues für uns. Bereits 1932 bekamen wir einen Vorgeschmack vom Stalinistischen Terror. Ein Sowjetbürger namens Stern hatte versucht, Botschafter von Dirksen zu ermorden, schoß aber auf Botschaftsrat von Twardowski, der an diesem Tag zufällig das Auto des Botschafters benutzte, und verletzte ihn schwer. Stern wurde sofort festgenommen, die sowjetische Regierung bedauerte den Vorfall und entschuldigte sich in aller Form. Als der Prozeß unter Vorsitz des berüchtigten Nikolai Krylenko begann, erschien ein angeblicher Komplize Sterns namens Wassiliew. Es wurde ihm vorgeworfen, er habe die deutsch-sowjetischen Beziehungen stören wollen, um damit seine eigene antibolschewistische Gruppe zu stärken. Es wurde im Laufe des Prozesses auch versucht, das Attentat der polnischen Regierung in die Schuhe zu schieben. Man ging sogar soweit, unseren Fahrer Ornowski, der polnischer Abstammung war, zu verdächtigen. Hauptangeklagter blieb allerdings Stern, der zu Anfang des Prozesses ein volles Geständnis ablegte. Sodann verblüffte er das Gericht und die Zuschauer, als er alles widerrief und erklärte, er sei zu dem Geständnis gezwungen worden. Er wurde sofort abgeführt, erschien aber nach einiger Zeit wieder und bekannte sich erneut zu der ihm vorgeworfenen Tat.

Dirksen protestierte scharf gegen den Versuch, unseren Fahrer in den Prozeß hineinzuziehen. Wir waren erleichtert, als die Anklage zurückgezogen wurde, aber auch verwundert, weil wir mit dieser Wendung nicht gerechnet hatten. Für einige Monate erlaubten wir Ornowski nur, in Begleitung eines Botschaftsmitgliedes auszugehen. Wir waren uns mit der polnischen Botschaft einig, daß der Versuch, die polnische Regierung mit in die Affäre hineinzuziehen, der Phantasie der GPU entstammte.

An dem Prozeß gegen Stern hatten wir als Beobachter teilgenommen. Bei den späteren Schauprozessen erschien niemals ein Mitglied der Botschaft, um den Anschein zu vermeiden, daß wir diese abstoßenden Schauspiele billigten. Graf Schulenburg war erstaunt und empört, daß der amerikanische Botschafter Davies einigen Schauprozessen beiwohnte, und sich Tag für Tag in den Ballsaal des ehemaligen Adelsklubs begab, in dem die Prozesse stattfanden. Davies ließ sich sogar überzeugen, daß die Anschuldigungen der Staatsanwaltschaft der Wahrheit entsprachen. Die jüngeren Mitglieder der amerikanischen Botschaft wie Chip Bohlen und George Kennan waren betroffen und beschämt.

Wenn wir auch nicht an den Prozessen teilnahmen, so verfolgten wir sie doch mit großer Spannung. Unbeeinflußt von dem Grauen der Gerichtssäle erkannten wir die Planung und die Methode, die den Prozessen zugrunde lagen. Systematisch beseitigte Stalin seine Feinde von links und rechts in einer Weise, die in der Geschichte ohne Beispiel war und sogar den Terror der Französischen Revolution in den Schatten stellte. Viele seiner Opfer gehörten nationalen Minderheiten an: Juden, Polen, Letten, Esten, Litauer und Kaukasier. Sie hatten in den Revolutionen von 1905 und 1917 in vorderster Front gestanden, da sie jahrhundertelang von den Zaren unterdrückt worden waren. Die meisten von ihnen wurden durch Russen ersetzt, nur einige Kaukasier wurden geschont, wohl weil Stalin selbst Georgier war.

Auch der stellvertretende Volkskommissar im Volkskommissariat für Auswärtige Angelegenheiten, Karachan, ein Armenier, verschwand eines Tages. In ihrer unmenschlichen, kalten Grausamkeit zwangen die Machthaber seine Ehefrau, die berühmte Primaballerina Marina Semjonowa, auf einem Empfang im Gästehaus der Sowjetregierung in der Spiridonowka zu erscheinen, als ob nichts geschehen sei. Blaß und verstört spielte die Semjonowa die ihr aufgezwungene Rolle.

Die Beseitigung der alten Kämpfer, die Stalins neuen Staatskapitalismus und russischen Patriotismus ablehnten, vollzog sich planmäßig. Als Stalin schließlich 1943 die Komintern einmottete, war der Übergang zu dem neuen großrussischen Staatskapitalismus vollzogen.

Die Säuberungsprozesse zerstörten einen großen Teil unserer Kontakte zum Volkskommissariat für Auswärtige Angelegenheiten. Wenn wir einen bestimmten Beamten am Telefon verlangten, bekamen wir die Antwort: »Er ist nicht mehr da.« Bestenfalls bekamen wir die Auskunft, er sei versetzt worden. Das Schicksal von Menschen, mit denen wir oft jahrelang zusammengearbeitet hatten und die spurlos verschwanden, erfüllte uns mit Schaudern. Obgleich wir unsere sowjetischen Gesprächs-partner nie als unsere persönlichen Freunde betrachtet hatten, empfan-den wir doch Achtung und Sympathie für Männer wie Jenukidse und Ordschonikidse, und ihr tragisches Ende bedrückte uns.

Auch deutsche Staatsangehörige wurden in die Säuberungsprozesse verwickelt, was zu einer weiteren Spannung in den deutsch-sowjetischen Beziehungen führte. Dies war an sich nichts Neues, da 1929 im Schachty-Prozeß deutsche Ingenieure, ebenso wie englische und französische Spezialisten wegen Sabotage verhaftet worden waren. 1936 verstärkte sich die Verhaftungswelle von Deutschen, denen Sabotage und Zusam-menarbeit mit den Feinden der Sowjetunion vorgeworfen wurde. Im Widerspruch zu dem deutsch-sowjetischen Konsularvertrag verhinder-ten die sowjetischen Behörden jeden Kontakt zwischen den Verhafteten und den deutschen amtlichen Vertretungen. Nach ihrer Entlassung stellten wir fest, daß alle ohne Ausnahme gezwungen worden waren, Dinge zu gestehen, die sie niemals begangen hatten.

Die Methode war in allen Fällen die gleiche. Dem Verhafteten wurde gesagt, daß die deutsche Vertretung nichts von ihm wissen wolle. Seine Vergangenheit wurde genauestens durchleuchtet. Wenn er eine russische Freundin hatte, wurde ihm mitgeteilt, daß diese bereits verhaftet sei, alles gestanden und ihn schwer belastet habe. Manchmal wurde die Freundin vor den Augen des Verhafteten abgeführt, angeblich um verschickt oder erschossen zu werden. Es wurde ihm angedroht, kompro-mittierende Fotografien an seine Ehefrau zu schicken. Selbstverständlich wurden die Verhafteten stundenlang, dazu oft nachts, verhört, um sie mürbe zu machen. Wenn all dies nichts fruchtete, wurde ihnen eine Verschärfung des Verhörs durch geeignete Mittel angedroht. Fälle von physischer Folterung von Deutschen sind uns allerdings nicht bekannt geworden. Alle gestanden schließlich. Als der Konsulatsangestellte Her-mann Strecker in Nowosibirsk verhaftet worden war, gelang es uns, seine Freilassung zu erreichen, bevor er zusammenbrach. Er gab offen zu, daß er keine Woche mehr durchgehalten hätte.

Die Nazis waren betroffen und beschämt, daß Deutsche unter dem Druck der Befragungen nicht standhielten, und sannen auf Rache. 1937 verfielen sie auf die Idee, sowjetische Staatsangehörige in Deutschland zu verhaften, um Gleiches mit Gleichem zu vergelten. Wir sprachen uns mit aller Schärfe dagegen aus und wiesen beiläufig darauf hin, daß die sowjetische Kolonie in Deutschland nur aus wenigen Beamten bestünde, die Stalin im Zuge der Säuberungsaktion wohl bald selber verhaften lassen würde. Wir würden Stalin nur die schmutzige Arbeit abnehmen. Die Sowjets gaben uns auch zu verstehen, daß Vergeltungsmaßnahmen Stalin nicht beeindrucken würden.

Dem Wirrwarr widersprüchlicher Tendenzen entsprang Ende der dreißiger Jahre die deutsch-sowjetische Annäherung. Trotz der wilden Angriffe Hitlers gegen die Sowjetunion arbeiteten wir Tag für Tag für eine Verbesserung der Beziehungen. Selbst als Tausende von Menschen der Säuberung zum Opfer fielen, ging die Zusammenarbeit von sowjetischen und deutschen Behörden weiter.

Die Verständigung, zu der es 1939 kam, war seit langer Zeit von der Botschaft durch eingehende Untersuchungen und Planspiele vorbereitet. Botschaftsrat von Twardowski knüpfte an eine Tradition der Kaiserlichen Marine an, den jungen Offizieren während der Monate, in denen die Schiffe im Hafen lagen, »Winteraufgaben« zu stellen. Twardowski ließ uns im Winter Studien über alle möglichen politischen und historischen Themen verfassen. So wurde mir die Aufgabe zuteil, eine Aufzeichnung über die italienisch-sowjetischen Beziehungen anzufertigen. Der Zweck der winterlichen Übung war, den Beweis zu führen, daß gute Beziehungen zwischen der Sowjetunion und einem faschistischen Staat möglich seien. Als ich mich an die Arbeit setzte, bemerkte ich bald, daß Mussolini von Anfang an bestrebt gewesen war, das Verhältnis Italiens zu Moskau in keiner Weise zu belasten.

Mit dieser Erkenntnis war der wesentliche Teil meiner Arbeit getan, und die schriftliche Ausarbeitung und Begründung meiner These langweilte mich. Ich schob die Arbeit vor mir her, und als Twardowski immer dringlicher nach dem Papier fragte, hatte ich den guten Einfall, meinen Freund Micki Lanza von der Italienischen Botschaft zu fragen, ob dort nicht eine gute Analyse der italienisch-sowjetischen Beziehungen seit dem Ersten Weltkrieg in den Akten vorhanden wäre. Zu meinem Glück fand er genau das, was ich brauchte. Ich hatte keine Skrupel, Lanzas Dokument weitgehend zu benutzen und als meine eigene Arbeit vorzulegen. Twardowski reichte dieses Produkt inoffizieller deutsch-italienischer Zusammenarbeit dem Auswärtigen Amt ein. Ich nahm an, daß es in den Akten verstauben würde und war erstaunt, als Twardowski mir mitteilte, das Auswärtige Amt habe die Aufzeichnungen mit Interesse gelesen, und bäte um Angabe, auf welchen Informationen die interessanten Thesen beruhten. Ich hütete mich wohl, mein Geheimnis zu lüften, bezog mich auf allgemeine Gespräche mit der italienischen Botschaft und gab als zusätzliche Quelle den amerikanischen Korrespondenten Louis Fisher an, der ein gutes Buch[1] über die Sowjetunion und ihre Außenpolitik veröffentlicht hatte.

Trotz aller Schwierigkeiten blickte Schulenburg optimistisch und gelassen in die deutsch-sowjetische Zukunft und beeindruckte damit seine ausländischen Kollegen. So tauchten immer wieder Vermutungen und Gerüchte über einen deutsch-sowjetischen Ausgleich auf. Aber in Wirklichkeit kündigte sich bis 1938 keine Wende an.

Schulenburgs und unser Optimismus gründete sich auf unser Verständnis der Geschichte. Wir wußten, daß die deutsch-russischen Beziehungen im 19. Jahrhundert immer gut gewesen waren. So nahmen wir an, daß die Politik wieder in die alte Bahn zurückkehren würde. Wir waren überzeugt, daß es in Deutschlands Interesse läge, diese Politik wieder aufzunehmen und konnten uns nicht vorstellen, daß Hitler mit einem Angriff auf Rußland politischen Selbstmord begehen würde.

Der chinesisch-japanische Konflikt hatte weitgehende Rückwirkungen auf die Außenpolitik der Sowjetunion und auf die deutsch-sowjetischen Beziehungen im besonderen. Bei Beginn der Feindseligkeiten übersahen wir noch nicht die ganze Tragweite des Unternehmens. Wir sahen in dem japanischen Vorgehen eine Fortsetzung der Großmachtpolitik des 19. Jahrhunderts, die darauf abzielte, sich von China einige Häfen abtreten zu lassen. Bald erkannten wir aber, daß die japanischen Ziele sehr viel weiter gesteckt waren. Die Japaner suchten in China den Lebensraum, von dem Hitler in »Mein Kampf« gesprochen hatte. Wir waren mit den Japanern verbündet, und hatten nach Abschluß des Dreimächtepaktes wie alle deutschen Missionen die Weisung erhalten, mit der italienischen und der japanischen Botschaft enge Verbindung zu halten und uns gegenseitig zu informieren. Unser Verhältnis zur italienischen Botschaft entsprach dieser Weisung vollkommen. Wir hatten uns von jeher mit unseren italienischen Kollegen sehr gut gestanden und einen regen Meinungsaustausch unterhalten. Unsere Beziehungen zu unseren japanischen Kollegen entwickelten sich nicht annähernd so gut. Dies hatte zum Teil einfach sprachliche Gründe, da die japanischen Diplomaten damals westliche Fremdsprachen nur unvollkommen beherrschten. Auch war uns ihre Mentalität fremd und oft unverständlich.

Obwohl wir mit den Japanern verbündet waren, galten unserer Sympathien den Chinesen, die mitten im Frieden von den Japanern überfallen worden waren. Ich selber war gefühlsmäßig schon deshalb auf seiten der Chinesen, weil deutsche Offiziere, die unter Hitler Deutschland verlassen mußten, als Berater Tschiang Kai-scheks tätig waren. Der

Leiter der Militärmission war zunächst Generaloberst Hans von Seeckt, unter dem mein Vater während des Krieges gedient hatte; sein Nachfolger war General von Falkenhausen. Als die chinesischen Truppen, die von deutschen Militärberatern ausgebildet waren, in der Schlacht von Schanghai den Japanern erbittert und tapfer Widerstand leisteten, waren wir stolz auf sie.

Nach der Besetzung der Mandschurei standen sich japanische und sowjetische Truppen an einer dreitausend Kilometer langen Grenze gegenüber, und der Alptraum eines Zweifrontenkrieges rückte für die Sowjetunion in greifbare Nähe. Die Bedrohung wurde deutlich, als japanische Truppen in der Nähe des Hankasees auf sowjetisches Gebiet vordrangen. Die zur Sowjetunion gehörenden Höhen am Hankasee wurden schwer umkämpft. Die sowjetischen Truppen führten ihren Angriff gegen die auf den Höhen verschanzten Japaner frontal, mit dem See im Rücken, anstatt die Höhen von rechts und links zu stürmen. Sie hätten damit japanisches Gebiet betreten und ihrerseits das Völkerrecht verletzt. Unter schweren Verlusten gelang es den Sowjets, ihr Gebiet zurückzuerobern.

In der Mongolischen Wüste kam es zu einer regelrechten Schlacht, in der der spätere Marschall Georgi Schukow die neuen sowjetischen Panzer zum ersten Mal erprobte. Die Erfahrungen, die er hierbei gewann, setzte er später im Kampf gegen Deutschland erfolgreich ein. Weder die sowjetischen noch die japanischen Zeitungen berichteten über diese Schlacht, in der größere Truppenverbände eingesetzt worden waren. Als nach einigen Wochen von der sowjetischen Presse ein Abkommen über die Heimschaffung von japanischen Gefallenen veröffentlicht wurde, war uns klar, daß eine Schlacht stattgefunden hatte und die Sowjets siegreich geblieben waren. Über die vielen Grenzzwischenfälle am Amur, vor allem im Jahre 1936, berichtete die Sowjetpresse zwar eingehend, aber in einer Weise, die klar erkennen ließ, daß es sich um örtliche Zwischenfälle handelte, die sich nicht zu einem großen Konflikt ausweiten würden.

Die Sowjets verhielten sich defensiv und taten alles nur Mögliche, um einen Krieg abzuwenden. Ihre panische Angst vor einem möglichen Zweifrontenkrieg, eine Angst, die an Bismarcks Cauchemar des coalitions erinnerte, ließ sie Tschiang Kai-schek unterstützen, der die Japaner bekämpfte, während sie Mao Tse-tung und den Kommunisten die Unterstützung versagten, solange diese Tschiang Kai-schek angriffen. Die Sowjetunion bedrängte Mao, gemeinsam mit Tschiang Kai-schek gegen die Japaner vorzugehen. Eine sowjetische Militärmission unter General Andrei Wlassow, der später auf unserer Seite kämpfen sollte, unterstützte Tschiang Kai-schek. Viel wichtiger, als den Kommunisten in China zum Sieg zu verhelfen, war es für die Sowjetunion, im nationalen Interesse einen möglichen Angriff Japans zu verhindern. Mao Tse-tung und seine Genossen haben den Sowjets diesen Verrat nie verziehen, auch dies vielleicht einer der Gründe für die spätere Feindschaft zwischen den beiden kommunistischen Mächten.

Das Auftauchen der Japaner an der Ostgrenze der Sowjetunion ließ es der sowjetischen Regierung ratsam erscheinen, ihre Beziehungen zum Westen so gut wie möglich zu gestalten. Obgleich Litwinow als Jude das Naziregime ablehnen mußte, zwang ihn die Situation, darüber nachzudenken, wie man mit Deutschland wieder ins Gespräch kommen könnte. Er betonte in Unterredungen mit Schulenburg, es gäbe keinen Grund, daß nicht gute Beziehungen zwischen der kommunistischen Sowjetunion und dem nationalsozialistischen Deutschland bestehen sollten. Er wies dabei auf das harmonische Verhältnis zwischen der Sowjetunion und dem faschistischen Italien hin. Ebensogut hätte er auch das sowjetisch-türkische Verhältnis als Beispiel dafür anführen können, daß zwei Staaten mit unterschiedlichen Weltanschauungen friedlich miteinander leben können. Während die Sowjetunion die systematische Unterdrückung aller kommunistischen Tätigkeiten in der Türkei ignorierte, nahm die türkische Regierung keine Notiz von der gewaltsamen Unterdrückung der Turkvölker und ihrer Autonomiebestrebungen in der Sowjetunion.

Als die Alliierten den Anschluß Österreichs 1938 hinnahmen, war dies für Stalin der Beweis, daß die Westmächte keine zuverlässigen Partner im Kampf gegen Hitler waren. Mehr denn je war die Sowjetunion darauf bedacht, Hitler nicht zu provozieren. Da sehr viele Offiziere aller Ränge der Säuberung zum Opfer gefallen waren, befanden sich die Streitkräfte in einem Zustand der Schwäche und Unsicherheit, ein Grund mehr für Stalin, vorsichtig zu taktieren.

Unser Militärattaché, General Köstring, hatte einen klaren Überblick über die Stärken und die Schwächen der sowjetischen Streitkräfte. Die Schwierigkeit bestand darin, die Berichte an Berlin so zu formulieren, daß sie nicht das Gegenteil von dem bewirkten, was wir erreichen wollten. Wenn wir darauf hinwiesen, daß die Rote Armee durch die Säuberungsaktionen erheblich geschwächt war, konnten vernünftige Leute in Berlin daraus den Schluß ziehen, daß dies die Aussichten für eine Annäherung der Sowjetunion an Deutschland verbessere. Gleichzeitig wußten wir, daß ein solcher Bericht Hitler veranlassen könnte, diese Schwäche auszunutzen. Unterstrichen wir aber die Defensivkraft der Sowjetunion, so konnten wir sicher sein, von Hitler als leicht täuschbar und naiv bezeichnet zu werden. Am Ende liefen Köstrings Berichte darauf hinaus, daß die Sowjetunion ein nicht zu unterschätzender Gegner sei, dessen Stärke mit der Zeit nur zunehmen könne.

Die Wehrmachtsakademie in Berlin forderte Graf Schulenburg auf, Ende 1937 einen Vortrag über die Sowjetunion zu halten.[2] Die Hörer der Akademie waren höhere Offiziere und leitende Beamte aus Reichsministerien. Die Akademie hatte sich an Schulenburg gewandt, weil sie annahm, daß er von der Parteipropaganda unbeeinflußt war und ein objektives, ungeschminktes Bild der Verhältnisse zeichnen würde. Niemand konnte damals voraussehen, welche entscheidende Bedeutung die Sowjetunion in weniger als drei Jahren für Deutschland haben werde. Schulenburg beauftragte mich, den Vortrag auszuarbeiten. Ich hatte einige Monate Zeit, stöberte durch unsere Akten und fand einen hervorragenden Bericht von Herbert Dittmann, den er wenige Jahre zuvor über die gesellschaftspolitischen und kulturellen Veränderungen in der Sowjetunion geschrieben hatte, und besprach meine Ideen mit Köstring, Hilger, Walther und Schiller. Walther stellte vieles in Frage und half mir damit, mich klarer zu fassen. Er spielte die Rolle des Advocatus diaboli, denn in den meisten Fragen waren wir der gleichen Ansicht.

Der Vortrag sollte einen umfassenden Überblick über die sowjetische Innen- und Außenpolitik seit 1917 geben. Seit Hitlers Machtübernahme war viel über die Sowjetunion und den Kommunismus gesagt und geschrieben worden, aber das meiste davon vermittelte einen völlig falschen Eindruck. Es kam also darauf an, den Führungskräften die Dinge so zu schildern, wie sie wirklich waren. Schulenburgs Thesen deckten sich natürlich nicht mit den Ansichten der Partei, und der Vortrag mußte deutlich genug, aber nicht zu deutlich formuliert werden. Wir brachten eindeutige Thesen vor, schwächten sie durch allgemeine Phrasen wieder ab und überließen es den Zuhörern, ihre eigenen Schlußfolgerungen zu ziehen. Wir beabsichtigten, einige weitverbreitete Vorurteile über die Sowjetunion richtigzustellen. Eine dieser Vorstellungen war, daß die Sowjetunion die Hochburg des Marxismus sei.

»Der unlösbare Gegensatz zwischen Staatsnotwendigkeiten und kommunistischer Parteidoktrin hat sich in den letzten Jahren auf allen Gebieten des staatlichen, sozialen, wirtschaftlichen und kulturellen Lebens der Sowjetunion offenbart. Entgegen der Theorie vom allmählichen

Absterben des Staates bei Verwirklichung der kommunistischen Gesellschaftsordnung greift der Sowjetstaat in immer steigendem Maße regelnd in alle Sphären der menschlichen Betätigung ein.«

Schulenburg ging dann auf die Veränderungen ein, die viele verschiedene Gebiete wie Familie, Erziehung und Bildung und die Künste entscheidend betrafen und die von der deutschen Propaganda verschwiegen worden waren.

»Die Familie, deren Vernichtung in den Anfangszeiten des Kommunismus angestrebt wurde, wird nunmehr als kleinste Zelle des Staates anerkannt und als solche gepflegt.«

Abtreibung und Homosexualität wurden wieder unter Strafe gestellt, die Ehescheidung erschwert, und Kinderreichtum als das höchste Glück der Frau hingestellt. Die elterliche Autorität wurde wiederhergestellt und das »glückliche Leben der Kinder« wurde eines der Hauptlosungsworte der Regierung.

Schulenburg ging dann auf die zahlreichen organisatorischen Maßnahmen im Bildungswesen ein.

»Gleich nach der Revolution trat durch ständige Experimente mit neuen Lehr- und Lernmethoden eine völlige Desorganisation des Schulwesens ein. Schüler und Studenten wurden Träger der Schuldisziplin. Prüfungen und Bewertungsnoten waren abgeschafft. Auf Gesinnungstüchtigkeit und proletarische Abstammung wurde mehr Wert gelegt, als auf Leistung, und die Wissenschaft galt nur als Funktion der marxistischen Lehre. Jetzt ist man dazu übergegangen, die altbewährten Erziehungs- und Lehrgrundsätze wieder anzuwenden. Den Lehrern ist die Disziplinargewalt zurückgegeben worden, Bewertungsnoten und Examina sind wieder eingeführt. Der Eintritt in die Universität steht auch den Kindern der ehemaligen Bourgeoisie offen. Die Neuorganisation der Hochschulen ist dem vor dem Krieg bestehenden Aufbau angeglichen worden. Die Mitglieder der Lehrkörper müssen nicht nur ihre positive Einstellung zum herrschenden System, sondern auch ihre wissenschaftliche Befähigung nachweisen . . . Alle diese Maßnahmen beruhen auf der Erkenntnis, daß die von dem bisherigen streng marxistischen Erziehungs- und Unterrichtssystem geformten Menschen in der Praxis versagen, weil ihnen die notwendigsten Grundkenntnisse fehlen.«

Schulenburg betonte, daß diese Veränderungen nicht zuletzt auf Drängen der Militärs zustande gekommen seien, die an gut ausgebildetem und gesundem Nachwuchs interessiert waren.

Vor diesem Hintergrund beschrieb ich eine Entwicklung, die später als

»Konvergenztheorie« bekannt wurde, allerdings mit dem Unterschied, daß die Sowjetunion sich damals nicht dem demokratisch-parlamentarischen System, sondern dem Nationalsozialismus näherte.

»Auch auf dem Gebiet der darstellenden und bildenden Künste greift die Sowjetregierung im Gegensatz zu ihrer früheren Praxis immer mehr auf die alten Formen zurück. Anstelle des Experimentierens ist das Bestreben getreten, das Theater auch auf Kosten seines künstlerischen Niveaus volksnah und verständlich zu machen. Vor einiger Zeit erhielten die Leiter zweier Moskauer Theater, Tairow und Meyerhold, schwere Verweise, weil ihre Aufführungen infolge ihrer gekünstelten Inszenierung nicht dem Geschmack des Publikums entsprächen. Die atonale Musik findet nicht mehr die amtliche Billigung. Den Malern, Bildhauern und Schriftstellern wird angeraten, bei den klassischen Meistern in die Lehre zu gehen und sich jeder dem Volke unverständlichen Ausdrucksweise zu enthalten. Aus der Moskauer Bildergalerie sind die kubistischen und futuristischen Bilder mit der Begründung entfernt worden, daß man dem Publikum die Betrachtung derartiger Machwerke nicht zumuten könne.

Am Augenfälligsten ist die Wiederanknüpfung an die Traditionen der Architektur. Die Neubauten lehnen sich mit Vorliebe an den russisch-klassizistischen Säulenstil an.«

Dieses Bild, das Schulenburg von der Neuorientierung der sowjetischen Kultur entwarf, mußte in deutschen Ohren erschreckend vertraut klingen.

Schulenburg deutete an, daß Nationalsozialismus und Kommunismus von weit auseinanderliegenden Ausgangspositionen aufeinander zukämen. Während Stalin dem Individuum mehr Freiheit einräumte, verkündeten die Nazis: »Gemeinnutz geht vor Eigennutz.« Stalin scheute sich nicht, den kommunistischen Grundsatz »gleichen Lohn für alle, unabhängig von der Leistung« aufzugeben und statt dessen zu verkünden, die Gleichmacherei sei ein widerwärtiges Requisit kleinbürgerlicher Ideologie. Der fleißige und gut ausgebildete Arbeiter müsse mehr verdienen als der faule und ungelernte.

»Die Differenzierung der Löhne und Gehälter hat zur Folge, daß neben einer Arbeitermasse, die nach europäischen Begriffen Hungerlöhne erhält und sich kaum das Allernotwendigste für den Lebensunterhalt zu erwerben vermag, eine neue Oberschicht entsteht, die sich gegen Geld alle erreichbaren Annehmlichkeiten des Lebens verschafft..., so daß sich anstelle einer klassenlosen Gesellschaft, die von der kommunistischen Partei als Endziel ihrer Bestrebungen hingestellt wird, in der Sowjetunion soziale Gegensätze herausbilden, die auch äußerlich stark in die Augen springen.«

Auch die Wiederentdeckung der russischen Geschichte und die Appelle an das patriotische Empfinden der Bevölkerung, von denen Schulenburg erzählte, sollten ein Beispiel für parallele Entwicklungen in beiden Ländern sein.

»Begriffe wie ›sozialistische Heimat‹, ›Heiligkeit der Sowjetgrenzen‹, ›Verteidigung des sozialistischen Vaterlandes‹ werden in den Reden der sowjetischen Machthaber... immer häufiger verwendet... Es wird bewußt darauf hingearbeitet, den Stolz des russischen Volkes auf seine geschichtlichen Leistungen neu zu wecken. In diesem Zusammenhang verdient die Tatsache Erwähnung, daß ein Theaterdirektor und der ›Hofdichter‹ Demian Bedny wegen eines Stückes scharf getadelt wurden, das die russischen legendären Nationalhelden und die Christianisierung Rußlands ins Lächerliche zog. Bucharin, damals noch Chefredakteur der ›Iswestija‹, wurde heftig angegriffen, weil er sich abfällig über die zivilisatorische Rolle des russischen Volkes geäußert hatte...

In den kürzlich herausgegebenen neuen Geschichtslehrbüchern werden sogar fürstliche Personen, wie Alexander Newski, der dem Deutschritterorden im Jahre 1242 am Peipussee eine Niederlage beibrachte, und der Freiheitskämpfer gegen Polen zu Beginn des 17. Jahrhunderts, Fürst Posharski, als Nationalhelden hingestellt. Peter der Große erscheint als ein ›kluger und tätiger Zar‹, dessen Reformen offensichtlich und mit Vorbedacht derart geschildert werden, daß Peter als ein Vorläufer Stalins erscheint...

Die 125jährige Wiederkehr der Vertreibung Napoleons aus Rußland wurde zum Anlaß genommen, die Generäle Suworow und Kutusow, Angehörige der verhaßten Kaste der zaristischen Generäle, als große Feldherren zu preisen und daran zu erinnern, daß jedem Angreifer, der Gelüste auf russisches Territorium verspüren sollte, das gleiche Schicksal wie Napoleon beschieden sein würde.«

Im ersten Entwurf des Vortrags entwickelte ich die Theorie der Konvergenz noch weiter. Ich wies darauf hin, daß beide Systeme religionsfeindlich waren und in Schulen und den Medien das Christentum durch eine Staats- und Parteireligion zu ersetzten suchten. Während in der Sowjetunion der Satz galt: »Religion ist Opium für das Volk«, zeichnete sich in Deutschland erst der Beginn einer solchen Entwicklung ab. Es war bekannt, daß führende Nationalsozialisten anstelle des Christentums alte germanische Kultformen wieder aufleben lassen wollten. Beide Systeme bedienten sich der Kunst als Mittel der Beeinflussung, und legten Wert darauf, daß sie positiv, verständlich und allgemein erhebend sei. In Deutschland hieß es: »Die Kunst muß volksnah sein«, in der Sowjetunion: »Die Kunst muß dem Volke verständlich sein.« Während die Sowjets ihre Verwaltung russifizierten, wurde sie in Deutschland arisiert. Schulenburg strich diese Vergleiche und meinte, man solle nicht zu deutlich werden.

Da der größte Teil der Zuhörer hohe Offiziere waren, schilderte Schulenburg mit besonderem Nachdruck die Wiederbelebung alter zaristischer Traditionen in den Streitkräften, oder, wie Köstring es in seiner Berichterstattung nannte: »Die Umwandlung der revolutionären Roten Garden in eine ›reguläre Wehrmacht‹.«

»...Die Armee wird bei jeder Gelegenheit und in einer Weise in den Vordergrund geschoben, die den doktrinären Anhängern der Lehren von Marx und Lenin als ein Wiedererstehen des verhaßten Militarismus erscheinen muß... Die soziale Stellung, das Standesbewußtsein und die materiellen Lebensverhältnisse der Soldaten und vor allem des Offizierskorps werden gefördert und gepflegt. In den letzten zwei Jahren wurden aus dem Genossen Kommandeur wieder der Leutnant, Hauptmann, Oberst und Marschall, die man in der Öffentlichkeit immer häufiger in langen Hosen mit Bügelfalten, Lackstiefeln und Sporen sieht.«

Bezeichnend war auch die Änderung der Eidesformel. Während die Rotarmisten sich zunächst verpflichteten »alle ihre Gedanken und Taten auf das große Ziel der Befreiung der Werktätigen im Kampf für die Sowjetunion, die Sache des Sozialismus und die Brüderschaft der Völker zu richten«, hieß es in der neuen Eidesformel: »Ich gelobe, bis zum letzten Atemzug meinem Volk, meiner Heimat und der Arbeiter- und Bauernregierung ergeben zu sein.«

In meiner ganzen Ausarbeitung war ich bestrebt, die dramatischen Veränderungen, die sich unter Stalin vollzogen, deutlich zu machen. Für viele Zuhörer war diese These sicherlich neu und unerwartet, und um sie glaubhaft zu machen bezog ich mich auf Leo Trotzki[3].

»In seinem Buch ›La Révolution trahie‹ beschuldigt Trotzki Stalin des Verrats an der russischen Revolution und an der Weltrevolution. Ähnlich wie die Oppositionellen in der Kommunistischen Partei der Sowjetunion wirft Trotzki Stalin die Einführung kapitalistischer Methoden und die Errichtung einer Diktatur aus persönlichem Machthunger vor... Nach der Auffassung Trotzkis wird die Komintern von Stalin dazu

mißbraucht, die kommunistischen Parteien des Auslands für die macht-
politischen Interessen der Sowjetunion einzuspannen, wobei die Parolen
der Weltrevolution und des Schutzes der Sowjetunion als der Vor-
kämpferin der Weltrevolution geschickt zur Tarnung der egoistischen
Ziele der Sowjetunion verwandt werden ...

Die von der Komintern gepredigte Losung der Bildung von Volksfron-
ten gegen den Faschismus wird von Trotzki als Verrat an der Weltrevolution angeprangert. Nach Abschluß des Vertrages mit Frankreich
hat Stalin – so argumentiert Trotzki – aus Gründen der russischen
Staatsraison ein Interesse daran, daß der französische Bundesgenosse in
seiner politischen und militärischen Bedeutung nicht geschwächt wird.
Darum erhielten die französischen Kommunisten von der Komintern die
Order, die Regierung Blum und deren Militärpolitik zu unterstützen...

Als ebensolchen Verrat bezeichnen die Anhänger der IV. Internationale die von Moskau ausgegebene Parole des Zusammenschlusses aller
chinesischen Parteien zu einer nationalen Front im Kampf gegen
Japan...

Am stärksten aber ist die Empörung des Trotzkismus über das Verhalten der Sowjetunion im spanischen Bürgerkrieg. Er wirft Stalin vor, daß
er die spanische Volksfrontregierung – eine ›Kerenski-Regierung‹ – unterstützt, anstatt mit allen Mitteln auf ihren Sturz und auf die kommunistische Revolution hinzuarbeiten.«

Um sich gegen Trotzkis gefährliche Angriffe zu schützen, brandmarkte
Stalin Trotzki als gemeinsten Vaterlandsverräter, der mit Hilfe des
Faschismus den Kapitalismus in der Sowjetunion wieder einführen
wolle. Wie richtig Trotzkis Vorwürfe waren, daß Stalin die westlichen
kommunistischen Parteien für sowjetische nationale Ziele mißbrauche,
zeigte sich später nach der Unterzeichnung des deutsch-sowjetischen
Vertrages 1939. Von einem Tag zum anderen erhielten die französischen
Kommunisten die Anweisung, mit den Nazis zusammenzuarbeiten und
die Moral der französischen Bevölkerung und der französischen Armee zu
untergraben. Ebenso unvermittelt wurde diese Weisung zurückgenommen, als Deutschland 1941 die Sowjetunion überfiel. Schulenburg betonte, daß bei aller Ähnlichkeit der Entwicklungen die Angst vor Deutschland das Leitmotiv der sowjetischen Außenpolitik sei:

»Die Machtergreifung des Nationalsozialismus in Deutschland im
Jahre 1933, das Streben der deutschen Politik, sich mit anderen Staaten
gegen den Kommunismus zusammenzuschließen, das Anti-Komintern-

Abkommen mit Japan und später mit Italien, der deutsch-polnische Ausgleich und die ständig steigende militärische Macht Deutschlands haben in der Sowjetunion von Neuem und in unvergleichlich stärkerem Maß als früher die Furcht vor einem Zweifrontenkrieg wachgerufen. Heute ist die Angst vor Deutschland das Leitmotiv der sowjetischen Außenpolitik geworden. Deutschland ist in den Augen der Sowjetunion der gefährlichste Feind, gegen dessen Angriff es sich mit allen Mitteln zu rüsten gilt.«

Da Schulenburg nicht offen sagen konnte, daß die ständige nationalsozialistische Haßpropaganda gegen die Sowjetunion die Angst verstärkt hat, wich er auf eine Begründung aus, die auch ein Teil der Wahrheit war:

»Im Anfang mag die sowjetische Propaganda die deutsche Gefahr absichtlich erfunden und übertrieben haben. Heute besteht kein Zweifel, daß die sowjetischen Machthaber selbst ein Opfer dieser Propaganda geworden und von den aggressiven Tendenzen des nationalsozialistischen Deutschland fest überzeugt sind. Mit allen Mitteln der Propaganda werden der Bevölkerung tagtäglich Haß, Feindschaft und Mißtrauen gegen das nationalsozialistische Deutschland eingehämmert.«

Mit diesen Ausführungen wollte Schulenburg seinen Zuhörern deutlich machen, daß es an Deutschland liege, diese Gründe des Mißtrauens und der Angst zu beseitigen. Dies sei um so einfacher, als die beiden Länder in vielem immer ähnlicher würden. Deshalb hatte er auch seine Rede mit den Worten begonnen:

»Die große Rolle, die das alte Rußland in der preußisch-deutschen Geschichte der letzten zwei Jahrhunderte gespielt hat, brauche ich nicht besonders zu unterstreichen. Sie kennen die Bedeutung, die die Haltung Rußlands für die Bismarcksche Politik in der Zeit der Reichsgründung gehabt hat, sowie die Rolle, die die wirtschaftlichen Beziehungen zwischen Deutschland und Rußland bis zum Weltkrieg gespielt haben.«

Schulenburgs gesamte Rede war ein Plädoyer für die Möglichkeit und Notwendigkeit eines deutsch-sowjetischen Ausgleichs. Es ist schwer zu sagen, welchen Eindruck Schulenburgs Ausführungen hinterließen. Einerseits bestärkten sie diejenigen Offiziere und Beamten des Auswärtigen Amts, die für eine Aussöhnung mit dem Buhmann der Nazis waren. Andererseits trugen sie zu der Tragödie bei, daß Hitler nach Abschluß des deutsch-sowjetischen Paktes von 1939 in der Lage war, Polen anzugreifen und den Zweiten Weltkrieg zu entfesseln.

# Die Sudetenkrise und mein erster Schritt im Widerstand

Bei Beginn der Sudetenkrise 1938 wurden wir laufend vom Auswärtigen Amt aufgefordert, die Haltung der Sowjetunion im Hinblick auf den Beistandspakt zwischen der Sowjetunion und der Tschechoslowakei von 1935 vorauszusagen. Es war für Hitler entscheidend zu wissen, wie die Großmächte im Falle von Gewaltanwendung reagieren würden. So bombardierte uns Berlin mit Anfragen über die angebliche Verlegung sowjetischer Luftstreitkräfte in die Tschechoslowakei. Köstring hatte zwar keine Möglichkeit, die Wahrheit dieses Gerüchts nachzuprüfen, stellte sich aber von Anfang an auf den Standpunkt, daß es militärischer Wahnsinn sei, Flugzeuge in einem Land zu stationieren, das auf drei Seiten von deutschem Gebiet eingeschlossen sei. Ironisch meinte er, daß die Sowjets bestenfalls einige veraltete Schulflugzeuge in die Tschechoslowakei verlegen würden. Seine Intuition erwies sich als richtig.

Im Mai 1938 plante ich, mit meinem Auto durch die Ukraine nach Odessa zu fahren. Vor Antritt jeder Reise mit dem Auto mußte man sich von dem zuständigen Volkskommissariat in Moskau ein Empfehlungsschreiben besorgen, welches zum Bezug von Benzin an den Ausgabestellen im Land berechtigte. Dieses war ein geeignetes Mittel um unerwünschte Reisen zu verhindern. Die Aushändigung des Schreibens wurde verzögert, angeblich weil in der Erntezeit Mangel an Treibstoff herrschte. Tatsächlich war die Verzögerung eine Folge des allgemeinen Mißtrauens gegen jeden Fremden und vielleicht auch der Angst, ich könnte Informationen aus einem Grenzgebiet sammeln. Zu meiner Überraschung kam die Bewilligung Ende Juli doch noch. Mit meinem Fahrer Simon, einem österreichischen ehemaligen Kriegsgefangenen, der nach dem Krieg in der Sowjetunion geblieben war und eine Russin geheiratet hatte, fuhr ich ab, und wurde dank des von den Russen gewählten Reisetermins zum Spion wider Willen. Das Fotografieren von militärischen Anlagen und Gegenden, die möglicherweise von militärischer Bedeutung sein könnten, war streng verboten. Da ich keinesfalls

Unannehmlichkeiten bekommen wollte, bat ich meine unvermeidlichen Geheimdienst-Begleiter, die wie immer in einem Ford folgten, mir durch zweimaliges Hupen das Betreten und Verlassen eines solchen Gebietes anzuzeigen, damit ich nur dort, wo es erlaubt war, getrost meine Erinnerungsfotos machen könne. Da die Warnsignale sehr oft kamen, hatten wir die Idee, die Orte auf unserer Landkarte einzuzeichnen. Nach unserer Rückkehr verblüfften wir Köstring mit unseren militärischen Kenntnissen, die uns unsere Bewacher vermittelt hatten.

Auf unserer Reise konnten wir feststellen, daß weder auf den Straßen noch auf den Eisenbahnen militärische Bewegungen stattfanden, ein sicherer Hinweis, daß die Sowjetunion nicht die Absicht hatte, im Falle eines deutschen Angriffs auf die Tschechoslowakei militärisch zu reagieren. Die Botschaft war ohnehin überzeugt, daß die Sowjetunion der Tschechoslowakei nicht mehr als nur verbale Unterstützung geben würde, um zu vermeiden, selbst in den Konflikt hineingezogen zu werden. Im Anschluß an meine Reise durch die Ukraine fuhr ich im August zu einem Gedankenaustausch nach Berlin, da man viele Dinge dem Papier nicht anvertrauen konnte. Wie immer, wenn ich in Berlin war, besuchte ich meine guten Freunde Erich Kordt und Eddie Brücklmeier. Eddie Brücklmeier war mit mir zusammen ins Auswärtige Amt eingetreten und war nach Bestehen der diplomatisch-konsularischen Abschlußprüfung zunächst nach Bagdad und dann nach Persien versetzt worden, als Schulenburg dort Gesandter war. Später wurde er an die Botschaft in London versetzt. Als Ribbentrop als Reichsminister von London nach Berlin ging, nahm er Kordt und Brücklmeier als stellvertretende Leiter seines Büros mit. Brücklmeier war ein junger Mann von auffallender Eleganz, der es verstand sein Leben angenehm einzurichten. In Bagdad hatte er als begeisterter Polospieler seine eigenen Polopferde und versetzte das Auswärtige Amt in Erstaunen, als er mit diesen nach Teheran umzog. Bereits in London und noch mehr in Berlin verlor unter dem Eindruck des Nationalsozialismus das angenehme Leben für ihn an Wichtigkeit, und er wurde ernster. Seine kritische Einstellung gegenüber Ribbentrop verstärkte sich, als dieser Reichsminister des Auswärtigen wurde. So reifte in ihm der Entschluß, sich gegen eine Politik zu stellen, die er für verbrecherisch hielt. Schon immer konnte er Situationen richtig und schnell beurteilen und daraus die notwendigen Konsequenzen ziehen.

Erich Kordt war zwei Jahre nach mir in das Auswärtige Amt eingetreten. Staatssekretär von Bülow war bald auf den begabten jungen Mann aufmerksam geworden und hatte ihn trotz seiner Jugend 1934 dem

Sonderbotschafter von Ribbentrop zugeteilt. Mit viel Fingerspitzenge-fühl mußte Kordt Ribbentrop ständig über die Auffassungen des Aus-wärtigen Amtes informiert halten und andererseits das Auswärtige Amt laufend über Ribbentrops Ansichten und Tätigkeit unterrichten. Ribben-trop war bald von den Fähigkeiten seines neuen Mitarbeiters überzeugt und sah in ihm einen guten Verbindungsmann zum Auswärtigen Amt. Als Ribbentrop als Botschafter nach London ging, nahm er Kordt mit. 1938 machte er ihn zum Leiter des Ministerbüros. Kein anderer kannte Ribbentrop so gut wie Erich Kordt. Er hielt nicht viel von seinem Vorgesetzten, da er seine Schwächen nur zu gut kannte. Nicht nur seine Vorgesetzten, sondern auch wir, seine jüngeren Kollegen, hatten eine hohe Meinung von Erich Kordt und sagten ihm ebenso wie Peter Pfeiffer eine brillante Karriere voraus. Leider sollte sich dies nicht bewahrheiten. Obgleich Erich Kordt eine entscheidende Rolle im Widerstand spielte, wurde später, wenn es auch nie offen ausgesprochen wurde, seine Tätigkeit bei Ribbentrop ein Hindernis für seine weitere Verwendung im Auswärtigen Amt.

Als ich Erich Kordt im August 1938 aufsuchte, hatte er keine Zeit für ein längeres Gespräch und beauftragte Brücklmeier, mich eingehend zu informieren, damit ich meinerseits Schulenburg unterrichten könnte. Brücklmeier weihte mich in die Hintergründe der Sudetenkrise ein, und erklärte, daß nun die Zeit zum Handeln gekommen sei. »Wir« müßten jetzt die notwendigen Schritte unternehmen, um das Schlimmste zu verhindern. Mir war zunächst nicht klar, wer mit »wir« gemeint war. Brücklmeier erklärte, Erichs Bruder Theo, Botschaftsrat an der Bot-schaft in London, sei beauftragt, seine britischen Gesprächspartner im Foreign Office zu überzeugen, daß sie sich Hitlers Vorgehen in der Tschechoslowakei entschlossen widersetzen müßten. Wieder fragte ich mich, von wem diese Weisung ausging, und mit wem Theo in England sprechen sollte. Im weiteren Gespräch kam Brücklmeier dann zum eigentlichen Thema. Da ich bessere Kontakte zu ausländischen Diplo-maten in Moskau hatte als irgend jemand in der Botschaft, sollte ich die gleiche Aufgabe in Moskau übernehmen, wie Theo Kordt in London. Dies würde die Engländer und Franzosen überzeugen, daß Theo Kordt nicht als Einzelperson handelte, und seinen Ausführungen mehr Gewicht geben.

Ich fragte nicht, wer diese Anweisungen gegeben hatte. Am Ende des Gesprächs eröffnete mir Brücklmeier, daß Staatssekretär von Weizsäcker das geistige Oberhaupt der Opposition im Auswärtigen Amt sei. Seine

Beamten, die zur Opposition gehörten, handelten mit seinem Wissen und unter seinem Schutz. Generaloberst Ludwig Beck und General Erwin von Witzleben seien entschlossen, Hitler im Falle eines Angriffs auf die Tschechoslowakei zu verhaften. Dies setzte voraus, daß die Franzosen und Briten bereit seien, zur Verteidigung der Tschechoslowakei militärisch einzugreifen. Ich begriff, daß Erich Kordt mit führenden Militärs in Verbindung stand, machte aber keinen Versuch, weitere Namen und Einzelheiten zu erfahren. Ich hatte lange genug in der Sowjetunion unter einer Diktatur gelebt und kannte die Methoden, Gegner zu überwachen und auszuschalten. Ich war für den Augenblick froh, nicht mehr zu wissen.

Die Stimmung in der Armee war mir nicht unbekannt. Mein Vater war während des Krieges mit Generaloberst Werner von Fritsch im Stab des Generalfeldmarschalls August von Mackensen gewesen. Fritsch und mein Vater waren gut befreundet und trafen sich von Zeit zu Zeit, auch noch nach der schmachvollen, auf falschen Anschuldigungen beruhenden Entlassung von Fritsch im Jahre 1938. So wußte ich von der wachsenden Opposition gegen Hitler in der Führung der Armee.

Nach Moskau zurückgekehrt berichtete ich Graf Schulenburg über die Situation in Europa und die Krise in der Tschechoslowakei, nicht aber über den geplanten militärischen Coup. Dann überlegte ich mir lange und sorgfältig mit wem von meinen englischen und französischen Freunden in Moskau ich über dieses heikle Thema sprechen könnte. Zunächst entschied ich mich, Fitzroy Maclean aufzusuchen, da ich annahm, daß er meine Handlungsweise verstehen und meine Mitteilungen auch vollständig weitergeben würde.

Unsere erste Unterhaltung fand am 22. August 1938 statt. Auf Grund des Gesprächs mit Brücklmeier informierte ich Fitzroy in allen Einzelheiten, und als ich ihn verließ, hatte ich keinen Zweifel, daß unsere Warnung London erreichen würde. Diese Hoffnung bestätigte sich nach dem Krieg, als die britischen Akten veröffentlicht wurden und ich den Bericht des britischen Botschafters in Moskau, Lord Chilston, lesen konnte, der sogleich folgenden Brief[1] an den Leiter der Abteilung Nord des Foreign Office sandte:

Britische Botschaft, Moskau, 23. August 1938
»Mein lieber Herr Collier,

Maclean hatte gestern ein nicht uninteressantes Gespräch mit dem persönlichen Referenten des deutschen Botschafters, dem er recht nahesteht und der ausdrücklich gefragt hatte, ob er ihn zu einem Gespräch aufsuchen könne.

Unser deutscher Kollege sagte einleitend, sein Botschafter, der gerade aus dem Urlaub zurückgekehrt sei, habe Litwinow gesehen und ihm erklärt, daß Deutschland nur im Falle einer Provokation seitens der Tschechen in die Tschechoslowakei einfallen werde. Darauf habe Litwinow geantwortet, ein Akt der Provokation seitens der Tschechen sei undenkbar, und in einem sich daraus möglicherweise ergebenden Konflikt wären gewiß die Deutschen die Aggressoren. Sollte Deutschland in der Tschechoslowakei einfallen, würden die Franzosen ohne Zweifel mobilisieren und Großbritannien wäre verpflichtet, ihnen zu Hilfe zu kommen, so sehr dies Herrn Chamberlain auch mißfallen möge. Die Sowjetunion ›würde ihr Bestes tun, um der Tschechoslowakei zu helfen‹. Der Botschafter habe die Äußerungen Litwinows ordnungsgemäß nach Berlin telegrafiert.

Der Sekretär der Deutschen Botschaft sagte weiter, Dirksen habe es in seinen Berichten aus London als seine wohlüberlegte Ansicht bezeichnet, daß Großbritannien sicher in den Krieg zöge, falls eine Invasion in die Tschechoslowakei stattfände und Frankreich ihr zu Hilfe komme. Er habe ferner die Auffassung vertreten, falls seine Regierung eine Verständigung mit Großbritannien wünsche, sei dies nun der Augenblick, da sie niemals auf eine britische Regierung hoffen könne, die Deutschland gegenüber geneigter sei als die derzeitige, und falls nichts geschehe, könnten sich die Beziehungen zwischen den beiden Ländern nur verschlechtern. Leider hätten die Berichte Dirksens oder auch die Berichte anderer Auslandsvertretungen in Berlin wenig Aufmerksamkeit gefunden. Für den Führer sei es völlig unvorstellbar, daß die Briten nicht verstehen könnten, daß Deutschland mit einer Invasion der Tschechoslowakei – unabhängig von den Umständen, unter denen eine solche Invasion stattfände – lediglich dreieinhalb Millionen Deutsche retten wolle, die Deutschland rechtens gehörten. Ungeachtet der Berichte seiner Botschafter könne er einfach nicht glauben, daß Großbritannien bereit wäre, für die Tschechoslowakei in den Krieg zu ziehen, wo es doch seiner Ansicht nach so klar auf der Hand liege, daß Deutschland im Recht sei. Ribbentrop teile den Optimismus des Führers oder gebe vor, ihn zu teilen, und die Gewißheit, daß Großbritannien unter keinen Umständen etwas unternehmen werde und Deutschland straflos in die Tschechoslowakei einfallen könne, komme mit alarmierender Klarheit in den Erlassen und Weisungen aus der Wilhelmstraße zum Ausdruck. Dies sei, wie unser Informant sagte, sehr beunruhigend für Berufsdiplomaten wie seinen Botschafter, die sähen, wie ihr Land im Begriff stehe, sich in einen

Krieg zu verwickeln, in dem die Nachteile für Deutschland ihrer Ansicht nach beträchtlich überwögen. Die jüngste Panik an der Berliner Börse sei ausschließlich auf die Kriegsangst in gut unterrichteten Kreisen zurückzuführen gewesen. Die Schuld würde ihres Erachtens in gewissem Umfang bei der Regierung seiner Majestät liegen, die, wie im Jahre 1914, es unterlassen hätte, ihre eigene Position hinreichend klarzumachen. Ihrer Auffassung nach bestünde die einzige Hoffnung darin, daß ein Vertreter der Regierung Seiner Majestät den Führer selbst sehr kategorisch darüber unterrichten würde, daß unter gewissen Umständen Großbritannien zur Verteidigung der Tschechoslowakei ganz gewiß in den Krieg ziehen würde. Dies könnte sehr wohl den erforderlichen Abschreckungseffekt haben.

Darf ich hinzufügen, daß Chollerton vom ›Daily Telegraph‹ kürzlich Äußerungen im gleichen Sinne aus dem Munde des hiesigen D.N.B.-Korrespondenten hörte, der praktisch der Deutschen Botschaft angegliedert ist und Zugang zu den vertraulichen Papieren hat. Chollerton sagte, er sei sehr über den irrsinnigen Optimismus deprimiert gewesen, der bezüglich des tschechischen Problems in offiziellen Kreisen in Berlin herrsche.«

Aufrichtig Ihr                                                    Chilston

Die Berichte des Korrespondenten vom »Daily Telegraph« Chollerton, die dieser von Ernst Schüle, dem Vertreter des Deutschen-Nachrichten-Büros, erhielt, gingen auf mich zurück. Schüle war ein guter Freund, den ich teilweise ins Bild gesetzt hatte, damit er seinerseits Chollerton informiere, da ich eine Stellungnahme im »Daily Telegraph« für nützlich hielt. Chilstons Bericht war in allen Punkten zutreffend und zeigte, wie aufmerksam Fitzroy meinen Ausführungen gefolgt war. Nur einen Punkt erwähnte er leider nicht, wie mir Fitzroy viel später in einem Brief vom 3. Juni 1978 mitteilte:

»Nach meiner Errinnerung unterstrichen Sie auch auf das nachdrücklichste die Notwendigkeit, daß die Briten in der Frage der Tschechoslowakei Hitler gegenüber eine feste Haltung einnehmen. Sie sagten, der Widerstandswille der Tschechen hänge sehr weitgehend von der Haltung der Franzosen und unserer eigenen Haltung ab, und Sie erklärten mir ferner, es gebe einige deutsche Generäle, deren Neigung, sich gegen Hitler zu erheben, stärker wäre, falls wir eine wirklich entschlossene Haltung einnähmen.«

Am 23. August sandte Chilston einen zweiten Bericht[2] über meine Unterhaltung mit Maclean, der die Einzelheiten des Gespräches von

Schulenburg mit Litwinow und meine Bemerkungen dazu enthielt:

»Nachdem Litwinow dem Botschafter erklärt hatte, im Falle einer deutschen Invasion der Tschechoslowakei würde die Sowjetunion ›ihr Bestes tun, um der Tschechoslowakei zu helfen‹, erklärte er weiter, daß die sowjetische Haltung gegenüber der tschechoslowakischen Frage völlig anders wäre, wenn Deutschland nur demokratisch wäre, da die Sowjetunion ›die nationale Selbstbestimmung immer befürwortet‹ habe. Unser Informant sagte uns, die Botschaft habe diese Äußerung Litwinows noch nicht nach Berlin telegrafiert, da sie glaube, dies würde den Führer nur erzürnen. Die Botschaft selbst wertet dies als einen deutlichen Hinweis darauf, daß die sowjetische Regierung keinesfalls etwas gegen die Idee einer sowjetisch-deutschen Annäherung habe. Jede solche Annäherung komme jedoch wegen Herrn Hitlers leidenschaftlichem und keiner Vernunft zugänglichem Haß auf alles, was er für Bolschewismus halte, leider keineswegs in Frage.«

Ein drittes Telegramm[3] enthielt einige Tage später den Inhalt eines Gesprächs, das ich am 28. August 1938 mit Maclean hatte:

»Wir hören von der Deutschen Botschaft, daß im Gegensatz zu den in der Presse veröffentlichten Gerüchten der Botschafter wegen des tschechischen Problems nicht formell beim Volkskommissariat für Auswärtige Angelegenheiten demarchiert hat. Nach unserer Information sah der Botschafter im Anschluß an sein Gespräch mit Herrn Litwinow am 21. August, worüber ich in meinem Schreiben an Herrn Collier vom 23. August berichtet habe, den Kommissar für Auswärtiges am 28. August, wobei er im Verlauf des Gesprächs erneut auf die tschechische Frage Bezug nahm und die Ansicht vertrat, daß Feindseligkeiten zwischen Deutschland und der Sowjetunion unwahrscheinlich seien, nicht zuletzt deswegen, weil weder Polen noch Rumänien den Durchmarsch deutscher oder sowjetischer Truppen durch ihr Gebiet gestatten würden. Hierauf habe Litwinow geantwortet, er sei hierüber nicht so sicher,. da im Augenblick Rumänien ›sehr beunruhigt‹ zu sein scheint.«

Als ich diese Informationen weitergab, handelte ich nach den Instruktionen Brücklmeiers und in eigener Verantwortung und zog niemanden an der Botschaft, auch nicht Schulenburg[4], ins Vertrauen. Wenn ich auch annehmen konnte, daß Schulenburg und einige meiner deutschen Kollegen meine Sorgen um die Zukunft Deutschlands teilten, wollte ich sie nicht in mein gefährliches Spiel mit einbeziehen. Zwischen Kritik im eigenen Kreis und der Weitergabe von geheimen Informationen lag ein Schritt, den ich nur für mich allein gehen konnte. Mit meinem ersten Gespräch mit

Maclean hatte ich den Rubikon überschritten. Ich hatte meine Geheimhaltungspflicht gebrochen, hatte alle Regeln über die Beziehungen mit ausländischen Diplomaten, die unter normalen Verhältnissen gelten, mißachtet. Es gab kein Zurück mehr. Alles, was ich jetzt noch tat, konnte mich in keine schlimmere Lage bringen, aber es konnte vielleicht den Gegnern Hitlers im eigenen Lande helfen. Nun wandte ich mich an den zweiten Sekretär der französischen Botschaft, Baron Gontran de Juniac, dem ich ebenso vertraute wie Maclean. Wie viele französische Aristokraten war sein Vater Grundbesitzer und aktiver Kavallerieoffizier gewesen. Er selber war Reserveoffizier in der Kavallerie. Er war gebildet und gescheit und würzte unsere Gespräche mit seinem typisch französischen, manchmal beißenden Spott, liebte gutes Essen, guten Wein und verstand viel davon. Als einziger unter den Franzosen und Italienern, wurde er eingeladen, wenn die »Nordländer« ihre alkoholischen Feste gaben, denn er schätzte deutschen Wein und konnte ihn, wie wir, in größeren Mengen trinken.

Gontran de Juniac gehörte ebenfalls zu denen, die die amerikanische Datscha regelmäßig besuchten. Ich fuhr eines Nachmittags zur Datscha, um Tennis zu spielen, und wußte, daß ich ihn dort treffen würde. Er war in Begleitung von Baron Maurice Dayet, dem ersten Sekretär der französischen Botschaft, zu dem ich auch volles Vertrauen hatte. Ich erinnere mich noch lebhaft an dieses Gespräch im späten August 1938, und meine Erinnerung deckt sich in allen Einzelheiten mit der von Juniac, wie er sie in einem an mich gerichteten Brief vom 28. Februar 1976 aufgezeichnet hat:

»In dem Augenblick, als wir uns [Dayet und ich] anschickten, nach Moskau zurückzukehren und wir schon an der Gartentür angelangt waren, haben Sie uns von Weitem ein Zeichen gegeben, um uns aufzuhalten und haben uns laufend eingeholt. Sie haben uns dann Ausführungen gemacht, die uns sehr beeindruckt haben.

Ich spreche nicht nur als ein Freund des Friedens und als guter Europäer, haben Sie zu uns gesagt, sondern auch als guter Deutscher zu Ihnen. Hitler verfolgt eine wahnwitzige Politik, die unweigerlich zum Weltkrieg führt. Er wird eine Weltkoalition gegen Deutschland auslösen, und wir werden eine viel schlimmere Niederlage erleiden als 1918. Man muß ihn aufhalten, solange es noch Zeit ist. Es gibt nur ein Mittel, nämlich Festigkeit zu zeigen, mit ihm, wenn notwendig, mit äußerster Brutalität sprechen. Man darf die Zerstückelung der Tschechoslowakei

Brief von Baron Gontran de Juniac an den Autor
vom 28. Februar 1976.

Le 28 Février 1976
—

Mon cher Johnny,

Nous avons, Myriam et moi,
passé vraiment une charmante
soirée en votre compagnie et je
tiens tout d'abord à vous exprimer
ses remerciements et les miens.
C'est avec un bien grand inté-
-rêt que j'ai évoqué avec vous de
vieux souvenirs. Non, certes, je
n'ai pas oublié la conversation
que nous avons eue, au mois de
Septembre 1938. Nous nous étions

retournés à la datcha des Américains et nous avions joué au tennis. J'étais venu avec Dayet, alors 1ᵉʳ secrétaire de notre Ambassade. Au moment où nous nous apprê- tions à rentrer à Moscou et où nous avions déjà gagné la porte du jardin, vous nous avez fait signe de loin pour nous retenir, et vous nous avez rejoints en courant. Vous nous avez alors tenu despropos qui nous avaient beaucoup frappés.

"Je ne vous parle pas seulement. vous avez

vous dit, en ami de la paix et
en bon Européen, mais en bon
Allemand. Hitler fait une poli-
-tique folle qui mène tout droit
à la guerre générale. Il va pro-
-voquer une coalition mondiale
contre l'Allemagne, et nous su-
-birons une défaite bien pire
que celle de 1918. Il faut l'arrêter
pendant qu'il en est encore
temps. Il n'y a qu'un moyen,
c'est de se montrer ferme, de
lui parler avec la dernière
brutalité, si nécessaire. Il ne
faut pas accepter le dépècement
de la Tchécoslovaquie et bien lui

faire comprendre que s'il tente de par-
otre et prétend régler la question
par la force, il se heurtera à la résis-
- tance armée de la France et de l'An-
- gleterre. J'ai fait la même dé-
- marche auprès des Anglais, a-
nous ajouté. Je leur ai dit : En-
- voyez à Berlin l'homme le p
capable de tenir le langage éner-
- gique qui s'impose, de faire sentir
à Hitler ce que peut être la révo-
- lution britannique. Envoy
Churchill! . C'est la dernière
occasion. Si on ne le stoppe p
maintenant, Hitler va précipi
ses coups d'audace et ce sera la
guerre mondiale!! Rentrés à

l'Ambassade, nous avons convenu,
Dayet et moi, que ce serait lui
qu'acheminerait une lettre personnelle
à Léger, pour lui rendre compte de
ce que vous nous avez déclaré.
Le message partit dans les jours sui-
- vants par la valise, sous la si-
- gnature de Dayet. J'ajoute qu'il
se terminait par un mot de mon
collègue, observant que l'opinion
personnelle qu'il avait pu se faire
de vous, l'amenait à souligner que
vos propos méritaient, à son avis,
la plus sérieuse considération.
Cette lettre a dû parvenir à son
destinataire. Mais je n'en ai pas

en confirmation, et j'ignore d'autre part, si elle pourrait être retrouvée soit dans les Archives du Quai d'Orsay soit dans les papiers per-sonnels de Léger.

Mettez moi aux pieds de Lise J'arrête hier Touché de la petite ligne de souvenirs qu'elle vous avant cha-gé de me rappeler! Nous espérons Myrann et moi vous voir une fois ensemble. Vous savez que notre adresse champêtre est Manoir de Coët-couvran, Yvignac 22350 Caulnes, Côtes du Nord. Paris est à 400 km dont 200 par l'autoroute de Le Mans. Votre chambre vous y attend. Que cela ne vous empêche pas, bien entendu, de nous faire signe si vous passez, individuellement ou en groupe, par Laris! Bien cordialement

Colette Jumial

nicht zulassen. Man muß ihm unzweideutig zu verstehen geben, daß er auf den bewaffneten Widerstand Frankreichs und Englands stoßen wird, wenn er zu weit geht und versucht, die Frage mit Gewalt zu lösen. Ich habe dieselbe Demarche bei den Engländern unternommen, fügten Sie hinzu. Ich habe ihnen gesagt: schicken Sie den Mann nach Berlin, der am besten befähigt ist, die energische Sprache zu führen, die erforderlich ist, und der Hitler die britische Entschlossenheit deutlich machen kann. Schicken Sie Churchill. Es ist die letzte Gelegenheit. Wenn man Hitler jetzt nicht aufhält, werden sich seine waghalsigen Unternehmungen überstürzen, und das bedeutet den Weltkrieg.

In die Botschaft zurückgekehrt, beschlossen Dayet und ich, einen privaten Brief an Léger zu schreiben und ihm zu berichten, was Sie uns soeben erzählt hatten. Dieser von Dayet unterzeichnete Brief ging am nächsten Tage mit Kurier ab. Am Ende des Schreibens schrieb Dayet, er habe eine hohe Meinung von Ihnen und daß er aus diesem Grund betone, daß Ihre Argumente nach seiner Meinung höchste Aufmerksamkeit verdienten. Dieser Brief muß Léger erreicht haben, aber ich habe keine Bestätigung dafür.«

Der an Alexis Léger (Saint-John Perse) gerichtete Brief konnte nach dem Krieg nicht aufgefunden werden, wahrscheinlich, weil die Akten Légers am Vorabend der deutschen Besetzung von Paris zum größten Teil vernichtet wurden.

Ebenfalls nach dem Krieg erfuhr ich von Dayet, daß er über unsere Unterhaltung am 30. August 1938 telegrafisch nach Paris berichtet hatte. Der Text ist kurz und war sehr vorsichtig abgefaßt:

»Wie ich von einer bestens informierten, vertrauenswürdigen Persönlichkeit erfahren habe, bestehen zwischen gewissen hochgestellten Persönlichkeiten der deutschen Diplomatie einerseits und den nationalsozialistischen Führern andererseits sehr verschiedene Auffassungen über die mögliche Haltung Frankreichs im Falle einer bewaffneten Intervention Deutschlands in der Tschechoslowakei. Die Chefs der Nazipartei unterschätzten trotz der entgegengesetzten Auffassungen der Vertreter der Wilhelmstraße weiterhin die Bedeutung der ihnen von uns gegebenen Warnungen. Sie seien vor allem davon überzeugt, daß Frankreich sich seinen Verpflichtungen entziehen würde, wenn Deutschland eine tschechoslowakische Provokation zum Vorwand nehmen würde, um in die Tschechoslowakei einzumarschieren.

Mein Gesprächspartner glaubte, daß ausschließlich direkte und förmliche Warnungen, die von Seiten verantwortlicher französischer und britischer Staatsmänner ausgehen müßten, die Unklarheit beseitigen und die Führer der Nationalsozialisten dahin bringen könnten, ihre Auffassungen über die schweren Gefahren einer militärischen Aktion gegen die Tschechoslowakei zu revidieren.«

Das Telegramm war nach dem Krieg zunächst unauffindbar, da mein Name im Text nicht erscheint. Dayet fand es später in den Archiven und schickte mir eine Abschrift. Léger hatte das Telegramm nicht nur an die russische Abteilung sondern auch an die anderen Abteilungen des Quai d'Orsay weitergegeben. Es gibt aber keinen Hinweis darauf, daß meine Mitteilungen einen praktischen Erfolg hatten.

Schon als ich mich entschloß, mit meinen englischen und französischen Kollegen zu sprechen, bewegte mich die Frage, was geschehen würde, wenn meine Warnungen ungehört blieben. Die verhängnisvolle Folge einer Politik des Nachgebens mußte letzten Endes ein Krieg sein, der von Hitler gegen ganz Europa angezettelt würde. Ich hatte keinen Zweifel, daß diese unvorstellbare Katastrophe täglich nicht nur denkbar, sondern auch wahrscheinlicher wurde. Ich mußte mich damit zufrieden geben, meinerseits alles getan zu haben, was mir als Legationssekretär möglich war.

Tagelang zerbrach ich mir den Kopf darüber, was ich noch hätte tun können. Endlich, am 29. August, kam mir die Erleuchtung. In einem Bericht an das Auswärtige Amt warnte ich die Führung vor einem wahrscheinlichen militärischen Eingreifen der Franzosen und Engländer im Fall eines deutschen Angriffs auf die Tschechoslowakei. Ich hatte keinerlei handfeste Beweise für eine solche Reaktion. Weder Maclean noch Juniac hatten auch nur eine Andeutung in dieser Richtung gemacht. Wenn ich nun über eine solche Gefahr berichtete, so schlug ich zwei Fliegen mit einer Klappe. Ich konnte die Naziführung auf die Folgen ihres Handelns aufmerksam machen, und ich konnte meine gefährlichen Indiskretionen an meine englischen und französischen Freunde decken. So wurde am 29. August folgende Aufzeichnung[5] nach Berlin gesandt:

»Am Sonntag, den 28. 8. 38, sprachen mich die Vertreter von Reuter und Havas auf die in der Sowjetpresse erschienene Prager TASS-Meldung an, wonach die deutschen Vertreter in London, Warschau, Bukarest, Belgrad und anderen Plätzen in amtlichem Auftrage erklärt hätten, daß Deutschland im Falle einer weiteren Verzögerung in der Lösung des sudetendeutschen Problems aktive Maßnahmen ergreifen müsse. Sie frugen mich, ob auch der Herr Botschafter Graf von der Schulenburg eine solche Demarche gemacht habe. Ich verneinte dies und wies darauf hin, daß der Volkskommissar Litwinow gegenüber einem amerikanischen Journalisten ebenfalls ein Dementi abgegeben habe. Über die angeblichen Demarchen der deutschen Vertreter in einer Reihe anderer Hauptstädte sei mir nichts bekannt.

Ein ebenfalls anwesender französischer Legationssekretär erklärte mir später, daß der deutsche Gesandte in Bukarest nach ihren von der Rumänischen Regierung erhaltenen Informationen tatsächlich eine derartige Demarche gemacht habe. Er wolle mir ganz offen sagen, daß die Lage sehr ernst sei. Frankreich habe der Tschechoslowakei sein Wort gegeben und werde es halten. Es sei unzweifelhaft und unabänderlich, daß Frankreich im Falle eines deutsch-tschechoslowakischen Krieges sofort eingreifen werde. Ebenso sicher sei es, daß England an der Seite Frankreichs stehen werde. Auf meinen Einwand, daß Frankreich Deutschland doch im Falle einer tschechischen Provokation und eines daraus entstehenden Konfliktes nicht angreifen werde, erwiderte der französische Legationssekretär, das sei ein völlig nutzloses aber um so gefährlicheres ›jeu de mots‹. Es sei ausgeschlossen, daß die kleine Tschechoslowakei das große Deutschland überhaupt provozieren könne. Er wiederholte daraufhin nochmals, wir sollten uns keinerlei Illusionen hingeben, Frankreich werde der Tschechoslowakei im Falle eines Krieges *unter allen* Umständen zu Hilfe kommen. In Berlin könnten sich die maßgebenden Persönlichkeiten hierüber auch keine Illusionen machen, da der General Vuillemin vor etwa 10 Tagen Generalfeldmarschall Göring offen die obenerwähnte Haltung Frankreichs erklärt habe.

Ein englischer Legationssekretär, der bei früheren Gelegenheiten öfters betont hatte, daß Frankreich im Falle eines deutsch-tschechischen Krieges auf jeden Fall eingreifen und daß England ebenso unzweifelhaft folgen werde, äußerte sich wieder in demselben Sinne und fügte hinzu, daß die jüngsten Erklärungen Sir John Simons nicht anders aufgefaßt werden dürften. Wenn es zu einem Kriege zwischen Deutschland, Frankreich und England komme, so würden die Sowjets die einzigen Nutznießer sein. Die Sowjetunion würde sich im Kriegsfalle so wenig wie möglich exponieren. Auf meine Frage, ob für die Sowjets nicht die Möglichkeit bestände, durch Rumänien Truppen zu entsenden, erwiderte er, daß die Rumänische Regierung ihnen offiziell mitgeteilt habe, daß sie den Durchmarsch sowjetischer Truppen niemals zulassen würde.

Als ich im Verlaufe des Gespräches darauf hinwies, daß England doch nicht gegen uns Krieg führen werde, um 3½ Millionen Deutsche an der

Ausübung ihres Selbstbestimmungsrechts zu hindern, hielt er dem entgegen, daß die deutschen Forderungen in der tschechoslowakischen Frage leider niemals genau ausgesprochen worden seien. Wenn man uns ein Zugeständnis gemacht habe, verlangten wir immer wieder neue Zugeständnisse. Deutschland sei einer festen Aufstellung seiner Forderungen stets ausgewichen.

Der Ungarische Geschäftsträger frug mich, ob der Herr Botschafter Graf Schulenburg bei Litwinow eine Demarche in der tschechoslowakischen Frage gemacht habe. Er habe eine dementsprechende Anfrage aus Budapest erhalten. Ich verneinte dies.«

Moskau, den 29. August 1938

gez. von Herwarth.

Den gleichen Zweck verfolgte ein zweites Memorandum[6], das ich am 31. August Schulenburg übergab, in dem ich ein Gespräch mit dem französischen Geschäftsträger, Jean Payart, wiedergab. Wieder webte ich aus einigen beiläufigen Bemerkungen meines französischen Gesprächspartners ein Gespinst, das in Berlin den Eindruck erwecken mußte, daß Frankreich einem deutschen Angriff auf die Tschechoslowakei mit großer Entschiedenheit begegnen würde. Die Wahrscheinlichkeit, daß Frankreich eingreifen würde, entsprang mehr meiner literarischen Phantasie als den Worten Payarts:

Moskau, den 31. August 1938

»Der französische Geschäftsträger sprach mich am 30. August abends auf die tschechoslowakische Frage an. Ich benutzte die Gelegenheit, um unter Bezugnahme auf mein vor einigen Tagen über dasselbe Thema mit einem anderen Mitglied der Französischen Botschaft geführtes Gespräch die Gerüchte und Nachrichten, wonach die Reichsregierung vor allem in Bukarest und Belgrad Demarchen in der tschechoslowakischen Frage unternommen habe, zu dementieren. Der französische Geschäftsträger nahm mit sichtlicher Befriedigung hiervon Kenntnis und meinte, daß es sich in Wirklichkeit nur um Gespräche gehandelt habe, die die deutschen Vertreter sehr natürlicherweise mit verschiedenen Außenministerien geführt hätten. Das Volkskommissariat für Auswärtige Angelegenheiten habe ihn über die Unterhaltungen zwischen Botschafter Graf von der Schulenburg und Volkskommissar Litwinow loyal unterrichtet. Aus dem ihm gegebenen Resumee sei deutlich hervorgegangen, daß Graf von der Schulenburg nach seiner Rückkehr aus Deutschland Litwinow und Potemkin aufgesucht und bei dieser Gelegenheit alle aktuellen Probleme durchgesprochen habe. Ich habe dies meinerseits bestätigt und darauf hingewiesen, daß Litwinow einem amerikanischen Journalisten gegenüber ausdrücklich dementiert habe, daß der Herr Botschafter im Auftrag der Reichsregierung irgendwelche Schritte in der sudetendeutschen Frage bei ihm unternommen habe.

Herr Payart unterstrich, daß Frankreich mit der Tschechoslowakei einen Vertrag habe. Es sei zwecklos, zu diskutieren, ob dieser Vertrag gut oder schlecht sei. Er bestehe und Frankreich müsse sein Wort halten, weil es sonst aufhören würde, eine Großmacht zu sein. Die lachenden Dritten im Konfliktsfall würden die Sowjets sein. Mangels einer gemeinsamen Grenze seien sie in der Lage, sich wenig zu exponieren. Soweit dies möglich sein würde, würden sie den Tschechen nach Kräften helfen und zwar durch Lieferung von Kriegsmaterial, vor allem von Flugzeugen, und durch Entsendung von technischem Personal. Luftangriffe auf Ostpreußen seien nicht ausgeschlossen. Eine Bombardierung von Berlin durch die Sowjets erscheine ihm unwahrscheinlich, da in einem solchen Falle der Verlust an Flugzeugen zu groß sein würde.

Auf meine Bemerkung, daß die Sowjets einen Luftangriff auf Königsberg ohne Überfliegen neutralen Territoriums ausführen könnten, meinte er, die Sowjets würden sich nicht genieren, neutrale Länder zu überfliegen.

In diesem Zusammenhang möchte ich erwähnen, daß ein Mitglied der hiesigen italienischen Botschaft mir erzählte, daß vor einiger Zeit 40 sowjetische Flugzeuge in großer Höhe über polnisches Gebiet nach der Tschechoslowakei geflogen seien. Dies sei ihm aus absolut sicherer Quelle gemeldet worden. Die Polen hätten den Überflug der sowjetischen Flugzeuge zu spät bemerkt, um praktische Gegenmaßnahmen zu ergreifen.«

gez. Herwarth

Nach kurzer Zeit konnte ich feststellen, daß Theo Kordts Bemühungen, die ich auf meine Weise unterstützt hatte, umsonst gewesen waren. Neville Chamberlain besuchte Hitler in Bad Godesberg, anschließend kamen Chamberlain und Edouard Daladier nach München. Durch das Münchner Abkommen erhielt Hitler das Sudetenland und war wahrscheinlich enttäuscht, nicht die ganze Tschechoslowakei vereinnahmen zu können. Daladier und Chamberlain waren ehrlich überzeugt, den Frieden erhalten zu haben. Das deutsche Volk dachte ebenso und feierte Chamberlain als den Bewahrer des Friedens. Auch glaubte es Hitlers Erklärung, daß es keinen Zweiten Weltkrieg geben werde. Daß Theo Kordts Bemühungen in London fehlschlugen, war wohl auch darauf zurückzuführen, daß die Engländer die Existenz einer Widerstandsbewegung in Deutschland nicht wahrhaben wollten. Ich war zutiefst enttäuscht, daß unsere Bemühungen, auf die ich so große Hoffnungen gesetzt hatte, so kläglich scheiterten.

Ich verbarg meine Verzweiflung nicht vor meinen Freunden. Fitzroy Maclean schildert in seinem Buch »Escape to Adventure«[7] eine Unterhaltung in der belgischen Gesandtschaft, in der ich meinem Herzen Luft machte:

»Ich unterhielt mich mit Johnnie Herwarth von Bittenfeld, einem alten Freund, der in der Deutschen Botschaft die gleiche Stelle bekleidete wie ich. Als patriotischer Deutscher war er, wie ich glaube, ein starker und überzeugter Antinazi. Die Nachricht von München hatte ihn damals verzweifeln lassen. ›Hiernach‹, sagte er, ›wird der Führer glauben, daß er sich alles erlauben kann. Er wird sich irren, denn er versteht Ihre Mentalität nicht. Er erkennt nicht, daß es unabhängig von der Politik, die Ihre Regierung verfolgt, eine Grenze gibt, die Sie als Nation nicht gewillt sein werden, ihn überschreiten zu lassen. Diese Ihre letzte fatale Kapitulation wird ihn ermutigen, diese Grenze zu überschreiten; es wird die mäßigenden Elemente, die es in Deutschland noch gibt, in ihrer Wirkungsmöglichkeit schwächen; es wird den Krieg unvermeidlich machen, einen Krieg, der auf die Dauer zur Vernichtung Deutschlands führen wird.‹«

Maclean bemerkte nachdenklich, daß wir, wenn ich recht hätte, demnächst aufeinander schießen würden. Ich wußte, daß meine Prophezeiung in Erfüllung gehen würde und war darüber verzweifelt. Ich beruhigte ihn: »Wenn du in deutsche Gefangenschaft gerätst, werde ich dafür sorgen, daß du gelegentlich etwas Vernünftiges zu trinken bekommst, und ich hoffe, daß du das gleiche für mich tun wirst.«

Im Jahr 1944 waren Fitzroy Maclean Leiter des britischen und Charles Thayer des amerikanischen Verbindungsstabes bei Tito. Damit fielen sie unter den »Nacht und Nebel«-Erlaß, nachdem alliierte Soldaten und Offiziere, die in von Deutschland besetzten Gebieten gefangengenommen wurden, auf der Stelle zu erschießen seien. Als Köstring, nunmehr General der Freiwilligenverbände, und ich, sein Adjutant, die deutschen Kosakendivisionen in Jugoslawien besuchten, erließ Köstring einen Befehl für den Fall von Charlies oder Fitzroys Gefangennahme. Köstring sollte sofort unterrichtet werden und die Gefangenen seien besonders gut zu behandeln. Ein Exemplar dieses Befehls, der an alle Kosakeneinheiten gerichtet war, fiel in die Hände der Partisanen. In seinem Buch »Hallo, Genosse General«[8] berichtet Charles Thayer darüber:

»Als wir uns in Belgrad befanden, hatte Tito Maclean und mir einst erzählt, es seien deutsche Befehle aufgefunden worden, daß die Leiter der alliierten Militärmissionen bei Tito gegebenenfalls sofort als Spione erschossen werden sollten. Wir waren beide hocherfreut über diese Anerkennung und brüsteten uns stolz damit. Ein paar Wochen später unterrichtete uns Tito, seinen Partisanen sei ein Deckblatt zu jenem Befehl in die Hände gefallen. Trotz allem sollten Maclean und ich nicht erschossen werden. Wir sollten im Gegenteil als bevorzugte Kriegsgefangene behandelt und dem Generalstab des Heeres vorgeführt werden.

›Was‹, fragte Tito, ›hat das zu bedeuten?‹

Maclean sah mich an, ich Maclean. Wir waren beide etwas bedrückt. Dann hatte Maclean einen Geistesblitz.

›Johnnie wird in der Gegend sein.‹

›Wer ist Johnnie?‹ fragte Tito, und wir setzten ihm auseinander, daß es ein gemeinsamer Freund von uns beiden sei, leider auf der anderen Seite der Front. Tito war beruhigt, und wir vergaßen die Geschichte bald, um so mehr als die Chance, in deutsche Kriegsgefangenschaft zu geraten, immer geringer wurde.«

Lange nach dem Krieg, als ich Botschafter in London war, wurde dieser Verdacht Macleans bestätigt. Wir sprachen von alten Zeiten, und ich erinnerte ihn an unser Gespräch in Moskau.

Ich füllte sein Glas mit dem Whisky, den er mir in Moskau empfohlen hatte, und fragte ihn, warum er nie den Drink abgeholt habe, den ich den ganzen Krieg hindurch für ihn bereit gehalten hatte. Lachend meinte er, seine Vermutung sei also doch richtig gewesen.

Mit der Eingliederung der Tschechoslowakei ins Deutsche Reich im März 1939 kam die Anweisung, die tschechoslowakische Gesandtschaft in Moskau zu übernehmen, so wie wir die österreichische bereits eingegliedert hatten. Mit Ausnahme des Gesandten Fierlinger waren die tschechischen Diplomaten bereit, in unserer Botschaft weiterzuarbeiten. In seiner ritterlichen Art sorgte Schulenburg dafür, daß ihnen dieser schwere Schritt so leicht wie möglich gemacht wurde. Sie wurden entsprechend ihrem alten Rang in die Botschaft eingegliedert, und weiter auf der Diplomatenliste geführt. Es sollte sich bald herausstellen, daß Schulenburgs Verhalten nicht den Vorstellungen der Nazis entsprach. Nach kurzer Zeit wurden unsere tschechischen Mitarbeiter in die Tschechoslowakei zurückgeschickt, einem ungewissen Schicksal entgegen.

General Köstring war ebenso wie wir um das Schicksal seiner Kollegen besorgt. Als der tschechoslowakische Militärattaché, Oberst Frantisek Dastich, in seine Heimat zurückkehren mußte, gab ihm Köstring ein Abschiedsessen und überreichte ihm einige Flaschen guten deutschen Weins mit der Bitte, sich an uns zu erinnern, wenn er sie trinken würde. Als ich 1946 in der Bayerischen Staatskanzlei arbeitete, rief mich der tschechische Generalkonsul Ernest Steiner an. Der Chef der tschechischen Militärmission, der bei ihm zu Gast sei, wolle Köstring sprechen, der in der Nähe von München auf dem Land lebte. Zunächst konnte ich mir diesen Wunsch nicht erklären und befürchtete Schlimmes. Als ich fragte, wer denn der Chef der Militärmission sei, war ich beruhigt und begeistert. Es war unser alter Freund Dastich. Köstring wurde mit seiner Frau, einer Sudetendeutschen aus Reichenberg, von den Tschechen im Auto abgeholt. Am Eingang des Hauses stand Dastich in Uniform, salutierte vor Köstring und bat ihn, ihn umarmen zu dürfen. Während des Essens, an dem ich auch teilnahm, dankte Dastich Köstring in bewegten Worten für sein Mitgefühl in der dunkelsten Stunde der tschechischen Geschichte. Den Wein habe er am Schluß des Krieges in dankbarer Erinnerung an Köstring getrunken.

# Memel 1938 bis 1939

Die Nachricht von der Reichskristallnacht am 9. November 1938 erfüllte mich mit Scham und ohmächtiger Wut. Viele jüdische Geschäftsleute, Ärzte und Rechtsanwälte, zu denen ich persönliche Beziehungen hatte, wurden Opfer dieses verbrecherischen Ausbruchs von Rassenwahn. Angehörige des in Potsdam liegenden Infanterieregiments 9, die in dieser Nacht in Berlin auf Urlaub waren, versuchten vergeblich die Plünderungen zu verhindern, ein Beispiel, daß die Untaten der SA nicht von allen Teilen der Bevölkerung gutgeheißen wurden. Die scheußlichen Vorgänge erinnerten mich in fataler Weise an die Pogrome gegen Juden und Deutsche im zaristischen Rußland, die von der Polizei geduldet wurden.

Meine düsteren Vorahnungen und meine Verzweiflung, die ich nach München schon empfunden hatte, wurden nur noch verstärkt. Mehr denn je fühlte ich die Verpflichtung, mich diesem System zu widersetzen.

Ende 1938 wurde ich zu meinem größten Erstaunen an das Generalkonsulat Memel abgeordnet. Diese Entscheidung der Personalabteilung beunruhigte mich aus verschiedenen Gründen. Ich zeigte Schulenburg das Telegramm und schüttete ihm mein Herz aus. Ich wußte nichts von den Problemen, die in Memel auf mich zukommen sollten. Nur von Gebhardt Walther, der in Memel gewesen war, erfuhr ich, daß der Posten problematisch und der Generalkonsul Reinhold von Saucken ein eher schwieriger Vorgesetzter war.

Nach der Sudetenkrise stand das Memelgebiet, das durch den Versailler Vertrag vom Deutschen Reich abgetrennt und 1923 von Litauen annektiert worden war, im Mittelpunkt der deutschen Politik. Es war abzusehen, daß Hitler versuchen würde, das Memelgebiet für Deutschland zurückzugewinnen, da es seit Jahrhunderten zu Deutschland gehört hatte und fast ausschließlich von Deutschen besiedelt war. Im Gegensatz zu Moskau mischten sich die verschiedensten nationalsozialistischen

Parteistellen in das Geschehen im Memelgebiet ein, weil das General-konsulat eine politische Schaltstelle war.

Ich konnte die Personalabteilung nicht verstehen, daß sie ausgerech-net mich als »Nichtarier« für Memel ausersehen hatte. Während ich in Moskau mit dem Nationalsozialismus in so gut wie keine Berührung kam, und Schulenburg seine schützende Hand über mich hielt, lief ich in Memel Gefahr, der Partei aufzufallen. Schulenburg beruhigte mich väterlich und sprach mir Mut zu. Ich sei ja nur abgeordnet, und wenn ich Schwierigkeiten in Memel haben sollte, würde er mich zurückholen. Er meinte, die Personalabteilung hätte wahrscheinlich überhaupt nicht daran gedacht, daß ich »Nichtarier« sei, und die Wahl sei wahrschein-lich auf mich gefallen, weil er mich immer so gelobt habe. Er werde mir ein Empfehlungsschreiben an Saucken mitgeben.

Mit gemischten Gefühlen bestieg ich den Zug von Moskau nach Memel, wo mich mein alter guter Freund Ernst-Günther Mohr abholte, der Vizekonsul und Vertreter des Generalkonsuls war. Gleich bei der Ankunft sagte ich ihm, daß ich höchst ungern hierher gekommen sei und nur die Zusammenarbeit mit ihm ein Trost für mich sei. Nun kam die erste große Überraschung, als ich von Mohr erfuhr, daß er versetzt sei, und noch am gleichen Abend abfahren werde. Er lud mich gleich zu seiner Abschiedsparty ein. Als ich ihn fragte, wann ich mich bei Saucken melden sollte, kam die zweite Überraschung. Er war für einige Zeit abwesend. Zu meiner Verblüffung mußte ich nun das Generalkonsulat leiten, obwohl mir bei meiner Beförderung mitgeteilt worden war, daß ich nicht in leitender Stellung verwendet werden könnte. Ich bat Mohr, mich in den wenigen Stunden, die uns noch blieben, in meine Aufgaben einzuweisen und mir einige gute Ratschläge zu geben. Nun kam die dritte Überraschung. Mohr meinte, die einzig wichtige Information, die er mir geben könnte, sei die Kombination des Panzerschrankes, denn es hätten soeben Wahlen stattgefunden, die deutsche Partei habe einen überwältigenden Wahlsieg errungen und würde binnen kurzem ein neues Landesdirektorium, d. h. eine neue autonome Regierung bilden, und alles würde sich ändern. Er gab mir nur den Rat, meine Augen offen zu halten und wünschte mir viel Glück.

Auf der Party angelangt, beschloß ich, meine gedrückte Stimmung zu heben und trank meinen Whisky pur. Ich folgte Mohrs Rat, so viele Leute wie möglich an diesem Abend kennenzulernen, denn alles, was Rang und Namen hatte, war anwesend. So traf ich den Bürgermeister, den Herausgeber des »Memeler Dampfboots« und den Leiter der Handelskammer. Dank des Whiskys und der netten Memeler sah ich am Abend schon wieder unbeschwerter in die Zukunft. Wir schafften es gerade noch, Mohr rechtzeitig zu seinem Zug zu bringen, und dann ging ich, vom Whisky beschwingt, fröhlich in Begleitung von Karl Freiherr von Dreihann-Hollenia in das Hotel, in dem wir wohnten. Er war 1938 als Attaché aus dem österreichischen Dienst übernommen worden und wir waren uns von Anfang an sympathisch. Mein erster Eindruck, daß er bestimmt kein Nazi sein könnte, bestätigte sich bald. Als wir einigen Memeler Bürgern begegneten, die uns mit lautem »Heil Hitler« grüßten, eine Anrede, die ich von Moskau her nicht gewöhnt war, erwiderte ich ebenso laut: »Grüßt Euren Konsul gefälligst anständig, und schert Euch nach Hause!« Am nächsten Morgen hatte ich meinen Rausch ausgeschlafen und die Begegnung vergessen. Beim Frühstück erinnerte mich Dreihann wieder daran, und meinte, daß ich spätestens am gleichen Abend meinen Posten los sein würde.

Nichts dergleichen geschah. Ich wurde überall besonders herzlich aufgenommen, und ich fragte mich, welchen Schutzengel ich diesmal gehabt hatte. Dann traf ich einige der Herren, denen ich am ersten Abend auf dem Heimweg begegnet war. Sie sagten mir lachend, ich hätte ihnen von Anfang an gefallen, als ich auf Mohrs Empfang den Whisky pur getrunken hatte, und der gute Eindruck hätte sich noch verstärkt, als ich sie wie alte Bekannte auf dem Heimweg begrüßt hatte.

Als Saucken nach Memel zurückkam, erleichterte mir Schulenburgs Empfehlungsschreiben den Anfang. Ich wußte, daß es nicht leicht war, Sauckens Vertrauen zu gewinnen, da er Mitarbeitern gegenüber sehr zurückhaltend war, es gelang mir aber nach kurzer Zeit, gut mit ihm auszukommen. Ich bemühte mich, schon aus eigenem Interesse, in seinem Schatten zu bleiben und, auch wenn er abwesend war, in keiner Weise in den Vordergrund zu treten. Das weitaus größere Problem war es, daß alle Mitarbeiter des Generalkonsulats Parteimitglieder waren, einige davon militante Nationalsozialisten. Der Vertrauensmann der Auslandsorganisation für das Memelgebiet war ein Konsulatssekretär. Mohr und Dreihann hatten mich darauf aufmerksam gemacht, daß Saucken seinen Mitarbeitern gegenüber ängstlich war. Ich beschloß, den Stier bei den Hörnern zu packen. Am ersten Tag bat ich die Mitarbeiter zu mir, und nach einigen freundlichen Begrüßungsworten gab ich ihnen unmißverständlich zu verstehen, daß ich im Hinblick auf die exponierte Lage Memels absoluten Gehorsam und Loyalität erwartete, wie ich es in der preußischen Armee gelernt hatte. Ich war überzeugt, daß dies für mich, Nichtmitglied der Partei, der einzige Weg war, mir Autorität zu verschaffen. Dieser militärische Anfang erwies sich als richtig. Im Gegensatz zu Saucken hatte ich schnell einen guten und kameradschaftlichen Kontakt mit den Mitarbeitern und entgegen meinen Befürchtungen hat keiner je versucht, mir Schwierigkeiten zu machen.

Memel selbst war voller Überraschungen. Es war eine Hafenstadt am Kurischen Haff, inmitten einer unberührten Landschaft. Die eigentliche Schönheit Memels lag in der Umgebung, in der man stundenlang spazierengehen und baden konnte. Es gab wenig Menschen und viel Wild, die Elche kamen ohne Angst an den Strand und ließen sich auch durch Spaziergänger und Badende nicht stören.

Die Bewohner des Memellandes besaßen gleich typischen Ostpreußen einen bedächtigen, gutmütigen und gutgläubigen Charakter. Wie alle Deutschen, die außerhalb der Reichsgrenzen lebten, hatten sie nur ungenaue Vorstellungen vom Nationalsozialismus. Sie erhofften von Hitler, daß er sie von der litauischen Herrschaft befreien werde. Die Memeler waren intelligent und hatten gesunden Menschenverstand. Das Bürgertum dachte im Gegensatz zu seinem ultrakonservativen Ruf eher liberal; diese Haltung traf man auch bei vielen Ostpreußen an. Der Herausgeber des »Memeler Dampfbootes«, Martin Kakies, war ein typischer Vertreter dieses Bürgertums, seine Zeitung genoß weit über die Grenzen Memels hinaus einen guten Ruf.

In der kurzen Zeit meines Memeler Aufenthalts, gab es so gut wie keine Zwischenfälle. Die Bevölkerung war besonnen und im Gegensatz zu Österreich und dem Sudetengebiet verhielt sie sich ruhig. Die neuen Führer der Deutschen in Memel waren zurückhaltend und lehnten jede Anwendung von Gewalt ab. Manchmal war ich besorgt, daß die stillen Memelländer in Berlin vergessen werden würden.

Die Schwierigkeiten kamen von außen. Zunächst fürchtete ich, daß die Gestapoleitstelle in Tilsit, die für das Memelgebiet zuständig war, der Hauptstörenfried sein würde. Schon Mohr hatte mir angeraten, mit dem Leiter der Dienststelle, Heinz Graefe, guten Kontakt zu halten. Wie gut dieser Rat war, merkte ich bei meinem ersten Zusammentreffen mit Graefe. Zu meinem Erstaunen fand ich in ihm einen Verbündeten im Kampf gegen den Gauleiter und Oberpräsidenten von Ostpreußen, Erich Koch, der in Königsberg residierte, und immer wieder versuchte, sich in das Memelgebiet und die Tätigkeit des Generalkonsulats einzumischen. Auf sich allein gestellt, wäre das Generalkonsulat gegenüber Koch ohnmächtig gewesen. Graefe war immer wieder bereit, Koch entgegenzutreten. Bei der Rückgliederung des Memelgebietes bat ich Graefe, dafür zu sorgen, daß dort Ausschreitungen gegen Juden verhindert würden, die von Koch zu erwarten seien. In der kurzen Zeit, die ich noch in Memel verbrachte, hielt Graefe sein Versprechen.

Ich hatte erwartet, daß der litauische Gouverneur Gailius mich kühl, wenn nicht sogar abweisend, empfangen würde. Es stellte sich jedoch heraus, daß er mir gegenüber besonders angenehm und freundlich war. Er sprach fließend Deutsch, und ich glaube mich zu erinnern, daß er als preußischer Leutnant im Ersten Weltkrieg beim Sturm auf Kowno verwundet worden war. Unsere persönlichen Beziehungen waren gut. Um dem Gespräch eine freundliche Wendung zu geben, erzählte ich ihm, daß ich seit langem in Moskau, und ein Bewunderer des litauischen Gesandten Baltrušaites sei, der in Moskau nicht nur als Diplomat, sondern auch als Schriftsteller großes Ansehen genieße. Mit dem litauischen Gesandtschaftsrat Rabinavičius sei ich gut befreundet. Ich hätte zunächst die Absicht, mir ein Bild vom Memelgebiet zu machen, das ich überhaupt nicht kenne. Auf seine Frage, wie lange ich in Memel bleiben würde, erwiderte ich ganz ohne Hintergedanken: »Hoffentlich nicht länger als bis zum 1. April 1939.« Er war offensichtlich betroffen, da er annehmen mußte, daß meine Abreise mit der Wiedereingliederung Memels in das Deutsche Reich zusammenfallen mußte. Er konnte nicht wissen, daß ich nur ein persönliches Interesse daran hatte, möglichst schnell nach Moskau zurückzukehren. Erst später wurde mir klar, was ich angerichtet hatte. Leider habe ich nie Gelegenheit gehabt, mich für meine ungewollte Taktlosigkeit zu entschuldigen, denn schon am 23. März 1939 wurde das Memelgebiet wieder deutsch.

Da die Westmächte bei der Besetzung der Tschechoslowakei, die nicht von Deutschen bewohnt war, tatenlos zugesehen hatten, war es nur selbstverständlich, daß sie bei der Wiedereingliederung des Memelgebietes auch nichts unternahmen.

An einem strahlenden Frühlingstag, dem Geburtstag Kaiser Wilhelms I., marschierten das ostpreußische Infanterieregiment 1 aus Königsberg und die Radfahrabteilung aus Tilsit in Memel ein. Besonders freudig wurde der Bernhardiner bejubelt, der die große Trommel der Regimentskapelle zog. Gleichzeitig lief ein Zerstörergeschwader in den Hafen von Memel ein. Hitler stand auf der Kommandobrücke eines Zerstörers und schritt dann langsam an Land. Vielleicht hatte er sich an Lohengrin und dem Schwan inspiriert, es war auf jeden Fall ein gut inszeniertes und eindrucksvolles Spektakel.

Ich erwartete nun eine seiner üblichen demagogischen Reden, wie ich sie aus Nürnberg kannte. Statt dessen war Hitler sichtlich gemäßigt im Ausdruck und in seinen Bewegungen, ein Beweis für seine Gabe, sich auf seine Zuhörer einzustellen. Er wußte, daß er es mit Ostpreußen zu tun hatte, die ihrer Natur nach nicht zu überschwenglichen Gefühlsausbrüchen neigen, und denen die nationalsozialistische Rhetorik noch nicht bekannt war. Er traf genau den richtigen Ton, als er den Memelländern für ihre Geduld und Treue dankte und sich auf wenige allgemeine Bemerkungen beschränkte.

In vierundzwanzig Stunden war alles vorbei. Es blieb mir nur die Aufgabe, das Konsulat aufzulösen. Ich brauchte mir keine Vorwürfe zu machen, denn die Übernahme entsprach dem Willen der Bevölkerung. Ich ahnte aber, daß die Bevölkerung des Memelgebietes und vor allem ihre Führer nach kurzer Zeit ihre Illusionen verlieren, und daß sie erkennen würden, daß das Leben im Dritten Reich sehr viel weniger angenehm war, als sie es sich vorgestellt hatten. Schon vor dem Anschluß hatte ich den Führer der Deutschen, Ernst Neumann, darauf hingewiesen, daß ihm eine Enttäuschung bevorstehe. Deutschland habe sich unter den Nazis so geändert, daß er es nicht wiedererkennen werde. Er solle mir also keine Vorwürfe machen, ich hätte ihn nicht rechtzeitig gewarnt. Als ich Memel endgültig verließ, begleiteten mich viele meiner Memeler Freunde an den Zug, an ihrer Spitze Ernst Neumann. Wenige Minuten vor der Abfahrt erinnerte er mich an unser Gespräch und sagte in seiner ruhigen, ostpreußischen Art, ich hätte recht gehabt... Neumann fiel für das Vaterland, in das er Memel zurückgeführt hatte.

# Der deutsch-sowjetische Nichtangriffspakt 1939

Schon im Dezember 1938 hatte Schulenburg die Personalabteilung gebeten, mich so bald wie möglich nach Moskau zurückzuschicken. In seiner Eigenschaft als Doyen könne er mich nur schwer entbehren, weil sich die Sowjets immer wieder neue Schikanen gegen das Diplomatische Korps ausdachten.

Als das Ende meiner Memeler Abordnung abzusehen war, erwog das Auswärtige Amt, mich nach Bukarest zu versetzen. Ich hielt überhaupt nichts von diesem Plan, da ich wußte, daß ich in Memel mehr Glück als Verstand gehabt hatte, und ich nicht damit rechnen konnte, daß mir dieses Glück in Bukarest treu bleiben würde. Ich wollte das Schicksal nicht herausfordern, und bat Schulenburg wieder einmal, mir zu helfen. Er erinnerte in Berlin an seinen Brief, in dem er um meine Rückversetzung gebeten hatte. Die Personalabteilung war zwar erstaunt, daß ich nicht froh war, von Moskau wegzukommen, ließ mich aber in meinen sicheren Hafen zurückkehren. Auf der Rückfahrt von Memel nach Moskau Ende März 1939 fuhr ich zuerst nach Berlin, um dort Graf Schulenburg zu treffen, der im Begriff war, nach Teheran abzureisen.

Er war Leiter der deutschen Delegation, die an den Festlichkeiten anläßlich der Heirat des damaligen Kronprinzen Reza Pahlevi mit der wunderschönen Schwester des ägyptischen Königs Faruk teilnehmen sollte. Die Mitglieder der Delegation waren bereits bestimmt, Schulenburg bot mir aber trotzdem an, mich als inoffiziellen Teilnehmer mitzunehmen, da dies nach Memel eine schöne Abwechslung für mich sei. Auf Grund seiner guten Beziehungen zur Wehrmacht stellte man ihm für die Reise eine Junkers 52 und eine Heinkel für die Beförderung des Gepäcks zur Verfügung. Da die Reise über Land mindestens vierzehn Tage gedauert hätte, hatte Schulenburg einen genialen Einfall. Er beschloß, die durch den Flug eingesparten vierzehn Tage zu nützen, und bei den Zwischenlandungen ausgiebige Besichtigungen vorzunehmen.

Auf dieser Reise hatte Schulenburg die Gelegenheit, seine allerbesten Seiten zu zeigen. Er kannte nicht nur die Länder und ihre Geschichte, sondern er steckte auch voller Anekdoten, die die Sehenswürdigkeiten lebendig werden ließen. Unser erster Aufenthalt war Belgrad, dann ging es nach Athen. Wir fuhren zur Bucht von Salamis, wo uns Schulenburg die Schlacht schilderte, als wäre er dabei gewesen. Dann ging es nach Rhodos, und weiter nach Beirut. Der Flug über die griechische Inselwelt war ein einmaliges Erlebnis, da man damals niedrig und langsam flog. Von Beirut wurden Ausflüge nach Baalbek und Damaskus unternommen, weil Schulenburg die alten Stätten wiedersehen wollte, wo er im Krieg gewesen war. Bei diesen Besuchen merkten wir, wie bekannt Schulenburg in dieser Gegend war. Die Nachricht von seiner Ankunft breitete sich mit Windeseile im Vorderen Orient aus, und in jeder Stadt warteten schon alte Freunde und Antiquitätenhändler auf ihn. Nach Bagdad erreichten wir Teheran pünktlich zur Hochzeit.

Der Schah hatte die eingeladenen Nationen gebeten, orientalischen Sitten entsprechend militärische Einheiten zu entsenden, die an einer festlichen Parade der persischen Armee teilnehmen sollten. Als Hitler anbot, ein Geschwader der Luftwaffe zu entsenden, winkte der Schah höflich aber bestimmt ab. Da die anderen Großmächte nur kleinere repräsentative Einheiten angemeldet hatten, fürchtete er mit Recht, daß die Demonstration deutscher militärischer Macht im Vorderen Orient ihm nur Schwierigkeiten bringen würde. Hitler war beleidigt und lehnte ab, sich an der Parade zu beteiligen. Als Schulenburg noch Gesandter in Teheran war, hatte ihn der Schah als Freund und Kenner Persiens schätzen gelernt und ihn oft vertrauensvoll um Rat gefragt. So empfand er die Entsendung Schulenburgs als freundschaftliche Geste, und der militärische Zwischenfall war bald vergessen.

Wieder einmal bewährte sich Schulenburgs Voraussicht. Einer alten Tradition folgend, waren zwei Riesenvasen von der Preußischen Porzellanmanufaktur angefertigt worden, die bei einer harten Landung des Flugzeuges zerbrachen. Schulenburg hatte vorsichtshalber ein prächtiges Silbergeschenk anfertigen lassen, daß nun überreicht werden konnte.

Die offizielle Delegation wohnte in einer von der persischen Regierung zur Verfügung gestellten Villa, während ich beim Gesandten Hans Smend untergebracht wurde, der eine herrliche Residenz in den Bergen hatte. Nach den Hochzeitsfeierlichkeiten fand Schulenburg, man müsse die Gelegenheit nützen, um auch Isfahan, Persepolis und Schiraz zu besuchen. Die Piloten unserer Ju 52 waren begeistert, hatten aber gewisse Bedenken, da sie keine genauen Karten mit sich führten. Schulenburg beruhigte sie, er würde sich zu ihnen ins Cockpit setzen und ihnen bei der Navigation helfen. In Persepolis sei zwar im Gegensatz zu Isfahan kein Flugplatz, man könne aber gut in der Ebene vor dem Königspalast landen. Der Flug hätte auch mit den genauesten Landkarten nicht besser sein können. Selbst das Grabmahl des Cyrus fand Schulenburg auf Anhieb, und wir sahen es wenigstens aus der Luft.

In Persepolis empfing uns der Leiter der amerikanischen Archäologengruppe, Professor Schmidt, ein gebürtiger Deutscher, und begrüßte Schulenburg als alten Freund und Amateurarchäologen. Graf Schulenburg wurde standesgemäß im Haremspalast des Darius untergebracht, für seine Begleiter waren englische Armeezelte vor der großen Freitreppe des Darius aufgeschlagen. Ich teilte das Zelt mit meinem Jahrgangskollegen Werner von Holleben. Wir saßen noch lange in der sternklaren, stillen Nacht und schauten auf die vom Mond erleuchteten Reliefs von Scharen gabenbringender Untertanen. Die friedliche Nacht stand im völligen Gegensatz zu den dunklen Wolken, die sich über Europa zusammenzogen. Ich hatte das Gefühl, diese Nacht sei der Abschied vom Frieden.

Seit dem Einmarsch in Prag lastete auf mir die Sorge, daß Hitler, ermuntert durch diesen Erfolg, versuchen würde die Frage von Danzig und dem Korridor¹ auf die gleiche Weise zu lösen. Der Druck auf Polen wurde immer fühlbarer. Ich war fest davon überzeugt, daß Großbritannien und Frankreich ihre Verpflichtungen aus dem Beistandspakt mit Polen einhalten würden. Das Gefühl der nahenden Katastrophe überschattete für uns alle die Hochzeitsfeierlichkeiten und ließ uns diese schönen Stunden bewußter erleben. Mit den Piloten unserer Flugzeuge unternahm ich einen Ausflug an das Kaspische Meer, die Abende in Teheran waren ausgefüllt mit Empfängen und Bällen, wir kosteten jede Minute des Friedens aus.

Dieses Märchen aus 1001 Nacht verflog, als Schulenburg in den ersten Maitagen 1939 zu Besprechungen mit Hitler und dem Auswärtigen Amt nach Berlin gerufen wurde. Die rauhe Wirklichkeit hatte uns eingeholt. Schulenburg flog nach Berlin und ich reiste mit seinem Diener und unserem ganzen Gepäck nach Moskau. Auf der langen Fahrt mit Auto, Schiff und Zug über das Kaspische Meer nach dem Kaukasus, hatte ich Zeit und Muße, die Vergangenheit und die Zukunft zu überdenken.

Ich hatte Moskau im Spätherbst 1938 verlassen, und in diesem halben Jahr hatte sich viel ereignet. In den deutsch-sowjetischen Beziehungen zeichnete sich eine unerwartete Wendung ab. Über diese Entwicklung ist viel geschrieben worden, so will ich nur die drei Ereignisse schildern, die mir damals als Meilensteine erschienen.

Kurz vor meiner Abfahrt nach Memel hatte Schulenburg Litwinow ein Gentleman's Agreement vorgeschlagen, mit dem Ziel, die persönlichen Angriffe gegen Hitler und Stalin in der deutschen und sowjetischen Presse einzustellen. Bisher war Schulenburg in regelmäßigen Abständen zu Litwinow gegangen, um sich über die Angriffe der sowjetischen Presse gegen Deutschland zu beschweren. Litwinow war immer gut vorbereitet und hielt Schulenburg einen ebenso großen Stapel deutscher Zeitungsausschnitte mit Angriffen gegen die Sowjetunion vor. Dies wurde schließlich so sehr Routine, daß beide Herren sich am Ende nur mehr die geschlossenen Mappen zeigten und einig waren, daß sie damit protestiert hatten, da sie das Spiel für lächerlich hielten.

Schulenburgs Vorschlag fand die Zustimmung von Hitler und Stalin, wohl weil beide Diktatoren fühlten, daß sie als höchste Repräsentanten ihres Landes nicht mehr beschimpft werden dürften. Damals kam uns das Abkommen nicht sonderlich wichtig vor, erst später erkannten wir darin einen ersten Meilenstein der sich anbahnenden Verständigung zwischen den beiden Ländern. Ein weiterer Meilenstein war die berühmte Rede Stalins vor dem XVIII. Parteikongreß im März 1939. Er deutete an, daß er nicht bereit sei, die Kastanien für Großbritannien und Frankreich aus dem Feuer zu holen. Diese Rede vor einem so wichtigen Gremium war ein Signal, daß er an besseren Beziehungen mit Deutschland interessiert sei. Er wies darauf hin, daß es keine offensichtlichen Gründe für einen Konflikt zwischen der Sowjetunion und Deutschland gäbe.

Der dritte Meilenstein wurde am 3. Mai gesetzt, als Litwinow als Außenkommissar abgelöst und durch Wjatscheslaw Molotow ersetzt wurde. Wir erkannten nicht sogleich, daß dies der entscheidende Wendepunkt und das Ende der Politik der kollektiven Sicherheit und des ungeteilten Friedens war, die Litwinow vertreten hatte. Ich hatte angenommen, daß Litwinow bereit gewesen wäre, bessere Beziehungen mit Deutschland anzubahnen, wenn Stalin ihm dies erlaubt hätte. Stalin war offensichtlich anderer Meinung. Litwinow hatte nie zum inneren Kreis des Kremls gehört, und im Gegensatz zu seinem Nachfolger Molotow war er auch nicht Mitglied des Politbüros. Vielleicht sah Stalin in dem Juden Litwinow auch einen Stein des Anstoßes, den er in einer Verbeugung vor der Naziideologie beseitigen wollte. Ohnehin war Litwinow einer der wenigen Juden, die der Säuberung noch nicht zum Opfer gefallen waren. Stalin hielt Molotow für geeigneter, mit den Deutschen zu verhandeln, und war offensichtlich bereit, alles zu tun, um nicht in einen Krieg mit Deutschland hineingezogen zu werden. Die Wendung, die sich hier abzeichnete, war eine Folge der Enttäuschung Stalins über die Westmächte. In München war die Sowjetunion trotz des sowjetisch-tschechischen Beistandspaktes nicht zugezogen worden. Die Besetzung der Tschechoslowakei hatte Stalin überzeugt, daß die Westmächte keine zuverlässigen Partner gegen Deutschland waren.

Wir waren uns einig, daß Molotow ein fleißiger Mann ohne herausragende Eigenschaften war, der Typ des braven Beamten, der zuverlässig und humorlos hinter einem großen Schreibtisch sitzt und Weisungen peinlich genau ausführt. Er gehörte nicht zu jenen, die durch ihren Charme wirken, aber er war ein ehrlicher Mann, der stets seine Meinung sagte, wo andere vielleicht geschwiegen hätten. In seinen späteren Verhandlungen mit Schulenburg verhehlte er nie, daß er Deutschland nach wie vor mißtraue. Diese Offenheit beeindruckte uns. Schulenburg merkte aber bald, daß Molotow niemals in eigener Verantwortung handelte. Selbst in unwichtigen Fragen holte er die Weisung von Stalin ein, so daß alle Verhandlungen mit Schulenburg sich endlos hinzogen, wenn Stalin nicht aktiv eingriff.

In diesem neuen Klima führte die Reichsregierung mit der Sowjetunion Verhandlungen über den Ausbau der wirtschaftlichen Beziehungen. Von deutscher Seite wurden die Verhandlungen von dem Gesandten Karl Schnurre geführt, der Landrichter gewesen war, bevor er gleichzeitig mit mir in den Auswärtigen Dienst eintrat. Man hätte für diese schwierige Aufgabe keinen besseren Mann wählen können. Er hatte sich bereits in vielen Wirtschaftsverhandlungen bewährt, und war überzeugt, daß die deutsch-sowjetischen Beziehungen so schnell wie möglich normalisiert werden müßten. Die Sowjets begrüßten unsere Initiative. Molotow zeigte sich aber zurückhaltend und vorsichtig. Immer wieder bestand er darauf, daß die Wirtschaftsgespräche nur dann erfolgreich abgeschlossen werden könnten, wenn vorher eine politische Grundlage geschaffen worden sei. Die Verhandlungen der Sowjets mit den Briten und Franzosen über ein gemeinsames Vorgehen zum Schutz Polens standen unmittelbar bevor.

Molotow wollte verhindern, daß die Wirtschaftsverhandlungen mit Deutschland der Verständigung mit den Westmächten im Wege stünden, bevor er nicht feste und bindende Zusagen von Deutschland in der Hand hatte. Er wollte sich keinesfalls zwischen zwei Stühle setzen, und den Spatz in der Hand mit der Taube auf dem Dach vertauschen. Da Molotow immer wieder auf die politische Verständigung drängte, sahen wir darin ein Zeichen dafür, daß Stalin so schnell wie möglich mit Deutschland zu einem Ausgleich kommen wollte. So war es kein Wunder, daß Schnurre mit seinen Verhandlungen gut vorwärts kam.

Die Sowjets taten zu dieser Zeit ihr Bestes, um die Besucher aus dem Westen zu beeindrucken. Eine Gelegenheit hierzu bot die große Landwirtschaftsausstellung 1939. Hier wurden die Errungenschaften der sowjetischen Landwirtschaft geschickt und eindrucksvoll dargestellt, obwohl sie in Wirklichkeit mehr als bescheiden waren. Die Straßen, die zur Ausstellung führten, wurden asphaltiert, die Häuser am Straßenrand neu gestrichen und die Zäune in Ordnung gebracht. Die Potemkinsche Tradition bewährte sich. Eine deutsche Delegation war sichtlich beeindruckt, und wir hatten Mühe ihre Begeisterung zu dämpfen.

Der sowjetische Verhandlungspartner meines Freundes Schnurre in Berlin war mein alter Bekannter, der sowjetische Geschäftsträger Astachow, mit dem ich 1935 in Tiflis, beide vom Alkohol beschwingt, Freundschaft geschlossen hatte. Das Auswärtige Amt erkannte bald, daß Astachow eine für einen Sowjetdiplomaten ungewöhnliche Person war, die eigene Auffassungen hatte und Initiative entwickelte. So bemühte er sich, auch in anderen Bereichen die früheren guten Beziehungen wieder aufleben zu lassen.

Was Astachow wahrscheinlich nicht erkannte, war die Beharrlichkeit, mit der Hitler sein Ziel verfolgte, Danzig und den polnischen Korridor zurückzugewinnen. Hier lag der wahre Grund dafür, daß Hitler sich so sehr um die Sowjetunion bemühte. Ich war mir der Gefährlichkeit der Lage bewußt, denn mir war klar, daß Hitlers Absichten gegenüber Polen unweigerlich zum Krieg führen mußten. Ich war überzeugt, daß Hitler mit seiner Annäherung an Stalin nur das Ziel verfolgte, sich für den Fall eines deutschen Angriffs auf Polen die sowjetische Neutralität zu sichern.

Dies war um so wichtiger, nachdem England am 31. März 1939 mit Polen einen Garantievertrag abgeschlossen hatte. Bis zur Unterzeichnung dieses Abkommens war Hitler überzeugt gewesen, daß die Briten sich gegenüber einer deutschen Invasion in Polen ähnlich verhalten würden wie nach dem Anschluß Österreichs und der Besetzung der Tschechoslowakei.

Es war eine traurige Ironie des Schicksals, daß der Garantievertrag Hitler veranlaßte, sein Verhältnis zur Sowjetunion ernsthaft zu überden-

ken. Ebenso wie der früher geschlossene französisch-polnische Beistandspakt war der britische Garantievertrag für sich allein genommen für
Hitler noch kein Grund zur Unruhe und zum Handeln. Kein deutscher
Diplomat, den ich kannte, glaubte, daß Hitler die britischen Garantien
gegenüber Polen wirklich ernst nahm, schon allein weil England wegen
seiner geographischen Lage gar nicht imstande war, selbst wenn es
gewollt hätte, Polen wirksam zu Hilfe zu kommen. Dabei hatten die
deutschen Botschafter in London und Paris, Dirksen und Graf Welczeck,
immer wieder gewarnt, daß Großbritannien und Frankreich ihren Ga-
rantieverpflichtungen gegenüber Polen nachkommen würden. Hitler hatte ihnen nicht geglaubt.

Was Hitler schließlich zum Handeln trieb, weil es ihn wirklich beunruhigte, waren die Verhandlungen, die Großbritannien und Frankreich mit
der Sowjetunion aufnahmen. Hitler befürchtete nun, im Falle eines
Angriffs auf Polen womöglich drei Großmächten gegenüberzustehen. Er
entschloß sich daher, unter allen Umständen zu einem Arrangement mit
Stalin zu kommen, selbst wenn ihn dies weitreichende Zugeständnisse
kosten würde, um Stalins Zustimmung zur Teilung Polens zu erreichen.
Letztlich war Stalin natürlich ebenso interessiert daran wie Hitler, dies
Geschäft zu machen.

Es war spannend zu beobachten, wie Hitler und Ribbentrop über
Schulenburg begannen, die Sowjets zu einem schnellen Abschluß der
Verhandlungen zu drängen. Der Angriff gegen Polen war für Ende
August geplant. Jeden Tag, fast stündlich, wurde Schulenburg von
Hitler und Ribbentrop zur Eile gemahnt. Schließlich bekam Schulen-
burg die Weisung, so bald wie möglich einen Termin für einen Besuch
Ribbentrops in Moskau auszuhandeln. Aus der Hartnäckigkeit, mit der
Hitler sein Ziel verfolgte, schloß ich, daß ein Vertrag mit Moskau
unmittelbar bevorstand. Die Briten und die Franzosen ihrerseits stießen
in ihren Verhandlungen mit den Sowjets auf große Schwierigkeiten. Die
Polen wollten keine militärische Hilfe von den Sowjets annehmen, denn
sie erinnerten sich nur zu gut an die drei Teilungen ihres Landes im
achtzehnten Jahrhundert, an denen Rußland teilgenommen hatte. Es
war außerdem bekannt, daß Stalin die drei baltischen Staaten für die
Sowjetunion zurückgewinnen wollte. Die demokratische Tradition Englands und Frankreichs ließ es nicht zu, die Freiheit von drei unabhängigen Staaten preiszugeben. Hitler dagegen würde, davon war ich überzeugt, nicht die geringsten Gewissensbisse haben, die drei baltischen
Staaten an Stalin zu verschachern, wenn er damit die sowjetische

Mittäterschaft beim Überfall auf Polen erkaufen konnte. Nur ein schnelles und tatkräftiges Handeln der Westmächte konnte Polens Untergang verhindern; es war ein Kopf-an-Kopf-Rennen, in dem jeder Tag die Entscheidung bringen konnte.

Ich entschloß mich, einen Versuch in letzter Minute zu machen, um Hitlers Pläne zu durchkreuzen. Es gab zwei Möglichkeiten. Zunächst erwog ich, Informationen über die deutsch-sowjetischen Verhandlungen an die Italiener weiterzuleiten, vor denen die Verhandlungen bisher sorgfältig geheimgehalten worden waren. Schließlich war es Mussolini gewesen, auf dessen Initiative im Herbst 1938 die Münchner Konferenz einberufen worden war, und der dadurch zunächst verhindert hatte, daß Hitler die Tschechoslowakei überfiel. Andererseits konnte ich versuchen, die Westmächte auf die unmittelbare Gefahr aufmerksam zu machen und sie dadurch zu entschlossenem und schnellem Handeln zu veranlassen. Ich beschloß, beides zu tun.

Wieder fragte ich mich, ob ich Schulenburg einweihen sollte. Wieder entschied ich mich dagegen, da ich nicht wußte, ob er bereit wäre, so weit zu gehen wie ich. Außerdem scheute ich mich, ihn an Plänen teilhaben zu lassen, die letztendlich in den Augen der nationalsozialistischen Machthaber hochverräterisch waren.

Im Mai 1939 teilte ich meinen engsten Freunden mit, daß Hitler, und nicht die Briten und Franzosen, in allernächster Zeit einen Pakt mit den Sowjets abschließen würde. Niemand glaubte meinen Kassandrarufen, und so beschloß ich, einen neuen Weg einzuschlagen. Von nun an gab ich ihnen genaue Auskunft über die Fortschritte in den Verhandlungen, um ihnen die Wahrheit meiner düsteren Prophezeiungen zu beweisen.

Ich wandte mich zunächst an meinen guten Freund Guido Relli von der italienischen Botschaft. Er war in Österreich-Ungarn geboren, und befand sich bei Kriegsausbruch 1914, im Alter von sechzehn Jahren, auf einem österreichischen Schiff im Schwarzen Meer. Das Schiff wurde von Russen aufgebracht und er wurde interniert. Während der Internierung hatte er in den verschiedensten Berufen gearbeitet und war so zu einem hervorragenden Kenner des russischen Lebens und der russischen Sprache geworden. Nach dem Krieg wurde er ständiger Mitarbeiter der italienischen Botschaft in Moskau. Er hatte eine ähnliche Stellung wie Hilger bei uns und war der ruhende Pol seiner Botschaft. Ich konnte mich darauf verlassen, daß Relli meine Mitteilungen über seinen Botschafter Rosso genauestens nach Rom übermitteln würde. Ich traf mich mit Relli sogleich nach meiner Rückkehr aus Persien am 6. Mai und informierte

Relli in allen Einzelheiten darüber, was zwischen Berlin und Moskau bisher geschehen war. Nach diesem Tatsachenbericht brachte ich klar zum Ausdruck, daß nach meiner Meinung die Franzosen und Engländer in ihren Generalstabsverhandlungen mit den Sowjets scheitern würden. Hitler dagegen habe keinerlei moralische Skrupel, die Unabhängigkeit der baltischen Staaten sowie Teile von Finnland und auch Rumänien zu opfern, um zu einer Einigung mit Stalin zu kommen.

Anscheinend war Relli beeindruckt, denn er berichtete seinem Botschafter sofort über unsere Unterhaltung. Rosso war erstaunt und mißtrauisch, denn er konnte sich die Motive hinter dieser Indiskretion nicht erklären. Er bezweifelte auch die Richtigkeit der Information und konnte sich noch nicht entschließen, Rom zu unterrichten. Ich selber konnte nur hoffen, daß Relli, der meine Mitteilungen offensichtlich ernst nahm, seinen Botschafter überzeugen könnte.

In den nächsten Wochen traf ich mich oft mit Relli. Ich unterrichtete ihn über Schulenburgs Unterhaltungen mit Molotow am 20. Mai 1939, in denen Molotow darauf bestanden hatte, die politischen Voraussetzungen zu schaffen, die einen Erfolg der wirtschaftlichen Verhandlungen ermöglichen würden. Ich berichtete ihm auch, daß Schulenburg am 25. Mai den Eindruck hatte, daß sich die Voraussetzungen für ein deutsch-sowjetisches Abkommen ständig verbesserten. Jetzt käme es darauf an, zu verhindern, daß zwischen der Sowjetunion und den Westmächten bindende Vereinbarungen zustande kämen. Ich bezog mich auch auf Ribbentrops Äußerungen, die in verschiedenen Erlassen an die Botschaft zum Ausdruck kamen. Am 25. Mai wurde in einem Telegramm[1] etwa die These vertreten: Wenn die Sowjetunion Deutschland nicht mit kommunistischen Revolutionären unterwandert, gibt es keinen realen außenpolitischen Interessenkonflikt mehr zwischen den zwei Mächten. Ribbentrop ging noch weiter und erklärte:

»Sollte es aber gegen unseren Wunsch zu kriegerischen Verwicklungen mit Polen kommen, so braucht auch das nach unserer festen Überzeugung in keiner Weise zu einem Interessengegensatz mit Sowjetrußland zu führen. Wir können schon heute so viel sagen, daß wir bei einer Bereinigung der deutsch-polnischen Frage – mag sie in dieser oder jener Weise erfolgen – den russischen Interessen nach Möglichkeit Rechnung tragen würden.«

Nach einiger Zeit gelangten meine Mitteilungen nach Rom. Am 12. Juni gab Rosso einen ausführlichen Bericht[2] über meine Unterhaltungen mit Relli an den italienischen Außenminister Ciano. Rom erfuhr, daß

Anastas Mikojan bereit war, die Wirtschaftsverhandlungen wieder aufzunehmen, aber gleichzeitig darauf bestand, daß die politischen Voraussetzungen geschaffen werden müßten.

Am 12. Juni traf ich mich wieder mit Relli. Wir unterhielten uns lange und ausführlich. Ich hatte den Eindruck, daß Relli meinen Ausführungen aufmerksam folgte. Ich begann zu hoffen, daß meine Bemühungen Erfolg haben würden und Mussolini wie in München 1938 eingreifen würde. Rossos Telegramm[3] vom 13. Juni rundete seine Berichterstattung über meine Gespräche mit Relli ab:

»Vorgestern ist Graf Schulenburg nach Berlin abgereist, wohin ihm der Wirtschaftsattaché der Deutschen Botschaft heute abend folgen wird.

Die Reise des Botschafters und seines Mitarbeiters wurde beschlossen, nachdem ein neues Gespräch zwischen Hitler und dem Kommissar für den Außenhandel Mikojan stattgefunden hat.

Nach vertraulichen Informationen, die ich von der Deutschen Botschaft erhielt, hat Mikojan Hilger kommen lassen und ihm erklärt, daß die Sowjetregierung bereit sei, die Wirtschaftsverhandlungen wieder aufzunehmen, nachdem sie den letzten deutschen Vorschlag angenommen hat. Mikojan regte an, Schnurre sofort nach Moskau zu entsenden. Er machte jedoch darauf aufmerksam, daß die Voraussetzungen weiterhin gelten, die während der Vorverhandlungen im letzten Winter zur Bedingung gemacht wurden.

Hilger hielt dem entgegen, daß der deutsche Entschluß, Konzessionen zu machen, analoge Konzessionen von sowjetischer Seite voraussetze.

Mikojan beharrte auf seinem Vorbehalt, doch dann ließ er durchblicken, daß die Möglichkeit gegeben sei, ein Abkommen zu schließen. Dies veranlaßte Hilger, nach Berlin zu fahren und die Lage mit den zuständigen Stellen zu prüfen...

In der Unterhaltung mit Hilger kam Mikojan noch einmal auf das Thema ›politische Voraussetzungen‹ zu sprechen. Dies veranlaßte Schulenburg auch selbst mit der Wilhelmstraße zu verhandeln.

Soweit ich verstanden habe, ist mein deutscher Kollege geneigt, der Moskauer Regierung auch politisch gewisse Konzessionen zu machen. Er habe auch einige Ideen, die er Ribbentrop unterbreiten will. Unter anderem würde er der sowjetischen Regierung vorschlagen, gewisse formelle Zusicherungen zu geben, im Sinne, daß Deutschland keine aggressiven Absichten gegen die Sowjetunion habe.

Schulenburg sähe auch die Möglichkeit, in einer öffentlichen Erklärung die volle Gültigkeit und den freundschaftlichen Geist des Berliner

Vertrages, der immer noch zwischen Deutschland und der UdSSR in Kraft ist, zu bestätigen...

Schließlich fragte sich Schulenburg, ob man nicht der UdSSR ein deutsch-sowjetisches Marineabkommen über die Ostsee vorschlagen sollte und schließlich eine Art von Vereinbarung, die eine Garantie beider Länder gegenüber Polen (außer Danzig) und Rumänien zum Inhalt hätte.

Selbstverständlich geht mein deutscher Kollege davon aus, daß die Vorschläge unter der Bedingung gemacht werden, daß die Sowjetunion auf den Abschluß des Vertrages verzichtet, über den sie zur Zeit mit England und Frankreich verhandelt.

Ich muß darauf hinweisen, daß ich von den vorstehenden Ausführungen streng vertraulich informiert worden bin, aber nicht durch Schulenburg selbst – der war schon abgereist –, sondern durch einen seiner Mitarbeiter. Daher kann ich mich auch nicht verbürgen für die absolute Genauigkeit der Absichten, die meinem Kollegen zugeschrieben werden.«

Leider gingen meine Hoffnungen, daß Mussolini auf Grund der Mitteilungen über den bevorstehenden Abschluß eines deutsch-sowjetischen Paktes handeln würde, nicht in Erfüllung. Mussolini war zwar überrascht, als er von den geheimen deutsch-sowjetischen Verhandlungen erfuhr, erklärte aber dem deutschen Botschafter in Rom, Hans Georg von Mackensen, daß sie ihn nicht besonders beunruhigten. Mackensen berichtete am 13. Juli 1939[4]:

»Im Verlauf etwa halbstündiger allgemeiner politischer Unterhaltung, die sich heute an Überreichung Manesse-Handschrift an den Duce anschloß, ließ mir Mussolini durch noch vom Vortrag bei ihm zurückgebliebenen Ciano soeben eingegangenes Telegramm *italienischer Botschaft* Moskau vorlesen, in dem diese auf Grund einer Unterhaltung mit dem Grafen v. d. Schulenburg Vorschläge hier meldet, die letzterer in Berlin *für* gewisse Schritte bei Moskauer Regierung machen *wollte*, die ich also als *dort* vorliegend annehmen kann. Duce begrüßte diesen Gedanken mit dem Bemerken, daß diese Vorschläge zugleich die Grenze... *erreichten,* aber auch innehielten, was wir in der Annäherung an Rußland tun könnten, ohne zu riskieren, in den eigenen Völkern – er denke dabei *auch* an spanisches Volk – mißverstanden zu werden. Unter Umständen könnten diese Vorschläge noch rechtzeitig genug kommen, um die Sowjets am Abschluß mit England und Frankreich zu verhindern. Dieser Abschluß werde seiner Ansicht nach durch die Reise des Herrn von

Strang kaum gefördert werden, denn es sei *doch* für die Russen nicht gerade schmeichelhaft, daß die Engländer in einer Frage von solcher Tragweite einen Beamten doch immerhin nur zweiter oder dritter Rangordnung nach Moskau schickten, eine Bewertung der Persönlichkeit Strangs, die ihm Ciano auf Befragung ausdrücklich bestätigte.

Im übrigen machten sich ja nach Ansicht des Duce unter den Konservativen Englands mehr und mehr Stimmen bemerkbar, die ein Zusammengehen mit Rußland ablehnten, weil sie erkannt hätten, daß solches Zusammengehen auf die Dauer nicht ohne stärkste Rückwirkung auf innere Verhältnisse Englands und Frankreichs bleiben könnte. Dieser Ansicht sei auch er und glaube, daß vielleicht mehr noch in Frankreich als in England eine paktmäßige Bindung an die Sowjets diese in mehr oder weniger naher Zukunft veranlassen würde, sich mit der Forderung in die inneren Verhältnisse der Vertragsparnter *einzumischen, die Kommunisten* nicht nur à la Volksfront an den Staatsgeschäften zu beteiligen, sondern sie ihnen geradezu in die Hand zu drücken. Für Frankreich bestehe eine solche Gefahr zweifellos, für England, wo die Kommunisten ohnehin geringere Rolle spielten, im verminderten Maß. Er stütze seine Ansicht auf Äußerungen *des* höchst intelligenten hiesigen russischen Botschafters Helfand, der extremer Kommunist sei und das Bürgertum der westlichen Demokratien fanatisch hasse.

Wenn aber schließlich, so schloß der Duce diesen Teil seiner Ausführungen, der Pakt dennoch zustandekomme, so sei auch das kein allzu großes Unglück, denn eines stehe für ihn unzweifelhaft fest: *Rußland* werde sich militärisch nicht außerhalb seiner Grenzen betätigen.«

gez. Mackensen

Die in dem Telegramm erwähnten Vorschläge, die Schulenburg angeblich in Berlin machen wollte, gab es nicht. Außerdem hatte Rosso irrtümlich angenommen, daß meine Mitteilungen an Relli die Meinung Schulenburgs wiedergäben. Das Telegramm Mackensens war der deutschen Botschaft in Moskau zugeleitet worden. Einige Tage später erhielt die Botschaft Moskau eine weitere Mitteilung vom Auswärtigen Amt, wonach Mussolini in einem Gespräch mit Mackensen auf die deutschsowjetischen Verhandlungen zurückgekommen sei. Mussolini habe gemeint, Deutschland solle der Sowjetunion nicht zu weitgehende Angebote machen. Es sei nicht notwendig, den Sowjets die drei baltischen Staaten zu überlassen, ein Staat sei genug.

Schulenburg, der noch in Berlin war, wurde sofort ins Auswärtige Amt gerufen, und um Erklärung gebeten, wie die genaue Kenntnis seiner vertraulichen Ansichten und der Vorstellungen des Ministeriums an die Italiener gelangt sein könnte. Schulenburg war natürlich völlig ahnungslos. Seine Abwesenheit von Moskau schloß aus, daß er wissen konnte, was vorgefallen war.

Nun verlangte das Auswärtige Amt von der Botschaft Moskau eine Stellungnahme über diese mysteriöse Angelegenheit. Herr von Tippelskirch, der in Abwesenheit von Schulenburg Geschäftsträger war, hatte natürlich auch keine Erklärung und fragte mich, wie die Italiener zu diesen Vermutungen kämen. Ich sagte, ich könnte mir das auch nicht erklären, ließ mir meinen Schrecken nicht anmerken und machte mich daran, meine Spuren zu verwischen.

Als erstes ging ich zu Relli und erzählte ihm, was passiert war. Ich erklärte ihm, daß die Berichte Rossos eine Lawine ausgelöst hätten. Ich machte ihm klar, daß ich ihm eine Schilderung des möglichen Verlaufs der deutsch-sowjetischen Verhandlungen, so wie ich ihn mir vorstellte, gegeben hatte und daß die Schulenburg unterstellten Vorschläge meine eigenen Vermutungen über den weiteren Verlauf der Verhandlungen waren. Nochmals wiederholte ich meine Prophezeiung, daß Hitler die baltischen Staaten opfern werde, und betonte, daß ich nie mit Schulenburg darüber gesprochen hätte.

Ich beschwor Relli, in Zukunft bei Berichten an Rom ganz besonders vorsichtig zu sein, und vor allem nicht erkennen zu lassen, daß die Informationen von mir oder der deutschen Botschaft stammten. Wir verstanden uns.

Als nächstes verfaßte ich die folgende Aufzeichnung über Gerüchte, die unter Diplomaten und Journalisten in Moskau umliefen. Damit wollte ich den Eindruck erwecken, daß die italienische Botschaft ihre Berichte nur auf Grund dieser und ähnlicher Gerüchte verfaßt hatte. Tippelskirch fand, daß meine Aufzeichnung eine plausible Erklärung sei und schickte sie mit folgendem Telegramm[5], das ich auch entworfen hatte, nach Berlin:

Moskau, den 24. Juni ·1939

»Die lange Dauer der englisch-französisch-sowjetischen Verhandlungen sowie die Dürftigkeit der über diese Verhandlungen an die Öffentlichkeit gelangenden Nachrichten haben eine besonders günstige Atmosphäre für die Entstehung von Gerüchten, Vermutungen und Erfindungen geschaffen. Besonders lebhaft beschäftigt sich die Phantasie der ausländischen, vor allem der englischen und französischen Journalisten mit der Möglichkeit einer deutsch-sowjetischen Annäherung.

In der anliegenden Aufzeichnung sind diejenigen Gerüchte aufgeführt, die im Verlauf der letzten Woche in Moskau umliefen.«

gez. von Tippelskirch

»Aufzeichnung über in Moskau aufgetauchte Gerüchte, die sich auf eine angeblich deutsch-sowjetische Annäherung beziehen:

1.) Am 20. Juni d. Js. erhielt der Berichterstatter des Daily Telegraph Express *Chollerton* von London eine telegraphische Anfrage, ob es zutreffend sei, daß sich eine deutsche Wirtschaftsdelegation zur Zeit in Moskau aufhalte, um ein Abkommen betr. Austausch von sowjetischen Fetten, Ölen und Holz gegen deutsche Erzeugnisse abzuschließen, und daß über die Gewährung eines Kredites von 800 Millionen Mark verhandelt würde. Herr Chollerton hat auf Grund der ihm von Mitgliedern der Deutschen Botschaft erteilten Auskunft eine verneinende Antwort nach London gesandt.

2.) Am 22. Juni erhielten amerikanische und englische Korrespondenten Anfragen ihrer Redaktionsbüros, ob es zutreffend sei, daß eine Delegation deutscher Wirtschaftler sich nach Moskau begeben werde, um dort über ein Wirtschaftsabkommen mit einem Kredit von 60 Millionen Pfund zu verhandeln. Die Anfrage war erfolgt auf Grund einer entsprechenden Meldung des britischen Radios. Mitglieder der Deutschen Botschaft haben dies Gerücht als unzutreffend bezeichnet.

3.) Am 23. Juni wurde dem Moskauer Havas-Vertreter von Paris aus mitgeteilt, daß nach einer Meldung des Berliner Havas-Vertreters eine Delegation deutscher Wirtschaftler in Stärke von 7 Personen zwecks Wirtschaftsverhandlungen nach Moskau abreisen werde, und gebeten, in Moskau Ermittlungen anzustellen. Diesbezügliche Anfragen wurden von der Deutschen Botschaft verneint.

4.) Am Donnerstag, den 22. Juni, liefen unter den amerikanischen Journalisten Gerüchte um, daß der Stellvertreter des Führers, Rudolf *Hess,* bzw. eine andere hochstehende deutsche Persönlichkeit in Moskau anwesend sei. Dieses Gerücht wurde seitens der Botschaft ebenfalls dementiert.

Moskau, den 24. Juni 1939«                          gez. von Herwarth

Kaum war Schulenburg nach Moskau zurückgekehrt, wurde Hilger nach Berlin gerufen. Von dort flog er sofort nach dem Obersalzberg, um Hitler ausführlich über die Sowjetunion zu berichten. Wieder in Moskau, erzählte Hilger, er habe versucht, Hitler ein ausgewogenes Bild über Rußlands Stärken und Schwächen zu geben. Hilger hatte den Eindruck, daß Hitler mit seinem Bericht nicht zufrieden gewesen war. Darin hatte er nicht Unrecht, denn Hitler äußerte sich abfällig über diesen russifizierten Deutschen, von dem man nicht wisse, auf welcher Seite er stehe.

Zu dieser Zeit wurde mir bewußt, daß Schulenburgs Vorstellungen über den deutsch-sowjetischen Ausgleich in völligem Gegensatz zu denen Hitlers standen. Schulenburgs Ziel war die Wiederherstellung der früheren guten Beziehungen zur Sowjetunion, während Hitler sich durch einen Vertrag mit der Sowjetunion nur Stalins Einverständnis zu seinem Angriff auf Polen erkaufen wollte. Die unterschiedliche Zielsetzung war Schulenburg durchaus bewußt und beunruhigte ihn. In der täglichen Arbeit irritierten ihn die sich widersprechenden und hektischen Weisungen aus Berlin. Anfänglich bremste Ribbentrop mit Rücksicht auf den japanischen Bundesgenossen den Gang der Verhandlungen. Später forcierte er das Tempo, während der Staatssekretär des Auswärtigen Amtes von Weizsäcker eine langsamere und vorsichtigere Gangart empfahl. Schließlich trieb Hitler selbst Schulenburg zu äußerster Eile an, weil er ungeduldig den Tag erwartete, an dem er Polen angreifen konnte.

Die Vorgänge in Berlin machten mir deutlich, daß ich nun schnell handeln mußte. Da meine Gespräche mit Relli mich in eine so gefährliche Lage gebracht hatten, kam er für mich als Gesprächspartner nicht mehr in Frage. Trotzdem waren die Italiener weiterhin bestens informiert, da Schulenburg nach Rückkehr von seinen Reisen nach Berlin den Italienischen Botschafter Rosso genauestens auf dem Laufenden hielt. Rosso und seine Botschaft waren weit besser unterrichtet als der italienische Botschafter in Berlin, Attolico, obwohl dieser jahrelang sein Land in Moskau vertreten hatte und auch in Berlin im Ruf eines besonderen Kenners der Sowjetunion stand. Zwischen Rosso und Schulenburg bestand ein besonderes Vertrauensverhältnis. Beide waren bestrebt, den Frieden zu erhalten. Rosso war, bevor er nach Moskau kam, Botschafter in Washington gewesen. Schulenburg hielt ihn für einen unabhängigen, scharfsinnigen Diplomaten, der den Mut zu eigenen Auffassungen hatte. Schulenburg sah Rosso alle paar Tage. Für mich bestand dadurch keine Notwendigkeit mehr, mit Relli zu sprechen.

Ende Juli schaltete sich Mussolini, ähnlich wie während der Sudetenkrise, ein. Er schlug Hitler eine internationale Konferenz vor, um das polnische Problem zu diskutieren und die unmittelbare Gefahr eines Konfliktes abzuwenden. Da Mussolini es für richtig hielt, die Sowjetunion zu dieser Konferenz nicht einzuladen, stieß der Vorschlag bei Ribbentrop auf wenig Gegenliebe, zumal die deutsch-sowjetischen Verhandlungen bereits weit fortgeschritten waren.

Hitler lehnte am 31. Juli den Vorschlag mit der Begründung ab, daß die Sowjetunion dadurch in die Arme der Engländer und der Franzosen getrieben würde.

Ob Mussolini sich auf Grund der Berichterstattung Rossos, die wiederum auf Schulenburgs und meinen Informationen beruhte, zu diesem Vorschlag entschlossen hatte, läßt sich nur vermuten.

Ich machte mir Gedanken, auf welche Weise ich die Engländer und die Franzosen auf die drohende Gefahr aufmerksam machen konnte. Der Leiter der britischen Delegation, die in Moskau verhandelte, war William Strang, den ich aus seiner Zeit als Botschaftsrat in Moskau gut kannte. Auch der frühere Luftwaffenattaché in Moskau, Conrad Collier, gehörte der Delegation an. Als Gesprächspartner kamen beide nicht in Frage. Sie waren durch die Verhandlungen mit den Sowjets zeitlich stark in Anspruch genommen. Da die von ihnen geführten Verhandlungen sich gegen Deutschland richteten, war ein engerer Kontakt mit ihnen kaum möglich, ohne Verdacht zu erregen. Collier bedauerte diese aufgezwungene Distanz, da wir doch so gute Freunde waren.

Frank Roberts, auch ein Mitglied der britischen Delegation, erinnert sich, daß ihn ein Angehöriger der Deutschen Botschaft davor gewarnt habe, Hitler werde einen Vertrag mit den Sowjets abschließen, und nicht die Engländer und Franzosen. Fitzroy Maclean war leider nicht mehr in Moskau. Er hatte aber dafür gesorgt, daß sein Nachfolger Armin Dew die freundschaftliche Verbindung zu mir aufrechterhielt.

Wir sahen uns oft bei allen möglichen Gelegenheiten, und so konnte ich ihn, ohne Aufsehen zu erregen, in einem Gespräch, das Mitte Juli stattfand, auf die bedrohliche Lage aufmerksam machen. Ich war zwar vorsichtiger als ich es mit Relli gewesen war, ließ aber keinen Zweifel, daß England und Frankreich kaum zu einem Vertragsabschluß mit der Sowjetunion kommen könnten. Gegenüber Juniac, dem ich mich schon in der Sudetenkrise anvertraut hatte, wurde ich noch deutlicher. Bei einer Begegnung auf der amerikanischen Datscha sagte ich ihm klipp und klar, daß nicht Frankreich und England, sondern Hitler einen Vertrag mit der Sowjetunion schließen werde, denn nur er könne Stalin die baltischen Staaten schenken.

Selbstverständlich zog ich immer nur einen guten Freund in einer Botschaft ins Vertrauen, um mich nicht unnötig zu gefährden. Ich gab zu verstehen, daß sie die einzigen an ihrer Botschaft seien, mit denen ich darüber gesprochen hätte, und hoffte damit zu erreichen, daß sie meine Informationen weitergaben.

Je länger die Verhandlungen der Briten und Franzosen mit den Sowjets dauerten, desto schwieriger und seltener wurden meine Kontakte mit den englischen und französischen Freunden. Die Amerikaner schienen mir nun die besten Gesprächspartner zu sein. Schon früher hatte ich begonnen, Chip Bohlen von der amerikanischen Botschaft in großen Zügen einzuweihen. Am 16. Mai hatte ich ihn auf den sich abzeichnenden Wandel in den deutsch-sowjetischen Beziehungen hingewiesen. Die Amerikaner hatten ausreichend Zeit und Möglichkeit, den Kontakt mit mir zu halten, da sie in dem beginnenden Drama nur Zuschauer und nicht Akteure waren. Außerdem ging ich davon aus, daß meine Mitteilungen an die Amerikaner auch London und Paris erreichen würden, da die Außenministerien der drei Länder eng zusammenarbeiteten. Ich war auch sicher, daß Chip Bohlen den Inhalt meiner Gespräche getreulich und schnell weitergeben würde.

Anfangs war ich gegenüber Bohlen nicht so mitteilsam, wie ich es zunächst gegenüber Relli gewesen war. Meine Zurückhaltung hatte zur Folge, daß Bohlen meine Erklärungen anfangs eher skeptisch aufnahm. Ich bemühte mich, seine Zweifel durch genaue Schilderungen auszuräumen. Chip und ich sahen uns fast täglich auf der amerikanischen Datscha oder beim Tennisspielen in der Stadt. Zuweilen ritten wir auch zusammen aus. Ich erzählte ihm von den Besprechungen Hilgers und Schulenburgs in Berlin. Ich eröffnete Chip, daß ich für Schulenburg einen Termin bei Molotow vereinbaren sollte, da er ihn unmittelbar nach seiner Rückkehr von Berlin sprechen wollte. Nach zwei Tagen erzählte ich dem immer noch skeptischen Bohlen, daß Schulenburg in wenigen Tagen mit neuen Instruktionen von Ribbentrop aus Berlin zurückkehren werde. Er hätte den Auftrag, festzustellen, ob die Russen bereit seien, ihre Beziehungen zu Deutschland enger zu gestalten.

Ich konnte natürlich nicht wissen, inwieweit Chip Bohlen meine Mitteilungen nach Washington berichtete, obwohl ich gemerkt hatte, daß er an den Gesprächen mit mir interessiert war. In seinen Erinnerungen erwähnt Bohlen, daß er das mit mir geführte Gespräch mit dem amerikanischen Geschäftsträger durchgesprochen habe und daß am 20. Mai folgendes Telegramm[6] geschickt wurde:

»Nach seiner Rückkehr aus Teheran nach Berlin wurde dem deutschen Botschafter durch Ribbentrop mitgeteilt, wobei dieser offensichtlich Hitlers Ansichten wiedergab, daß nach Auffassung der deutschen Regierung der Kommunismus in der Sowjetunion nicht mehr existiere, daß die Kommunistische Internationale kein bedeutsamer Faktor in den sowjetischen Außenbeziehungen mehr sei und daß man demnach der Auffassung sei, zwischen Deutschland und Rußland bestehe keine wirkliche ideologische Schranke mehr. Unter diesen Umständen werde gewünscht, daß der Botschafter nach Moskau zurückkehre, um auf sehr diskrete Weise der sowjetischen Regierung den Eindruck zu vermitteln, daß Deutschland keine Animosität gegen sie hege, und zu versuchen, die derzeitige sowjetische Haltung gegenüber den sowjetisch-deutschen Beziehungen zu erkunden. Ribbentrop unterstrich dem Botschafter gegenüber die Notwendigkeit, in Hinsicht auf das soeben Erwähnte die größte Vorsicht walten zu lassen, da jeder Anschein einer deutschen Annäherung an die Sowjetunion Japan alarmieren würde, was angesichts der besonderen Beziehungen zwischen Deutschland und diesem Lande sehr unerwünscht wäre.

Auf die Frage des Botschafters, ob angesichts der sowjetisch-britischen Verhandlungen nicht eine spezifischere und direktere Methode erwünscht wäre, antwortete Ribbentrop, die deutsche Regierung sei von der Aussicht auf ein Abkommen zwischen Großbritannien und der Sowjetunion nicht beunruhigt, da sie nicht davon überzeugt sei, daß England und Frankreich geneigt wären, irgendeinem Land in Osteuropa militärische Hilfe in größerem Umfang oder aus vollem Herzen zu gewähren. Ribbentrop erklärte sodann dem Botschafter, Deutschland wünsche eine Schiedsregelung zur Lösung der Frage von Danzig und der Autobahn durch den Korridor nach Ostpreußen, und selbst im Falle eines Konflikts mit Polen beabsichtige Deutschland nicht den Versuch zu unternehmen, dieses Land in seiner Gesamtheit zu besetzen. Ribbentrops Weisungen waren mündlich und überließen es dem Ermessen des Botschafters, wie er Vorstehendes der sowjetischen Regierung zur Kenntnis bringen wolle. Es entstand jedoch der Eindruck, daß er, ohne die deutsche Regierung auf irgendeine Verhaltensweise gegenüber der sowjetischen Regierung festzulegen, den Wandel in der Haltung der höheren Kreise in Berlin gegenüber diesem Land [der Sowjetunion] andeuten sowie die Zusicherung zum Ausdruck bringen sollte, daß Deutschland für die Aufrechterhaltung eines unabhängigen Polens sei. Trotz der gegenteiligen Äußerung Ribbentrops wurde davon ausgegangen, daß der Zweck dieses Annäherungsversuchs nicht ohne Zusammenhang mit den sowjetisch-britischen Verhandlungen ist.

Bei der Übermittlung der vorstehenden Informationen wurde unterstrichen, daß die Weisungen des Botschafters allgemeiner Natur seien und nicht als konkreter deutscher Vorschlag an die Union der Sozialisti-

1 und 2    Die Eltern des Autors: Hans
Richard Herwarth von Bittenfeld und
seine Gemahlin Ilse geb. von Tiedemann.

3    Hans Heinrich von Herwarth und
seine Gemahlin Elisabeth (Pussi) geb.
Freiin von Redwitz, 1941.

4    Staatssekretär Ernst von Simson, Leiter der deutschen Delegation für die Verhandlungen über die vorzeitige Rückgliederung des Saargebiets an Deutschland, 1930 in Paris;
ihm war der Autor als Attaché zugeteilt.

5 Herbert von Dirksen, Botschafter in Moskau 1928 bis 1933. Fotografie, um 1937.

6 Auf dem Bahnhof in Moskau, November 1933: Begrüßung des neuen Botschafters Rudolf Nadolny durch Dimitri Florinski, Chef des Protokolls beim Volkskommissariat für Auswärtige Angelegenheiten.

7    Die deutsche Botschaft in Moskau, Wirkungsstätte des Autors von 1931 bis 1939.

8    Hauptmann Friedrich Werner Graf von der Schulenburg, als Vertreter des Auswärtigen Amtes in Tiflis, um 1919; wegen seiner Verdienste um die Unabhängigkeit der
Demokratischen Republik Georgien war ihm der georgische Tamara-Orden verliehen
worden.

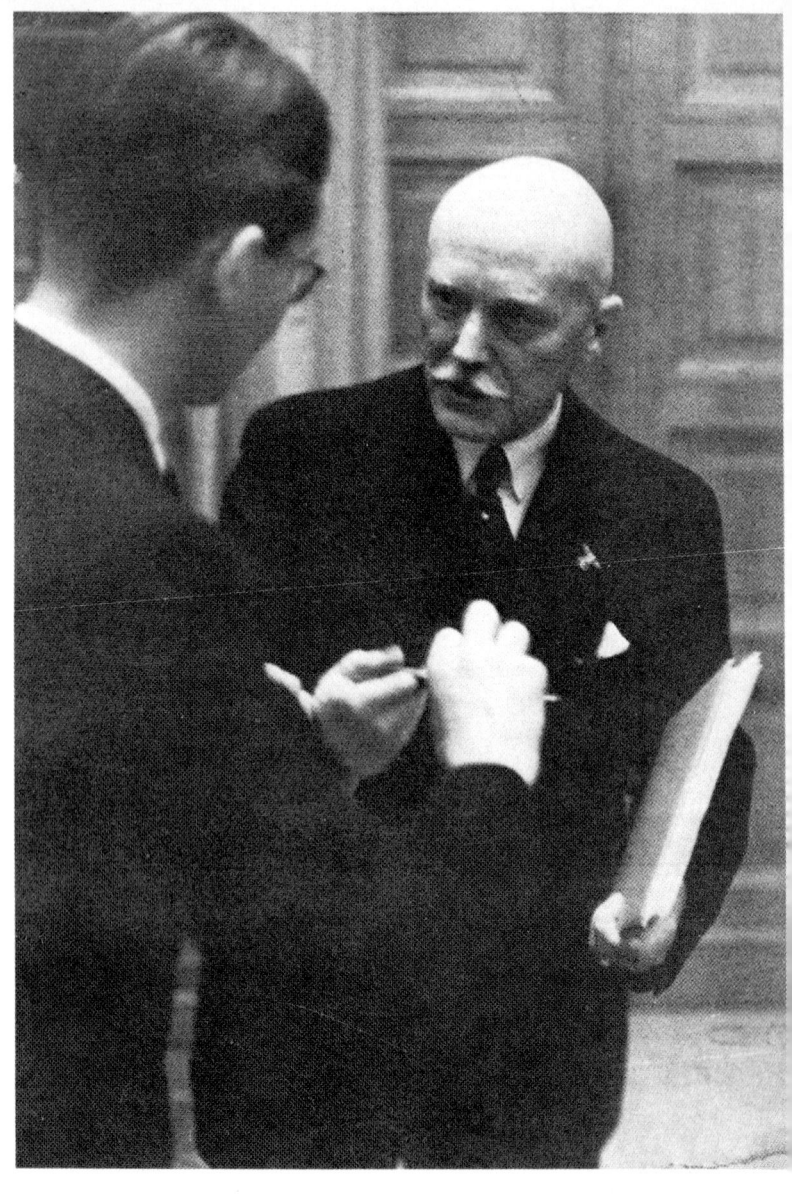

9    Friedrich Werner Graf von der Schulenburg, Botschafter in Moskau 1934 bis 1941, im
     Gespräch mit dem Autor.

10   In der deutschen Botschaft 1939: Legationssekretär Gebhardt von Walther an seinem Schreibtisch.

11   In der deutschen Botschaft in Moskau, Dezember 1933: Wilhelm Baum, Presserat, und Hans von Herwarth, Attaché und persönlicher Sekretär des Botschafters.

12    In der Botschaft in Moskau, 1939: Legationsrat Gustav Hilger (links) in seinem
      Arbeitszimmer im Gespräch mit dem Gesandten Karl Schnurre.

13 Dampferfahrt auf dem Schwarzen Meer von Batum nach Sewastopol, 1935; von links William Hayter (britischer Botschaftssekretär), Elisabeth von Redwitz (Braut des Autors), Christa von der Schulenburg (Tochter des Botschafters) und der Autor.

14 Diplomaten in Moskau, 1937: von rechts, obere Reihe 1. Hans von Herwarth, 2. Bartolomeo Migone, 3. Augusto Rosso, 4. (?) 5. Guido Relli, 6. und 7. Mr. und Mrs. Mackillop; mittlere Reihe 1. Enrico Belcredi, 2. Noris Chipman, 3. Ursula von der Schulenburg, 4. Elisabeth von Herwarth, 5. Albertina Relli, 6. Fanny Chipman, 7. George F. Kennan; vordere Reihe 1. Richard von Heynitz, 2. Annelise Kennan, 3. Francis Rosso.

15 Auf der Datscha der Amerikaner, Njemtschinowka bei Moskau, 1938: Charles E. (Chip) Bohlen, Botschaftssekretär, und seine Gemahlin Avis geb. Thayer.

16 Auf der Datscha der Amerikaner, Njemtschinowka, 1939: von links der Autor, Zdenko Broz, tschechoslowakischer Legationssekretär, Gontran de Juniac, französischer Legationssekretär.

17    Auf einem Spaziergang bei Moskau, um 1938: von links Legationssekretär Gebhardt
von Walther mit seinem Boxer Bobby, Ise Togo (Tochter des japanischen Botschafters),
Graf von der Schulenburg und ein ungarischer Attaché.

18  Nach der Unterzeichnung des Nichtangriffspakts zwischen Deutschland und der
Sowjetunion (Hitler-Stalin-Pakt) am 23. August 1939 im Kreml: Wjatscheslaw M. Molotow, Josef W. Stalin, Friedrich Werner Graf von der Schulenburg, Andor Hencke, Joachim
von Ribbentrop.

19    In der Botschaft in Moskau, September 1939: Militärattaché Generalleutnant Ernst Köstring und Botschaftsrat Werner von Tippelskirch beim Studium einer Karte vom Kriegsschauplatz.

20 Auf dem Vormarsch in Rußland nach Hitlers Überfall auf die Sowjetunion am 22. Juni 1941.

21 Der Autor (links) mit russischen Kriegsgefangenen, Sommer 1941.

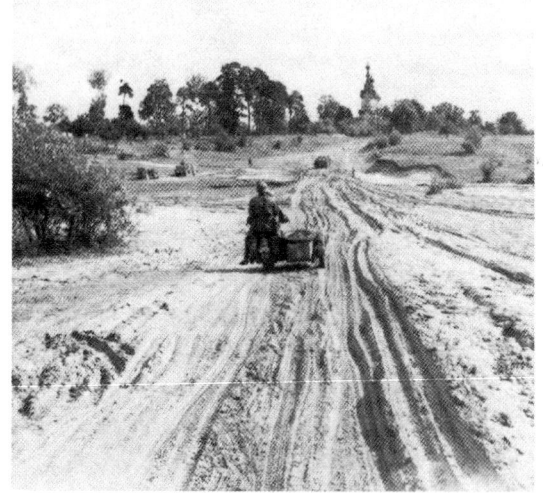

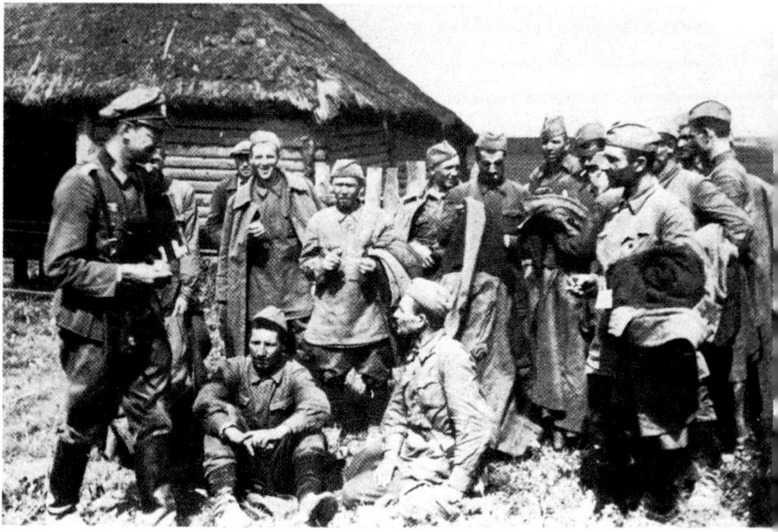

22    Im Nordkaukasus 1942: von links Generalleutnant René l'Homme de Courbière, General der Kavallerie Ernst Köstring, beauftragter General für Kaukasusfragen, und Hauptmann Theodor Oberländer.

23    Bei den Freiwilligen im Nordkaukasus: Oberleutnant Wilhelm Reissmüller, Oberleutnant von Herwarth und Oberleutnant von Seydlitz.

24    Ernst Köstring als Beauftragter General für Kaukasusfragen mit Angehörigen des
        Verbands Bergmann im Nordkaukasus, Spätsommer 1942.

25    Bei den Freiwilligenverbänden in Spala, Polen, 1942: Ernst Köstring, General d. Kav.
        Curt von Gienanth, Friedrich Werner Graf von der Schulenburg und der Autor.

26    Claus Graf Schenk von Stauffenberg, Oberst i. G., Schlüsselfigur und Hauptorganisa-
tor des militärischen Widerstandes; er spielte eine entscheidende Rolle bei der Organisation
der Freiwilligen aus der Sowjetunion als Leiter der Organisationsabteilung II des Generalstabs des Heeres im Jahr 1942.

27 In Jugoslawien, August 1944: Zwei Tschetniki-Offiziere (königlich-serbische Partisanen unter General Draga Michailowitsch) mit einem Dolmetscher (rechts) und Rittmeister Carl Fürst Wrede.

28 Kosakendivision, 1944: Ataman-General Andrei G. Schkuro (schwarze Uniform), General Helmuth von Pannwitz (rechts daneben) und Oberst Iwan Kononow (mit schwarzer Mütze) beim Tanz der Kosaken.

29　In Simmern bei Koblenz, November 1944: General der Kavallerie Ernst Köstring im Gespräch mit Generalmajor Oskar von Niedermayer.

30　General Helmuth von Pannwitz mit Kosaken, 1944.

31 Ein russischer Offizier als deutscher Major und Bataillonskommandeur mit Eisernem Kreuz 1. Klasse.

32 Hochzeit in Kitzbühl, Januar 1946: Captain Peter Harnden mit seiner Gemahlin Maria, geb. Prinzessin Wassiltschikow, ganz rechts des Autors Tochter Alexandra.

schen Sowjetrepubliken, wenn auch möglicherweise ein erster Schritt in dieser Richtung, angesehen werden könnten und daß die weitere Entwicklung in dieser Richtung von der Reaktion abhängen werde, auf die der Botschafter bei seinen hiesigen Gesprächen stoße. In diesem Zusammenhang wurde erklärt, Angehörige der sowjetischen Botschaft in Berlin, insbesondere der Botschaftsrat Astachow, hätten in jüngster Zeit Angehörigen des deutschen Auswärtigen Amts zu verstehen gegeben, daß die sowjetische Außenpolitik nunmehr auf einer neuen Grundlage beruhe, eine Erklärung, die hier vom neuen Chef der Presseabteilung des Kommissariats für Auswärtiges einem deutschen Korrespondenten gegenüber wiederholt wurde...«

Bohlen schreibt, daß er besondere Vorsicht bei der Abfassung dieser Telegramme walten ließ. Er diktierte sie nie, sondern schrieb sie stets selber mit der Hand, um nicht abgehört zu werden. Sie wurden dann unter der höchsten Geheimhaltungsstufe abgesandt. Sie wurden unmittelbar dem Staatssekretär Cordell Hull vorgelegt, der den britischen und den französischen Botschafter zu sich bat, um sie über die Möglichkeit eines deutsch-sowjetischen Vertrages zu informieren. Bohlen und Hull konnten natürlich nicht wissen, daß ich die Briten und Franzosen bereits gewarnt hatte.

»Nachdem der Botschafter sich über das günstigere Klima gegenüber der Sowjetunion geäußert hatte, das er in Berlin vorgefunden habe, fragte er Molotow nach der Möglichkeit, die seit einigen Monaten in der Schwebe gehaltenen Wirtschaftsverhandlungen fortzuführen. In seiner Erwiderung brachte Molotow Zweifel zum Ausdruck, ob die Entwicklung wirtschaftlicher Beziehungen zwischen zwei Ländern möglich sei, wenn eine ›politische Grundlage‹ fehle, und fragte den Botschafter nach seinen Ansichten zu diesem Thema. Der Botschafter, so wurde erklärt, habe geantwortet, er als Botschafter könne die Politik nicht bestimmen und deshalb auch keine maßgebliche Meinungsäußerung zu dieser Frage abgeben, doch sähe sich vielleicht Molotow als Ministerpräsident der Sowjetunion in der Lage, genau zu erläutern, woran die sowjetische Regierung bei einer ›politischen Grundlage‹ denke. Molotow wich jedoch dieser Frage aus, indem er vage darauf verwies, daß diese Angelegenheit weiter geprüft werden müsse.

In seiner Unterhaltung mit Potemkin, die vorwiegend im Austausch von Höflichkeiten bestand, verwies der Botschafter erneut auf seine Überzeugung, daß die sowjetisch-deutschen Beziehungen zum gegenwärtigen Zeitpunkt verbessert werden könnten.

Allgemein entstand der Eindruck, der – wie ich vermute – auch nach Berlin berichtet wurde, daß Molotow bezüglich der allgemeinen Frage einer Verbesserung der sowjetisch-deutschen Beziehungen absichtlich reserviert gewesen sei und daß nur ein konkreter Vorschlag seitens der deutschen Regierung hier ernsthaft in Erwägung gezogen würde. Man gehe daher davon aus, daß jede weitere Entwicklung in dieser Richtung von der Bereitschaft der deutschen Regierung abhänge, klar und eindeutig an die sowjetische Regierung heranzutreten, und es wurde die persönliche Meinung geäußert, daß ein solcher Schritt im Licht der Besorgnis Ribbentrops über mögliche Auswirkungen auf Japan zweifelhaft sei, zumindest bis zum Abschluß der deutsch-japanischen Gespräche, die, wie erklärt wurde, derzeitig stattfänden.«[7]

Ich hatte keinen Zweifel, daß die Nazis mich wegen Hochverrats vor Gericht stellen würden, wenn meine Tätigkeit in Moskau ans Licht käme. Zunächst beunruhigte mich das nicht sonderlich, und auch die Erfahrung mit Relli hatte mich nicht besonders geschreckt. Ich vertraute darauf, daß ich in Moskau weit genug weg war, um der Entdeckung zu entgehen. In Berlin wäre meine Lage viel gefährlicher gewesen. Was mir größere Sorgen machte, war, daß ich im Gegensatz zur Sudetenkrise auf eigene Faust gehandelt hatte. Ich hatte nicht die Möglichkeit, mich mit Erich Kordt, Brücklmeier oder meinen anderen Gesinnungsgenossen in Berlin abzusprechen. Von Schulenburg wußte ich nur, daß er engen Kontakt mit Rosso hielt. Er seinerseits wußte, daß ich mit meinen Freunden im Diplomatischen Korps vertrauensvolle Beziehungen unterhielt. Ich hatte ihm aber nicht eingestanden, wie weit ich gegangen war, um den Abschluß eines deutsch-sowjetischen Vertrages zu verhindern. Ich konnte mir zwar vorstellen, daß auch er die Folgen eines solchen Vertrages fürchtete, ich hatte aber doch Bedenken, ihm die Wahrheit zu sagen.

In einem Telegramm[8] vom 1. Juli berichtete Bohlen über Schulenburgs Bemühungen, auf Weisung des ungeduldigen Hitler die Verhandlungen mit den Sowjets vorwärtszutreiben.

»Der Botschafter erklärte Molotow, er könne ihm im Anschluß an seinen Besuch in Berlin versichern, daß Deutschland keine aggressiven Absichten gegen die Sowjetunion habe, und wies zur Bestätigung dessen darauf hin, daß die deutsche Presse die Veröffentlichung anti-sowjetischer Ansichten oder Artikel vollständig eingestellt habe, daß die Einwilligung in die ungarische Annexion der Karpatenukraine als Beweis dafür angesehen werden könne, daß Deutschland keine Absichten auf die

Ukraine hege und daß außerdem der Abschluß von Nichtangriffspakten mit den Balkanstaaten ein zusätzlicher Beweis für das Fehlen jeglicher deutschen Absicht sei, die Sowjetunion anzugreifen. Bezüglich der Nichtangriffspakte mit den Balkanstaaten bemerkte Molotow, daß diese Verträge mit dritten Ländern und nicht mit der Sowjetunion bestünden. Der Botschafter erklärte daraufhin, daß der Nichtangriffsvertrag von 1926 zwischen Deutschland und der Sowjetunion immer noch bestehe. Hierauf erwiderte Molotow, es sei für ihn von Interesse, diese Äußerung aus dem Mund des Botschafters zu hören, da die sowjetische Regierung bezüglich der andauernden Gültigkeit jenes Vertrages angesichts späterer von der deutschen Regierung abgeschlossener Verträge gewisse Zweifel gehabt habe. Der Botschafter bemerkte, falls Molotow dabei an das deutsch-italienische Bündnis denke, so könne er ihm versichern, daß dieses Bündnis den Vertrag in keiner Weise berühre. Molotow erklärte sodann, daß die Kündigung des Nichtangriffsvertrages mit Polen gewisse Zweifel über den derzeitigen Wert solcher Verträge habe aufkommen lassen, worauf der Botschafter entgegnete, die Situation bezüglich Polens sei insofern etwas anders, als nach Auffassung der deutschen Regierung Polen durch seine Beteiligung an der ›Einkreisungspolitik‹ Großbritanniens gegen den Nichtangriffspakt mit Deutschland tatsächlich verstoßen habe.

Sodann wurde das Thema der neuen Handelsverhandlungen erörtert, und Molotow erklärte dem Botschafter, daß er nicht mit den Einzelheiten dieser Frage vertraut sei und es deshalb besser wäre, wenn der für Handelsfragen zuständige deutsche Botschaftsrat das Gespräch mit Außenhandelskommissar Anastas Mikojan fortsetzen würde. Beim Abschied fragte der Botschafter, ob die Annahme zutreffe, daß die Sowjetunion normale Beziehungen mit allen Ländern wünsche, die sowjetische Interessen nicht verletzten, und ob dies gleichermaßen für Deutschland gelte. Molotow antwortete zustimmend.«

Inzwischen war ich überzeugt, daß Bohlen alles, was ich ihm mitteilte, genau nach Washington berichtete, denn er suchte mich sooft wie möglich zu sehen. Er erfuhr von mir die Einzelheiten unserer Wirtschaftsverhandlungen mit den Sowjets. Ich wies auf die politische Bedeutung eines Abkommens hin, nach dem die Sowjetunion Maschinen für die Produktion von Kriegsmaterial aus Deutschland kaufte. Dies sei ein Beweis für die wachsende politische Übereinstimmung zwischen beiden Staaten.

Ich war erschüttert, daß die britische und die französische Regierung die Bedeutung der Verhandlungen und der Abkommen nicht erkannten. Sonst hätten sie sicher Persönlichkeiten mit größerem politischen Gewicht als Unterhändler nach Moskau geschickt. Ich konnte es mir nicht verkneifen, auf die Schadenfreude hinzuweisen, die Berlin angesichts der offensichtlichen Blindheit der Alliierten empfand.

Anfang August stand fest, daß Schulenburg mit Molotow einig werden würde. Die Russen waren bereit, nun auch in politische Verhandlungen einzutreten. Schulenburg war es gelungen, die sowjetischen Befürchtungen über eine mögliche deutsche Expansion in Richtung Ostsee zu zerstreuen. Er hatte wissen lassen, daß Deutschland die drei baltischen Staaten als sowjetische Einflußsphäre respektieren werde und daß Hitler sich ihrer Annexion durch Stalin nicht widersetzen würde. Diese und andere Zusagen ließen es den Russen wünschenswert erscheinen, die Verhandlungen mit uns vorwärtszutreiben, obgleich sie weiter mit den Briten und den Franzosen verhandelten, allerdings ohne großen Nachdruck von beiden Seiten. Schulenburg hielt nun den Augenblick für gekommen, Molotow darauf hinzuweisen, daß Berlin über den Fortgang der Verhandlungen mit den Westalliierten in Moskau verwundert sei. Molotow betonte demgegenüber wie schon früher, daß die Sicherheit der Sowjetunion auf einem festen Fundament ruhen müsse. Hierin lag nach unserer Meinung die Forderung nach einem politischen Abkommen mit Deutschland.

Am 15. August teilte Molotow Schulenburg mit, daß die Sowjetunion zu Verhandlungen mit dem Ziel eines Vertragsabschlusses bereit sei. Wie immer unterrichtete ich Bohlen unverzüglich. Am 16. August schrieb Schulenburg Staatssekretär von Weizsäcker: »Es sieht im Augenblick tatsächlich so aus, als ob wir in den hiesigen Verhandlungen den gewünschten Erfolg erzielen würden.«

Jetzt überstürzten sich die Ereignisse. Am 16. August gab Schulenburg einen Ball, zu dem alle jüngeren Mitglieder des Diplomatischen Korps eingeladen waren. Da Schulenburg neue Instruktionen erhalten hatte, mußte er Molotow im Kreml aufsuchen und konnte seine Gäste nicht empfangen. Mein italienischer Freund Migone bemerkte die Abwesenheit des Gastgebers und fragte mich nach dem Grund. Ich vertröstete ihn auf das Ende des Balles. Nach einigen Stunden fröhlichen Tanzes gab es ein Souper, und der unbeschwerte Abend näherte sich seinem Ende. Jetzt hatte ich Zeit und Gelegenheit Migone und Bohlen einzeln über die letzte Entwicklung zu informieren. Die Vorbereitungen für ein Abkommen seien soweit gediehen, daß Ribbentrop bereits seine Bereitschaft erklärt habe, selbst nach Moskau zur Unterzeichnung zu kommen. Ich bat beide, in ihren Berichten vorsichtig zu sein und jeden Hinweis auf die Quelle zu vermeiden. Migone verlor keine Zeit, und bereits am 17. August um ein Uhr nachts ging das Telegramm von Botschafter Rosso an Rom. Unabhängig von mir und ohne daß ich es wissen konnte, hatte Admiral Canaris, der Chef der Abwehr, den italienischen Militärattaché in Berlin über Hitlers polnische Pläne unterrichtet in der Hoffnung, daß die italienische Regierung den Angriff auf Polen mißbilligen würde. Weder die Warnung von Canaris, noch Rossos Telegramm hatten die gewünschte Wirkung. Mussolini griff zunächst nicht ein, und als er am 25. August einen Vermittlungsvorschlag machte, war es zu spät.

Ich traf Bohlen noch einmal am 17. August und informierte ihn im einzelnen über das, was im Kreml vorgefallen war. Auch Bohlen unterrichtete sofort seinen Botschafter und den Botschaftsrat Stuart Grummon, die daraufhin das folgende Telegramm[9] absandten:

»Der deutsche Botschafter war gestern abend eineinhalb Stunden bei Molotow und gab auf Weisung seiner Regierung Molotow die folgende Erklärung bezüglich der deutschen Politik gegenüber der Sowjetunion ab, die vermutlich von Hitler selbst stammt:

Nach dem erneuten Hinweis darauf, daß die deutsche Regierung keine aggressiven Absichten irgendwelcher Art gegen die Sowjetunion hege und es keinen Interesssenkonflikt zwischen den Ländern von ›der Ostsee bis zum Schwarzen Meer‹ gebe, führte die Erklärung weiter aus, daß die deutsche Regierung bereit sei, im voraus mit der sowjetischen Regierung ›jede territoriale Frage in Osteuropa‹ zu erörtern, und daß nach Auffassung der deutschen Regierung ernsthafte Gespräche zwischen den beiden Regierungen bald aufgenommen werden sollten, da andernfalls Ereignisse eintreten könnten, die die sowjetisch-deutschen Beziehungen nachteilig und unnötig beeinträchtigen könnten. Die Erklärung endete mit der Feststellung, daß die deutsche Regierung bereit sei, einen hochrangigen Amtsträger zur Erörterung dieser Frage nach Moskau zu entsenden. Der Botschafter hinterließ, wie ich erfahre, kein schriftliches Memorandum dieser Erklärung, doch wurden seine Äußerungen von einem Stenographen wörtlich festgehalten. Der Botschafter fügte hinzu, daß Hitler darum gebeten habe, den Inhalt dieser Erklärung Stalin selbst zur Kenntnis zu bringen.

Nachdem Molotow in seiner Entgegnung versprochen hatte, den Inhalt dieser Erklärung unverzüglich Stalin zur Kenntnis zu bringen, fügte er hinzu, die sowjetische Regierung sei zum ersten Mal von der

Ernsthaftigkeit des deutschen Wunsches nach einer Verbesserung der Beziehungen mit der Sowjetunion überzeugt, und er unterrichtete den Botschafter, daß die sowjetische Regierung die Fortsetzung der politischen Gespräche ›begrüßen‹ würde, jedoch nur, wenn angemessene Aussicht bestehe, daß sie zu endgültigen und konkreten Ergebnissen führte. Als ein mögliches Ergebnis erwähnte Molotow: (1) Abschluß eines Nichtangriffspakts zwischen der Sowjetunion und Deutschland; (2) Einstellung jeder unmittelbaren oder mittelbaren Ermunterung japanischer Aggression im Fernen Osten durch Deutschland; und (3) Regelung der beiderseitigen Interessen im baltischen Raum. Molotow war der Ansicht, daß diese drei Themen in Vorgesprächen erörtert werden sollten, ehe die Frage der Entsendung eines deutschen Emissärs nach Moskau endgültig entschieden würde. Das Ergebnis des Gesprächs des Botschafters mit Molotow wurde gestern abend nach Berlin telegrafiert, und am Donnerstag wird ein vollständiger Bericht folgen, den ein Sonderkurier der Deutschen Botschaft überbringt...

Obgleich es möglicherweise zu früh ist, von einer eindeutigen deutsch-sowjetischen Annäherung zum gegenwärtigen Zeitpunkt zu sprechen... kann ein beständiger Fortschritt in den Gesprächen festgestellt werden, die der deutsche Botschafter hier während der letzten zweieinhalb Monate mit Molotow hatte. Ich habe außerdem jeden Grund zu der Annahme, daß die sowjetische Regierung im Zusammenhang mit den derzeitigen Verhandlungen die französische und britische Regierung von dieser Entwicklung in ihrer Beziehung zu Deutschland nicht unterrichtet hat.«

Der Bericht Bohlens über unsere Gespräche vom 16. und 17. ist zutreffend. Ein Punkt sollte allerdings ergänzend erwähnt werden. Ich hatte Bohlen erklärt, daß Ribbentrop mit Sicherheit selbst zu den Verhandlungen nach Moskau kommen würde. Bohlen erwähnte dies nicht. Er war in der Abfassung und in der Übermittlung seiner Berichte immer vorsichtig. Die einzige Panne, die beinahe gefährlich geworden wäre, ging nicht auf sein Konto. Der amerikanische Staatssekretär Hull informierte den britischen Botschafter in Washington über die Informationen aus Moskau, dieser berichtete sofort telegrafisch an London. Kurze Zeit danach wurde in der Chiffrierabteilung im Foreign Office ein Angestellter verhaftet, der für Deutschland spioniert hatte. Zunächst befürchtete man, daß der Angestellte das inhaltsschwere Telegramm aus Washington in die Hände bekommen und Berlin gewarnt hätte. Glücklicherweise war dies nicht der Fall, das Telegramm aus Washington wurde erst etwas später dechiffriert. Von dieser bedrohlichen Situation hörte ich erst nach dem Krieg.

Ich habe mich niemals danach erkundigt, was aus meinen Informationen wurde. Ich gab sie weiter, um einen bestimmten Zweck zu erfüllen. Chip wunderte sich damals, daß ich nie gebeten habe, mir als Gegenleistung auch Informationen zu geben, wie das im diplomatischen Geschäft üblich ist.

Wenn ich heute an die Gespräche mit Chip Bohlen zurückdenke, dann erinnere ich mich hauptsächlich an den einen Punkt, den ich immer wieder betonte, daß Hitler gegen Polen Krieg führen würde. Die Einzelheiten, die ich ihm erzählte und die er berichtete, hatte ich fast vergessen. Erst als ich Chip Bohlens Buch las, erinnerte ich mich selbst wieder an Einzelheiten. Gleichzeitig erkannte ich, daß Chip damals in erster Linie an den Tatsachen interessiert war, weniger an meinen Warnungen, die in seiner Sicht nur meine persönlichen Vorahnungen wiedergaben.

Immer wieder versuchte ich ihn zu überzeugen, daß Hitler bereit war, die baltischen Staaten, und vielleicht sogar noch mehr zu opfern, um freie Hand gegen Polen zu haben. Erst der Ausbruch des Krieges bewies ihm, daß ich recht hatte.

Da ich in Memel und Teheran gewesen war, hatte ich keine Verbindung mit meinen Berliner Freunden, die in der Sudetenkrise aktiv gewesen waren. So konnte ich Chip auch keinen Hinweis darauf geben, was in Kreisen des Widerstands geplant wurde, um den Krieg zu verhindern.

Zu der in der Forschung eingehend erörterten Frage, was Stalin bewogen hat, den Pakt mit Hitler zu schließen, kann ich nur berichten, welchen Eindruck ich damals hatte. Im Gegensatz zu anderen Auffassungen glaube ich nicht, daß Stalin den Pakt nur abgeschlossen hat, um Zeit zu gewinnen. Sicher war er ein gelehriger Schüler Machiavellis, und glaubte, daß der Zweck die Mittel heiligt, aber wir waren uns auch alle einig, daß Stalin eine bessere Meinung von Deutschland, als von den Westmächten besaß und daß er den Deutschen vertraute. Diese Einstellung hatte sich schon in seiner Rede vom März 1939 gezeigt. In seinem Telegramm an Hitler am 8. August ging er noch einen Schritt weiter und erklärte, daß ein Nichtangriffspakt ein Mittel sei, um die politischen Spannungen zwischen der Sowjetunion und Deutschland auszuräumen. Auch Schulenburg war zu der Überzeugung gekommen, daß Stalin es mit Deutschland ehrlich meinte.

Nun stand dem Abkommen zwischen Hitler und Stalin nichts mehr im

Wege. Ich mußte mir eingestehen, daß meine Bemühungen, dies zu verhindern, fehlgeschlagen waren. Mein letzter Trumpf war ausgespielt, und ich hatte das Gefühl, daß es Zeit war, den Auswärtigen Dienst zu verlassen. Es gab keine Möglichkeit mehr, den Ausbruch eines verbrecherischen Krieges zu verhindern und es war für mich als »Nichtarier« abzusehen, daß meine Tage im Auswärtigen Amt gezählt waren. Der Augenblick war gekommen, Soldat zu werden und die Feder mit dem Gewehr zu vertauschen.

Mit Erlaubnis von Schulenburg flog ich unmittelbar nach meinem Gespräch mit Bohlen nach Berlin. Dort rief ich als erstes den früheren Gehilfen des Militärattachés in Moskau an, Oberst Hans Krebs, und bat ihn um Rat. Krebs kannte meine Schwierigkeiten als »Nichtarier«. Er riet mir, mich sofort mit meinem alten Regiment, das inzwischen Panzerregiment 6 geworden war, unter Umgehung des Dienstweges in Verbindung zu setzen.

Es erschien mir als gutes Omen, daß Oberleutnant Heinz von Twardowski, der Sohn meines früheren Botschaftsrates, Adjutant des Panzerregiments 6 war. Um so größer war meine Enttäuschung, als ich bei meinem Anruf in Neuruppin erfuhr, daß das Regiment sich zu Manövern in Ostpreußen befand. In diesem Augenblick erkannte ich, daß die Mobilmachung gegen Polen bereits in vollem Gange war. Ich wandte mich nun an das Wehrbezirkskommando Ausland, dessen Kommandeur Oberstleutnant Emil Bochow mir mitteilte, daß mein Fall gleich verschiedene Probleme aufwerfe. Angehörige des Auswärtigen Amtes konnten nur mit ausdrücklicher Genehmigung ihrer Behörde eingezogen werden. Der Grund war, daß beim Ausbruch des Ersten Weltkrieges fast alle jungen Mitglieder des Auswärtigen Amtes eingezogen wurden, und es Wochen dauerte, bis alle, die nicht verwundet oder gefallen waren, wieder zurückgeholt worden waren. Außerdem könnte ich als Nichtarier nicht als Vorgesetzter verwendet werden. Die einzige legale Möglichkeit, nämlich als Gefreiter den Heldentod zu sterben, sei in meinem Fall nicht gegeben, da die deutsche Armee nicht soweit gesunken sei, einen Träger des Namens Herwarth zu degradieren.

Bochow konnte mir nur den gleichen Rat geben wie Krebs – mich von einem Regimentskommandeur direkt einstellen zu lassen. Er erklärte mir, daß der Regimentskommandeur die Möglichkeit habe, im Kriegsfalle selbst darüber zu entscheiden, selbst, wenn die Rassengesetze dem entgegenstünden. Ich dankte ihm für diesen wertvollen Rat und beschloß, schnell zu handeln, ohne jedoch zunächst zu wissen, an welches

Regiment ich mich wenden sollte. Es war ein merkwürdiger Zufall, daß die Tochter Bochows später meinen Vetter, Hauptmann Horst von Haber, heiratete, der aus derselben jüdischen Familie stammte wie meine Großmutter, als aktiver Offizier aber niemals Schwierigkeiten gehabt hat.

Um die erste Hürde zu nehmen, ging ich in die Personalabteilung des Auswärtigen Amtes, wo mein Freund Herbert Dittmann das Problem meiner Freistellung in kurzer Zeit löste. Dann ging ich nach Hause, um das zweite Problem, einen Regimentskommandeur zu finden, zu überdenken.

Kaum war ich bei meinen Eltern eingetroffen, bekam ich einen Anruf vom Büro des Staatssekretärs von Weizsäcker mit dem Ersuchen, mich sofort bei ihm zu melden. Weizsäcker war ein guter Freund von Schulenburg. Auch er lehnte die den Frieden gefährdende Politik Hitlers ab und bemühte sich, das Schlimmste zu verhüten. Ohne lange Vorrede fragte er mich, ob es zu einem Vertragsabschluß zwischen uns und der Sowjetunion kommen werde. Die Art seiner Fragestellung zeigte, daß er sich über ein klares »Nein« gefreut hätte. Offensichtlich hoffte er noch, die Briten und Franzosen würden in Moskau das Rennen machen.

Ich antwortete, ich sei fest davon überzeugt, daß es zum Vertragsabschluß kommen würde, denn nur Hitler könne die Zugeständnisse machen, auf die Stalin Wert lege. Weizsäcker kannte die Lage genau, er wußte, daß die Mobilmachung gegen Polen bereits angelaufen war, und trotzdem bereitete es ihm offensichtlich Kummer, daß ich seine Befürchtungen bestätigte.

Noch am selben Tage wurde ich in die Protokollabteilung gerufen. Ich erfuhr, daß Ribbentrop am 22. August nach Moskau fliegen und in Königsberg übernachten werde. Graf Schulenburg hatte mich als Begleiter Ribbentrops vorgeschlagen, da ich die Behörden in Ostpreußen seit meiner Tätigkeit in Memel gut kannte.

Ich rief sofort Oberregierungsrat Dietrich von Plötz vom Oberpräsidium Königsberg an und bat ihn, alle notwendigen Vorkehrungen für den Aufenthalt in Königsberg zu treffen. Jedes öffentliche Aufsehen sollte vermieden werden, da der Flug Ribbentrops nach Moskau streng geheim war. Während ich telefonierte, kam mir plötzlich der Gedanke, daß mir Major i. G. Sigismund-Hellmuth von Dawans, Ic (Feindnachrichten) vom I. Armeekorps in Königsberg aus meiner Not helfen könnte. Ich hatte mit Dawans während meiner Tätigkeit in Memel viel und gut zusammengearbeitet. Ich gab Plötz sofort den Auftrag, dafür zu sorgen, daß Dawans sich am Abend des 22. um elf Uhr in der Halle des Parkhotels meldete. Als Plötz begann, auf die Schwierigkeiten hinzuweisen, schnitt ich ihm kurz das Wort ab und erklärte, daß Dawans unter allen Umständen erscheinen müsse. Als ich nach einigen Stunden wieder anrief, berichtete mir Plötz, daß alle Vorbereitungen für Ribbentrop und seine Begleitung weisungsgemäß getroffen seien, nur mit Dawans habe er Schwierigkeiten. Ich ließ mich auf keine Diskussion ein und wiederholte meinen Auftrag. Als wir kurz vor elf Uhr im Parkhotel eintrafen, war Dawans tatsächlich in der Halle. Er stürzte sich gleich auf mich und fragte vorwurfsvoll: »Warum in Gottes Namen jagen Sie mich von Mohrungen über hundertzwanzig Kilometer nach Königsberg? Wir sind jetzt Übungsarmee Oberkommando 1 und im Manöver!«

Nachdem ich die notwendigen Anordnungen für den Aufenthalt und den Abflug gegeben hatte, unterrichtete ich Dawans zunächst über die Hintergründe der Reise nach Moskau und bat ihn, nur seinen kommandierenden General Georg von Küchler zu informieren. Dawans hörte mir mit äußerstem Interesse zu, als ich ihm von dem bevorstehenden Abschluß des Vertrages mit der Sowjetunion und seinem Inhalt, der geheime Reichssache war, erzählte. Er meinte, die lange Fahrt habe sich gelohnt. Nun konnte ich ihm den eigentlichen Grund eingestehen, warum ich ihn hierher gebeten hatte. Dawans war sofort bereit, mir zu helfen, einen Regimentskommandeur zu finden, unter der Bedingung, daß ich mich nicht später als am 25. August nachmittags bei ihm meldete, da am 26. August die Feindseligkeiten gegen Polen eröffnet würden. Das war für mich wiederum neu.

Bei der Ankunft in Moskau wurde Ribbentrop von einer Gruppe sowjetischer Beamter und von Graf Schulenburg empfangen. Ich stand neben Gebhardt von Walther, und wir beobachteten beide gespannt dieses erste deutsch-sowjetische Zusammentreffen, das unter Ausschluß der Öffentlichkeit stattfand. Walther packte mich plötzlich am Arm und deutete auf eine Gruppe von Gestapoagenten, die gerade ihre Gegenspieler vom NKWD herzlich begrüßten. »Schau, wie sie sich anlachen. Die freuen sich, daß sie endlich zusammenarbeiten können. Das kann furchtbar werden. Stell dir nur vor, wenn die ihre Akten tauschen.« Während meiner letzten Tage in Moskau interessierte ich mich nicht mehr für die Verhandlungen, da ich wußte, wie es ausgehen würde, und ich mit meinen Gedanken schon woanders war.

Der Nichtangriffspakt, der das Datum vom 23. August 1939 trägt, wurde am 24. August um zwei Uhr früh unterzeichnet. Kurz darauf wur-

den die Fotografen hereingelassen, um den historischen Augenblick festzuhalten. Unter ihnen war der deutsche Fotograf Helmut Laux, der mir
später schilderte, wie er Ribbentrop und Stalin fotografiert hatte. Sie
hatten jeder ein Glas Sekt in der Hand und tranken auf den Erfolg
des Abkommens. Stalin bemerkte, es sei keine gute Idee, dieses Foto zu
veröffentlichen, da es der deutschen und der sowjetischen Bevölkerung
ein falsches Bild vermitteln könne. Laux wollte gerade die Kamera
öffnen, um Stalin den Film zu geben, als ihm dieser mit der Bemerkung
abwinkte, das Wort eines Deutschen genüge ihm. In der Nacht, als der
Vertrag ausgehandelt wurde, war ich in der Residenz des Botschafters
und bewachte das Telefon. Es war eine direkte Telefonverbindung
zwischen Moskau und Berlin eingerichtet worden. Einige Male hatte ich
die Zustimmung Hitlers zu Veränderungen im Vertragstext, vor allem
für kleine Grenzverschiedenheiten, einzuholen. Es war erstaunlich, wie
rasch Hitler seine Zustimmung gab, um möglichst schnell den Vertrag
unter Dach und Fach zu bringen.

Ich benutzte den direkten Draht nach Berlin, um festzustellen, wo
Pussi war, die nach einer Kur in Karlsbad in diesen Tagen in Moskau
eintreffen sollte. Ich konnte sie nicht direkt erreichen und bat das
Auswärtige Amt und meine Eltern, ihr zu sagen, sie möge möglichst
schnell nach Moskau zurückkehren, und zwar nach Möglichkeit über
Stockholm, um zu vermeiden, daß sie in Polen vom deutschen Angriff
überrascht würde. Sie traf auch tatsächlich einige Stunden nach meinem
Abflug in Moskau ein.

Am 24. August, morgens um neun Uhr, war Schulenburg entgegen
seiner sonstigen Gewohnheit bereits in seinem Büro. Erst jetzt hatte ich
Gelegenheit, ihm meinen Entschluß mitzuteilen, sofort Moskau zu verlassen und Soldat zu werden. Ich redete ihn wie üblich mit »Herr
Botschafter« und in der dritten Person an, eine altertümliche Form, die
die Nazis abgeschafft, wir aber in Moskau beibehalten hatten. Schulenburgs Antwort war typisch für ihn: »Lieber Johnnie, warum haben Sie
es so eilig? Dieser Krieg wird ebenso wie der Erste Weltkrieg sehr, sehr
lange dauern. Sie kommen in ein paar Monaten auch noch zurecht.«

Ich war Schulenburg dankbar für seine Worte, denn Pussi war auf
dem Heimweg nach Moskau und ich hätte sie gerne vor dieser entscheidenden Wendung in unserem Leben gesehen. Andererseits wollte ich das
Unvermeidliche nicht hinausschieben. So antwortete ich kurzentschlossen: »Herr Botschafter, ich glaube, meine Zeit ist abgelaufen. Ich will
nicht länger im Auswärtigen Dienst bleiben und so schnell wie möglich

Soldat werden.« Schulenburg saß ruhig an seinem Schreibtisch, drehte seine Daumen und dachte offensichtlich nach. Nach einer Pause sagte er: »Vielleicht haben Sie recht. Ich habe mit all meiner Kraft für gute Beziehungen zwischen Deutschland und der Sowjetunion gearbeitet und in gewisser Weise habe ich mein Ziel erreicht. Aber Sie wissen selbst, daß ich in Wirklichkeit nichts erreicht habe. Dieser Vertrag bringt uns den Zweiten Weltkrieg und stürzt Deutschland ins Verderben.« Schulenburgs Tragödie war, daß er selbst daran hatte mitwirken müssen.

Ich hielt an meinem Plan fest, mit Ribbentrop und seiner Delegation am späten Vormittag abzufliegen, um mich rechtzeitig bei Dawans melden zu können. Der einzige Ausländer, von dem ich Abschied nahm, war Chip Bohlen. Ich war niedergedrückt und traurig und in dieser Stimmung sprach ich ein letztes Mal von dem Ergebnis der deutsch-sowjetischen Verhandlungen, die genauso ausgegangen seien, wie ich es vorhergesagt hätte.

Diesmal verfolgte ich kein bestimmtes Ziel mehr, denn jetzt war es zu spät, den Lauf der Geschichte aufzuhalten. Bohlens Schilderung in seinen Memoiren[10] ist zutreffend, nur in einem irrte er sich. Ribbentrop wohnte nicht in der Kanzlei der Botschaft, sondern in der ehemaligen österreichischen Gesandtschaft:

»Morgens rief Johnnie an und fragte mich, ob ich ihn in der Deutschen Botschaft aufsuchen könne. Während Ribbentrop in der oberen Etage schlief und sich von einer langen Nacht erfolgreicher Verhandlungen und Festlichkeiten im Kreml erholte, teilte mir mein Freund Einzelheiten des Zehnjahrespaktes mit. Er sagte mir, daß ›ein volles Einvernehmen‹ auch in einem Geheimprotokoll niedergelegt sei, wonach Ostpolen, Estland, Lettland und Bessarabien als Sphären vitaler sowjetischer Interessen anerkannt würden, wogegen Westpolen unter die deutsche Hegemonie fallen würde. Finnland wurde nicht erwähnt. Das Geheimprotokoll sehe ferner vor, daß die Sowjetunion territoriale Entschädigung erhalten würde, falls sie dies angesichts territorialer Veränderungen wünsche, die Deutschland in den zwischen ihnen liegenden Ländern gegebenenfalls vornehme. Eine Bestimmung des Grundabkommens, mit der jeder der Vertragsparteien untersagt wird, sich einer Gruppe von Mächten anzuschließen, die gegen die andere gerichtet sei, habe einen sowjetischen Beitritt zur anglo-französischen Assoziation ebenso unmöglich gemacht wie ein deutsches Bündnis mit Japan...

Johnnie sagte, die Verhandlungen seien von Stalin persönlich geführt worden, der Ribbentrop nicht verhehlt habe, daß er seit langem für eine sowjetisch-deutsche Annäherung gewesen sei. Beim Abschluß des Vertrags habe Stalin sein Glas auf Hitler mit den Worten erhoben ›die Deutschen lieben ihren Führer‹ und habe Hitler ›molodez‹ genannt, was in der russischen Umgangssprache soviel wie ›ein toller Kerl‹ bedeutet.

Johnnie war niedergeschlagen. Der Pakt hatte ihn deprimiert. Als er in seinem dunklen holzgetäfelten Büro saß, sah er deutlich voraus, daß dies Krieg gegen Polen bedeuten würde. Er sagte mir, er werde nach Deutschland zurückkehren und wieder zu seinem Regiment einrücken.«

Es war ein bewegender Augenblick. Es galt, Abschied zu nehmen von meinem Diplomatenleben in Moskau, das mir lieb geworden war. Nach fast einem Jahrzehnt begann eine Reise ins Ungewisse. Ich wußte nicht, ob ich Chip jemals wiedersehen würde. Aber ich hatte keine Zeit, traurigen Gedanken nachzuhängen, ich mußte mich beeilen und mich für den Abflug fertigmachen. Fast wäre ich zu spät am Flugplatz gewesen. Ich sah, wie das Flugzeug Ribbentrops startete und konnte mit Müh' und Not erreichen, daß die bereits geschlossene Tür des zweiten Flugzeugs wieder für mich geöffnet wurde. Wir flogen nach Stettin, von dort reiste ich allein nach Königsberg.

# Polen und der Westfeldzug 1939 bis 1940

In Königsberg erhielt ich Uniform, Waffen und alles andere, was der Soldat braucht, und fuhr nach Mohrungen, wo ich rechtzeitig am 25. August 1939 um vier Uhr nachmittags bei Dawans eintraf. Er zeigte mir auf der Lagenkarte die einzelnen Regimenter der 3. Armee. Darunter befanden sich die beiden einzigen Reiterregimenter, die es noch gab, alle anderen Kavallerieregimenter waren aufgeteilt und als Aufklärungsabteilungen einzelnen Divisionen zugeteilt. Ich wählte das Reiterregiment 1, das in Friedenszeiten in Insterburg stand. Zu dem Regiment und seinen Offizieren hatte ich, wie ich glaubte, keinerlei Beziehungen. Dawans schrieb einen Brief an den Regimentskommandeur, Oberstleutnant Helmuth Wachsen, in dem er meine besondere Lage schilderte. Er kannte Wachsen gut, und versicherte mir, dieser würde mich bestimmt verständnisvoll aufnehmen. Bevor ich abfuhr, brachte mich Dawans zu seinem Oberbefehlshaber General von Küchler, der meiner eingehenden Schilderung der letzten Tage in Moskau gespannt folgte. Nun war keine Zeit mehr zu verlieren, denn am 26. August, morgens drei Uhr sollte in Polen einmarschiert werden. Wir fuhren kriegsmäßig mit abgeblendeten Scheinwerfern an langen Militärkolonnen vorbei, die in die Aufmarschgebiete an der polnischen Grenze marschierten.

Unterwegs meldete ich mich bei Major i.G. Ingo von Collani vom Stab der 1. Kavalleriebrigade. Die Atmosphäre war spannungsgeladen, und alle dachten nur an das, was uns in wenigen Stunden bevorstand. Collani hatte weder Zeit noch Ruhe, sich mit mir zu unterhalten, er erzählte mir nur kurz von einem Grenzzwischenfall, der sich in den frühen Morgenstunden ereignet hatte: Kappenhagen, ein Unteroffizier meines zukünftigen Regiments, hatte versehentlich die polnische Grenze überschritten und war erschossen worden. Er war der erste Tote des Zweiten Weltkrieges. Collani legte sich für kurze Zeit schlafen und riet mir, dasselbe zu tun, bis ein Kübelwagen von der Brigade zum Regiment fahren würde. Ich würde meinen Schlaf noch brauchen.

Kaum war ich eingeschlafen, klingelte der Fernsprecher. Da die anderen todmüde waren und keine Anstalten machten, an den Apparat zu gehen, ergriff ich den Hörer. Ich fiel aus allen Wolken, als im Klartext durchgegeben wurde: »Feindseligkeiten gegen Polen sind nicht zu eröffnen.« Ich weckte sofort Collani. Er war wütend über die Störung und glaubte, daß der unerfahrene Reservist sich verhört haben müsse, überzeugte sich aber doch selbst, daß die Nachricht stimmte. Ich fuhr sofort nach Friedrichsfelde, um mich bei Wachsen zu melden. Wie wir später erfuhren, hatte Mussolini im letzten Moment noch einmal versucht, eine internationale Konferenz einzuberufen. Sein Ziel, den Ausbruch des Krieges abzuwenden, konnte er nicht erreichen, das Unheil wurde nur bis zum 1. September aufgeschoben.

Um Mitternacht meldete ich mich bei Wachsen, der gerade die letzten Befehle gab, den Einmarsch abzublasen. Dann las er den Brief von Dawans und hieß mich herzlich willkommen. Nach den letzten, aufregenden Stunden konnten wir beide nicht schlafen und Wachsen bat mich, ihm ehrlich und offen, wie das unter Kavalleristen üblich sei, eine Beurteilung der politischen Lage zu geben. Zunächst zerstörte ich seine Hoffnung, daß der Angriff gegen Polen ganz unterbleiben würde. Hitler werde sich durch nichts mehr aufhalten lassen. Großbritannien und Frankreich würden uns mit Sicherheit den Krieg erklären, und die Vereinigten Staaten würden nach einiger Zeit folgen. Man könne sich leicht ausrechnen, daß Deutschland gegen eine solche Übermacht wenig Chancen habe. Dieser Krieg würde enden wie der von 1914/1918. Wachsen wollte zunächst nicht glauben, daß Großbritannien und Frankreich in den Krieg eintreten würden. Ich sagte ihm, daß Botschafter von Dirksen in London und Botschafter Graf Welczeck in Paris immer wieder darauf hingewiesen hätten, daß Großbritannien und Frankreich diesmal handeln würden, ja handeln müßten. Hitler hätte ihre Warnungen in den Wind geschlagen, da er felsenfest überzeugt sei, daß beide Westmächte Polen genauso wie die Tschechoslowakei im Stich lassen würden. Auch meine englischen und französischen Freunde in Moskau hätten keinen Zweifel gelassen, daß Hitler diesmal nicht ungestraft davon kommen werde. Ein Beweis dafür, wie gewissenlos und falsch Hitler die Lage einschätze, sei seine Reaktion auf die Nachricht der englischen und französischen Kriegserklärung. Überrascht hätte er ausgerufen: »Was tun wir jetzt?«

Wachsen war erschüttert über das, was er gehört hatte. Nach einer langen Pause sagte er: »Ich fürchte, Sie werden recht behalten.« Am 24.

August, als die Nachricht vom Abschluß des deutsch-sowjetischen Vertrages wie eine Bombe eingeschlagen hatte, bis zum 25. August, als der Befehl kam, Polen anzugreifen, hatte er gehofft, daß die Krise, ähnlich wie im Herbst 1938 in München durch eine internationale Konferenz friedlich gelöst werden könnte. Als jetzt der Befehl kam, die Feindseligkeiten gegen Polen nicht zu eröffnen, fühlte er sich in seiner Hoffnung noch einmal kurz bestätigt, bevor ich sie ihm ganz zerstörte. Wachsen erinnerte sich an seine Erfahrungen im Ersten Weltkrieg, den er als Leutnant mitgemacht hatte. Er war bedrückt von der Vorstellung, daß er nun als Regimentskommandeur dasselbe sinnlose Blutvergießen noch einmal erleben werde. Nur diesmal trage er eine größere Verantwortung. Nach einer langen Pause fuhr er fort: »Ja, Herwarth, ich muß Ihnen recht geben. Ich habe nur eine Bitte, sprechen Sie darüber nicht mit den jungen Offizieren. Viele von ihnen werden fallen, man soll ihnen nicht ihre Illusionen nehmen.« Um die trüben Gedanken loszuwerden, verfiel er in einen scherzenden Ton: »Wenn wir beide diesen Krieg überleben, werden Sie wieder im Auswärtigen Amt sein, während ich die ›BZ am Mittag‹ oder Schnürsenkel am Bahnhof Friedrichstraße verkaufen werde. Ich hoffe, Sie werden dann nicht achtlos an ihrem alten Regimentskommandeur vorbeigehen.« Mit dem gleichen Galgenhumor bot ich ihm eine Wette an: »Wenn wir den Krieg gewinnen, bekommen Herr Oberstleutnant hundert Flaschen guten französischen Champagner von mir. Wenn wir ihn verlieren, bekomme ich nichts von Herrn Oberstleutnant, denn Herr Oberstleutnant werden nichts mehr haben.«

1944 fiel Wachsen in Südfrankreich in amerikanische Kriegsgefangenschaft. Aus den Zeitungen erfuhr er, daß ich in der Bayerischen Staatskanzlei tätig war und teilte mir mit, daß er mit einem Kriegsgefangenentransport in München ankommen werde. Er würde sich freuen, mich wiederzusehen. Ich erzählte dem bayerischen Ministerpräsidenten Wilhelm Hoegner von meinem alten Regimentskommandeur. Auf Grund meiner Schilderung war Hoegner interessiert, ihn kennenzulernen. Hoegner stellte mir sein Auto zur Verfügung, um Wachsen am Ostbahnhof abzuholen und mit ihm zur Staatskanzlei zu kommen. Ich mußte lachen, als ich den Alten in amerikanischer Uniform mit den großen Buchstaben P.W. (Prisoner of war) auf dem Rücken in seinem unverkennbaren Paßgang auf mich zusteuern sah. Ich baute mich vor ihm auf und meldete militärisch: »Rittmeister von Herwarth meldet sich gehorsamst zur Stelle!« Wir waren beide gerührt. Ich erzählte ihm, daß der Bahnhof Friedrichstraße leider im sowjetisch besetzten Sektor von Berlin liege, wir würden aber schon einen passenden Platz für seinen Zeitungsstand irgendwo im Westen finden.

Am 1. September 1939 begann der Einmarsch in Polen. Die Ansprüche auf Danzig und den Korridor erschienen der deutschen Wehrmacht gerechtfertigt. Dies traf in besonderem Maße auf mein Regiment zu, das aus Ostpreußen bestand. Auch in der Bevölkerung herrschte eine ähnliche Stimmung. Danzig war eine deutsche Stadt, und der Korridor wurde als Anomalie aus der Zeit des Versailler Vertrages angesehen. Dennoch überschritten wir die Grenze ohne ein einziges Hurra. Welch ein Unterschied zu der Kriegsbegeisterung von 1914!

Bereits als ich beim Regiment eintraf und der dritten Schwadron zugeteilt wurde, stellte ich fest, daß zwischen Leutnant von Schmidt-Pauli, Leutnant Graf Solms und mir alte Verbindungen bestanden. Schmidt-Paulis Vater und ein Onkel von Solms hatten ebenso wie mein Vater bei den 3. Gardeulanen in Potsdam gestanden. Mein Vater war damals der Schwadronschef von Schmidt-Paulis Vater. Es war ein merkwürdiger Zufall, daß wir drei hier zusammentrafen.

Weit merkwürdiger aber war unsere Entdeckung, daß wir alle drei jüdisches Blut in unseren Adern hatten. Am 3. September erfuhren wir durch eine Rundfunkmeldung, daß die Engländer und die Franzosen uns den Krieg erklärt hatten, was allgemein einen tiefen Eindruck hinterließ. Solms und Schmidt-Pauli erinnern sich noch genau, daß wir zusammenstanden und ich nur sagte: »Jetzt haben wir den Krieg verloren.«

Beim Angriff auf eine Höhe bei Bogate am 4. September bekamen wir Artilleriefeuer. Auf Grund der Erfahrung des Ersten Weltkrieges gab es eine Vorschrift, nach der die Offiziere nicht vor ihren Leute hergehen sollten, um nicht als leichte Ziele vom Feind abgeschossen zu werden. Als ich mich beim Vorgehen einmal kurz umsah, stellte ich fest, daß Solms, Schmidt-Pauly und ich etwa zwanzig Schritt vor unseren Männern waren, die uns nur zögernd folgten. Lachend mußte ich an Hitlers Theorie denken, daß »Nichtarier« feige seien.

In den ersten Tagen stießen wir nur auf geringen Widerstand. Die ersten empfindlichen Verluste hatten wir im Kampf mit einem polnischen Infanterieregiment, in das wir nachts hineingestoßen waren, als es gerade verladen wurde. Bald standen wir vor Warschau. Ich lag mit meinem Zug an der Eisenbahnstrecke von Moskau nach Warschau, in der Nähe eines Bahnwärterhauses, das mir von meinen Reisen in der Eisenbahn wohlbekannt war. Immer, wenn ich es auf meinem Weg von Moskau nach Berlin sah, wußte ich, daß Warschau nicht mehr weit war.

Völlig unerwartet kam Generaloberst Werner von Fritsch angeritten, als wir uns gerade am Bahndamm eingruben. Als ich ihm meldete, begrüßte er mich freundlich, erkundigte sich nach meinem Vater und bat, ihn zu grüßen. Fritsch hatte sich im Krieg gegen Polen dem Artillerieregiment 12 angeschlossen, dessen Chef er war. Ich freute mich über das Wiedersehen und war stolz, daß der Generaloberst mich angesprochen hatte. Gleichzeitig wurde mir die Tragik bewußt, die das Leben dieses ehrenwerten Generals überschattete. Im Februar 1938 war er als Oberbefehlshaber des Heeres, auf Grund einer falschen Anschuldigung, als Homosexueller von seinem Posten abgelöst worden. Auf Drängen der Generalstabsoffiziere wurde er zwar rehabilitiert, bekam aber kein aktives Kommando mehr. Kurze Zeit nach unserer Begegnung verbreitete sich die Nachricht wie ein Lauffeuer, daß er gefallen war. Nicht weit von uns hatte er sich in vorderster Linie hoch aufgerichtet, um mit dem Fernglas die feindlichen Stellungen zu beobachten. Sekunden später brach er in einer Maschinengewehrgarbe zusammen.

Alle, die ihn kannten, wußten sofort, daß er den Tod gesucht hatte. War es Verzweiflung über die schmachvolle Behandlung durch Hitler, oder verzweifelte hier ein Patriot am Schicksal seines Vaterlandes? Erschüttert standen wir vor dieser Frage. Es war tröstlich, daß seine Soldaten in ihm nur den heldenhaften General sahen, der in ihrer Mitte gefallen war. Um diese Zeit bekam Leutnant Graf Solms den Auftrag, in Richtung Praga und die dort befindliche Weichselbrücke mit einem Spähtrupp von etwa fünfzehn Mann aufzuklären, ein reines Himmelfahrtskommando, an dem ich beteiligt war. Gleichzeitig hatte ein Spähtrupp der Radfahrabteilung denselben Auftrag bekommen. Während wir uns unter Ausnützung jeder Deckung vorsichtig durch das Gelände bewegten, sahen wir plötzlich, wie die Radfahrer auf der Landstraße zusammengeschossen wurden. Die Sache wurde brenzlig, da wir jeden Augenblick auf die polnischen Linien stoßen konnten. Wir trafen in Sichtweite eines Dorfes einen einzelnen Bauern. Ich versuchte, ihn auf Russisch auszufragen, ob das Dorf von polnischen Truppen besetzt sei. In diesem Moment machte das Pferd von Graf Solms auf der Hinterhand kehrt, und eine Sekunde später flogen uns die polnischen Geschosse um die Ohren, worauf natürlich kein Pferd mehr zu halten war. Weder Pferde noch Reiter wurden verletzt, was sich nur damit erklären läßt, daß die Polen den uralten Fehler begingen, auf die Reiter und nicht auf die Pferde zu zielen. Solange wir in diesem Krieg beritten waren, hat uns dieser Fehler des Feindes mehrfach das Leben gerettet. Wir versuchten noch ein paarmal, eine durchlässige Stelle in den polnischen Linien zu finden, aber ohne Erfolg. Solms war so vernünftig, die Sache nicht zu forcieren.

Die Polen hatten sehr viel mehr Kavallerie als wir. So standen sich einmal, mitten im Wald, ein deutscher und ein polnischer Reiterspähtrupp plötzlich in einer Entfernung von fünfzig Metern gegenüber. Die Polen waren mit Lanzen bewaffnet und setzten zur Attacke an. Für die Deutschen, die außer dem Karabiner noch den Säbel bei sich trugen, blieb keine Zeit zum Absitzen; und das Schießen zu Pferde ist nicht so einfach, wie es in Wildwestfilmen dargestellt wird. Um nicht aufgespießt zu werden, mußten die Deutschen schleunigst davongaloppieren, was ihnen zunächst wenig nutzte, denn die Verfolger kamen näher und näher. Erst als der Wald sich lichtete und deutsche Truppen sichtbar wurden, drehten die Polen ab. Mit Lanzen begann ein Krieg, der mit Atombomben enden sollte.

Warschau fiel am 27. September 1939. Die deutschen Soldaten hatten sich gut geschlagen, aber überall machte sich mangelnde Kriegserfahrung bemerkbar. Entscheidend für den schnellen Sieg waren die materielle Überlegenheit und die bessere Führung. Die Polen kämpften in einer aussichtslosen Lage und hatten außer persönlicher Tapferkeit nichts einzusetzen.

Zu meinem Erstaunen stellte ich fest, daß die Deutsche Botschaft in Warschau in Betrieb war, und so konnte ich mit meiner Frau in Moskau telegrafisch Verbindung aufnehmen. Die Erleichterung auf beiden Seiten war groß.

Gleich danach ging es weiter ostwärts. Da die sowjetischen Truppen von Osten in Polen einfielen, brach der polnische Widerstand bald völlig zusammen. Kurz bevor wir auf die Sowjets stießen, bezogen wir in einem polnischen Schloß Quartier. Die verängstigte polnische Gräfin fiel uns fast um den Hals, sie glaubte wohl, bei uns besser aufgehoben zu sein, als bei den Russen.

Da ich Russisch sprach, wurde ich als Verbindungsmann zu den sowjetischen Truppen geschickt. Beinahe hätte es einen Zwischenfall gegeben: Als ich mich bei dem russischen Kommandeur mit Handschuhen meldete, die ich bei der Begrüßung entsprechend den deutschen Vorschriften anbehielt, sah der Russe darin eine Beleidigung seiner Person und der Roten Armee. Noch nie zuvor hatte ich meine Handschuhe so schnell ausgezogen; ein paar Erklärungen verwandelten den finsterblickenden Oberst in einen freundlichen Menschen und, nachdem ich meinen militärischen Auftrag erledigt hatte, sogar in einen liebenswürdigen Gastgeber. Das Abendessen mit seinen Offizieren war bescheiden, der Alkohol reichte gerade zu einem Toast auf Stalin und Hitler, aber die traditionelle Bewunderung für deutsches Soldatentum kam in begeisterten Komplimenten zum Ausdruck. Die Russen wollten augenblicklich wissen, wie und wann wir gegen England und Frankreich marschieren würden, wobei sie Schulter an Schulter mit uns zu kämpfen wünschten. So sehr mich diese spontane Verbrüderung bewegte, so unbehaglich war mir zumute, denn ich hielt einen Angriff im Westen für eine Wiederholung der Katastrophe des Ersten Weltkrieges. Ich konnte ihnen aber nicht erklären, was ich wirklich dachte, denn das hätten sie nie verstanden. Deutsch-sowjetisches Einvernehmen war die Losung.

Als Ribbentrop am 28. September 1939 nach Moskau kam, den Grenz- und Freundschaftsvertrag zu unterzeichnen, gab Stalin persönlich ein Essen zu Ehren der deutschen Delegierten. Im Augenblick, als die Gäste Platz nahmen, ging Stalin um den Tisch herum, um Köstring herzlich zu begrüßen. »General«, sagte er, »wir haben Sie auch einmal angreifen müssen, vergessen Sie das.« Er spielte damit auf den Prozeß gegen Radek im Jahre 1936/37 an, in dem Köstring als Kontaktperson von Radek genannt und seine Abberufung aus Moskau verlangt worden war, die übrigens nicht erfolgte. Im allgemeinen war es nicht Stalins Art, sich für Maßnahmen während der Schauprozesse zu entschuldigen.

Ich selbst war zu dieser Zeit nicht in Moskau, aber meine Frau war Zeugin der Herzlichkeit, die plötzlich ausbrach. Als gelernte Sekretärin hatte Pussi bereits privat für Schulenburg gearbeitet, als ich noch in Moskau war. Nun machte Schulenburg sie offiziell zum Mitglied der Botschaft, zumal die Arbeit lawinenartig anwuchs. Da wir Verbündete waren, durften Sowjetbürger wieder mit uns verkehren, was seit 1932 strikt verboten gewesen war. Diese Ehre wurde nur den Deutschen zuteil; die anderen Ausländer blieben nach wie vor tabu. Alle sowjetischen Freunde, die die Säuberung überlebt hatten, meldeten sich wieder und luden Pussi zu sich ein. Die Sowjets stellten ihr neues Verhältnis zu den Deutschen auch bei offiziellen Anlässen demonstrativ zur Schau. Die erste Gelegenheit bot sich am 7. November 1939, als die Spitzen des Sowjetstaates und das gesamte Diplomatische Korps zur Feier der Oktoberrevolution im Gästehaus Spiridonowka zusammentrafen. Pussi unterhielt sich gerade mit dem neu eingetroffenen Legationssekretär Franz Krapf und unserem italienischen Freund Guido Relli auf Deutsch, als Mikojan dazukam und sie freundlich auf Russisch fragte, wie lange sie schon in Moskau sei. Pussi ihrerseits erkundigte sich nach seiner Familie. Strahlend sagte der achtundvierzigjährige Armenier: »Ich habe fünf Söhne... und ich kann noch ein paar mehr zeugen.«

Dann nahm das Gespräch eine politische Wendung. Mit armenischem Enthusiasmus pries Mikojan die Vorzüge der Deutschen, Ordnungsliebe, Fleiß und Zuverlässigkeit. Nur eines hätten die Deutschen nicht, nämlich die unerschöpflichen Rohstoffe der Sowjetunion. Der Gedanke an die Kombination von sowjetischen Naturschätzen und deutschem Know-how verschlüge ihm den Atem. Der deutsch-sowjetische Vertrag, so meinte er begeistert, sei eines der wichtigsten historischen Ereignisse überhaupt; Deutschland und die Sowjetunion zusammen seien unschlagbar. Ohne auf Rellis faschistisches Parteiabzeichen zu achten, denn er hielt ihn für einen Deutschen, erging er sich in Tiraden über deutsche Gründlichkeit und südländische Schlamperei. Relli fühlte sich als Norditaliener und behielt die Fassung.

Meine Frau benützte die Gelegenheit, Mikojans Komplimente zu erwidern. Sie wußte, daß die Entwicklung von Murmansk aus einem kleinen Fischereihafen zu einem bedeutenden Industrie- und Kriegshafen Mikojans Werk war. Sie berichtete von ihrem Aufenthalt in Murmansk, wohin sie einen Monat vorher mit Legationssekretär von Walther und einem Botschaftsangestellten entsandt worden war, um zwanzig deutsche Schiffe, darunter die Bremen, zu betreuen. Diese Schiffe waren vom Kriegsausbruch überrascht worden und hatten auf Anordnung der deutschen Regierung und nach Absprache mit den Sowjets den eisfreien Hafen Murmansk angelaufen, um nicht von den Briten aufgebracht zu werden. Die Schiffe sollten mit möglichst wenig Mann an Bord nach Deutschland zurücklaufen. Etwa zweitausend Passagiere und überzählige Besatzungsmitglieder wurden nach Deutschland abtransportiert. Es mußte für Lebensmittel, winterliche Bekleidung und Bebunkerung gesorgt werden. Es war nicht leicht, die aufgeregten Menschen zu beruhigen und bei Laune zu halten. Die deutschen Schiffe durften einzeln im Schutze der Nacht auslaufen. Jeglicher Funkverkehr der in Murmansk ankernden ausländischen Schiffe wurde unterbunden. Sie durften den Hafen erst drei Tage nach dem Auslaufen der deutschen Schiffe verlassen, um die Operation vor den Briten geheimzuhalten. Alle deutschen Schiffe erreichten in den nächsten Monaten unversehrt ihre Heimathäfen. Meine Frau lobte die gute Zusammenarbeit mit den örtlichen sowjetischen Behörden, die verläßlich und hilfsbereit gewesen waren.

Am Ende dieser ausgedehnten Unterhaltung betonte Mikojan, von nun an würde man sich öfter sehen. Tatsächlich war Mikojan dann häufig bei Schulenburg zu Gast. Er war auch der erste sowjetische Minister, der nach Aufnahme der diplomatischen Beziehungen im Jahre 1955 Deutschland besuchte.

Im Gegensatz zu der herzlichen Atmosphäre, die nunmehr, nach über sechs kalten Jahren, wieder zwischen Russen und Deutschen herrschte, stand die erzwungene Sprachlosigkeit zwischen uns und unseren alten Freunden, den englischen und französischen Diplomaten. Man war im Laufe der Jahre wie zu einer Familie zusammengewachsen, und nun sollte man einander als Feinde betrachten; Pussi war traurig. Nur durch heimliche Augen- und Handzeichen konnte man seine unveränderte Sympathie bekunden. Als sie unerwartet im Bolschoi-Theater direkt neben sich unseren französischen Freund Juniac erkannte, mußten beide das Verlöschen der Lichter abwarten, um eine ebenso leise wie intensive Unterhaltung zu beginnen. Als es hell wurde, kannten sie sich nicht mehr.

Kurz nach dem Polenfeldzug, Ende November 1939, wurde mein Regiment nach Südoldenburg verlegt, wo wir bis zum Beginn des Westfeldzugs blieben. Als wir in Cloppenburg ausgeladen wurden, war es stockfinster, trotzdem standen dort eine Menge Leute, die uns mit Schnaps als Sieger begrüßten. Der Weg zu unseren Quartieren war noch weit, und einige Gestalten schwankten bedenklich. Schon beim Aufsitzen gab es Schwierigkeiten, das eigentliche Drama begann aber auf den vereisten Straßen. Die Pferde hatten keine Stollen an den Hufen und rutschten aus, einige Gleichgewichtsgestörte fielen herunter, und die Offiziere hatten Mühe, alle Helden des Polenfeldzugs sicher in die Quartiere zu bringen. Diese waren eine Enttäuschung. Die Bauern wiesen uns mit unseren Pferden in die Ställe ein. Wir erinnerten uns, in Polen wärmer und gemütlicher geschlafen zu haben. In den folgenden Monaten rückten wir näher und näher an die niederländische Grenze. Wir langweilten uns; aber Ausdrücke wie »phony war« und »drôle de guerre« (komischer Krieg) wurden im Deutschen nicht geprägt, vielleicht weil jeder von uns fühlte, daß es bald ernst werden würde. Der Erste Weltkrieg steckte allen noch in den Knochen, zu viele Väter, Brüder und Freunde waren gefallen. Wir sahen uns denselben aussichtslosen Weg erneut gehen. Hierin waren sich vom ältesten General bis zum jüngsten Soldaten alle einig. Wir überschätzten die Franzosen. Ihre Panzer, die nachher einzeln und damit erfolglos eingesetzt wurden, waren unser Alptraum.

Mein Regimentskommandeur Wachsen schickte mich oft nach Berlin, um zu erfahren, wie die Lage war. Ich wohnte bei meinen Eltern, war aber ständig unterwegs, um mit möglichst vielen Freunden im Auswärtigen Amt, mit Militärs und ausländischen Diplomaten zu sprechen. Brücklmeier, einer meiner besten Informanten, war von Ribbentrop, dem seine kritische Einstellung nicht entgangen war, gefeuert worden. Er wurde im Oktober von der Gestapo verhaftet und nach längeren Verhören freigelassen, mußte aber den Auswärtigen Dienst quittieren. Seine militärischen Freunde in der Widerstandsbewegung verschafften ihm eine Stellung in der Kriegsverwaltung, aber auf Verlangen der Gestapo mußte er auch hier entlassen werden. Sein Retter war schließlich der Generaldirektor der Nordsee-Hochsee-Fischerei, Wilhelm Roloff, der ihn als Verbindungsmann zu den Dienststellen des Ersatzheeres in Berlin einstellte. In seiner neuen Tätigkeit war er vom diplomatischen in den militärischen Sektor des Widerstands übergewechselt. Erich Kordt, der noch bis Frühjahr 1941 Kabinettschef von Ribbentrop blieb, wußte natürlich gleichgut über die Außenpolitik wie über den Widerstand im Auswärtigen Amt Bescheid. Etzdorf war inzwischen Vertreter des Staatssekretärs des Auswärtigen Amtes, von Weizsäcker, beim Chef des Generalstabs des Heeres, Generaloberst Franz Halder, geworden, eine einmalige Stellung, in der er über alle politischen wie militärischen Vorgänge orientiert war. Von allen dreien erfuhr ich, daß die Generalität und der Generalstab des Heeres gegen einen Westfeldzug die schwersten Bedenken hatten, aber Hitler nicht von ihrer Ansicht überzeugen konnten. Hitler ging so weit, seine Generäle Feiglinge zu nennen. Ähnlich wie im August 1938, wurden unter der Leitung von Generaloberst Halder Pläne ausgearbeitet, Hitler in den Arm zu fallen und ihn schlimmstenfalls zu beseitigen. Die militärische Schlüsselfigur bei der Ausarbeitung war Oberstleutnant i.G. Helmuth Groscurth, der mit Etzdorf in engem Kontakt stand. Trotz seiner demonstrativ wilden Entschlossenheit verschob Hitler den Angriff im Westen immer wieder. Und damit verschob auch Halder seine Pläne, Hitler auszuschalten.

Mein alter Moskauer Freund Micki Lanza war inzwischen an die italienische Botschaft in Berlin versetzt worden. Am Silvesterabend 1939 trafen wir uns in seiner Wohnung. An diesem Abend berichtete ich ihm von meinen Befürchtungen hinsichtlich des Treibens der SS und der Zivilverwaltung (Einsatzgruppen) in Polen, wie in seinen Memoiren[1] nachzulesen ist. Während des Polenfeldzugs und in den folgenden Wochen waren die Beziehungen zwischen den deutschen Soldaten und der Bevölkerung normal gewesen. Die Polen waren zwar besiegt, wurden aber menschenwürdig behandelt. Diskriminierende Verordnungen wie die, daß Polen nicht in denselben Abteilen wie die Deutschen reisen durften, kamen erst später. Schon bald entstanden Reibereien zwischen dem Wehrmachtsbefehlshaber im Generalgouvernement, Generaloberst Johann Blaskowitz, auf der einen, und Generalgouverneur Frank und der SS auf der anderen Seite. Blaskowitz wurde abgelöst und die Befugnisse des Militärs eingeschränkt.

Unser Gespräch in der Silvesternacht drehte sich bald um das kommende Jahr 1940 und was es uns bringen würde. Lanza wollte wissen, was ich und meine Kameraden erwarteten. Die jungen Soldaten, so sagte ich ihm, lebten eher sorglos in den Tag hinein. Aber alle Älteren, die sich noch an den Ersten Weltkrieg erinnerten, seien gedrückter Stimmung. Sie sahen nur ein unsinniges Massensterben und ein Ende mit Schrecken vor sich. Als mich Lanza nach meiner eigenen Meinung fragte, erklärte ich ihm rundheraus, daß ein Krieg im Westen für die Deutschen auf die Dauer nicht zu gewinnen sei. Am Ende sähe ich Niederlage, Revolution und eine Bolschewisierung Deutschlands. Es gäbe für uns nur eine Möglichkeit: Wir müßten mit den Alliierten verhandeln. Ich hatte nur wenig Hoffnung, daß es dazu kommen würde. Ich erinnerte mich, daß Mussolini seit 1938 immer wieder, wenn auch erfolglos, eingegriffen hatte, um einen europäischen Krieg zu verhindern. Ich wußte auch, daß Lanzas Botschafter Attolico, den ich aus seiner Moskauer Botschafterzeit kannte, unermüdlich auf ein Einlenken drängte. Lanza war ganz meiner Meinung, und so konnte ich hoffen, daß meine Ansichten einen Niederschlag in der Berichterstattung der italienischen Botschaft finden würden.

Durch Kordt erfuhr ich wenige Wochen später, daß Mussolini am 4. Januar 1940 in einem persönlichen Schreiben Hitler vor einem Angriff im Westen gewarnt hatte. Keine Seite würde diesen Krieg gewinnen können. Die Vereinigten Staaten würden mit Sicherheit eingreifen, und am Schluß würde die Sowjetunion der lachende Dritte sein.

Am 10. Januar stand ich plötzlich Chip und Avis Bohlen in der Halle des Hotel Adlon gegenüber. Wir hatten uns ein halbes Jahr nicht gesehen, und es war viel geschehen. Wiedersehensfreude und Bedrückung hielten sich die Waage. Es war eingetroffen, was wir befürchtet hatten. Chip war auf der Heimreise in die USA, da Avis ihr erstes Kind erwartete. Er äußerte die Absicht, in einer Woche durch Belgien und Holland zu reisen. Ich wußte, daß der Angriff im Westen für den 17. Januar angesetzt war. Ich zögerte einen Moment, ob ich ihn warnen sollte. Als ich mir aber die schwangere Avis mitten im Bombenhagel vorstellte, verflogen meine Bedenken und ich riet ihm, sich zu beeilen, denn wir stünden ja nicht zu unserem Vergnügen schwerbewaffnet an der Grenze. Der Rat wurde dankbar angenommen, wie er berichtet.[2]

Bis zum Beginn des Rußlandfeldzugs traf ich mich in Berlin mit allen meinen Freunden von der Amerikanischen Botschaft. George F. Kennan und Alexander Kirk, die ich schon in Moskau gut kannte, waren nach Berlin versetzt worden, Kirk als Gesandter und Geschäftsträger. Durch sie lernte ich einige andere amerikanische Diplomaten, darunter auch Sam Woods, kennen. Ich traf meine amerikanischen Freunde in ihren Wohnungen, wo wir ausführliche Gespräche führten. Meine Bekanntschaft mit Sam Woods gab später Anlaß zu der Vermutung, ich wäre der Deutsche gewesen, der ihm bei »geheimen Treffen in dunklen Kinos« wichtige Einzelheiten über den Plan Barbarossa (Vorbereitung des Krieges gegen die Sowjetunion) mitgeteilt hätte. Dies ist Unsinn. Ich hätte es nicht nötig gehabt, mich mit Sam Woods in dunklen Kinos zu treffen und kannte im übrigen die Einzelheiten der Weisung »Barbarossa« ohnehin nicht[3].

Rechtzeitig für den bevorstehenden Angriff traf ich am 13. Januar wieder bei meinem Regiment ein. Außer mir wunderte sich niemand, daß nichts passierte. Ende des Monats wurden wir nach Lingen nahe der niederländischen Grenze verlegt. Endlich kamen wir in anständige Quartiere, eine neue Artillerie-Kaserne mit einem schönen Offizierskasino. Täglich warteten wir auf den Angriffsbefehl. Als er weder im Januar, noch im Februar oder März kam, wurden wir übermütig und beschlossen, ein Kasinofest zu geben. Wie üblich bei einem Männerfest wurde es laut, Gläser wurden zerbrochen, und Stühle machten nicht lange mit, als wir, vierzig Mann hoch, auf ihnen reitend Parade spielten. Unser Oberst saß würdevoll auf den Schultern eines baumlangen Rittmeisters, dessen Gleichgewicht arg gestört war. Der Kasinooffizier, ein mißtrauischer alter Artillerist, drehte den Hahn ab und zog sich in sein Zimmer zurück. Aber Betrunkene lassen sich bekanntlich nichts verbieten, einige Herren wurden bei dem Unglücksmann vorstellig und schossen, als sie die Tür verschlossen fanden, gegen die Decke. Was blieb ihm übrig: Das Fest ging weiter. Als die Rechnung über angerichteten Schaden präsentiert wurde, fand sich darauf ein Posten: eine Flasche Mundwasser, ausgetrunken von Leutnant N.

Es blieb nicht das einzige Fest. Am 8. Mai 1940 fand eines für das gesamte Regiment statt, mit dem Krieg war ja doch nicht mehr zu rechnen. Auch das wurde ein großer Erfolg, und um drei Uhr nachts lag ich zufrieden im Bett. Um halb vier weckte mich mein aufgeregter Bursche mit dem Befehl, ich sollte mich sofort beim Regimentsstab melden. Ich hielt das für einen Witz, schickte ihn zum Teufel und drehte mich auf die andere Seite. In seiner Not wandte er sich an Rittmeister von Saucken, einen älteren Reserveoffizier und meinen Vorgesetzten, der mich ebenfalls nicht aus dem Bett bekam. Erst ein Guß eiskalten Wassers brachte mich zur Räson, und ich begriff, daß es losging. Ich fuhr in meine Uniform und war sehr schnell beim Regimentsstab. Leutnant Graf Solms und ich bekamen den Auftrag, sofort einen Spähtrupp zu reiten und die niederländische Grenze am 10. Mai um dreiviertel vier Uhr morgens bei Coevorden zu überschreiten. Wir ritten den ganzen Tag und erreichten spät nachts unsere Ausgangsstellung. Über uns donnerten die Stukas. Um halb vier Uhr begann das deutsche Artilleriefeuer, und Minuten später konnten wir sehen, wie alle Brücken in die Luft flogen, ein Anblick, der uns mächtig in die Glieder fuhr. Mit unserem grimmigen Soldatenhumor hatten wir schon monatelang von der bevorstehenden »Wasserpantomime« gesprochen. Wir fürchteten, die Niederländer würden die Deiche durchstechen, um uns zu ersäufen. Sie haben es nicht getan.

Bei unserem Vormarsch bekamen wir bald heftiges Feuer aus gutgetarnten Bunkern. Wir hatten empfindliche Verluste und waren daher erstaunt, als die Verteidiger nach relativ kurzer Zeit aufgaben und einzeln aus ihren Bunkern mit erhobenen Händen herauskamen. Nun passierte etwas Verblüffendes. Deutsche und niederländische Soldaten gerieten sofort ins Gespräch und machten sich gemeinsam auf in ein Café am Wege, das noch in Betrieb war. Dort warfen uns unsere Gegner diesen Überfall mitten im Frieden vor, worauf wir etwas lahm erwiderten, daß wir als Soldaten, ebenso wie sie, Befehle auszuführen hätten. Ich konnte sie nur damit trösten, daß der Krieg für sie vorbei sei, für uns aber erst angefangen habe. Dieses Argument mochte für die niederländischen Soldaten hingehen, hätte aber kaum den protestantischen Geistlichen überzeugt, bei dem ich einige Tage später einquartiert war. Mit großem Ernst und Nachdruck redete er mir – und damit allen deutschen Soldaten – ins Gewissen. Was wir getan hätten, sei eines Christen unwürdig und eine große Sünde. Ich hörte ihm schweigend zu und bewunderte seinen Mut. Was ich wirklich dachte, konnte ich ihm nicht sagen. Natürlich waren die Niederländer besonders empört, von uns überfallen worden zu sein, nachdem beide Völker seit Jahrhunderten friedlich nebeneinander gelebt hatten. Sie gaben dieser Empörung offen Ausdruck, verhielten sich aber uns Soldaten gegenüber korrekt.

Im Raume Stavoren an der Zuydersee lagen wir einige Tage in Ruhe, die nur durch zwei abenteuerliche Begebenheiten unterbrochen wurde. Ein niederländisches Torpedoboot kreuzte vor der Küste auf und beobachtete unser Tun. Unsere Geschütze eröffneten das Feuer, wohl in der Hoffnung, im Wehrmachtsbericht Schlagzeilen zu machen wie »Kavalleriedivision versenkt feindliches Torpedoboot«. Erstens trafen unsere Geschosse nicht, zweitens ging das Torpedoboot auf sichere Distanz, drittens eröffneten die Niederländer das Feuer – und trafen auch nicht.

Zwei Tage später erhielten wir den Befehl, uns auf Rheinkähnen einzuschiffen und über die Zuydersee zu dampfen, um die Festung Holland zu erobern und dann an der Belagerung von Amsterdam teilzunehmen. Wir betrachteten die Sache mit Skepsis, denn von einer Kavallerieattacke zu Wasser hielten wir nicht viel. Wir probten mit zwei Kähnen, stachen bei starkem Wellengang in See und kehrten sehr bald vollgeschlagen wieder um. Wir konnten froh sein, daß unsere Männer nicht ertranken. Glücklicherweise kapitulierten die Niederländer so rechtzeitig, daß uns weitere seemännische Experimente erspart blieben.

Nach dem Feldzug durch die Niederlande ging es über Belgien nach Frankreich, wo wir erneut eingesetzt wurden. Zu schweren Kämpfen kam es für uns nicht mehr, da der Hauptwiderstand der Franzosen bereits gebrochen war. Beim Übergang über die Seine stießen wir auf Widerstand. Unsere Bereitschaftsstellung war in Meulan, das teilweise durch Artilleriefeuer zerstört war. Ich erinnere mich an einen Uhrenladen, dessen Scheiben zerschossen waren; dann an eine Kolonialwarenhandlung, in der es wüst aussah. Da es im Krieg jedem Soldaten erlaubt ist, Notwendiges für seinen eigenen Bedarf zu nehmen, waren unsere Leute im Begriff, sich zu bedienen. Ein Offizier sorgte dafür, daß dies ordnungsgemäß und gegen Quittung geschah. Bei Boisricheux in der Nähe von Chartres trafen wir am 16. Juni auf Senegalesen, die harten Widerstand leisteten und sich zum Schluß mit Buschmessern verteidigten. Viele von ihnen fielen. Unter denen, die wir gefangennahmen, waren auch weiße Offiziere und Unteroffiziere, die von unseren Soldaten empört gefragt wurden, wie sie dazu kämen, Neger einzusetzen. Schließlich kämen diese Leute aus Afrika und hätten nichts mit unseren Feindseligkeiten zu tun.

Wie um uns die Absurdität des Soldatenlebens vor Augen zu führen, kam nun ein herrlicher, unkriegerischer Ritt durch La Douce France, über La Rochelle, Rochefort und Royan nach Bordeaux. Zu leichten Kämpfen kam es nur bei Saumur, wo wir einen standesgemäßen Gegner, die Kavallerieschule von Saumur, hatten und noch einmal bei Luzay, südlich von Saumur, wo uns am 22. Juni durch Funkspruch die Nachricht vom Waffenstillstand erreichte. Ohne viel zu sagen saßen wir ab, legten uns in den Straßengraben und schliefen ein. Aber sehr schnell folgte ein neuer Funkspruch: »Italiener haben Waffenstillstand nicht unterzeichnet, Krieg geht weiter.« Wir saßen wieder auf. Nachdem der Waffenstillstand am 25. Juni in Kraft getreten war, marschierten wir, nunmehr wie im Manöver, in den Raum von Salles, südlich von Bordeaux. Die Bevölkerung empfing uns zunächst mit verständlicher Zurückhaltung. Aber die Tatsache, daß wir eine SS-Einheit ablösten, beruhigte die Franzosen sichtlich. Es war zu Zwischenfällen mit der SS gekommen. Unser Quartiermacher, Oberleutnant von Dietmann, kam gerade rechtzeitig, um einen halbwüchsigen Jungen, den die SS an einen Baum gebunden hatte, zu befreien. Da wir ein aktives Regiment mit gut ausgebildeten Leuten waren, machten wir so gut wie keinen Dienst. Die Soldaten, die bei Bauern untergebracht waren, halfen ihren Wirten bei der Arbeit, trieben keinen Unfug und sorgten für gute Stimmung. Wir Offiziere fuhren fast täglich an die See und öfters nach Biarritz. Dort trat ich eines Vormittags aus meinem Hotel, als eine Abteilung Infanteristen unter Führung eines Feldwebels auf der Straße auftauchte. Der Feldwel rief: »Achtung!«, und seine Leute verfielen in den Stechschritt. In diesem Moment umarmte mich eine Dame von großem Liebreiz. Ich war ebenso verblüfft wie der Feldwebel und rief automatisch: »Weitermachen!«

Die Dame war Frau Basseches, Ehefrau eines jüdisch-österreichischen Journalisten, von Geburt Russin und vor ihrer Heirat Ballerina in Moskau. Sie war, als wir uns so überraschend trafen, völlig verzweifelt. Sie und ihr Mann waren vor den Nazis von Wien nach Prag, nach Paris und weiter nach Biarritz geflüchtet. Ihr Mann konnte im letzten Moment vor den Deutschen über die spanische Grenze entkommen. Sie stand mittellos mit Tochter und Pudel vor mir. Ich lud erst einmal alle drei zum Essen ein. Als sie von Selbstmord sprach, sagte ich: »Gnädige Frau, Ihre Tochter kann sich allein durchschlagen, aber was soll aus dem armen Pudel werden?« Ich half ihr, eine Stelle in der Offiziersmesse zu finden, und die Tochter wurde bei der Telefonvermittlung untergebracht.

Es wurde später behauptet, daß die Franzosen kein Wort mit den deutschen Soldaten gesprochen haben. Vielleicht trifft dies auf die Literaten zu, die später darüber schrieben. Die französische Kleinstadt- und Bauernbevölkerung, mit der wir es zu tun hatten, verhielt sich anders. Sie redeten mit uns und kamen auch zu unseren Platzkonzerten, bei denen keine Militärmärsche gespielt wurden. Ich machte einen Abstecher nach Paris. In der deutschen Botschaft besuchte ich Rahn und Achenbach, die mich zu Botschafter Abetz brachten. Die Herren waren besessen von dem Gedanken, jetzt sei der einmalige Augenblick gekommen, den alten Streit mit Frankreich zu begraben und einen dauerhaften Frieden zu schließen. Das französische Volk würde auf eine großmütige Geste des Siegers positiv reagieren. Aus meiner ausschnitthaften Erfahrung konnte ich das nur bestätigen. Unsere Beurteilung der Stimmung in Frankreich Mitte 1940 mag richtig gewesen sein, aber die Diplomaten irrten sich in Hitler und überschätzten ihren Einfluß auf ihn.

Im Juni war ich nach langer Verzögerung Leutnant geworden, und auch das nicht ohne Schwierigkeiten. Meine Protektoren Schulenburg und Etzdorf hatten schwer um meine Beförderung kämpfen müssen. Ich wurde zwar Offizier, aber mit dem Vorbehalt, daß über mein endgültiges Schicksal nach dem Krieg entschieden werden würde.

Mitte August endete unser Sommernachtstraum. In offenen Autos saßen wir auf den Plattformen der Güterwagen und fuhren noch einmal durch das schöne Frankreich und anschließend durch Deutschland. In Biala Podlaska, Polen, wurden wir ausgeladen. Noch einige Monate korrespondierten wir mit unseren Quartierwirten in Frankreich.

Nach Frankreich hielt sich Hitler für den größten Feldherrn aller Zeiten, hörte auf niemanden, und das Unglück nahm seinen Lauf.

Mitte August 1940 wurde ich durch Fernschreiben zum Wehrmachtsführungsstab beordert. Ich sollte mich bei meinem Vetter Oberst Bernhard von Lossberg melden. Er war ein paar Jahre älter als ich, hatte am Ersten Weltkrieg teilgenommen, und wir waren seit unserer gemeinsamen Berliner Zeit in den Jahren 1927 bis 1931 gute Freunde. Er war hünenhaft groß, langsam und gesetzt in seinen Bewegungen, hatte aber einen quicklebendigen Geist.

Ich verkehrte im Hause seines Vaters, der Reichswehrgruppenkommandeur in Berlin war und sich im Ersten Weltkrieg als Spezialist für die Abriegelung feindlicher Einbrüche einen Namen gemacht hatte. Wir trafen uns oft auf Gesellschaften, außerdem fanden regelmäßig Zusammenkünfte zwischen den Offizieren, die auf Generalstabslehrgang waren, und den Attachés im Auswärtigen Amt statt, bei denen sich die künftig für Militär und Außenpolitik Verantwortlichen kennenlernen sollten. Wir hatten uns seit 1931 nicht gesehen, ich hatte aber Grund zu der Annahme, daß wir politisch übereinstimmen würden. Ich war gespannt zu erfahren, was mir die Ehre verschaffte, zu einem so hohen Stab gerufen zu werden. Er kam sofort zur Sache. Hitler hatte befohlen, eine Studie auszuarbeiten, die einen möglichen Angriff auf Rußland zum Gegenstand hatte. Natürlich war dieser Auftrag streng geheim und nur wenigen hohen Offizieren bekannt. Bei der Erteilung des Auftrags, so Lossberg, ging Hitler von folgenden Überlegungen aus: 1) die Sowjetunion wird jedes Jahr stärker und mit der Zeit eine tödliche Gefahr für Deutschland werden. 2) Die historische Erfahrung lehrt, daß auf einen starken Führer ein schwacher folgt. 3) Jetzt ist die beste, wenn nicht sogar die letzte Gelegenheit gegeben, dieser Entwicklung Einhalt zu gebieten. 4) Deutschland braucht Lebensraum und Rohstoffe, die es sich in Rußland holen wird.

Hitler war überzeugt, daß die Sowjetunion unter dem Ansturm der deutschen Wehrmacht innerhalb von sechs Wochen militärisch und politisch zusammenbrechen werde. Zu diesem Zeitpunkt sollten die deutschen Truppen die Linie Archangelsk-Astrachan, die sogenannte A-A-Linie, erreicht haben. Einige motorisierte Divisionen müßten dann genügen, die A-A-Linie zu sichern. Nach dem Krieg könnten die Truppen durch Wehrsiedlungen ersetzt werden. Als Vorbild diente Hitler die österreichisch-ungarische Militärgrenze auf dem Balkan zum Schutz gegen die Türken. Lossberg bat mich um meine ungeschminkte Meinung. Ich erwiderte ungefähr folgendes: Die Sowjetunion würde bestimmt nicht in sechs Wochen zusammenbrechen, weder militärisch, noch politisch. Auch die A-A-Linie sei in dieser Zeit nicht zu erreichen. Ich sei zwar kein Generalstabsoffizier, müsse aber mit allem Respekt darauf hinweisen, daß der Nachschub bei derartigen Entfernungen schwierig sein werde. Die Operationen würden sich todsicher auf den Winter erstrecken, und die Härte des russischen Winters sei ihm wohl bekannt. Selbst bei Erreichung der A-A-Linie hätte die Sowjetunion noch genügend Reserven, um den Krieg fortzuführen. Ich verwies ihn auf Schulenburgs Vortrag vor der Wehrmachtsakademie und auf die laufende Berichterstattung von General Köstring. Beide hätten immer wieder und durchaus überzeugend auf die natürliche Defensivkraft der Sowjetunion hingewiesen. Ich empfahl ihm, Caulaincourts Memoiren[1] über den Napoleonischen Rußlandfeldzug, Pflichtlektüre an der Deutschen Botschaft in Moskau, zu lesen.

Lossberg umarmte mich fast, ich hatte ihm aus der Seele gesprochen: Leider könne man mit Hitler nicht reden, denn er sei sein eigener bester General. Als ich Lossberg im September 1940 wiedersah, sagte er mir, der Plan sei im Augenblick nicht mehr akut. Die militärischen Vorbereitungen im Osten gingen nur vorsichtshalber für den Fall eines sowjetischen Angriffs weiter. Als ich zu meinem Regiment nach Polen an der deutsch-russischen Demarkationslinie zurückkehrte, war jedoch von defensiven Maßnahmen nichts zu entdecken.

Kurz danach besuchte ich meine Frau in Moskau. Das war möglich, weil ich meinen Diplomatenpaß nicht abgegeben hatte.

Das sowjetische Visum bekam ich von der sowjetischen Botschaft, deren Mitarbeiter mich von früher kannten. Mein Regimentskommandeur Wachsen war bereit, sich über alle militärischen Bestimmungen hinwegzusetzen, und stellte mir die notwendigen Papiere für die Reise bis zur Grenze aus, mit dem Auftrag, Informationen und reichlich Kaviar mitzubringen. Im Kübelwagen ging es nach Warschau, dort stieg ich in einen Schlafwagen und warf mich schleunigst in Zivil, um als Diplomat über die Grenze zu gehen. Ich hielt es für unerläßlich, Schulenburg und Köstring über mein Gespräch mit Lossberg zu informieren, da ich überzeugt war, daß beide alles daransetzen würden, Hitler von seinen verhängnisvollen Plänen abzubringen. Beide waren bestürzt über meinen Bericht. Sie hatten angenommen, der Aufmarsch in Polen sei entweder als Vorsichtsmaßnahme oder als Druck auf die Russen gedacht, um mehr Getreide, Mangan und andere Rohstoffe zu erhalten. Keiner von beiden konnte sich vorstellen, daß Hitler so verrückt sein werde, seinen eigenen Untergang mit einem Angriff auf die Sowjetunion einzuleiten, zumal ihm Napoleon als warnendes Beispiel hätte dienen müssen.

In Moskau sah ich natürlich auch meine amerikanischen Freunde. Charlie Thayer, ein Pferdenarr und begeisterter Polospieler, konnte von meinen farbigen Schilderungen unserer Kriegserlebnisse hoch zu Roß nicht genug hören. Sie klangen ihm wie ein Heldenlied aus dem Mittelalter. Dabei mußte ich ihn darüber aufklären, daß wir lediglich aufs Pferd gesetzte Infanterie seien, denn im Kampf mußte ein Mann mit vier Pferden zurückgaloppieren, damit drei Männer schießen konnten. Dennoch sei das Pferd, vor allem im Osten, immer noch das geländegängigste Transportmittel. Wir verfielen sofort in unser altes Spiel, alle nur möglichen Entwicklungen durchzusprechen und unsere gegenseitigen Ansichten zu überprüfen. Im Lichte dessen, was so bald geschehen sollte, ist es kaum zu glauben, daß keiner der Amerikaner in Moskau an die Möglichkeit eines deutschen Angriffs auf die Sowjetunion dachte. Denn Deutsche und Russen waren ja scheinbar wieder so befreundet wie vor 1933.

Charlie Thayer hatte die verblüffende Idee, mich mit Legationssekretär John Russel von der britischen Botschaft zusammenzubringen. Ich kannte Russel gut. Sein Vater war der bekannte Russel Pascha, lange Zeit Ägyptens Sicherheits- und Polizeichef, unter dem Anwar al Sadat als junger Offizier gedient hatte. Ich hielt ein solches Treffen für wichtig und freute mich, meinen alten Freund Russel wiederzusehen. Ich wußte wohl, daß ich damit gegen alle Vorschriften verstieß.

Charlie sorgte dafür, daß wir uns wie »zufällig« im Pferdestall der amerikanischen Datscha trafen. Wir wanderten auf altgewohnten Pfaden durch den Wald, streiften im Gespräch nur oberflächlich die Möglichkeit eines Krieges zwischen Deutschland und der Sowjetunion und kamen beide zu dem Schluß, der europäische Krieg würde vielleicht mit einem Patt enden. Naheliegenderweise sprach Russel – als Sohn seines Vaters –

vom Kriegsschauplatz Afrika. Er legte dar, daß die Alliierten im Gegensatz zu uns kurze und sichere Nachschubwege hätten. Die Achsenmächte seien darüber hinaus zu schwach, um über die libysche Grenze hinaus vorzustoßen und ganz Unterägypten zu erobern. Russel und ich waren uns einig, daß Malta eine ständige Bedrohung für den deutschen Nachschub sei und die Deutschen daher versuchen müßten, die Insel zu besetzen.

Tatsächlich war vorgesehen, Malta durch Einsatz von Fallschirmjägern zu nehmen. Die Vorbereitungen liefen bereits, wurden aber abgeblasen, als im Frühjahr 1941 der Balkanfeldzug begann und die Fallschirmjäger dort eingesetzt werden mußten.

Vierzig Jahre später erfuhr ich von Russel, daß er, im Gegensatz zu mir, seinen Vorgesetzten über unser Gespräch berichtet hat.

Mitte Oktober 1940 war ich wieder bei meinem Regiment, berichtete aber nur von gewissen allgemeinen Eindrücken in Moskau und lieferte den Kaviar ab. Von nun an hatte ich den Spitznamen »Außenminister«.

Kaum hatte ich mich wieder an das Einerlei des Dienstes beim Regiment gewöhnt, forderte mich Schulenburg für den bevorstehenden Besuch Molotows in Berlin am 12./13. November an. Hochbeglückt und gerührt über meinen alten Chef fuhr ich nach Berlin und begab mich ins Schloß Bellevue, das der Regierung als Gästehaus diente. Dort sollte auch Molotow wohnen. Da Schulenburg noch nicht eingetroffen war, meldete ich mich bei Staatssekretär Meißner, dem Chef des Präsidialbüros, von dem ich mit väterlicher Freundlichkeit empfangen wurde. Er wollte wohl dem jungen, aus Polen angereisten Leutnant etwas Gutes antun, ließ Sekt und Kaviar kommen und nahm sich die Zeit, sich mit mir zu unterhalten und mich über Polen auszufragen. Er warf einen prüfenden Blick auf meine abgewetzte Uniform und befand, ich müsse für die bevorstehenden Tage und Abendveranstaltungen eine neue Uniform bekommen.

Die Nachricht von Molotows Besuch hatte Unruhe unter meinen Freunden hervorgerufen. Der Plan, die Sowjetunion zu überfallen (Unternehmen Barbarossa), lag zwar in der Schublade, wir wußten aber nicht, worauf Hitler hinaus wollte: Bündnis oder Krieg. Wir waren überzeugt davon, daß die Sowjetunion nichts gegen Deutschland im Schilde führte. Mein Nachfolger in Moskau, Walther, hatte in Fortführung der Schulenburgschen Gedanken vor der Wehrmachtsakademie eine bemerkenswert mutige Aufzeichnung[2] über die Sowjetunion für Etzdorf

angefertigt, die am 2. November 1939 auch dem Chef des Generalstabs des Heeres, Franz Halder, vorgelegen hat. Noch schärfer als Schulenburg in seinem Vortrag, hatte Walther formuliert, daß die Sowjetunion defensiv sei und keine offensiven Absichten uns gegenüber habe.

Ich hatte Etzdorf, Vertreter des Staatssekretärs beim Generalstabschef, wie üblich sofort getroffen. Wir waren uns darin einig, daß uns eine
schicksalhafte Situation bevorstand. Wir befürchteten, daß Molotows
Besuch zu einem Gipfeltreffen zwischen Hitler und Stalin führen könnte.
Ich stellte mir vor, daß Hitler und Stalin sich gut verstehen und zu
gemeinsamen Taten aufbrechen würden. Der Gedanke an eine deutsch-
sowjetische Beherrschung des Mittelmeerraums war gespenstisch, zumal
wir uns nicht vorstellen konnten, wie die Alliierten dies verhindern
sollten. Am Ende stand die Schreckensvision einer von Hitler und Stalin
beherrschten Welt.

An den eigentlichen Verhandlungen nahmen auf deutscher Seite außer
Hitler und Ribbentrop nur Schulenburg, Hilger und Paul Schmidt teil.
Hilger dolmetschte und Paul Schmidt führte Protokoll. Ich war nicht
dabei, erfuhr aber laufend, was besprochen wurde. Schmidt besaß viele
Talente. Außer seinen beruflichen Fähigkeiten hatte er ein phänomena-
les Gedächtnis, Berliner Mutterwitz und schauspielerisches Talent. Er
konnte ganze Reden von Hitler und anderen Nazigrößen in Stimme und
Pose verblüffend echt wiedergeben. Seine Kritik an den Nazis war hart,
aber es lag nicht in seiner Natur, sie aktiv zu bekämpfen; auch im
Widerstand war er »Statist«.

Die euphorischen Ausführungen Ribbentrops zur militärischen Lage
paßten schlecht zu einem englischen Fliegerangriff, der die Herren
zwang, im Luftschutzkeller weiter zu verhandeln.

Für uns ließen sich Hitlers wahre Absichten während der Verhandlungen bald erraten. Als Molotow die sowjetischen Ansprüche auf Finnland,
die Dardanellen und Bulgarien anmeldete, versuchte Hitler, ihm einen
Vorstoß auf den Persischen Golf schmackhaft zu machen. Molotow hätte
das Ablenkungsmanöver hinter diesem Vorschlag durchschauen müssen.
Hitler hatte wenig Sympathie für Molotow, er hielt ihn für einen
subalternen Kleinkrämer. Da Molotow selbst nicht entscheiden konnte,
sah Hitler in ihm keinen gleichwertigen Gesprächspartner. Für Hitler
war das Zusammentreffen mit Molotow nur eine Episode und kein
Vorspiel für ein Treffen mit Stalin. Nach Molotows Besuch wurde von
deutscher Seite kein Versuch mehr gemacht, den politischen Dialog mit
der Sowjetunion fortzusetzen. Als die Sowjets schließlich ihre politischen

Vorstellungen schriftlich übermittelten, würdigte sie Hitler nicht einmal einer Antwort. Dies hätte Stalin stutzig machen müssen. Kurze Zeit später, am 18. Dezember 1940, gab Hitler den Befehl, die Vorbereitungen für einen Angriff auf die Sowjetunion wiederaufzunehmen.

Kaum hatte ich in Polen ausgepackt, wurde ich zum Luftwaffenführungsstab abkommandiert. Oberstingenieur Dietrich Schwencke, Leiter der Abteilung Luftrüstungsvergleich, hatte mich für zwei Monate angefordert. Ich sollte ihm bei seinen Untersuchungen über die militärische Stärke der Sowjetunion helfen. Schwencke hatte sich als stellvertretender Luftwaffenattaché in London einen Namen gemacht. Er hatte eine zutreffende Beurteilung der britischen Luftwaffe geliefert. Die Battle of Britain bewies, daß seine Prognose korrekt und die Görings falsch gewesen war. Im Dezember 1940 beauftragte Göring ihn, die militärische, wirtschaftliche und wissenschaftliche Potenz der Sowjetunion unter besonderer Berücksichtigung der sowjetischen Luftfahrtindustrie und Luftwaffe zu untersuchen. Schon bevor ich in Berlin eintraf, hatte sich Schwencke das gesamte von militärischen und zivilen Dienststellen zusammengetragene Material zu diesen Themen besorgt. Auf den ersten Blick konnten wir feststellen, daß diese Ausarbeitungen an den Tatsachen vorbeigingen und ein verzerrtes Bild der sowjetischen Zustände gaben. Es machte mir Freude, mit Schwencke zusammenzuarbeiten. Seine Analyse der Lage war realistisch. Wie konnte es nur geschehen, daß so viele deutsche Dienststellen die Sowjetunion so unterschätzten? Sicher waren sie bis zu einem gewissen Grade das Opfer ihrer eigenen Propaganda. Eine unheilvolle Rolle hatte auch ein sogenanntes Forschungsinstitut gespielt, auf das sich Partei und SS nur zu gern verließen. Schwencke und ich mußten feststellen, daß manche der Berichte über die Sowjetunion von Deutschen verfaßt waren, die aus Rußland stammten und vertrieben worden waren. Es war nicht verwunderlich, daß diese Leute die Sowjets haßten und in ihrem Urteil kaum objektiv sein konnten. Am Ende unserer Zusammenarbeit kam Schwencke zu dem Schluß, daß er sich ein zutreffendes Bild nur in der Sowjetunion selbst machen könnte. In Begleitung von neun Vertretern der deutschen Industrie fuhr er im April 1941 nach Moskau. Zunächst zeigten ihm die Russen nicht viel und ließen ihn auch nicht aus Moskau hinaus. Dann, plötzlich, änderte sich diese Haltung. Schwencke konnte eine Reihe von Flugzeug- und Motorenwerken besichtigen. Erst nach dem Krieg konnte mir Schwencke diesen Sinneswandel erklären. Sein Büro in der Leipziger Straße hatte direkt neben dem des Leiters der Attachégruppe Harro

Schulze-Boysen gelegen, einem führenden Mitglied der Untergrundbewegung »Rote Kapelle«, die mit den Sowjets zusammenarbeitete. Offensichtlich waren Schwenckes erste Moskauer Berichte auf dem Tisch von Schulze-Boysen gelandet, der sie postwendend nach Moskau an Schwenckes Gastgeber zurückleitete. Schon Schwenckes erste Stellungnahmen waren so positiv abgefaßt, daß die Russen meinten, es lohne sich, ihm und seiner Delegation mehr zu zeigen.

Schwencke war beeindruckt von dem, was er in den Fabriken sah und berichtete, daß die anlaufende Produktion von neuen Typen den zu der Zeit noch eingesetzten sowjetischen Flugzeugen überlegen war. Er stellte auch fest, daß die sowjetischen Konstrukteure sich an die alte Regel hielten, die Maschinen so einfach wie möglich zu bauen, in der richtigen Erkenntnis, daß sie damit weniger anfällig und leichter zu fliegen und zu warten seien. Er fand auf dieser Reise die Ergebnisse unserer Berliner Arbeit bestätigt.

Im Februar 1941 fuhr ich zum zweiten Mal nach Moskau und blieb bis Mitte März. Gleich nach meiner Ankunft unterrichtete ich Schulenburg, daß die militärischen Vorbereitungen in Polen in vollem Gange seien. Jetzt war auch Schulenburg überzeugt, daß Hitler zum Krieg entschlossen sei, denn er hatte keinerlei Weisung erhalten, den politischen Dialog mit der Sowjetunion fortzusetzen. Schulenburg war zutiefst bestürzt, um so mehr weil am 10. Januar 1941 umfassende Wirtschaftsvereinbarungen zwischen Deutschland und der Sowjetunion von Mikojan und meinem alten Freund Schnurre geschlossen worden waren. Die Sowjetunion verpflichtete sich, Rohstoffe aus eigener Produktion, dazu Gummi und Buntmetalle, die sie im Fernen Osten einkaufte, an Deutschland zu liefern. Die Sowjetunion sollte ihrerseits industrielle Ausrüstungen erhalten. Auf Grund dieses und des schon am 11. Februar 1940 geschlossenen Wirtschaftsabkommens konnte Deutschland die britische Blockade umgehen. Schulenburg verstand nicht, warum Hitler den Krieg wollte, wo er doch alle notwendigen Güter auf friedlichem Wege bekommen konnte. Schulenburg war entschlossen, alles in seiner Kraft stehende zu tun, um Hitler von seinem Plan abzubringen, obgleich er zweifelte, daß es ihm gelingen würde. Ich traf einige meiner alten Freunde von der amerikanischen und der italienischen Botschaft; aber ich sah keinen Sinn mehr darin, mit ihnen über die Zukunft zu philosophieren. Mehr denn je waren Versuche hoffnungslos, das Schicksal durch Gespräche aufhalten zu wollen. Obgleich niemand etwas Genaues wußte, herrschte eine Stimmung voll Spannung und Erwartung. Rechte Fröhlichkeit wollte nicht aufkommen. Ich selbst wußte, daß es mein letzter Besuch in Moskau sein würde, und in Gedanken nahm ich Abschied von der Stadt, in der ich soviel Gutes und Trauriges erlebt hatte. Auf dem Rückweg nach Polen am 15. März ließ ich noch einmal diese zehn Jahre wie Bilder an mir vorüberziehen.

Meine trübe Stimmung war schnell verflogen, als ich beim Regiment ankam. Die Kameraden hatten mich und meinen Kaviar schon sehnsüchtig erwartet, und meine Rückkehr wurde im Kasino gefeiert. Alle Fröhlichkeit konnte aber nicht darüber hinwegtäuschen, daß auch bei uns die Spannung wuchs. Zwei Begebenheiten waren bezeichnend für diese Nervosität. Zu unserem Regiment gehörte Oberleutnant Walter Frick, der Sohn des Reichsministers des Inneren. Er hatte sich mit seinem Vater überworfen, als dieser sich scheiden ließ. Der Nationalsozialismus in allen seinen Erscheinungsformen war für ihn ein rotes Tuch. Eines Abends hatten wir den Kreisleiter von Biala-Podlaska ins Kasino eingeladen. Wir hatten dienstlich mit ihm zu tun, und er machte auf uns mehr den Eindruck eines Verwaltungsbeamten als eines überzeugten Parteifunktionärs. Das Unglück wollte es, daß er neben Frick saß und sich verpflichtet fühlte, Lobgesänge auf Hitler, die Partei und den Vater Fricks anzustimmen. Ich beobachtete, wie Frick immer nervöser wurde und plötzlich seinem beflissenen Nachbarn ein Bierglas ins Gesicht schüttete, um ihn zum Schweigen zu bringen. Der Kreisleiter wußte nicht, wie ihm geschah. Ich nahm mich seiner an und versuchte, ihn zu beruhigen. Die Erklärung, Frick sei wahrscheinlich volltrunken, schien ihn zu besänftigen. Als Frick sich am nächsten Tag bei ihm entschuldigte, war die Angelegenheit bereinigt.

Der andere Vorfall ereignete sich unmittelbar vor dem Beginn des Rußlandfeldzuges. Ein Propagandaredner der Partei erschien bei uns, um das Feuer der Begeisterung in unseren Herzen zu schüren. Seine Rede war in der Form geschliffen und inhaltlich gut aufgebaut. Er sprach von den Kreuzrittern, die nach Osten gezogen waren, und von unserer ehrenvollen Aufgabe, ihrem Beispiel zu folgen. Der Beifall, den er offensichtlich erwartet hatte, blieb aus. Anschließend diskutierten wir über den Vortrag. Der Redner fragte uns, warum seine Rede so kühl aufgenommen worden sei. Oberleutnant Schlenther, ein großer, gutaussehender Ostpreuße, Inbegriff des deutschen Offiziers, erwiderte ihm schlagfertig: »Von Begeisterung ist keine Rede. Aber wenn die 1. Kavalleriedivision angreift, greift sie prima an.« Diese kurze Bemerkung traf unsere Stimmung so eindeutig, daß ich sie nie vergessen habe.

In diese Zeit fielen einige Grenzzwischenfälle. Angehörige unseres Regiments überschritten, entweder aus Versehen oder angetrunken, die Demarkationslinie. Die Sowjets verhielten sich korrekt und schickten die Leute ohne Verhör wieder zurück. Deutsche Flugzeuge verletzten ständig die Demarkationslinie, wurden aber niemals von den Sowjets beschossen. Offensichtlich hatte die Rote Armee den strikten Befehl, Grenzzwischenfälle unter allen Umständen zu vermeiden. Im Gegensatz dazu eröffneten die Sowjets bei der geringsten Grenzverletzung der Japaner an der mongolischen und chinesischen Grenze sofort das Feuer.

Stalin selbst gab einen dramatischen Beweis seiner friedlichen Absichten. Am 13. April 1941 schloß die Sowjetunion mit Japan ein Neutralitätsabkommen, das von dem japanischen Außenminister Matsuoka unterzeichnet wurde. Unerwartet und gegen alle protokollarischen Regeln erschien Stalin selbst zur Verabschiedung Matsuokas am Bahnhof. Als er Schulenburg sah, ging er auf ihn zu, legte seinen Arm auf seine Schulter und flüsterte einige Worte in sein Ohr. Soweit Schulenburg ihn verstand, sprach Stalin von seiner Freundschaft zu Deutschland und bat ihn, für die Erhaltung dieser Freundschaft zu sorgen. Dann wandte sich Stalin an den Gehilfen des Militärattachés Oberst Krebs, ergriff dessen rechte Hand mit beiden Händen und sagte: »Wir wollen Freunde bleiben, was immer auch kommen mag.« Krebs antwortete laut und deutlich: »Davon bin ich überzeugt.«

Wenige Tage nach diesem historischen Augenblick fuhr Schulenburg, begleitet von Walther, der meinen Posten als persönlicher Referent übernommen hatte, nach Berlin, um Hitler zu sehen und einen letzten Versuch zu machen, ihn von den friedlichen Absichten der Sowjetunion gegenüber Deutschland zu überzeugen. Kurz zuvor hatte meine Frau Moskau verlassen. Schulenburg hatte in weiser Voraussicht auf ihrer Abreise bestanden, weil sie im Herbst ein Baby erwartete. Die Trennung fiel ihm schwer, aber er fürchtete, daß der Krieg zwischen Deutschland und der Sowjetunion jeden Augenblick ausbrechen könnte. Pussi und ich waren beide zu dieser Zeit in Berlin. Pussi besuchte ihre Mutter und meine Eltern. Ich selbst nahm an einem russischen Dolmetscherlehrgang teil. In diesen Tagen waren Schulenburg, Walther, Pussi und ich täglich zusammen. Unsere Gespräche kreisten um die bevorstehende, entscheidende Besprechung zwischen Hitler und Schulenburg, die für den 26. April 1941 angesetzt war. Am Vorabend der Begegnung waren wir bei Schnurre eingeladen und erörterten immer wieder nur das eine Thema.

Schnurre bezweifelte auf Grund des Eindrucks, den er selbst Ende Januar in einem Gespräch mit Hitler gewonnen hatte, daß Schulenburg Erfolg haben könne. Hitler hatte zwar kategorisch bestritten, daß er einen Krieg gegen die Sowjetunion plane, Schnurre hatte aber aus den Ausführungen Hitlers den Eindruck gewonnen, daß er nicht die Wahrheit sagte.

Schulenburg und Walther wohnten im Hotel Adlon Unter den Linden, nicht weit von der Reichskanzlei und dem Auswärtigen Amt. Am 26. April, kurz vor dem Beginn des Gesprächs mit Hitler, saß Pussi mit Schulenburg und Walther in der Hotelhalle. Die Spannung war beinahe unerträglich. Alle drei wußten genau, daß dies wahrscheinlich die letzte Gelegenheit war, die irgend jemand haben würde, Hitler von seinen Plänen abzubringen. Schulenburg bat Pussi, im Hotel auf seine Rückkehr zu warten und sie stellte sich darauf ein, den ganzen Nachmittag in der Hotelhalle zu verbringen. Um so erstaunter war sie, als beide schon nach weniger als einer Stunde wieder zurückkehrten. Aus ihren Gesichtern sprachen Enttäuschung und Niedergeschlagenheit. Hitler hatte nicht einmal das Memorandum gelesen, welches Schulenburg eingereicht hatte. Schulenburg hatte noch einmal seine Ansichten über die Sowjetunion vorgetragen und dabei betont, er sei felsenfest überzeugt, die Sowjetunion werde sich unter keinen Umständen in einen Krieg hineinziehen lassen. Er hatte darauf hingewiesen, wie wichtig es sei, die »positive Neutralität« Rußlands zu erhalten. Am Ende seiner Ausführungen hatte er beteuert, daß die Sowjets alle jetzigen und auch alle zukünftigen Verträge mit Deutschland einhalten würden. Hitler hatte schweigend zugehört. Als Schulenburg seinen Vortrag beendet hatte, erhob sich Hitler, legte Schulenburgs Memorandum beiseite, schüttelte ihm die Hand und sagte nur: »Ich danke Ihnen, es war sehr interessant. Ich wünsche Ihnen eine gute Rückreise nach Moskau.« Keine Fragen, keine Diskussion, nicht der geringste Hinweis auf einen Angriff gegen die Sowjetunion. Gerade Hitlers Schweigen bestätigte Schulenburgs schlimmste Befürchtungen, daß die Entscheidung längst gefallen war.

Einige Tage, nachdem Schulenburg und Walther nach Moskau abgefahren waren, trafen Pussi und ich Oberstingenieur Schwencke. Auch er war bitter enttäuscht, daß seine Vorgesetzten den Bericht über die sowjetische Flugzeugindustrie und Luftwaffe nicht beachtet hatten. Der Chef des Generalstabs der Luftwaffe, General Hans Jeschonnek, hatte Schwenckes Vortrag über seine Reise in die Sowjetunion angehört und ihm den Rat gegeben, seine Schlußfolgerungen für sich zu behalten, die

Entscheidung sei bereits gefallen. Schon einmal war es ihm ähnlich ergangen. Göring hatte Schwenckes zutreffenden Bericht über die Stärke der britischen Luftwaffe unbeachtet gelassen.

Die Unterlagen des Luftwaffenführungsstabes, auf die Göring sich verließ, waren dagegen fehlerhaft. Sie enthielten nur die Zahlen der Flugzeuge, die in der britischen Luftfahrtindustrie hergestellt wurden und sich in den Luftwaffenverbänden befanden. Die seit Kriegsausbruch in der sogenannten Schattenindustrie produzierten Flugzeuge waren nicht berücksichtigt.

Mein Russischkurs war beendet, und ich kehrte zu meinem Regiment zurück. Für uns alle begann nun wieder das Warten auf das Unvermeidliche. In den letzten Wochen vor dem deutschen Einmarsch in die Sowjetunion beschrieb Schulenburg seine Eindrücke von dieser Zeit des Wartens in einer Reihe von Briefen an Pussi. Dieser Briefwechsel dauerte bis zu seiner Verhaftung nach dem 20. Juli 1944. Wenn man bedenkt, daß die Briefe über den Kurier und das Auswärtige Amt geschickt wurden, ist es erstaunlich, wieviel Schulenburg ihr mitteilen konnte, wenn auch oft in verschlüsselter Form. So schrieb er am 11. Mai 1941:

»Sogar Arbeit haben wir nur noch wenig... Das Ereignis der letzten Woche ist die Übernahme der Ministerpräsidentschaft durch Stalin gewesen... die ersten Taten des neuen *Presidiatel* sind gewesen, daß er amerikanische Nachrichten dementiert hat, die besagten, die S.U. treffe Kriegsvorbereitungen, sende Truppen an die Westgrenze usw. Gleich darauf ist den Gesandtschaften Belgiens, Norwegens und Jugoslawiens der Stuhl vor die Tür gesetzt worden.«

Und am 20. Mai 1941 schrieb er:

»Die Ruhe – hoffentlich ist es keine Ruhe vor dem Sturm! – kommt uns ein wenig unheimlich vor.«

Am Anfang dieses Briefes erwähnte Schulenburg die wachsende Anzahl von Diplomaten, die Moskau verließen – eine Tatsache, die der Sowjetunion wohlbekannt war, aus der sie aber offensichtlich nicht die richtigen Schlüsse zog. Keiner der Moskauer Diplomaten besaß so genaue Kenntnisse der Lage wie Schulenburg, dennoch fühlten alle, daß etwas in der Luft lag. Ende Mai war Schulenburg mehr damit beschäftigt, Abschiedspartys für scheidende Diplomaten zu geben, als Berichte nach Berlin zu schicken. Er schrieb am 24. Mai 1941:

»Die uns hier besonders interessierende Angelegenheit ist unverändert bedrohlich. Wir rechnen jetzt, daß die Krise etwa Ende Juni eintritt. So hoffe ich, daß ich – so oder so – im Laufe des Junis in Deutschland sein werde und mich selber um die Einrichtung der Burg Falkenberg werde kümmern können... Uns kommt es ganz merkwürdig vor, daß wir gegenwärtig *keine Delegationen* mehr haben, daß keine besonderen Verhandlungen zu führen sind usw. Unsere *Kuriere* sind »dünn« und in wenigen Minuten erledigt, kurz: wir haben wenig zu tun, was wir gar nicht mehr gewohnt sind.«

Und am 28. Mai fuhr er fort:

»Viel los ist allerdings nicht! Wir schweben wie bisher in positiven und negativen ›Gerüchten‹. Etwas Gewisses, Sicheres weiß niemand nicht! Ich persönlich bin der Meinung, daß das, was wir alle erwarten, auch bestimmt kommen wird... Auch hier, in sowjetischen Kreisen, besteht eine gewisse Unruhe, aber niemand weiß etwas Näheres.«

Die Unruhe der Diplomaten wurde noch durch Maßnahmen der Sowjetregierung verstärkt, wie zum Beispiel das Reiseverbot für Ausländer nach Leningrad und in andere Grenzgebiete. Diese Beschränkung war zwar eine Folge der allgemeinen Lage, aber, wie Schulenburg schrieb, auch durch den Übereifer einiger Kollegen, vor allem der Japaner und Finnen, verursacht, die mit Vorliebe in diese »kitzligen« Gebiete reisten. »Es ist«, so schloß er, »ein nicht angenehmer Zustand.«

Im Mai 1941 wurde ich zum LIII. Armeekorps nach Radom zur Dienstleistung beim Ic (Generalstabsoffizier für Feindaufklärung) abkommandiert. In dieser Zeit bekam ich den Auftrag, den Offizieren des Stabes einen Vortrag über die Sowjetunion zu halten. Es lag nahe, daß ich mich im Wesentlichen auf die Ausführungen Schulenburgs vor der Wehrmachtsakademie stützte, die ich noch gut im Kopf hatte. Ich betonte, daß die Rote Armee noch nicht in der Lage sei, einen Angriffskrieg zu führen, verwies aber auf die Fähigkeit nicht nur der Armee, sondern der gesamten Bevölkerung, ihr Land erfolgreich zu verteidigen. Ich hütete mich, die Möglichkeit auszusprechen, daß die Zahl der russischen Überläufer groß sein könnte, obgleich Köstring dies von Anfang an für wahrscheinlich gehalten hatte. Wir wußten nur zu gut, daß fast jede Familie in der Sowjetunion unter der Säuberungswelle und der Kollektivierung gelitten hatte und daß Millionen das System haßten. Ich folgte Köstrings Beispiel, der die Möglichkeit von Massendesertionen nicht erwähnte, weil er befürchtete, daß dies Wasser auf die Mühlen Hitlers und der Kriegstreiber sein würde.

Alle Zuhörer folgten meinen Ausführungen mit gespannter Aufmerksamkeit. Man stellte mir sachverständige und interessierte Fragen. Erstaunlich war jedoch, daß niemand zu ahnen schien, daß der Angriff unmittelbar bevorstand. Natürlich wäre jeder, der dieses Geheimnis offen ausgesprochen hätte, vor ein Kriegsgericht gestellt worden, aber es gab in der Diskussion nicht den leisesten Hinweis auf eine Vorahnung. Hitler hatte es verstanden, die Generäle über seine wahren Absichten im Dunkeln zu lassen. Sie glaubten allen Ernstes, daß der Aufmarsch im Osten nur den Zweck habe, die Sowjetunion zu noch größeren Lieferungen von Rohstoffen zu zwingen.

Der Krieg gegen die Sowjetunion war ein streng gehütetes Geheimnis. Pussi berichtete mir später von einer Unterhaltung, die kurz vor ihrer Abreise aus Moskau zwischen ihr, Gebhardt von Walther und Oberst Hans Krebs stattfand, der General Köstring vertrat. Als Walther eine versteckte Andeutung über den bevorstehenden Feldzug machte, fiel ihm Krebs sofort ins Wort und warnte ihn, er müsse jeden, der so etwas behaupte, melden. Die absolute Loyalität, die er in diesem Augenblick zeigte, war bestimmend für sein späteres Schicksal. Krebs war als Hauptmann und Gehilfe des Militärattachés nach Moskau gekommen und seit Anfang der dreißiger Jahre war ich gut mit ihm befreundet. Sein Witz, seine Intelligenz und sein klares Urteil beeindruckten nicht nur mich. Köstring schätzte sein unabhängiges Urteil und seinen Mut, die eigenen Auffassungen zu vertreten, auch wenn sie nicht mit den Grundsätzen und den Lehren des Nationalsozialismus in Einklang standen. Als Köstring und ich ihn 1943 dienstlich wiedertrafen, war er infolge seiner hervorragenden Fähigkeiten Chef des Generalstabs der Heeresgruppe Mitte geworden. In einem Gespräch unter vier Augen beurteilte er die Zukunft ebenso pessimistisch wie Köstring und ich. Am Schluß des Krieges wurde er als Nachfolger von Generaloberst Guderian Chef des Generalstabs des Heeres, nach seiner eigenen Überzeugung eine hoffnungslose Aufgabe. In den letzten Tagen des Krieges war er im Bunker der Reichskanzlei in Berlin und beging Selbstmord.

Als ich mich in Radom meldete, bat ich, möglichst bald wieder zu meinem Regiment zurückkehren zu dürfen, da ich den Auswärtigen Dienst nicht verlassen hatte, um in einem Stab zu dienen. Eine Woche vor dem 22. Juni war ich wieder bei meinem Regiment. Jetzt herrschte überall Hochspannung.

Am 5. Juni 1941 schrieb ich Erich Kordt einen Brief nach Japan, der ihn nicht mehr erreichte. Verschlüsselt nahm ich Bezug auf den bevorste-

Brief von Friedrich Werner Graf von der Schulenburg
an Elisabeth von Herwarth vom 28. Mai 1941.

Moskau, den 28. Mai 1941.


Lieber Kühn!

Da Walther abwesend ist – ich glaube
ich schrieb Ihnen, daß wir ihn über Befehl
einer hohen Auswärtigen Amtes als
Kurier nach Kabul haben entsenden
müssen – und da er sonst nicht
schreiben kann (ob er es überhaupt
tut, ahne ich nicht!) setze ich meine
moskowitischen Berichte fort. Ich
nehme an, daß Sie die Dinge hier,
trotz des heißen geruhsamen und
beneidenswerten Lebens bei uns interessanter warten. Viel los ist allerdings nicht! Hier schweben wir bisher
in positiven und negativen Gerüchten. Etwas Gewisses, Sicheres weiß
niemand nicht! Ich persönlich bin
der Meinung, daß das, was wir alle
erwarten, auch bestimmt kommen
wird. Gesellschaftlich ist wenig los. Dana
Popescu hat mich zum 2.6. zum Bridge
eingeladen. Das ist alles, was ich „vor"
habe. Gestern feierte der Afghane
seinen National-Feiertag von 17 bis

<u>20</u>

20 Uhr. (Übrigens die Feier der „Befreiung Afghanistans vom britischen Joch"!?) So hatte für die schwierige Frage, wie die „Freunde" und wie die „Feinde" zu behandeln, eine „geniale" Lösung gefunden: Der eine Teil würde im Salon zur Linken, der andere in dem zur Rechten aufgefangen. Merkwürdiger Weise gab es in dem britischen usw. Sektor aber nur Tee und Kuchen, während „bei uns" Champagner, Whisky u. anderes gereicht wurde, was zur Folge hatte, dass sich auch alle „Neutralen" bei uns einfanden. Die „Lösung" des guten Afghanen scheint mir doch etwas außergewöhnlich zu sein, selbst wenn man in Betracht zieht, dass die Afghanen England nicht sehr lieben.

Wir haben erstaunlicher Weise gegenwärtig so gut wie nichts zu tun. Zurzeit haben wir keinerlei Delegationen u. Kommissionen hier und in den wenigen noch laufenden Dingen (litauische Grenze, baltisches Kulturgut usw.) schweigt sich Berlin völlig aus.

Die Sowjet-Regierung hat ein Dekret herausgegeben, das Mitgliedern der fremden Vertretungen in der SU das Reisen im Lande so gut

Moskau, den 28. Mai 1941.

...die uns unmöglich macht. So ziemlich alles ist "verboten zone." Auch Leningrad! Daran ist natürlich in erster Linie die "allgemeine Lage" schuld, dann aber auch der Übereifer einiger unserer Kollegen — besonders Japaner und Finnen — die es für nötig befunden haben, gerade jetzt in "kitzligen" Gebieten umherzureisen. Zu den verbotenen Gebieten gehören auch Krim u. Kaukasus. Nun, bis auf weiteres können wir so wie so nicht dorthin fahren. Nur später wird sich alles, alles finden!

Auch hier, d.h. in sowjet-russischen Kreisen, besteht eine gewisse Nervosität. Aber niemand weiß etwas Näheres. Es ist ein nicht angenehmer Zustand.

Das ist so etwa alles, was zu berichten wäre! Ich denke, ich werde in den nächsten Tagen Lala einmal ansehen — bisher habe ich zuviel zu tun gehabt! — weiß aber nicht recht, ob ich ihr damit einen Gefallen tue. Nun, ich werde es wagen!

Lieber Kuß! Ich schreibe Ihnen aus reiner Sehnsucht, weil es mir

mir Freude macht. Dieser Selbstand
ermöglichst Sie keineswegs mir zu
antworten. Sie sollen Ihre Ferien
genießen, ohne an Tisch u. Feder
gebunden zu sein.    Ich hoffe noch
immer im Juli in Deutschland
zu sein und Sie dann zu sehen.
        H. v. Walther hat die Erlaub-
nis noch erhalten, von Kabul bis Mah-
ren, das sowjetische Regierungs-
Flugzeug zu benützen. So hoffen
wir, ihn binnen 5 oder 6 Tagen
wieder hier zu haben.
        Bitte empfehlen Sie mich
angelegentlich Ihrer Frau Mutter
und haben Sie selbst lieber Luß,
vielmals gegrüßt von Ihrem
treu ergebenen

                A. H. Schönberg

Grüßen Sie bitte herzlichst Johnny, wen
Sie ihm schreiben.

henden Kriegsausbruch und endete: »Mit sehr herzlichen Grüßen und guten Wünschen für die Zukunft, der wir tatenfroh und siegesgewiß wie stets entgegensehen.«

Schulenburg schrieb an Pussi am 17. Juni, fünf Tage vor Ausbruch des Krieges:

»Vielleicht ist das heute der letzte Kurier, mit dem ich von hier aus schreiben kann; deshalb will ich Ihnen so viel wie möglich erzählen. Also: Wir *wissen* noch immer gar nichts, aber die berühmten ›Gerüchte‹ schwellen zu Himalajas-Höhe an. Als die Sowjetregierung vor fünf Tagen ihr Kommuniqué veröffentlichte, wonach sie nicht beabsichtigte, Deutschland anzugreifen, u. auch nicht glaube, daß dies umgekehrt das Reich tun wolle, brachen die gesamten *Gerüchte* in sich zusammen. Alle Welt glaubte, daß das Kommuniqué im Einverständnis mit uns herausgegeben worden sei. Dann aber blieb das Echo aus Deutschland aus – wir wissen nicht, ob das sowj. Kommuniqué in Dtschld. überhaupt veröffentlicht worden ist! – Und das hat dem Diplomatischen Korps den Rest der Fassung geraubt.

Gestern, heute und morgen sind die englischen und italienischen Frauen u. Kinder abgereist oder reisen ab; bei den Amerikanern scheint das bisher nicht der Fall zu sein. Aber Steinhardt [amerikanischer Botschafter] hat ›irgendwo‹ eine große Datscha gemietet um darin ›im Notfalle‹ sein Büro unterzubringen, und einen Omnibus für nicht leicht erkennbare Zwecke gekauft; außerdem soll er sich große Benzin-Vorräte angelegt haben. Sie sehen, liebe Pussy, hier gibt es ›Wellen!‹. Nun wir sehen uns alles dies mit Ruhe an!«

Nun war es nicht mehr möglich, den bevorstehenden Angriff geheimzuhalten. Am 20. Juni wurde ein Offizier von jeder Abteilung zum Befehlsempfang bei dem I a der 1. Kavalleriedivision befohlen. Er verkündete uns, Hitler habe beschlossen, den Kommunismus für alle Zeiten zu zerschlagen. Der Krieg gegen Rußland würde dem Reich nicht nur die notwendigen Rohstoffe sichern, sondern auch den Deutschen den fehlenden Lebensraum geben. Er eröffnete uns, daß wir auf deutsche Soldaten in sowjetischer Uniform stoßen könnten, deren Aufgabe es sei, hinter den feindlichen Linien Sabotageakte zu begehen. Auf sie sollte natürlich nicht geschossen werden. Ich konnte mir die Frage nicht verkneifen, wie diese verkleideten Deutschen von den echten Russen zu unterscheiden seien. Der Generalstabsoffizier wußte auch keine rechte Antwort und meinte, sie würden uns schon ein Zeichen geben. Auf meine Zusatzfrage, wie wir das Zeichen erkennen sollten, hatte er wieder keine Antwort.

Am Schluß gab er uns den berüchtigten Befehl Hitlers, sowjetische Kommissare bei Gefangennahme sofort zu erschießen (»Kommissarbefehl«). Außer mir waren fast alle zum Befehlsempfang erschienenen Offiziere zwischen zwanzig und fünfundzwanzig Jahre alt. Sie kannten die Bestimmungen über die Behandlung Kriegsgefangener und wußten, daß ein feindlicher Soldat, der sich ergeben hatte, nicht getötet werden durfte. Einstimmig weigerten wir uns, einen solchen Befehl auszuführen. Der Generalstabsoffizier wiederholte den Befehl mit dem Hinweis, daß jeder Kommissar, den wir in Gefangenschaft schickten, uns auf der Stelle zur Erschießung zurückgesandt werden würde. Wir weigerten uns nochmals, dem Befehl nachzukommen. Einer der jüngeren Offiziere bemerkte, schließlich seien wir Christen. Ich erklärte den anwesenden Offizieren, daß bei meinem Regiment das Problem nicht auftauchen würde. Jeder gefangene Kommissar würde von mir verhört werden, um festzustellen, ob er wirklich Kommissar sei. Wäre dies der Fall, so würde ich ihm Rangabzeichen und Ausweispapiere abnehmen und ihm einschärfen, sich nicht als Kommissar zu erkennen zu geben. Ich konnte den anderen nur raten, den Befehl auf ähnliche Weise zu umgehen.

Der Generalstabsoffizier nahm unsere Befehlsverweigerung hin. Ich glaube, daß er uns im stillen recht gab. Er nahm wohl an, er habe seine Pflicht getan, als er den Befehl weitergab. Er bürdete uns die Verantwortung auf und folgte damit dem Beispiel der Generäle, die unmoralische Befehle weitergaben, ihre Untergebenen in Gewissenskonflikte brachten und zwangen, Verbrechen zu begehen.

Ich fragte mich oft, warum viele der Generäle nicht den Mut hatten, die Weitergabe von verbrecherischen Befehlen zu verweigern, und die schwere Verantwortung ihren Untergebenen überließen. Vielleicht hatten die furchtbaren Erlebnisse des Ersten Weltkrieges sie körperlich und seelisch beeinträchtigt. Ich glaube nicht, daß zum Beispiel die Generäle der Freiheitskriege so gehandelt hätten, weil Gehorsam und Moral für sie noch ein untrennbares Gesetz bedeuteten.

# Der Rußlandfeldzug

In den frühen Morgenstunden des 22. Juni 1941 begann der Einmarsch in die Sowjetunion. Bevor wir den Bug überschritten, feuerte die Artillerie aus allen Rohren. Man sah das Mündungsfeuer wie unheilverkündende Blitze am langsam hell werdenden Himmel. Meine Gedanken gingen nach Moskau zu Graf Schulenburg, und ich mußte daran denken, daß nun alles, wofür wir gearbeitet hatten, mit einem Schlag vernichtet wurde.

Einige Stunden vergingen, bevor die Sowjets das Artilleriefeuer erwiderten. Unser Angriff kam für die Russen ganz unerwartet. Gefangene erzählten uns später, sie seien im Schlaf überrascht worden. Wir stießen zunächst nur auf ein Grenzschutzregiment, das dem NKWD unterstand. Reguläre sowjetische Truppen standen nicht an der Grenze. An anderen Teilen der Front bestätigte sich der Eindruck, daß die Russen den Angriff nicht erwartet hatten. Als die deutsche Artillerie Lemberg beschoß, wollte der sowjetische General nicht glauben, daß die Deutschen angriffen, und erwiderte das Feuer nicht. Bei seiner Gefangennahme erklärte der General, er sei davon ausgegangen, die deutsche Artillerie habe ein Übungsschießen abgehalten und aus Versehen über die Grenze geschossen. Da er den Befehl hatte, Grenzzwischenfälle unter allen Umständen zu vermeiden, befahl er seiner Artillerie erst dann zu schießen, als die deutsche Infanterie angriff und es keinen Zweifel mehr am Ausbruch des Krieges gab.

Stalin konnte einfach nicht glauben, daß Hitler einen Krieg mit der Sowjetunion beginnen würde. Die Güterzüge mit Lieferungen aus der Sowjetunion passierten noch bis zum Ausbruch der Feindseligkeiten die Grenze. In Brest-Litowsk sah ich selber, wie die Züge noch in der letzten Minute über die Brücke rollten. Stalin konnte sich einfach nicht vorstellen, daß Hitler einen Zweifrontenkrieg beginnen und darüber hinaus ein Land angreifen würde, von dem er in Friedenszeiten alles haben konnte, was er brauchte. Er fühlte sich mit Recht getäuscht und verraten.

Bei Beginn des Feldzuges herrschte bei allen, Offizieren und Soldaten, eine nervöse Stimmung. Niemand konnte sich vorstellen, wo und wie dieser Feldzug in den Weiten Rußlands enden sollte, und keiner wußte so recht, warum er stattfand. Als Soldaten waren wir bereit, unsere Pflicht und Schuldigkeit zu tun, aber es gab keine Spur von Begeisterung. Unsere düsteren Vorahnungen wurden bestätigt, als wir beim Übergang über den Bug sofort auf erbitterten Widerstand einer Elitegrenzeinheit stießen. Sie war hervorragend getarnt, einige Soldaten saßen in Baumkronen versteckt, die durch hölzerne Laufstege verbunden waren. Wir mußten unseren Brückenkopf aufgeben und an einer anderen Stelle des Bugs, die bereits freigekämpft war, übersetzen. Ich hatte gerade mit der Fähre das andere Ufer erreicht, als Gefechtslärm ertönte und plötzlich einige Kraftfahrzeuge in einer Staubwolke auftauchten. Kurz darauf folgte eine Horde von reiterlosen Pferden in wilder Flucht, teils ohne Zaumzeug, teils mit dem Sattel unter dem Bauch. Rufe erschallten: »Panzerangriff von vorn!« Es entstand eine Panik, die erst durch das energische Eingreifen von Oberstleutnant Wilhelm von Lengerke, einem Offizier aus dem Ersten Weltkrieg, beendet wurde. Was war vorgefallen? Die vordersten Schwadronen waren bei der Rast angegriffen worden, die Pferde, die gerade getränkt wurden, gingen durch, und die in der Nähe befindlichen motorisierten Teile ergriffen die Flucht. Am nächsten Tag marschierte das Regiment gerade auf einer Straße durch sumpfiges Gelände, als wir plötzlich von sowjetischen Fliegern im Tiefflug mit Bomben und Maschinengewehren angegriffen wurden. Die Pferde waren nicht zu halten und galoppierten zum nächsten Wald. Wer von der Straße abkam, versank im Sumpf.

Die ersten drei Tage machten uns allen klar, daß dieser Krieg kein Spaziergang sein würde wie in Frankreich. Unsere Stimmung war auf dem Nullpunkt. Allerdings war dieser erfolgreiche Angriff der sowjetischen Luftwaffe eine Ausnahme. Später tauchten nur selten einzelne der total veralteten sowjetischen Flugzeuge auf.

Wir stießen bald auf sowjetische Infanterie, die zunächst tapfer kämpfte. Wenn sie aber zurückgingen, verließ die Soldaten der Kampfgeist, sie gaben den Widerstand auf, warfen ihre Waffen weg und ließen sich gefangennehmen.

Spähtrupps sammelten oft Hunderte von Soldaten ein. Da es die Aufgabe eines Spähtrupps ist, aufzuklären, wurde ein Mann des Trupps mit den Gefangenen zurückgeschickt. So sah man dann einen Reiter an der Spitze eines langen Zuges von Gefangenen, die keinen Versuch machten, wegzulaufen. Sie waren froh, daß der Krieg für sie vorbei war.

Da ich der einzige Offizier im Regiment war, der russisch sprach, war es meine Aufgabe, die Gefangenen zu vernehmen. Die Gefangenen waren immer bereit, auszusagen, und, was noch wichtiger war, ihre Angaben entsprachen der Wahrheit. So war es leicht, festzustellen, gegen welche Verbände wir kämpften, wie stark sie waren und wie sie bewaffnet waren. Es stellte sich auch heraus, daß die politischen Kommissare die Soldaten vorwärts getrieben hatten.

Einer der ersten Offiziere, die ich verhörte, war ein junger Artilleriehauptmann, der unbedingt wissen wollte, wo unsere Artillerie in Stellung gegangen war. Ich erklärte ihm, daß ihn dies als Gefangenen nichts mehr anginge. »Nein«, antwortete er, »ich will Ihnen nur erklären, wohin Ihre Artillerie schießen soll, denn im Augenblick schießen Ihre Geschütze immer ein paar hundert Meter vorbei.« Ich war mehr als erstaunt über dieses Verhalten, in dem der Haß gegen das eigene Regime so offen zutage trat. Bei einem anderen Offizier, den ich verhörte, gab es eine ganz andere Überraschung. Er war Diplomat in Kopenhagen gewesen, wo er meinen früheren Kollegen aus Moskau, Herbert Hensel, kennengelernt hatte. Dies war der Anlaß für eine lange Unterhaltung. Ich wies ihn darauf hin, daß die sowjetischen Soldaten wenig Widerstand leisteten. Die Bevölkerung begrüße die deutschen Soldaten als Befreier. Er gab das alles zu, meinte aber, der Krieg habe eben erst begonnen, die Russen seien völlig überrascht worden, und wir würden bald auf stärkeren Widerstand stoßen. Je weiter wir in die Sowjetunion vordrängen, desto mehr würde sich die Lage zu unseren Ungunsten verändern. Ich weiß nicht, ob mein sowjetischer Kollege den Krieg überlebt hat. Damals bewunderte ich seinen Mut und seine richtige Einschätzung der Entwicklung.

An vielen Gefangenen bemerkte ich einen erstaunlichen und für uns Westeuropäer unverständlichen Fatalismus. Ihre Einstellung zum Tod war eine ganz andere, als die unsere. Als ich eine Gruppe russischer Soldaten verhörte, setzte plötzlich sowjetisches Infanterie- und Maschinengewehrfeuer ein. Geschosse schlugen in die Bäume ein, Granaten explodierten, aber die Gefangenen blieben ruhig und unbeteiligt sitzen. Ich ging in Deckung, und erst als ich ihnen befahl, meinem Beispiel zu folgen, taten sie das auch.

Eines Tages wurde mir ein Junge von vierzehn oder fünfzehn Jahren vorgeführt, der durch die deutschen Linien gekommen war. Zunächst behauptete er, er habe seine Eltern besuchen wollen. Schließlich stellte sich heraus, daß er auskundschaften wollte, was hinter den deutschen Linien vor sich ging; er meinte, es sei seine vaterländische Pflicht, so zu handeln. Ich hielt ihm eine Standpauke, er sei noch viel zu jung, und in seinem Alter gehöre er in die Schule und habe auf dem Schlachtfeld nichts zu suchen. Wenn er noch einmal den Versuch machen sollte, hinter den Linien zu spionieren, würde er erschossen werden. Zwei Wochen später wurde er mir wieder vorgeführt. Ich war entsetzt, ihn wiederzusehen, und fragte mich, was ich jetzt tun sollte. Ich fühlte mich verantwortlich für die Sicherheit meiner Kameraden, andererseits hatte ich Mitleid mit diesem patriotischen und sympathischen Jungen. Schließlich entschloß ich mich, ihm eine Tracht Prügel zu verabfolgen und ihn dann laufenzulassen. Der Entschluß wurde mir leichter gemacht, weil wir zügig vorgingen und er uns bestimmt nicht folgen konnte.

Oberleutnant Frick wurde auf der Straße zwischen Mogilev und Gomel verwundet und erlag seinen Verletzungen. Am Anfang des Krieges war es üblich, daß der Regimentskommandeur der Familie eines gefallenen Offiziers persönlich schrieb. Oberst Wachsen beauftragte mich, diesen Brief an Fricks Vater zu entwerfen. Ich hielt mich an den traditionellen Text, der schon im Ersten Weltkrieg verwendet worden war. Ich sprach von seiner Tapferkeit, daß er stets seinen Leuten ein Vorbild gewesen sei, und getreu der Tradition des Regiments sein Leben für das Vaterland geopfert habe. Kein Wort, daß er für den Führer gefallen sei, denn dies wäre bei seiner Einstellung eine Lüge gewesen. Bald erhielt Wachsen eine Antwort von Minister Frick, er sei stolz, daß sein Sohn für Führer, Volk und Vaterland gefallen sei; er wolle dem Regiment zum Andenken sein eigenes Bild mit Unterschrift schicken. Wachsen antwortete, daß er lieber eine Fotografie des gefallenen Oberleutnants hätte, auf den er und das Regiment stolz seien. Das Schreiben von Wachsen blieb unbeantwortet. Auf Grund solcher und ähnlicher Erfahrungen wurde bald angeordnet, daß der Tod von Angehörigen der Wehrmacht den örtlichen Parteidienststellen zu melden sei, die die Familien benachrichtigen würden. Damit wurde sichergestellt, daß die Todesnachrichten in der nationalsozialistischen Phraseologie erfolgten.

In immer kürzeren Abständen stießen wir auf Widerstand, besonders wenn die Sowjets Zeit hatten, ihre Stellung auszubauen. In der Nähe von Mogilev lagen wir stundenlang unter schwerem Artillerie- und Granat-

werferfeuer, dazu noch bei kaltem, regnerischem Wetter. Wir hockten zu
viert in einem Loch, hörten die Abschüsse, warteten auf die Einschläge
und hatten Angst. Um uns abzulenken, erfanden wir ein Spiel. Jeder von
uns sollte beschreiben, wie wir mit unseren Frauen einen Abend in einem
Luxushotel in Berlin feiern würden. In allen Einzelheiten beschrieben
wir das Menu, die Weine, die Kleider, den Schmuck und das Aussehen
unserer Frauen, nicht zu vergessen die Musik, die wir zum Tanz
bestellten. Das Artilleriefeuer verstummte, bevor wir unser Spiel beendet
hatten. So konnten wir aus unseren Löchern herauskriechen und uns die
steifen Beine vertreten.

Wir waren von Anfang an darauf gefaßt, auf Partisanen zu stoßen, zu
Unrecht, denn in der Zeit, in der wir in der Sowjetunion eingesetzt
waren, gab es noch keine Partisanen, die gegen uns kämpften. Wir hörten
aber, daß Partisanengruppen im sowjetischen Hinterland auftraten und
die Verwirrung der ersten Monate benutzten, um alte Rechnungen mit
Sowjetbeamten und dem Regime zu begleichen. Es gelang unserer
Abwehr, mit diesen Partisanengruppen Verbindung aufzunehmen und
eigene Spione und Agitatoren hinter die sowjetischen Linien zu
schleusen.

Die Partisanenbewegung gegen uns begann erst, als die Russen und
die Ukrainer von der deutschen Zivilverwaltung bitter enttäuscht waren.
Hitler und seinen willigen Helfern gelang das beinahe Unmögliche: weite
Teile der Bevölkerung in die Arme Stalins zurückzutreiben.

Wir wurden von der Bevölkerung erstaunlich freundlich empfangen.
In den Dörfern wurden wir als Befreier begrüßt, und nur die sowjetischen Parteifunktionäre flohen vor uns. Die Versuche der sowjetischen
Regierung, die Bevölkerung zu evakuieren, blieben erfolglos. Nur in
Gegenden, die weit von der Front entfernt waren, gelang es, Belegschaft
und Maschinen aus Industrieanlagen zu evakuieren. Auch mißachteten
die Bauern die Anweisung, die Ernte und die Vorräte zu zerstören und
das Vieh wegzutreiben. Stalins Befehl, den deutschen Eindringlingen
»Verbrannte Erde« zu hinterlassen, wurde von den Bauern als ein Akt
der Verzweiflung betrachtet und steigerte nur ihren Haß gegenüber dem
Diktator.

Die Bevölkerung setzte große Hoffnung in uns. Überall wurden wir
mit Brot und Salz begrüßt, dem traditionellen slawischen Symbol der
Gastfreundschaft. Selbst in armen Dörfern schenkten uns die Bauern
Gurken, Yoghurt und Brot als Zeichen der Freundschaft. Immer wieder
sagten sie uns: »Endlich werden wir wie Menschen behandelt werden,

wir werden nicht mehr rechtlos sein.« Sie glaubten fest daran, daß die Deutschen Gerechtigkeit und Humanität verkörperten.

Ich mußte unsere Soldaten ständig ermahnen, vorsichtig beim Requirieren zu sein, denn nicht alles sei Staatseigentum. Es würde sich verhängnisvoll auf die Stimmung der Bevölkerung auswirken, wenn wir ihnen nun das wenige Privateigentum, wie Hühner, Schweine und Kühe, das Stalin ihnen gelassen hatte, auch noch nehmen würden.

In einem Dorf, das gerade von der Roten Armee geräumt worden war, standen die Bewohner auf der Dorfstraße und beobachteten gespannt eine Luftschlacht zwischen Deutschen und Sowjets. Jedesmal wenn ein Sowjetflugzeug abgeschossen wurde, klatschten sie Beifall und schrien: »Auch Stalin bald kaputt.«

Die politischen Gefühle und Ansichten des durchschnittlichen Sowjetbürgers wurden mehr durch wirtschaftliche als durch ideologische und patriotische Erwägungen bestimmt. Nicht die Form der Regierung war ihnen wichtig, sondern die Verbesserung ihres Lebensstandards. Auch mit einer Verwaltung, die ihre Richtlinien von Deutschland erhielt, wären sie einverstanden gewesen. Diese Einstellung war das Ergebnis der unglaublichen Entbehrungen, die sie in der Zeit der Revolution, des Bürgerkrieges und der ersten Fünfjahrespläne erleiden mußten. Die Massen hatten noch nicht erkannt, daß Stalins »Großer Sprung nach vorne« trotz aller Entbehrungen dem Land zu einem bescheidenen Wohlstand verhelfen würde. Ihr Mißtrauen war berechtigt, denn der Wohlstand der herrschenden Klasse beruhte nicht anders als zur Zeit des Zaren auf der harten und entbehrungsreichen Arbeit vor allem der Bauern. Sie konnten sich nicht vorstellen, daß es ihnen unter der Sowjetherrschaft irgendwann einmal besser gehen würde.

Der freundliche Empfang, der uns bereitet wurde, war um so erstaunlicher, wenn man bedenkt, wie heftig und haßerfüllt die antideutsche Propaganda in den Jahren 1933 bis 1938 und dann wieder nach Ausbruch des Krieges gewesen war. Sie schien auf die sowjetische Bevölkerung keinen Eindruck gemacht zu haben. Ganz im Gegenteil, die Menschen sahen in Hitler ihren Erlöser, der ihnen eine bessere Zukunft bescheren würde. Eine Spur von Antisemitismus spielte wohl auch mit. Viele glaubten zum Beispiel, Stalin sei mit der Tochter seines jüdischen Mitarbeiters Kaganowitsch verheiratet. Sie hatten noch nicht bemerkt, daß der jüdische Einfluß in Moskau durch Stalin erheblich reduziert worden und ein starker russischer Chauvinismus an seine Stelle getreten war.

Kaum hatten wir ein Dorf besetzt, wurden wir gefragt, was aus den Kolchosen werden würde. Selbst der ärmste Bauer hoffte, sein Eigentum an Boden und Vieh wieder zurückzuerhalten. Der Haß der Bauern auf die Kolchosen und Sowchosen war grenzenlos. Sie merkten nicht, daß ihr niedriger Lebensstandard nicht nur eine Folge der Kollektivierung war, sondern vielmehr auf den niedrigen Ankaufpreisen ihrer Produkte durch den Staat beruhte. Sie waren Opfer der vom Staat verordneten »Preisschere«, durch die der Aufbau der Industrie finanziert wurde. Sie selber hatten keine genaue Vorstellung, wie das Land aufgeteilt werden sollte, sondern vertrauten auf das deutsche Organisationstalent, das ihrer Ansicht nach leicht mit diesem schweren Problem fertig werden würde.

Wir versicherten ihnen, daß das Privateigentum wiederhergestellt werden würde, wir müßten es aber zunächst ihnen überlassen, wie sie dabei vorgehen wollten. Wir bestanden nur darauf, daß sie die Ernte unter allen Umständen in ihrem eigenen Interesse einbringen müßten. Das leuchtete ihnen ein.

Handwerker und ehemalige Ladeninhaber waren bereit, mit uns zusammenzuarbeiten, weil sie hofften, ihr Eigentum zurückzuerhalten und eine neue selbständige Existenz aufbauen zu können. Sie waren bereit, weitgehende deutsche Forderungen zu erfüllen, um damit zum Sturz Stalins beizutragen. Die Bevölkerung fand sich damit ab, daß Deutschland in Kriegszeiten nicht in der Lage sein konnte, die riesige Nachfrage nach Verbrauchsgütern, Kleidung, Werkzeug usw. zu befriedigen. Sie war aber überzeugt, daß diese Güter nach dem Krieg in einem befreiten Rußland vorhanden sein würden.

Wenn wir etwas länger in einem Dorf blieben, kamen fast immer einzelne Bauern oder eine Delegation, die uns sprechen wollten. Sie nannten uns die Namen der aktiven Mitglieder der kommunistischen Partei und erwarteten, daß wir gegen diese vorgingen. Nicht selten kam nach einiger Zeit eine zweite Gruppe, die uns nahelegte, alle Mitglieder der ersten Gruppe zu verhaften. Solche Begebenheiten ereignen sich zwangsläufig in einem besetzten Land und stellen die besetzende Truppe, die die komplizierten örtlichen politischen Verhältnisse natürlich nicht durchschaut, vor unlösbare Probleme. Es war einfach nicht möglich, die »Guten« von den »Schlechten« zu trennen. Wir hielten uns aus diesen kleinen, persönlichen Rachefeldzügen heraus und sagten den Leuten, das Wichtigste sei, nun wieder an die Arbeit zu gehen.

Welchen Eindruck hatten unsere Soldaten von der Bevölkerung? Wir hatten gerade ein Dorf genommen und rasteten auf der Dorfstraße, als plötzlich sowjetisches Artilleriefeuer einsetzte. Die mit Stroh gedeckten Bauernhäuser gingen in Flammen auf. Ein starker Wind ließ das Feuer überspringen, und bald standen wir vor einer Feuersbrunst, die wir nicht mehr bekämpfen konnten. Als wir das Dorf räumten, sahen wir, wie die Bauern auf die Dächer der Häuser kletterten, die noch nicht brannten, ihre Ikonen zum Himmel hoben und laut beteten, daß der Wind aufhören und ihr Haus verschont werden möge. Als einige unserer Soldaten darüber lachten, versuchte ich ihnen zu erklären, daß in einer solchen Situation nur Beten helfen kann.

Im Lauf der Zeit merkten die Soldaten, wie wenig die Menschen mit dem Bild übereinstimmten, das die Nazipropaganda von den Ukrainern und Russen gezeichnet hatte. Sie entdeckten zu ihrer Überraschung, daß diese Menschen auch nicht viel anders waren als sie selbst. In jedem Dorf gab es eine Schule und Banjas, eine Art von warmen Dampfbädern, die von uns viel und gerne benutzt wurden. Die Nazipropaganda wurde plötzlich unglaubwürdig.

Eine weitere große Überraschung war die strenge moralische Haltung der russischen und ukrainischen Frauen. Die Mädchen waren freundlich und zuvorkommend, lehnten aber Annäherungsversuche ab und gaben deutlich zu verstehen, daß sie geheiratet werden wollten. Solche Sittenstrenge hatten unsere Soldaten nicht erwartet.

Viele der Kriegsgefangenen fragten uns sogleich nach der Gefangennahme, ob wir nicht Arbeit für sie hätten. Sie seien bereit, mit uns zu gehen. Ich hatte nicht den Eindruck, daß sie aus Opportunismus handelten, denn sie wußten noch nichts von den Schrecken der Gefangenenlager. Die meisten von ihnen schienen ehrlich bereit, mit uns zusammen ein verhaßtes System zu zerstören, das ihre Höfe kollektiviert und ihnen selbst so große Opfer auferlegt hatte. Ohne Weisung von oben nahmen unsere Soldaten die angebotene Hilfe an, auf die sie, wie sie fühlten, angewiesen waren. Zunächst leisteten die Gefangenen wertvolle Dienste, weil sie das Land gut kannten. Sie halfen in den Feldküchen und den Werkstätten mit und fuhren die Pferdewagen. Als empfindliche Verluste auf unserer Seite eintraten, wurden ihre Aufgaben verantwortungsvoller. Sie trugen Munition und Maschinengewehre; wenn die deutsche Bedienung ausgefallen war, schossen sie auch selbst. Unabhängig voneinander gliederten fast alle Einheiten die sowjetischen Kriegsgefangenen in dieser Weise ein. Bald wurden auch ganze Einheiten aus ehemaligen Kriegsgefangenen aufgestellt. Lange bevor sich die militärische Führung mit der

Frage der sowjetischen Freiwilligen beschäftigte, war das Problem praktisch bereits gelöst. Die selbstverständliche Zusammenarbeit zwischen deutschen Soldaten und ehemaligen Kriegsgefangenen war eine Tatsache geworden, die nicht mehr rückgängig zu machen war. Dem Generalstab des Heeres fiel nur die Aufgabe zu, die Eigeninitiative der Truppe in geordnete Bahnen zu lenken.

In der Nähe von Pinsk stießen wir auf Turkestaner, die nicht zur Roten Armee gehörten, sondern zu Zwangsarbeit verurteilt worden waren. Ihr fremdländisches, mongolisches Aussehen und ihre Steppjacken war für unsere Soldaten erstaunlich. Da die meisten von ihnen kaum je Ausländer gesehen hatten, schlossen sie, daß sie nun endlich auf Untermenschen gestoßen seien. Die armen Turkestaner hatten die größten Schwierigkeiten, unseren Leuten klarzumachen, daß sie nicht zur Roten Armee gehörten. Schließlich hatten sie den rettenden Einfall: Sie kreuzten ihre Finger vor dem Gesicht, um deutlich zu machen, daß sie hinter Gittern säßen. Sie waren selbst Verfolgte des Sowjetsystems und hätten daher eine gute Behandlung erwarten können. Wir wußten damals nicht, daß Turkestaner und Kaukasier wegen ihres exotischen Aussehens oft für Juden gehalten und nach ihrer Gefangennahme von der SS erschossen wurden. Ähnlich ging es Mohammedanern, die ebenso wie die Juden beschnitten waren.

Es war die Aufgabe unserer Division, durch die Pripetsümpfe vorzugehen und die rechte Flanke der Panzertruppen abzusichern, die auf der »Rollbahn«, der einzigen befestigten Straße zwischen Warschau und Moskau, vorgingen. Zur größten Verwunderung der Armeeführung bewegte sich die Kavalleriedivision in dem unwegsamen Sumpfgelände ebenso schnell wie die motorisierten Truppen auf der Rollbahn. Unser schneller Vormarsch wurde dadurch erleichtert, daß wir auf wenig Widerstand stießen, da die Sowjets wohl nicht mit unserem Vorgehen durch die Sümpfe gerechnet hatten.

Nach glücklicher Durchquerung der Sümpfe befahl Oberst Wachsen dem katholischen und dem evangelischen Geistlichen der Division, einen gemeinsamen Gottesdienst abzuhalten, an dem das ganze Regiment mit den Pferden teilnehmen sollte. Wachsen fand, daß in dieser Zeit der Verirrungen das enge Zusammenwirken der beiden Kirchen notwendig sei.

Eine unangenehme Überraschung war der sowjetische Tank T-34, der unseren eigenen Panzern überlegen war. Er war so stark gepanzert, daß unsere Panzerabwehrgeschütze ihm nichts anhaben konnten. Die Granaten der 3,7-cm- und auch die der 5-cm-Panzerabwehrgeschütze prallten an ihm ab. Es war unsere Rettung, daß die sowjetische Führung nicht verstand, diese ausgezeichnete Waffe richtig einzusetzen. Sie hatten noch nicht gelernt, durch unsere Linien durchzustoßen, wie wir dies so erfolgreich in Frankreich getan hatten. Die Panzer wurden nicht massiert eingesetzt, sondern meist nur zur Unterstützung der angreifenden Infanterie herangezogen. Wenn es ihnen gelang, durch unsere Linien durchzubrechen, kehrten sie nach wenigen Kilometern wieder um. Bevor die 8,8-cm-Flak (Fliegerabwehrkanone) gegen den T-34 im Endkampf eingesetzt wurde, blieb uns nichts anderes übrig, als Deckung zu suchen oder uns einzugraben. Das einzige Mittel, die Panzer aufzuhalten, war, von hinten auf die Panzer aufzuspringen und eine geballte Ladung von Handgranaten in den Turm zu werfen.

Die zweite Überraschung waren die Qualität und Quantität der sowjetischen Artillerie, vor allem die Minenwerfer. Sie wurden gut eingesetzt, änderten oft ihre Feuerstellungen und schossen sehr genau. Im Gegensatz zum Ersten Weltkrieg gab es kaum Blindgänger.

Die sowjetischen Soldaten waren Meister der Tarnung, nicht nur dank ihrer Ausbildung, sondern auch dank ihrer Naturverbundenheit. Sie waren uns in der Anlage von Verteidigungsstellungen weit überlegen, und konnten in unglaublicher Geschwindigkeit Brücken bauen. Dies stellten wir eines Morgens fest, nachdem wir im Schutz eines Flusses die Nacht verbracht hatten und nun zu unserem Schrecken bemerkten, daß die Russen einige Meilen flußaufwärts über Nacht eine Brücke geschlagen hatten und plötzlich in unserer Flanke erschienen. Es war eine Bestätigung des alten Sprichwortes: »Gib einem russischen Bauern eine Axt und laß ihn im Wald allein. Eine Woche später wird er gemütlich in einem Haus sitzen.«

Im Kampf waren die Soldaten der Roten Armee harte Gegner, genügsam und ausdauernd im Ertragen von Strapazen. Ihre Ausrüstung, Gefechtsausbildung und Kampfmoral waren gut. Ihre Schwäche bestand darin, daß sie im Anfang für ein System kämpften, an das sie nicht glaubten, und sich ergaben, wenn sie auf dem Rückzug waren. Unser Vorteil lag in unserer Kriegserfahrung und der überlegenen Führung. In der falschen Annahme, daß der Krieg in sechs Wochen beendet sei, waren wir nicht für einen Winterfeldzug ausgerüstet. Schon bei Beginn des Herbstes litten wir unter Regen und Kälte. Regen und Schlamm setzten uns mehr zu, als die Gefechte. Der russische Bauer nennt diese Zeit des Jahres mit Recht »die Zeit der Wegelosigkeit« und bleibt zu

Hause. Während die motorisierten Fahrzeuge steckenblieben, kamen wir mit den Pferden und den pferdebespannten Fahrzeugen noch durch.

Als wir Brjansk erreichten, ging der Regen in Schnee über, und wir kämpften im Schneesturm. Die Lage wurde dadurch erschwert, daß wir russische Truppen eingeschlossen hatten, die auszubrechen versuchten, und wir selbst von Russen im Rücken angegriffen wurden. In der Nacht herrschte auf beiden Seiten Verwirrung, und niemand wußte genau, was vor sich ging. Zu unserem Glück zogen sich die sowjetischen Truppen, die uns von außen angriffen, zurück, und wir konnten die eingeschlossenen Russen gefangennehmen.

An einem Abend entgingen wir mit knapper Not dem Tod. Der Regimentsstab nahm Quartier in einem der typischen russischen Bauernhäuser, die aus Holz gebaut und mit Stroh gedeckt waren. Wir heizten den in der Mitte der Stube stehenden großen Ofen erst einmal gewaltig ein. Der Bauer beschwor uns, vorsichtig zu sein, wenn wir zu stark heizten, würde das Haus abbrennen wie Zunder. Übermüdet und halb erfroren, wie wir waren, schlugen wir seine Warnungen in den Wind, schoben noch einige Scheite nach und legten uns auf dem Fußboden schlafen.

Mitten in der Nacht erwachte ich, richtete mich auf und merkte zu meinem Entsetzen, daß einen halben Meter über dem Fußboden dichter Qualm lag. Ich schlug sofort Alarm. Wenige Sekunden, nachdem wir aus den Fenstern gesprungen waren, stand das Haus lichterloh in Flammen.

Schon Ende Oktober begannen wir wirklich unter der Kälte zu leiden, weil wir keine Winterkleidung hatten. Es gab wenig zu essen und natürlich keinen Alkohol. Als ich eines Abends erschöpft und verfroren zum Regimentsstab zurückkehrte, wurde ich mit einem selbstgebrauten Kakaoschnaps aus Schokolade und reinem Alkohol empfangen, den die Kameraden auf geheimnisvolle Weise organisiert hatten. Ich trank ein halbes Kochgeschirr auf einmal leer und fiel todmüde und volltrunken in tiefen Schlaf. Nach einer Stunde wurde ich unsanft geweckt, ich sollte mich sofort, vorschriftsmäßig angezogen, beim Regimentskommandeur melden. Ich erinnere mich nur dunkel, daß Wachsen mir etwas sagte, und daß ich seine Hand wegwischte, die an meiner Feldbluse hantierte. Hier verläßt mich meine Erinnerung. Als ich am nächsten Morgen aufwachte, fand ich meine Feldbluse nicht. An einer, die herumlag, befand sich das Eiserne Kreuz erster Klasse, das konnte nicht meine sein. Ich war wütend und schimpfte, bis die Kameraden anfingen, zu lachen, worauf ich noch wütender wurde. Endlich erklärten mir die anderen, daß Wachsen mir gestern abend das Eiserne Kreuz erster Klasse mit entsprechenden Worten überreicht und angesteckt hatte. Schwankend hätte ich ausgerufen: »Hoppla, wir leben!«

Nach Brjansk erhielten wir den Befehl, nach Gomel zu marschieren. Wir sollten von dort in die Heimat abtransportiert und in eine Panzerdivision umgewandelt werden. Wir waren empört, daß wir mit unseren vom Feldzug erschöpften Pferden in zehn Tagen über dreihundert Kilometer in Eilmärschen zurücklegen sollten. Unsere Pferde waren diesen Anstrengungen nicht gewachsen. Auf dem harten und furchtbaren Marsch verloren wir mehr Pferde als zuvor in den Kämpfen. Keiner von uns sah eine zwingende Notwendigkeit für diese Schinderei.

In Gomel fand eine Abschiedsparade der I. Kavalleriedivision vor unserem Divisionskommandeur General Feldt statt. Uns allen war bewußt, daß dies ein historischer Moment in der Kriegsgeschichte war. Es war das Ende des Zeitalters der Kavallerie, das in grauer Vorzeit begonnen hatte.

Dabei darf man nicht vergessen, daß die Rolle der deutschen Kavallerie bedeutsamer gewesen war, als man in einem so hochmotorisierten Feldzug hätte erwarten können. In dem Gelände, in dem wir in der Sowjetunion kämpften und das sich in den letzten Jahrhunderten kaum verändert hatte, war das Pferd das ideale Fortbewegungsmittel. Ob Sand, Schlamm, oder Wald, unsere Pferde kamen durch, während die motorisierten Fahrzeuge steckenblieben.

Während wir unsere Pferde abgaben, blieb eine SS-Kavalleriebrigade bestehen. 1943 wurden die drei Kavallerieregimenter Nord, Mitte und Süd aufgestellt, aus denen später zwei Brigaden gebildet wurden. Warum, fragten wir uns, wurden wir in eine Panzerdivision umgewandelt? Viele von uns wußten, daß Hitler nichts für die Kavallerie übrig hatte. Es kursierte ein Gerücht, er sei in seiner Jugend von einem Pferd gebissen worden. Sicher aber wußte er von der konservativen Einstellung der Kavallerie, die keine Sympathie für den Nationalsozialismus aufbrachte. In der Zeit unserer Umschulung zu einer Panzerdivision machte die SS das Angebot, uns als ganzes zu übernehmen. Als dies natürlich abgelehnt wurde, versuchte die SS, einzelne unserer Offiziere abzuwerben. Wir sind stolz darauf, daß keiner von uns bereit war, unsere Heeresuniform mit der SS-Uniform zu vertauschen.

Nach der Parade wurden wir verladen. Auf dem Marsch zum Bahnhof sah ich in einiger Entfernung lange Reihen von sowjetischen Kriegsgefangenen, die sich langsam auf den Bahnhof zubewegten und wohl ebenfalls verladen werden sollten. Mir fiel auf, daß viele von ihnen wie Betrunkene schwankten und sich gegenseitig festhielten, ich machte mir aber im Augenblick darüber weiter keine Gedanken. Erst am nächsten Morgen im fahrenden Zuge begriff ich, was geschah. Einer meiner Leute weckte mich und zeigte entsetzt auf die Leichen russischer Soldaten, die entlang der Bahngeleise lagen. Es handelte sich offenbar um verhungerte Kriegsgefangene, die von ihren Kameraden während des Transports aus dem Zug geworfen worden waren. Die Unglücklichen, denen ich auf dem Weg zum Bahnhof begegnet war, hatten tagelang nichts zu essen bekommen und schwankten vor Erschöpfung und Auszehrung.

Als unser Zug an der Grenzstation Wirballen-Eydtkunen längeren Aufenthalt hatte, konnte ich meine Frau in Kitzbühl anrufen. Ich war unruhig und wollte endlich wissen, ob unser Kind geboren sei. »Schon am 8. November«, sagte Pussi, »es heißt Alexandra, wiegt sechseinhalb Pfund und sieht süß aus.« Ich kehrte zu meinen Kameraden zurück und meldete die Geburt meiner »sechseinhalb Kilo« schweren Tochter. Wir hatten noch eine Flasche Cointreau, die wir nun auf das Wohl des Wunderkindes leerten. Meine Kameraden schlugen vor, sie »Cointrine« zu taufen. Als der Regimentskommandeur sich über den Lärm beschwerte, rief ein Offizier auf Plattdeutsch: »Sei ruhig, Alter, der Johnnie hat gerade eine Tochter bekommen.« Schulenburg wurde ihr Taufpate, und der Name Alexandra sollte an glückliche Zeiten in Rußland erinnern.

Nach kurzem Aufenthalt auf dem Truppenübungsplatz Stablack in Ostpreußen wurden wir auf den Truppenübungsplatz Ohrdruf in der Nähe von Erfurt verlegt. Die Stärke der Division übertraf die Bevölkerungszahl des Städtchens. Damit die Stadt nicht von Kavalleristen überschwemmt wurde, durften wir die wenigen Lokale und das einzige Kino von Ohrdruf nicht besuchen. So saßen wir in unseren Baracken und Kantinen. Die Offiziersmesse stammte aus der Zeit vor dem Ersten Weltkrieg. Langeweile machte sich breit. Wir fanden, daß unsere Offiziersmesse durch Dekoration nur gewinnen könnte. Da sie eine gewisse Ähnlichkeit mit einer Bahnhofshalle hatte, faßten wir einen Beschluß:

Jeder von uns, der mit der Bahn reist, sollte irgendein Schild mitgehen lassen, um das Kasino zu verschönern. Binnen kurzem sah es bei uns aus wie in einer Austellung zur Geschichte des Deutschen Bahnhofs.

Auf die Dauer war auch dies keine Lösung für die Behebung unserer Langeweile. Ein Divisionsabend, der alle Offiziere der verschiedenen Einheiten zusammenbringen sollte, erschien uns als eine gute Abwechslung. Nach allem Schrecklichen, das wir in der Sowjetunion erlebt hatten, entluden sich die angestauten Gefühle in überschwenglicher Fröhlichkeit. Es wurde gesungen und gepfiffen, auf den Tischen getanzt, es war ein Höllenlärm. Gegen Ende des Abends schlug einer vor, mit den letzten uns verbliebenen Pferden ein Reitturnier in unserer Kasino-Bahnhofshalle zu veranstalten. Aus Tischen und Stühlen wurden Hindernisse aufgebaut, die Pferde wurden gesattelt, und das Springen begann. Die Vernunft unserer braven Pferde und der Schutzengel, der für Betrunkene zuständig ist, taten das Ihre. Es gab keine Stürze.

Die Kradschützen unserer Division fühlten sich benachteiligt, da sie am Reiterfest nicht teilnehmen konnten. Also beschlossen sie, ein Motorradrennen im Saal zu veranstalten. Der Lärm war ohrenbetäubend, einige der Motorräder rutschten unter ihren Fahrern weg, aber auch die Motorradfahrer haben ihren Schutzengel. Personen wurden nicht verletzt, aber an der Einrichtung des Saales entstand einiger Sachschaden.

An Sonntagen fuhren wir manchmal nach Weimar oder Erfurt. Wir waren jedesmal begeistert von den herrlichen gotischen Kirchen Erfurts, die von Feininger so eindrucksvoll gemalt worden sind. Da es schwer, wenn nicht unmöglich war, Hotelzimmer zu finden, bot sich als Ausweg ein auf einer kleinen Insel gelegener Kindergarten, dessen Leiterin mit einem unserer Offiziere befreundet war. So verbrachten wir unsere Erfurter Nächte im Spielzimmer.

Kurz vor Weihnachten 1941 ließ mich mein Vetter Oberst i. G. von Lossberg zum Wehrmachtsführungsstab kommen. Seit über einem Jahr hatten wir uns nicht mehr gesehen. Lossberg wollte mit mir über meine Erfahrungen als Frontoffizier im Rußlandfeldzug sprechen. Wir waren einer Meinung darüber, daß die Hoffnungen, die sich Hitler und einige seiner Generäle gemacht hatten, nicht in Erfüllung gehen konnten und daß die berüchtigte Archangelsk-Astrachan-Linie unerreichbar war. Die deutschen Truppen waren gerade vor Moskau zurückgeschlagen worden. In unserem Gespräch über Hitlers Kriegsführung sagte mir Lossberg, er sei bereits vor einiger Zeit zu der Überzeugung gelangt, daß Hitler allem Anschein zum Trotz kein mutiger Mann sei. Dies hatte er selbst bei der Besetzung von Norwegen erlebt. Nach anfänglichen Erfolgen waren die deutschen Truppen in Narvik auf harten Widerstand gestoßen und wurden durch die britischen und norwegischen Gegenangriffe schwer bedrängt. Sie liefen Gefahr, aufgerieben zu werden. Hitler wollte den deutschen Truppen den Befehl geben, auf schwedisches

Gebiet überzutreten und sich dort internieren zu lassen. Lossberg widersprach energisch und bestand darauf, daß Narvik unter allen Umständen gehalten werden müßte. Hitler gab schließlich nach.

Auch beim Unternehmen »Seelöwe«, das auf seinen Befehl geplant worden war, fehlte es ihm letztendlich an Mut. Wie Napoleon 1812 in Boulogne-sur-Mer, wagte auch Hitler nicht den Sprung nach England. Auch der Feldzug gegen Rußland war kein Beweis für seinen Mut, da er der Ansicht war, daß der sowjetische Widerstand in sechs Wochen gebrochen sein würde – ein Irrtum, den er im übrigen mit englischen und amerikanischen Militärsachverständigen teilte. Er war überzeugt, daß die Niederwerfung der Sowjetunion eine einfache Aufgabe ohne Risiko sei. Auch Halder, der Chef des Generalstabs, gab sich dieser Illusion hin. Als der Sechs-Wochen-Traum nicht in Erfüllung ging und die Lage an der Ostfront kritisch wurde, weigerte Hitler sich, dem Rat des Generalstabs, die Front zurückzunehmen, zu folgen, um aus gut vorbereiteten Stellungen im Frühjahr 1942 eine neue Offensive beginnen zu können. Als die sowjetischen Truppen erfolgreich zum Gegenangriff übergingen, war es zu spät, einen geordneten Rückzug einzuleiten. Die deutschen Truppen mußten den russischen Winter ohne Winterausrüstung und ohne den erforderlichen Nachschub überleben. Hitlers unmenschlicher Befehl, die Front unter allen Umständen zu halten, hat wahrscheinlich 1941/42 ihren Zusammenbruch verhindert.

Noch als meine Division in der Sowjetunion eingesetzt war, verkündete das Propagandaministerium, daß die Masse der Roten Armee vernichtet und der Feldzug im Osten entschieden sei. Diese prahlerische Selbsttäuschung wurde von uns mit Sarkasmus und Grimm zur Kenntnis genommen. In der Schlacht um Briansk erschien einer meiner Kameraden mit einer Flasche Kognak, um zu feiern. Wir befanden uns mitten in schweren Kämpfen, und ich fragte ihn, was in Teufels Namen es denn zu feiern gäbe. Er antwortete, er habe eben am Rundfunk gehört, daß die Rote Armee praktisch vernichtet sei. Wir tranken auf unseren Erfolg, das Lachen war uns längst vergangen.

Es ist bedauerlich, daß Hitler und Goebbels solche Ausbrüche von grimmigem Sarkasmus nie zu hören bekamen. Hitler ahnte wohl, daß die Stimmung in der Kavalleriedivision nicht gut war. Als er 1942 darauf aufmerksam gemacht wurde, daß die Offiziere der 1. Kavalleriedivision ein Haufen konservativer Antinazis seien, soll er zynisch geantwortet haben, solange sie bereit seien, ihre Pflicht zu tun und ihr Leben zu opfern, werde er erst nach dem Krieg über ihr endgültiges Schicksal entscheiden. Diese Antwort war charakteristisch für Hitler, kennzeichnete aber auch richtig das Dilemma derjenigen Offiziere, die gegen ihn waren, aber doch ihre Pflicht treu erfüllten. Im späten Frühjahr 1942 kam die 1. Kavalleriedivision, nunmehr als 24. Panzerdivision, wieder zum Einsatz in der Sowjetunion und ging der Katastrophe von Stalingrad entgegen. Unser Regimentskommandeur Oberst Wachsen war versetzt worden. Wir bedauerten den Weggang eines Mannes, dem das Leben seiner Soldaten wichtiger war als Ruhm und Auszeichnung. Vielleicht war diese menschliche Haltung ein Grund für seine Versetzung.

# Die Entstehung und der Aufbau der Freiwilligenverbände –
## Schulenburg, Stauffenberg und Köstring

Zu der Zeit, als meine Division in die 24. Panzerdivision umgewandelt wurde, wurde ich als Offizier zu der Abteilung XIII des Auswärtigen Amts abkommandiert. Die Abteilung war für die Sowjetunion zuständig und zwar sowohl für den besetzen wie für den unbesetzten Teil. Als ich am 3. März 1942 von Ohrdruf nach Berlin abfuhr, hatte ich keine Ahnung, was mich erwartete. Graf von der Schulenburg war der Leiter der Abteilung XIII und hatte, wie ich später aus einem Brief, den er an Pussi geschrieben hat, erfuhr, meine Abkommandierung persönlich bei Feldmarschall Keitel erwirkt. Sicherlich spielte dabei der Gedanke, mir einen erneuten Fronteinsatz zu ersparen, eine Rolle. Er konnte damals nicht ahnen, daß er mich vor Stalingrad bewahrt hatte. Wie froh er später über seine Entscheidung war, schrieb er am 23. Januar 1943 an meine Frau:

»In Stalingrad muß es nach den Zeitungen furchtbar sein. Wie die dreihundert Spartiaken bei den Thermopylen müssen die Divisionen dort sich opfern, um das riesige sowjetische Einschließungsheer möglichst lange festzuhalten. Gottseidank, daß Johnnie nicht dort drinnen sitzt.«

Als ich mich bei Schulenburg meldete, kämpfte er eine Schlacht an mehreren Fronten, um dem Auswärtigen Amt ein Mitspracherecht in der Verwaltung der besetzten Gebiete zu erstreiten. Sein Hauptgegner war Alfred Rosenberg, der als Chef des Ostministeriums für die Politik der Partei in den besetzten Gebieten verantwortlich war. Weitere Gegner waren Fritz Sauckel, der Generalbevollmächtigte für den Arbeitseinsatz, dessen Aufgabe es war, sowjetische Arbeiter zwangsweise nach Deutschland zu bringen, der berüchtigte Reichskommissar für die Ukraine, Erich Koch, und die SS, die sich bereits in der ihr eigenen brutalen und unberechenbaren Art in die Angelegenheiten der besetzten Gebiete einmischte. Schulenburg war der Auffassung, daß Rosenbergs Ostministerium nur eine untergeordnete und zeitlich begrenzte Rolle zu spielen habe. Das Auswärtige Amt müsse allein für alle Fragen zuständig sein, die die Zukunft der Sowjetunion und ihre Beziehungen zu Deutschland berührten. Wieder einmal, wie schon 1939 vor Abschluß des deutschsowjetischen Vertrages, verfolgten Schulenburg und Ribbentrop dieselben Ziele, aber aus ganz unterschiedlichen Gründen. Ribbentrop unterstützte Schulenburg, weil er seinen persönlichen Machtbereich vergrößern wollte. Da Ribbentrop aber bestrebt war, die Absichten Hitlers im Voraus zu erkennen und danach seine eigenen Entschlüsse zu fassen, war er für Schulenburg ein unzuverlässiger Partner.

Inmitten aller dieser Machtkämpfe mußte Schulenburg sich davor hüten, die nationalsozialistischen Machthaber durch eine offene Formulierung seiner Gedanken zu reizen. Vergeblich wird man in den Archiven ein Schriftstück suchen, in dem er seine Konzeption zur Ostpolitik dargelegt hätte.

Schulenburg wollte, daß Polen und die drei baltischen Staaten ihre Unabhängigkeit zurück erhielten. Er hatte Polen als Konsul kennen und schätzen gelernt, und er hatte zu viele gute Freunde in Polen, als daß er sich eine andere Politik hätte vorstellen können. 1939 bis 1941 hatte er vielen seiner polnischen Freunde die Ausreise aus ihrem besetzten Land in neutrale Länder ermöglicht, indem er immer wieder bei der deutschen und der Sowjetregierung für sie eintrat.

Schulenburg befürwortete die Errichtung der unabhängigen Staaten Georgien und Armenien. Wiederum waren seine persönlichen Beziehungen und Erfahrungen als Konsul in Tiflis und als deutscher Vertreter bei der kurzlebigen, unabhängigen georgischen Regierung ausschlaggebend für diese Haltung. Schulenburg hatte viel Sympathie für die Georgier, und er wußte, daß sie in Deutschland einen guten Freund und den natürlichen Garanten ihrer Unabhängigkeit sahen.

Im Gegensatz zur Partei, die im Fall eines deutschen Sieges Rußland und der Ukraine einen Kolonialstatus geben wollte, wollte Schulenburg das Recht auf Selbstbestimmung auch den Russen und den Ukrainern zugestehen. Er war überzeugt, daß die Sowjetunion nur mit Hilfe der Russen selbst besiegt werden konnte und daß der Krieg deshalb in einen Bürgerkrieg verwandelt werden mußte. Schulenburgs Vorstellungen waren wie folgt: Zunächst muß Deutschland mithelfen, in den besetzten Gebieten eine Selbstverwaltung aufzubauen. Sodann muß die Bildung einer antisowjetischen russischen Regierung und weiterer solcher Regierungen der Minderheiten unterstützt werden. Deutschland muß diese Regierungen als Verbündete anerkennen, sie auch dementsprechend behandeln und feierlich erklären, daß es keine Gebietsansprüche erhebt. Den Regierungen dieser neuen unabhängigen Staaten sollte der Beitritt zu einem Europäischen Zusammenschluß auf der Grundlage der Gleichberechtigung unter deutscher Führung ermöglicht werden. Für den Fall, daß der Gedanke eines Zusammenschlusses der Völker Rußlands sich als stärker erweisen sollte als der Drang zur Selbständigkeit, hatte Schulenburg an einen russischen Bundesstaat mit weitgehender Autonomie für die Minderheitenvölker gedacht. Im Gegensatz zu Hitler und Rosenberg war er zutiefst überzeugt, daß den Großrussen auch in der Zukunft eine führende Rolle zufallen würde.

Die Vorstellung, den Minderheiten in der Sowjetunion beim Aufbau eigener Staatswesen zu helfen, war damals weniger utopisch als es heute erscheinen mag. Die meisten dieser Minderheiten waren erst während der letzten zwei Jahrhunderte von Rußland unterworfen worden. Viele hatten nach der Revolution von 1917 versucht, ihre Unabhängigkeit wiederzugewinnen. Einigen von ihnen war dies auch für kurze Zeit gelungen. Polen, die drei baltischen Staaten und Finnland waren aber die einzigen, die ihre Unabhängigkeit erfolgreich hatten verteidigen können. Sicherlich war das Nationalgefühl bei den verschiedenen Minderheiten nicht gleich entwickelt, aber die Flamme des Nationalismus war entfacht worden. Ohne die Übermacht der Russen und unter begabten Führern wäre vielleicht eine ähnliche Entwicklung eingetreten wie im Europa des neunzehnten Jahrhunderts.

Die Zahl der Überläufer, die Minderheiten angehörten, war hoch. Untersuchungen bei der Bevölkerung und bei Kriegsgefangenen ergaben, daß die Minderheiten unzufrieden waren, weil die Rechte, die ihnen Stalins Verfassung gab, nur auf dem Papier standen. Sie waren über die neue großrussische Propaganda empört und empfanden die Eingriffe in ihre örtlichen Verwaltungen als ein Wiederaufleben der alten zaristischen Unterdrückungsmethoden. Nur wenige, vor allem die Nutznießer des sowjetischen Systems, waren mit dem Status der Minderheiten zufrieden. Weder den Zaren noch Stalin war es gelungen, in den verschiedenen Nationalitäten ein gemeinsames Staatsbewußtsein zu wecken, geschweige denn, sie zu einer Nation zusammenzuschmelzen. Die Minderheiten hofften daher auf Deutschlands Unterstützung im Kampf für ihre Unabhängigkeit.

Dies waren die Überlegungen und Tatsachen, die Schulenburgs langfristigen Plänen zugrunde lagen. Seine unmittelbare Aufgabe sah er darin, für eine anständige und humane Behandlung der Bevölkerung in den besetzten Ostgebieten zu sorgen. Er war zutiefst beunruhigt über die brutale Behandlung der Menschen, weil er wußte, daß dieses Verhalten den guten deutschen Namen in Verruf bringen und die Bevölkerung gegen Deutschland einnehmen mußte. Wenn hier nicht schnell Abhilfe geschaffen werden konnte, bedeutete dies das Ende all seiner Hoffnungen.

Ich war beeindruckt von der Menschlichkeit, mit der sich Schulenburg seiner Arbeit widmete. Ich sah aber auch, wie gering die Möglichkeiten waren, die er und das Auswärtige Amt hatten, den Lauf der Dinge in der Sowjetunion zu ändern. Schulenburgs Gedanken waren Hitlers kolonialen Plänen so diametral entgegengesetzt, daß eine Einigung undenkbar war. Hitler hatte gemerkt, daß das Auswärtige Amt und Schulenburg nicht bereit waren, die nationalsozialistische Ausbeutungspolitik zu unterstützen. So wurde das Auswärtige Amt praktisch ausgeschaltet und die Zuständigkeit für die Sowjetunion denjenigen Dienststellen übertragen, die Schulenburg bekämpft hatte.

Hitler vertrat den Standpunkt, daß der Krieg nur mit militärischen, aber nicht mit politischen Mitteln gewonnen werden könnte. Besonders lehnte er den Gedanken ab, die Bevölkerung der von Deutschland besetzten Ostgebiete in den Kampf einzuspannen. Er befürchtete, daß die Völker auf Grund der im gemeinsamen Kampf geleisteten Opfer am Ende des Krieges ihre Forderungen vorlegen würden. Außerdem befürchtete er, daß diese Völker Deutschland in einer kritischen Lage doch in den Rücken fallen würden. Hitler sah in den besetzten Gebieten der Sowjetunion lediglich ein koloniales Ausbeutungsobjekt. Aus dieser Einstellung heraus lehnte er die Gewährung von Autonomie oder gar einer gewissen staatlichen Selbständigkeit für die Völker der Sowjetunion rundweg ab.

Sehr bald erkannte ich, daß das Auswärtige Amt noch weniger in der Lage war, den Gang der Ereignisse zu beeinflussen, als 1939 bei meinem Ausscheiden. Die Abteilung XIII unter Schulenburg war nicht viel mehr als ein guter Beobachtungsposten. Schulenburg billigte meinen Entschluß, wieder in die Armee zurückzukehren. Diese Entscheidung wurde mir durch Ribbentrop noch erleichtert. Er hatte an Ausführungen, die ich auf einer Sitzung gemacht hatte, Anstoß genommen und erklärte, ein Vertreter solcher Ansichten habe im Auswärtigen Amt nichts zu suchen. Glücklicherweise kam ich ihm durch den Antrag, meinen Dienst beim Auswärtigen Amt zu beenden, zuvor.

Zur Verabschiedung meldete ich mich bei der Personalabteilung ordnungsgemäß ab. Der Beamte, der meine Meldung entgegennahm, schüttelte mir freundlich die Hand und meinte, es sei doch sicherlich für mich als jungen Offizier eine wertvolle Erfahrung gewesen, in einer obersten Reichsbehörde zu arbeiten und zu sehen, wie das Auswärtige Amt funktionierte. Ich bedankte mich, konnte mir aber die Bemerkung nicht verkneifen, ich hätte dem Auswärtigen Dienst immerhin zwölf Jahre lang angehört. Einige Zeit später traf ich den Beamten wieder. Er war inzwischen Soldat geworden und im Kaukasus eingesetzt. Ich gratulierte ihm, daß er nun das Auswärtige Amt verlassen hätte, um ein anständiger Soldat zu werden.

Schulenburg hatte dafür gesorgt, daß ich zum Stab des Wehrmachtsbefehlshabers im Generalgouvernement versetzt wurde, um als sachverständiger Ratgeber bei der Aufstellung von Freiwilligeneinheiten aus Georgiern, Aserbaidschanern, Armeniern, Nordkaukasiern, Turkestanen und Wolgatataren mitzuarbeiten. Der Stab war im früheren Jagdschloß des Zaren, Spala, untergebracht. Wehrmachtsbefehlshaber war General Curt Freiherr von Gienanth, ein alter Kavallerieoffizier, der mit Köstring und Schulenburg gut befreundet war. Gienanth hatte Generaloberst Blaskowitz abgelöst, der schon im Mai 1940 sein Kommando abgeben mußte, weil er es gewagt hatte, sich gegen den Generalgouverneur Hans Frank zu stellen. Im Gegensatz zu Frank hatte er seinen Soldaten befohlen, die Polen korrekt zu behandeln. Außerdem hatte Blaskowitz sich dafür eingesetzt, die jüdischen Arbeiter in den Fabriken zu belassen und nicht in Konzentrationslager zu schicken. Er begründete sein Verhalten gegenüber der Partei damit, daß die Vernichtung dieser jüdischen Arbeiter nachteilige Folgen für die Produktion von Heeresgütern haben würde. An ihrer Stelle müßten Deutsche und Polen eingesetzt werden, die dringend an anderer Stelle benötigt würden. Eine Zeitlang hatte Blaskowitz Erfolg.

Gienanths Befugnisse wurden bald von Hitler beschnitten. Auch er bemühte sich nach Kräften um eine anständige Behandlung der Polen und setzte sich genau wie Blaskowitz für die Juden ein. Aus dem Schicksal seines Vorgängers hatte er gelernt, seine Argumente zugunsten der Polen und Juden in einer Form vorzubringen, die nicht sofort auf den Widerstand von Frank stieß. Trotz seines vorsichtigen Verhaltens fiel auch er in Ungnade und wurde, wie Blaskowitz, wegen polen- und judenfreundlicher Haltung abgelöst.

Die Aufstellung der Bataillone im Generalgouvernement ging zügig vorwärts. Anfangs zweifelten manche deutschen Offiziere daran, ob diese früheren Sowjetsoldaten wirklich bereit sein würden, auf deutscher Seite zu kämpfen. Während des Winterfeldzuges 1941 bis 1942 hatten die sowjetischen Hilfswilligen in den deutschen Einheiten die Feuerprobe bestanden. Sie hatten sich als tapfere und ausdauernde Kämpfer bewährt, die noch dazu die besondere Gabe hatten, die Härte des russischen Winters zu ertragen und sich immer irgendwie durchzuschlagen. Bevor die ersten Bataillone an die Front gingen, kam Schulenburg, um sie zu besichtigen.

Durch meine Arbeit im Generalgouvernement und im Auswärtigen Amt unter Schulenburg galt ich als Sachverständiger für die Eingliederung sowjetischer Freiwilliger in die deutsche Armee. Major i.G. Claus Graf von Stauffenberg veranlaßte meine Versetzung zur Organisationsabteilung des Generalstabs des Heeres. Stauffenberg war Leiter der Abteilung II der Org., die für die Organisierung und Aufstellung neuer Truppenteile und damit auch der Freiwilligenverbände zuständig war. Er wollte einen Mitarbeiter haben, der die Sowjetunion kannte.

Ich hatte schon viel von Stauffenberg gehört, da er ein entfernter Vetter meiner Frau war und wir schon dienstlich miteinander zu tun gehabt hatten, ich hatte ihn aber bisher noch nicht persönlich kennengelernt. Wir verstanden uns vom ersten Augenblick an. Wir waren beide lebhaft, interessierten uns für unsere Mitmenschen, und lasen beide viel, vor allem englische Literatur. Ich versorgte ihn mit englischen Romanen und historischen Werken von Carlyle und Macaulay. In den folgenden zwei Jahren nahmen wir oft an Sitzungen teil, die von Offizieren geleitet wurden, die höher im Rang waren als Stauffenberg. Jedesmal übernahm Stauffenberg nach kurzer Zeit die Leitung des Gesprächs. Dies war in der deutschen militärischen Hierarchie ein ganz ungewöhnlicher Vorgang. Nicht nur seine Untergebenen, auch seine Vorgesetzten beugten sich seinem überlegenen Geist und seinem jugendlichen Elan. Er hatte eine einmalige Ausstrahlungskraft, gepaart mit einer genialen Gabe, Menschen zu behandeln und sie für sich und seine Ideen zu gewinnen. Ich sah und sehe auch heute noch im Abstand so vieler Jahre in ihm die geborene geniale Führerpersönlichkeit.

Stauffenberg hatte ebenso wie ich der Jugendbewegung angehört. Er zählte zum Kreis um Stefan George. Seine militärische Laufbahn begann mit dem Eintritt in das Reiterregiment 17 in Bamberg. Er machte keinen Hehl daraus, daß er anfänglich von Hitlers staatsmännischen Leistungen angetan gewesen war. Die Wiederbewaffnung Deutschlands und der Einmarsch in das entmilitarisierte Rheinland hatten ihn beeindruckt, um so mehr, als Hitler diese und spätere Erfolge ohne Anwendung von Gewalt erzielte. Als ich Stauffenberg 1942 traf, hatte sich seine Einstellung grundlegend gewandelt, und er war über die Entwicklung zutiefst beunruhigt. Er grüßte nur mit »Heil!«, was an den Wandervogel erinnerte, weil ihm das Wort »Hitler« zuwider war. In unserem ersten Gespräch äußerte er sich empört über die Behandlung der sowjetischen Kriegsgefangenen. Er sprach leidenschaftlich und nahm kein Blatt vor den Mund.

Stauffenberg hatte bis zum Krieg nie direkt mit Rußland zu tun gehabt. Seine Schwiegermutter stammte aus dem Baltikum, sein Schwiegervater war Generalkonsul in Kowno gewesen. Seine Empörung über die schlechte Behandlung der sowjetischen Kriegsgefangenen und der sowjetischen Bevölkerung war jedoch nicht so sehr die Folge dieser verwandtschaftlichen Beziehung zu Rußland, sie entsprang vielmehr seinem starken christlichen Glauben. Er entstammte einer alten katholischen Familie und stellte nicht nur an sich selbst, sondern auch an andere hohe moralische Ansprüche.

Er hatte einen ausgeprägten Sinn für die Würde des von Gott geschaffenen Menschen. Als ein Befehl zu seiner Kenntnis kam, daß alle sowjetischen Kriegsgefangenen ein Erkennungszeichen auf das Gesäß tätowiert bekommen müßten, rief er in meiner Gegenwart den General an, der in der Lage war, diesen Befehl zu widerrufen. Stauffenberg schrie in das Telefon, daß diese Behandlung ebenso menschenunwürdig wie sinnlos sei, und ich hörte mit einer Mischung aus Begeisterung und Erstaunen diesem Gespräch zu, das folgendermaßen endete: »Wenn ich Herrn General Unter den Linden treffe, werde ich Herrn General bitten, die Hosen herunterzulassen und mir zu beweisen, daß Herr General kein russischer Kriegsgefangener sind.« Stauffenberg hatte Erfolg, der Befehl wurde zurückgenommen, aber eine Ausfertigung fiel in die Hände der Sowjets und wurde von ihnen propagandistisch gegen uns ausgewertet. Neben seiner Menschlichkeit besaß Stauffenberg eine ausgeprägte Begabung für Organisation. Er erkannte und verurteilte Hitlers Politik, Verantwortlichkeiten aufzuteilen, um nicht zuviel Macht in eine Hand zu legen. Hitler liebte es, verschiedene Dienststellen mit derselben Aufgabe zu betrauen, damit sie sich gegenseitig Konkurrenz machten und überwachten. Er sah darin einen Ersatz für demokratische Formen der Kontrolle und der Kritik. Er wollte verhindern, daß eine Gruppe zuviel Einfluß gewann und ihm dadurch gefährlich werden könnte. Hitler hielt keine Kabinettssitzungen ab und gab seine Weisungen meist in Einzelgesprächen, so daß *ein* Minister nicht wußte, was der andere tat. Zudem legte jeder Minister die Weisungen und Auffassungen Hitlers so aus, wie es ihm paßte. Dem Organisator Stauffenberg war klar, daß Hitlers angeblich »monolithisches« System ohne klare hierarchische Ordnung in Wirklichkeit zu Überschneidungen, Doppelarbeit, unnötigen Reibungen und damit zu chaotischen Zuständen führte. Stauffenberg war noch verbitterter über das Durcheinander, das bei der Organisation der Wehrmacht herrschte.

Ich beobachtete ihn einmal, als er den Versuch unternahm, jungen Generalstabsanwärtern die Kriegsspitzengliederung der Wehrmacht zu erklären. Der Generalstab des Heeres sei operativ nicht etwa, wie der Name vermuten lasse, für alle Kriegsschauplätze, sondern nur für die Sowjetunion zuständig. Der Wehrmachtführungsstab habe die operative Verantwortung für die Kriegführung in Frankreich, Skandinavien, Afrika und auf dem Balkan. Während es im Ersten Weltkrieg nur die oberste Heeresleitung gegeben hätte, gäbe es nun zwei oberste Kommandobehörden mit operativer Verantwortung. Der Generalstab des Heeres habe die operativen Aufgaben des Oberbefehlshabers Ost des Ersten Weltkrieges. Eine weitere Anomalie sei, daß der Generalstab des Heeres zwar für den Nachschub, die Feindaufklärung und die Organisation des Heeres auf allen Kriegsschauplätzen zuständig sei, beim Wehrmachtsführungsstab aber kleine Abteilungen für dieselben Aufgaben auf den Westkriegsschauplätzen gebildet worden wären. Während seines Vortrages zeichnete Stauffenberg an einer Tafel das Kommandoschema auf. Am Schluß glich das Diagramm einer abstrakten Zeichnung von sich überschneidenden Linien, und nichts hätte den hoffnungslosen Wirrwarr besser verdeutlichen können. Stauffenberg betrachtete sein Werk und fragte, ob man mit so einer Kriegsspitzengliederung einen Krieg gewinnen könne. Von dem Augenblick an, wo Stauffenberg sich mit der Organisation der Freiwilligen befaßte, stieß er auf die gleichen fast unlösbaren Probleme sich überschneidender Zuständigkeiten, die schon Schulenburg zu schaffen gemacht hatten. Von Anfang an mußte er sich mit Rosenberg auseinandersetzen, dem unbedeutenden Leiter des Ostministeriums, der keine klaren Vorstellungen hatte. Rosenberg, der im Baltikum geboren worden war und in Moskau vor der Revolution Architektur studiert hatte, war von einem Haß gegen alles Großrussische erfüllt, der nicht nur durch den Chauvinismus und den Panslawismus der zaristischen Ära erklärt werden konnte. Sein Ressentiment war stärker als er selbst. Er war keine ausgeprägt negative Figur wie Göring oder Koch. Obgleich er als Leiter des Ostministeriums für die Politik in den Ostgebieten zuständig war, hatte er keinen großen Einfluß auf Hitler und noch weniger auf seine Untergebenen, die Reichskommissare, und auf die anderen Ministerien. Während Rosenberg sein eigenes unlesbares und wirres Buch »Der Mythos des Zwanzigsten Jahrhunderts« für eine Quelle der Weisheit hielt, machten seine eigenen Untergebenen sich über seine Ausführungen lustig und hielten den Verfasser für einen armen Irren.

So konnte es nicht ausbleiben, daß der frühere Gauleiter von Ostpreußen und jetzige Reichskommissar für die Ukraine, Erich Koch, seine eigene Politik verfolgte. Koch, mit dem ich schon in Memel zu tun gehabt hatte, war zutiefst überzeugt, daß Russen und Ukrainer Menschen zweiter Klasse seien, und behandelte sie entsprechend. Er besetzte alle gehobenen und leitenden Stellungen mit Deutschen, um den Ukrainern alle Aufstiegsmöglichkeiten zu nehmen. In der Schule gab es nur mehr vier Grundschulklassen. Auf diese Weise sollte die Bildung einer neuen Intelligenz verhindert werden. Diese Maßnahme mußte die Bevölkerung um so mehr verbittern, als die Sowjetregierung das Schul- und Bildungswesen außerordentlich gefördert hatte und dabei sehr erfolgreich gewesen war. Um das schnelle Anwachsen der Bevölkerung zu bremsen, hob Koch die Verordnungen zum Schutz schwangerer Frauen und der Kinder auf und setzte allen sozialen Maßnahmen ein Ende. Kochs Beamte behandelten die Ukraine als eine Kolonie, aus der ein größtmögliches Maß an billigen Lebensmitteln und Rohstoffen herausgeholt werden mußte. Die Ukrainer mußten bei geringem Lebensunterhalt bis an die Grenze ihrer Leistungsfähigkeit arbeiten. Kochs Mitarbeiter taten ihr Möglichstes, die versprochene Umwandlung der Kolchosen in Genossenschaften zu verhindern, und widersetzten sich der Rückgabe des Landes an die Bauern.

Es war ein unglaublicher psychologischer Fehler, den deutschen Verwaltungsbeamten in den besetzten sowjetischen Gebieten den Titel Kommissar zu geben, nachdem die deutsche Propaganda die Sowjetkommissare als Blutsauger und Ausbeuter angeprangert hatte. Das Ostministerium hatte sich nicht überlegt, daß das Wort Kommissar die Bevölkerung an Jahre der Unterdrückung unter Stalin erinnern und abstoßend auf sie wirken mußte. Bald erkannte die Bevölkerung, daß die neuen Kommissare nicht besser waren als die alten, ja sogar schlimmer, da die Prügelstrafe nun wieder eingeführt wurde. Die Bolschewiken hatten Menschen erschossen, aber nie geschlagen.

Die Tätigkeit des Generalbevollmächtigten für den Arbeitseinsatz in den besetzten Gebieten, Fritz Sauckel, war eine Belastung für Stauffenbergs Bemühungen um die Freiwilligen. Zunächst meldeten sich viele Sowjetstaatsangehörige freiwillig zum Arbeitseinsatz in Deutschland, weil sie auf diese Weise zum Sturz Stalins beitragen wollten. Anstatt diesen guten Willen zu nutzen, ließ Sauckel die Leute zusammentreiben, einsperren und dann in verschlossenen Waggons zur Zwangsarbeit nach Deutschland transportieren. Als es infolge dieser unwürdigen Behandlung immer schwieriger wurde, Arbeitskräfte zu erfassen, ging Sauckel zu noch barbarischeren Methoden des Menschenfangs über. Die Polizei umstellte Kirchen, und nach dem Gottesdienst verlud sie die arbeitsfähigen Gläubigen mit vorgehaltenen Gewehren auf bereitstehende Lastkraftwagen. Schließlich hatte es Stauffenberg mit den unmenschlichen Vorstellungen und Methoden Heinrich Himmlers und seiner SS zu tun. Im Mai 1942 hörte Stauffenberg von einem Offizier, der von der Front kam, zu welchen Verbrechen Himmler fähig war. Mit zitternder Stimme schilderte der Offizier, wie SS-Leute die jüdische Bevölkerung in einem ukrainischen Ort zusammengetrieben und auf das Feld hinausgeführt hatten. Dort mußten sie einen Graben ausheben und wurden dann erschossen. Zum ersten Mal hörten wir durch einen Augenzeugen von einer Massenerschießung von Juden. Erschütterung und Abscheu führten uns wieder einen Schritt weiter zu dem schweren Entschluß, der langsam in uns reifte. Obgleich die brutalen Methoden der Zivilverwaltung und das Wüten der SS die Freiwilligen nicht unmittelbar betraf, hatten sie doch schwerwiegende Rückwirkungen. Schon 1941 hatte Hitler verboten, daß sowjetische Kriegsgefangene nach Deutschland transportiert wurden. So waren Millionen von Kriegsgefangenen in der Sowjetunion und in Polen zusammengepfercht, und viele Hunderttausende starben 1941 und 1942 in den Lagern. Hitler erklärte zynisch, diese Maßnahme würde die biologische Substanz Rußlands schwächen. Diese verbrecherische und falsche Politik rächte sich nun 1942. Uns fehlten diese Männer als Freiwillige oder als Arbeitskräfte. Außerdem hatte die unmenschliche Behandlung der Kriegsgefangenen schwerwiegende negative Rückwirkungen auf die Bevölkerung.

In fast täglichen Gesprächen im Frühsommer 1942 gab Stauffenberg immer wieder seiner Überzeugung Ausdruck, daß eine vernünftige und humane Behandlung der Bevölkerung zu erreichen wäre, wenn es gelänge, auch nur die übelsten Gestalten um Hitler zu entfernen. Damals war er ebenfalls überzeugt, daß nun der richtige Moment gekommen war, um in den deutsch-französischen Beziehungen eine grundlegende Wende herbeizuführen und nach dem leichten militärischen Sieg Frankreich die Hand zur Versöhnung zu reichen. Der gleichen Auffassung war auch Otto Abetz, Hitlers Botschafter in Frankreich. Aber wie so viele, die glaubten, sie könnten Hitler beeinflussen, scheiterte Abetz. Stauffenberg mußte bald seine optimistische Auffassung begraben, daß nur die verbrecherischen Mitarbeiter Hitlers der Politik im Wege standen, die er, Stauffenberg für richtig hielt. Ein langer Weg führte zu Stauffenbergs Entschluß, Hitler selbst als die Ursache allen Übels zu beseitigen, und jeder Schritt auf diesem Weg war die Folge eines der schrecklichen Ereignisse in Deutschland oder den besetzten Gebieten.

Wenn Stauffenberg sich für eine Aufgabe, die er für wichtig hielt, begeisterte – und er war begeisterungsfähig –, dann ruhte er nicht, bis er sie gelöst hatte. Sein Charakter war stark und unbeugsam, und so war er auch nicht bereit, den Kampf gegen das Wüten der Zivilverwaltung, der einen anderen entmutigt hätte, aufzugeben. Ganz im Gegenteil, er verdoppelte seine Anstrengungen zugunsten der sowjetischen Freiwilligen, von denen es im Frühjahr 1942 bereits eine Viertelmillion gab. Klug und vorsichtig ging er an die Arbeit, um nicht einen Gegenschlag von Seiten Hitlers und seiner Gefolgsleute auszulösen, und erreichte eine Reihe erheblicher Verbesserungen für die Freiwilligen, deren Situation bisher verworren und ungeordnet gewesen war.

Zunächst erließ er Verordnungen, die für alle Freiwilligen gleich verbindlich waren. Bis dahin hatte der jeweilige Vorgesetzte bestimmt, wieviel Sold sie erhielten, wieviel oder wie wenig Verpflegung sie bekamen, mit was für Uniformen sie bekleidet wurden und wie sie eingesetzt wurden. Hauptmann Rolf Dosch und ich erhielten von Stauffenberg den Auftrag, eine Vorschrift auszuarbeiten, die den Status der Freiwilligen umfassend regelte. Dosch und ich bemühten uns, den Status der Freiwilligen so weit wie möglich dem der deutschen Soldaten anzugleichen. Natürlich blieb die Kluft zwischen Deutschen und Freiwilligen noch groß und trat vor allem in den Uniformen, Rangabzeichen, Auszeichnungen und in der Versorgung in Erscheinung. Die Vorschriften 5000 und 8000, wie sie hießen, waren jedoch von großer grundsätzlicher Bedeutung, weil sie bestimmten, daß nur die Armee befugt und auch verpflichtet war, die Bedingungen festzulegen, unter welchen die Freiwilligen eingesetzt wurden. In dem Augenblick, da dieses Prinzip in Kraft trat, konnte es im Laufe der Zeit bis zu dem Punkt weiterentwickelt werden, wo die Gleichstellung des früheren sowjetischen Kriegsgefangenen mit seinem deutschen Waffenkameraden hergestellt war.

In diesem Zusammenhang erhebt sich die Frage, ob die Rekrutierung wirklich freiwillig war oder nicht. Anfänglich waren die Mehrzahl der Freiwilligen direkt von der Truppe rekrutierte Kriegsgefangene und Zivilisten. Später wurde auch in den Kriegsgefangenenlagern geworben. Es war ausdrücklich befohlen worden, daß bei der Anwerbung kein Druck ausgeübt werden sollte, denn die Armee wollte Freiwillige haben, auf die man sich verlassen konnte und die nicht bei der ersten besten Gelegenheit überliefen. Die Kriegsgefangenen konnten wählen, ob sie in Kampf- oder Versorgungseinheiten dienen, oder ob sie weiter Kriegsgefangene bleiben wollten. Viele haben sich wahrscheinlich gemeldet, um wieder frei zu sein und aus den Lagern herauszukommen, nicht, weil sie unbedingt kämpfen wollten.

Im Sommer 1942 war die Aufstellung von Freiwilligeneinheiten im vollen Gange. Als Hitler erfuhr, was sich abspielte, war er wütend und verbot die Aufstellung von neuen russischen und ukrainischen Einheiten. Stauffenberg reagierte sofort und in einer Weise, die für ihn typisch war. Er ließ die zuständigen militärischen Dienststellen wissen, daß in drei Wochen die Aufstellung neuer russischer und ukrainischer Einheiten verboten würde. Der Wink wurde verstanden, und in aller Eile wurden neue Einheiten aufgestellt.

Da Hitler keine Vorstellung hatte, wie viele sowjetische Kriegsgefangene in deutschen Einheiten als sogenannte Hilfswillige mit Erfolg eingegliedert worden waren, legte Stauffenberg fest, daß jede deutsche Division an der Ostfront bis zu fünfzehn Prozent Hilfswillige einstellen konnte.

Die Aufstellung kleiner kaukasischer und Turk-Einheiten ging dank Rosenbergs Vorstellungen von der Zerschlagung des Großrussischen Reiches weiter. Rosenbergs Haß auf alles Russische ging so weit, daß er die nichtslawischen Völker der Sowjetunion im Kampf gegen die Slawen benutzen wollte. Er war mit Hitler einer Meinung, daß die Sowjetunion als Großmacht verschwinden müsse, aber darüber, wie dies geschehen sollte, gingen ihre Vorstellungen auseinander. Rosenberg wollte einen Schutzwall kleiner Staaten, eine Art von Cordon sanitaire unter deutscher Oberherrschaft, um Rußland herum schaffen. Diese Pufferstaaten, Estland, Lettland, Litauen, die Ukraine, ein Tatarenstaat an der Wolga, eine kaukasische und turkestanische Föderation sowie ein Kosakenreservat, sollten nach dem Modell des Britischen Empire organisiert werden, von dem er allerdings nur eine vage Vorstellung hatte. Rosenberg ging bei diesem Modell nicht so weit, den Völkern die volle Unabhängigkeit zu versprechen, er gaukelte ihnen aber in verschleierten Formulierungen eine Art von Autonomie unter deutscher Kontrolle vor. Seine verworrenen Auffassungen hatten das eine Gute, daß sie die Aufstellung von nichtrussischen Einheiten erlaubten.

Geschickt machte sich Stauffenberg die Vorstellungen der SS über die Kosaken zunutze. Die SS war davon überzeugt, daß die Kosaken weder Russen noch Ukrainer, sondern ein eigenständiges Volk seien. Um ihren völkerkundlich abwegigen Standpunkt zu bekräftigen, veröffentlichte die SS ein prächtig aufgemachtes Buch über dieses Thema. Diese Entdeckung der SS kam Stauffenberg wie gerufen, denn damit fielen die Kosaken nicht unter Hitlers Verbot. Es wurden Kosakeneinheiten aufgestellt. Wir sorgten dafür, daß diese Ausnahmebehandlung weitgehend bekanntgegeben wurde, mit dem Erfolg, daß viele Kriegsgefangene den Wink verstanden und sich als Kosaken ausgaben.

Schon bald erkannte Stauffenberg, daß es seine Arbeitskraft überstieg, sich um die Organisation und das Wohl der Freiwilligen zu kümmern, und gleichzeitig seine eigentlichen Aufgaben wahrzunehmen. In langen Gesprächen suchten wir nach einer Lösung, und als Stauffenberg vorschlug, mir diese Aufgabe zu übertragen, lehnte ich sofort ab. Ich fand, nur eine starke Persönlichkeit mit großer militärischer Erfahrung könne diesen Posten ausfüllen. Ich erinnerte ihn an die vielen Ministerien und Parteidienststellen, die mittelbar und unmittelbar mit dem Problem der Freiwilligen zu tun hatten, und an die heillose Zersplitterung der Zuständigkeiten. Ein Reserveoffizier wie ich würde hier auf verlorenem Posten stehen und sich nicht durchsetzen können. Wir müßten eine Person finden, die hohes Ansehen bei der deutschen Armee genieße, und die sich bei zivilen Behörden durchsetzen könne. Sie müßte von den Deutschen und auch von den Freiwilligen als Autorität anerkannt werden und sollte Land, Leute und die Sprache Rußlands verstehen. Die einzige Persönlichkeit, die diese Eigenschaften in sich vereinige, sei der General der Kavallerie Ernst Köstring, ehemaliger Militärattaché in Moskau.

Ich schilderte Stauffenberg Köstrings Werdegang. Köstrings Vater war überzeugter Hannoveraner und wanderte 1866 nach Rußland aus, als Hannover von Preußen annektiert wurde. Er hatte eine Buchhandlung in Moskau und ein Gut im Gouvernement Twer. Köstring ging in Moskau zur Schule und wuchs zweisprachig auf. Er verstand das alte und das neue Rußland wie kein anderer. Er war Adjutant von Generaloberst von Seeckt, dem Vater der deutsch-sowjetischen militärischen Zusammenarbeit gewesen. Alle Offiziere des Hunderttausendmannheeres, die im Zweiten Weltkrieg in führenden Stellungen waren, kannten ihn. Köstring vereinte in sich die guten Eigenschaften der Deutschen und der Russen. Er war großzügig, gütig, geduldig und von großer Bescheidenheit. Er verkörperte Schlieffens Grundsatz für den preußischen Generalstab, »Mehr sein als scheinen«. In der deutschen Armee brachten ihm diese Eigenschaften den Beinamen »Väterchen Köstring« ein. Seit Moskau war er mir ein väterlicher Freund. Ich wußte, daß er in beiden Sprachen hervorragende Reden halten konnte; er verstand, auf die Zuhörer einzugehen und sie zu fesseln.

Nachdem Stauffenberg eingesehen hatte, daß bei den hierarchischen Gegebenheiten der deutschen Armee nur eine ältere Autoritätsperson diesen Posten übernehmen könnte, war er leicht davon zu überzeugen, daß Köstring der richtige Mann sei. Schnell entschlossen schickte er mich nach Berlin, mit der nicht ganz einfachen Aufgabe, General Köstring zu gewinnen. Ich traf Köstring in seiner Berliner Wohnung in der Nähe der Kaiser-Wilhelm-Gedächtniskirche, wo er seit Ausbruch des Krieges mit der Sowjetunion in völliger Zurückgezogenheit lebte. Seine ungewollte Untätigkeit war die Folge einer Auseinandersetzung mit Hitler, zu dem er nach seiner Rückkehr aus Moskau zur Berichterstattung gerufen worden war. Als Hitler ihn aufgefordert hatte, zu dem Sechs-Wochen-Blitzkrieg in der Sowjetunion Stellung zu nehmen, hatte Köstring eindringlich darauf hingewiesen, daß die Sowjetunion nicht in wenigen Wochen zu besiegen sei. Vor allem hatte er ihn vor den Tücken des Winterfeldzuges und vor der Weite des russischen Raumes gewarnt. Er war mit den lakonischen Worten geschieden: »Der russische Bär ist eben erst aus dem Winterschlaf erwacht und noch etwas benommen. Nach den ersten Schlägen wird er sich auf die Hinterbeine stellen und mächtig zurückschlagen. Und vergessen Sie nicht, daß der Winter in Rußland kalt ist und die Sowjetunion nicht am Ural endet.« Hitler hatte ursprünglich die Absicht gehabt, Köstring als Militärbefehlshaber in den besetzten sowjetischen Gebieten zu verwenden, er war aber über diese freimütige Antwort so erbost, daß Köstring in die Führerreserve versetzt wurde.

Ich teilte Köstring mit, was Stauffenberg mit ihm vorhatte, und gab ihm einen kurzen Überblick über das, was auf ihn zukommen würde. Ich erzählte ihm, daß die Nazis die sowjetischen Soldaten und auch die Zivilbevölkerung mit sinnloser Brutalität behandelten. Nur eine Persönlichkeit wie er könne weiteres Leiden verhindern. Ich schilderte ihm auch aus meiner eigenen Erfahrung die weitverbreitete Überzeugung der

Frontsoldaten, daß die Sowjetunion nicht allein durch die deutsche Armee besiegt werden könne und daß man sich den Wunsch der sowjetischen Bevölkerung, sich von Stalin zu befreien, zunutze machen müsse. Auch Stauffenberg und ich seien überzeugt, daß der deutsch-sowjetische Krieg nur noch durch die Umwandlung in einen Bürgerkrieg gewonnen werden könne.

Zunächst wollte Köstring von dem Angebot Stauffenbergs nichts wissen. Er hatte Jahre seines Lebens damit verbracht, gute Beziehungen zwischen Deutschland und Rußland herzustellen, er hatte alles getan, um diesen Krieg abzuwenden, aber Hitler hatte nicht auf ihn gehört. So hatte er nicht den Wunsch, in einem Krieg zu dienen, den er auf das Schärfste verurteilte und in dem noch dazu alle Gesetze der Menschlichkeit verletzt wurden. Er wollte unter keinen Umständen beteiligt sein an dem, was er für ein Verbrechen hielt.

Ich beschwor Köstring, daß nur er das Leiden von Millionen von russischen Menschen, die ihm so nahe ständen, lindern könnte. Wenn er ablehnte, würde er die Verantwortung für den Tod und das Leiden weiterer Tausender von Menschen tragen. Schließlich gab Köstring nach und erklärte sich bereit, Stauffenberg aufzusuchen.

Nach dem Besuch bei Köstring ging ich sofort zu Schulenburg und berichtete ihm über Stauffenbergs Pläne. Schulenburg war begeistert bei dem Gedanken, daß sein alter Freund und Mitarbeiter für unseren gemeinsamen Kampf gewonnen werden konnte. »Köstring ist der rechte Mann am richtigen Platz«, erklärte er und versprach, alles zu tun, was in seinen Kräften stand, um uns zu helfen. Nach wenigen Tagen waren Köstring und ich unterwegs zu Stauffenberg nach Winnitsa, zu einer historischen Begegnung. Vom ersten Augenblick an verstanden sich Köstring und Stauffenberg ausgezeichnet. Ich hatte sofort das Gefühl, daß ein Funke von Sympathie und Verständnis übergesprungen war. Graf Stauffenberg, der tatkräftige, strahlende junge Mann, und General Köstring, der weise Alte, waren sich einig über ihre gemeinsame Aufgabe. Als Köstring gegangen war, wandte sich Stauffenberg begeistert zu mir und rief aus: »Welch wunderbare Persönlichkeit!« Er sprach mir aus der Seele. Es hat Offiziere und auch Geschichtsschreiber gegeben, die die Bedeutung der Persönlichkeit Köstrings nicht erkannt haben. Sie sahen in ihm nur einen alten General, der es verstand, mit den sowjetischen Freiwilligen zu reden. Sie sahen nicht, wie ernsthaft sein Anliegen war, für seine zwei Heimatländer zu wirken und welchen Einfluß er auf das politische und militärische Geschehen hatte.

Im ersten Gespräch machte Stauffenberg Köstring darauf aufmerksam, daß er seinen zukünftigen Aufgabenbereich noch nicht genau umreißen könne, da der Chef Generalstab des Heeres und der Wehrmachtführungsstab zustimmen müßten. Stauffenberg selber hoffte, daß Köstring als beratender General beim Generalstab des Heeres zuständig sein sollte für die sowjetischen Freiwilligen und für die unter Militärverwaltung stehenden besetzten Ostgebiete. Stauffenbergs Konzeption scheiterte am Widerstand von Generalfeldmarschall Wilhelm Keitel und Generaloberst Alfred Jodl, da Hitler, der sich an Köstrings ehrliche, aber kritische Bemerkungen erinnerte, gegen diese weitgehenden Vollmachten war. Es ist anzunehmen, daß auch Ministerien und Parteidienststellen, die in Ostfragen hineinregierten, sich widersetzten. Am Ende wurde Köstrings Zuständigkeit auf den Kaukasus beschränkt.

Stauffenberg war enttäuscht und wütend über Keitel und Jodl, als er diese Nachricht bekam, wurde aber plötzlich wieder fröhlich, denn er sah einen Ausweg. Die übergeordneten Dienststellen hatten sich nicht näher dazu geäußert, was Köstring im Kaukasus, der ja noch gar nicht erobert war, tun sollte. Stauffenberg und ich überlegten daher, welche Dienstbezeichnung wir für Köstring erfinden könnten, die ihm möglichst weitgehende Vollmachten im Kaukasus gäbe. Schließlich wurde der »Beauftragte General für Kaukasusfragen« geboren, abgekürzt BeGenKauk. Mit dieser vagen und dehnbaren Funktionsbeschreibung war er praktisch zuständig für die an der Kaukasusfront eingesetzten Freiwilligen und für alle Fragen, die die Behandlung der Bevölkerung und die Verwaltung betrafen. Stauffenberg hoffte, damit den Einfluß der Partei- und Zivildienststellen im Kaukasus auf ein Minimum zu reduzieren. Sein engster Verbündeter war Oberstleutnant Hans Schmidt von Altenstadt, der unter dem Generalquartiermeister Generalleutnant Eduard Wagner für die Militärverwaltung in den besetzten Ostgebieten zuständig war. Altenstadt, unterstützt von Stauffenberg, beabsichtigte, im Kaukasus einen großangelegten politischen Versuch durchzuführen. Er wollte den Beweis erbringen, daß eine Verwaltung, in der die Bevölkerung gleichberechtigt und freiwillig mitarbeitete, weit bessere Erfolge erzielen würde, als die Kolonialverwaltung der Reichskommissariate.

Nachdem die Dienststelle einen Namen hatte, fragte mich Stauffenberg, wie der Stab aussehen sollte. Meine Meinung war, daß er so klein wie möglich gehalten werden sollte, denn unsere Erfolgsaussichten würden durch einen Chef des Stabes mit entsprechendem Personal nur geschmälert. Stauffenberg verstand sofort und meinte lachend: »Du möchtest also mit Köstring allein sein.« Er war einverstanden mit meinem Vorschlag, uns einen Schreiber, einen Fahrer und zwei Kraftfahrzeuge zur Verfügung zu stellen. Wir waren der kleinste Stab in der deutschen Armee und sollten uns noch oft über die Beweglichkeit, die Unabhängigkeit und die Entscheidungsfreiheit freuen, die uns damit gegeben waren.

Die Ernennung Köstrings zum Beauftragten General für Kaukasusfragen zog sich in die Länge, weil nicht alle beteiligten Stellen so begeistert waren, wie Stauffenberg und ich. In der Zeit bis zur endgültigen Bestallung unternahmen Köstring und ich eine Inspektionsreise zu den Freiwilligen, die im Generalgouvernement und in der Ukraine aufgestellt wurden. In Polen besichtigten wir verschiedene kaukasische Bataillone, die wir bald im Kaukasus im Einsatz sehen sollten. Unser Eindruck war, daß bei der Aufstellung gute Arbeit geleistet worden war. Natürlich traten Schwierigkeiten auf, weil die deutschen Offiziere und Unteroffiziere (Rahmenpersonal) keinerlei Erfahrung in der Behandlung von Freiwilligen hatten, die ihnen in ihrer Wesensart fremd waren. Doch war die große Mehrzahl der Offiziere von der neuen Aufgabe begeistert.

Nur in einem turkestanischen Bataillon, das als eines der ersten von Major Meyer-Mader aufgestellt worden war, gab es Ärger. Bereits Anfang November 1941 hatte Meyer-Mader in den Kriegsgefangenenlagern Freiwillige angeworben. Mit großem Mut setzte er sich nachdrücklich für eine menschliche Behandlung nicht nur der Freiwilligen, sondern auch der Kriegsgefangenen ein. Er hatte große Erfahrung im Umgang mit fremden Soldaten, weil er nach dem Ersten Weltkrieg als Ausbildungsoffizier bei Tschiang Kai-schek tätig gewesen war. Das Bataillon wurde zunächst erfolgreich zur Bekämpfung von Partisanen eingesetzt. Bald machte sich jedoch völlige Disziplinlosigkeit breit. Die Turkestaner raubten, vergewaltigten und plünderten. Schließlich mußte Meyer-Mader von einem Tag auf den anderen abgelöst werden.

Nun bot er seine Dienste der SS an, die ihn, ohne die zuständigen Armeestellen zu befragen, beauftragte, ein turkestanisches SS-Regiment aufzustellen. Ende 1943 entfaltete er wieder in den Kriegsgefangenenlagern in Polen seine Werbetätigkeit. Er ging sogar so weit, in den vom Heer aufgestellten turkestanischen Einheiten zu werben, und lockte die Freiwilligen durch Versprechungen von höherem Sold, schnellerer Beförderung und anderen Vorteilen in sein SS-Regiment. Die Armeedienststellen versuchten vergeblich, ihm das Handwerk zu legen. Viele Turkestaner desertierten aus der Armee zur SS.

Meyer-Mader machte viele seiner alten turkestanischen Freunde zu Offizieren und Unteroffizieren. Wieder brach die Disziplin zusammen. Als das Regiment zum Einsatz kam, verlor Meyer-Mader die letzte Kontrolle über seine Leute. Die Ausschreitungen gegen die Zivilbevölkerung wurden schlimmer als je zuvor. Schließlich blieb der SS nichts anderes übrig, als Meyer-Mader und den größten Teil der turkestanischen Offiziere abzulösen und das ganze Regiment aufzulösen. Da Meyer-Mader bei den Turkestanern außerordentlich beliebt war, beschloß die SS, ihn und einige seiner Offiziere kurzerhand zu erschießen und damit das Regiment führerlos zu machen. Den Turkestanern wurde erzählt, er und seine Offiziere seien in einen Hinterhalt geraten und von Partisanen ermordet worden.

Während unseres Aufenthalts in Polen wohnten wir beim Militärbefehlshaber im Generalgouvernement, General der Kavallerie Freiherr von Gienanth, in Spala, dem früheren Jagdschloß des Zaren. Das Schloß war ein gemütliches Gebäude aus dem vorigen Jahrhundert, umgeben von großen Wäldern, voller Jagdtrophäen, die von Zaren und ihren fürstlichen Gästen erlegt worden waren. Es war die Offiziersmesse von Gienanths Stab. Abends traf man sich im Eßzimmer. Die große Tafelrunde und das friedliche ländliche Leben erinnerten mich an die Abende meiner Kindheit in Seeheim. Auch Schulenburg kam von Berlin, um sich mit Köstring und Gienanth auszusprechen. An einem warmen Juliabend saßen wir nach dem Abendbrot noch lange bei Mondschein auf dem großen Balkon vor dem Eßzimmer. Hier kamen mit Gienanth, Köstring und Schulenburg drei Grandseigneurs zusammen, die gemeinsam über hundert Jahre Erfahrungen in führenden Stellungen verfügten und von denen jeder ein ausgezeichneter Erzähler war. Wir anderen verstummten bald und hörten gebannt zu. Köstring erzählte von alten Zeiten im zaristischen Rußland. Während der ersten Revolution 1905 waren Bauern vor dem Hause eines Nachbarn seines Vaters im Gouvernement Twer erschienen und hatten ihn aufgefordert, ihnen die neue Verfassung zu übergeben. Sie hatten keine Ahnung, was die Verfassung war, sie hatten nur gehört, sie stünde ihnen zu. Der Nachbar versuchte vergeblich, ihnen zu erklären, daß die Verfassung kein Gegenstand sei, den er ihnen geben könne. Die erbosten Bauern beschlossen daraufhin, ihm das Haus anzuzünden. Da er aber immer gut zu ihnen gewesen war, gaben sie ihm zwei Stunden Zeit, die Dinge zu retten, die ihm lieb waren. Gienanth und Köstring übertrafen sich in Geschichten über ihre Reisen, die sie nach ihrer Verabschiedung in alle Länder der Welt geführt hatte.

Beide waren große Bewunderer der Engländer und ihrer Kunst, fremde Völker zu verwalten. Besonders beeindruckt waren sie von ihren Erfahrungen mit der anglo-indischen Armee. Schulenburg erzählte von der Einweihung der ersten Eisenbahn in Persien. Der Schah hatte ihn beiseite genommen und gefragt, ob dies nun wirklich eine richtige Eisenbahn sei, denn er selber habe noch nie so ein modernes Ding gesehen.

An diesem Sommerabend konnten wir noch einmal vergessen, welch schreckliche Dinge um uns herum geschahen. Ein Jahr danach war Gienanth abgelöst und nach einem weiteren Jahr Schulenburg hingerichtet.

Von Spala ging es in die Ukraine. Während unserer Reise besuchten wir verschiedene Dienststellen, in deren Bereich sich Freiwillige befanden. Köstring nahm die Gelegenheit wahr, Göring selber in seinem Feldquartier aufzusuchen. Die Unterredung fand im Freien vor dem Befehlszug statt. Görings Adjutant und ich saßen im Zug bei geöffnetem Fenster und konnten jedes Wort mit anhören. Köstring begann das Gespräch mit dem Versuch, Göring zu erklären, was für Menschen die Russen und Ukrainer seien. Sie seien ausgezeichnete Arbeiter und verläßliche Soldaten, und die Vorstellung, daß es sich um Menschen zweiter Klasse handele, entspräche einfach nicht den Tatsachen. Göring hörte zunächst aufmerksam zu, und ich hatte das Gefühl, daß Köstrings Worte ihn beeindruckten. Aber dann brachen seine wahren Gefühle aus ihm heraus. Er sprach voll Verachtung von den »minderwertigen« Ukrainern und verstieg sich zu der Drohung, er werde die SS-Hengste auf die Ukraine loslassen, um eine neue, bessere Rasse zu zeugen. In diesem Augenblick stand Köstring auf und erklärte mit schneidender Stimme, daß er selber eine russische Amme gehabt habe und unter Russen aufgewachsen sei. Im übrigen empfahl er Göring, die deutschen Soldaten um ihre Meinung zu fragen, bevor er seinen Plan in die Tat umsetze; sie würden ihm bestätigen, daß die Moral der ukrainischen Frauen weitaus besser sei als die der meisten deutschen. Damit war die Unterhaltung beendet. In den folgenden Jahren suchten Köstring und ich noch oft hochgestellte Persönlichkeiten der Partei auf, und jedes Mal setzte sich Köstring wie ein Wanderprediger dafür ein, daß die sowjetische Bevölkerung und die Freiwilligen auch im eigenen deutschen Interesse menschenwürdig und vernünftig behandelt würden. Aber nie mehr habe ich Köstring so empört gesehen, wie bei der Unterredung mit Göring.

Im August trafen wir in Mirgorod mit einer der farbigsten Persönlichkeiten aus dem Kreis der Offiziere, die mit den Freiwilligen zu tun hatten, zusammen. Es war unser alter Bekannter aus Moskauer Tagen, Oskar Ritter von Niedermayer, der als Vorgänger von Köstring der geheime Verbindungsmann der Reichswehr zur Roten Armee gewesen war. Er war eine Art von deutschem Lawrence of Arabia, Soldat, Gelehrter und Abenteurer. Als junger Mann hatte er Persisch, Türkisch und Arabisch studiert. Dank dieser Kenntnisse wurde er im Ersten Weltkrieg als Offizier nach Afghanistan entsandt mit dem Auftrag, den König von Afghanistan und seine Regierung zu einem Aufstand gegen die Briten zu bewegen. Er blieb erfolglos und schlug sich auf abenteuerliche Weise über Persien nach der Türkei durch, wurde Mohammedaner und machte eine Pilgerfahrt nach Mekka. Nach seinem Ausscheiden aus der Reichswehr war er Direktor des Instituts für Allgemeine Wehrlehre an der Universität Berlin. Dieser Werdegang bewog Stauffenberg, die Ernennung Niedermayers zum Kommandeur der 162. (Turk-)Infanteriedivision zu veranlassen. Die Aufgabe des Divisionsstabes und der nach schweren Verlusten übriggebliebenen Offiziere und Mannschaften war es, aus sowjetischen Kriegsgefangenen, vor allem Mohammedanern aus Turkestan und dem Kaukasus, Kampf- und Arbeitsbataillone aufzustellen und auszubilden. Nachdem Niedermayer diese Aufgabe ein Jahr lang erfolgreich erfüllt hatte, ließ ihm sein Ehrgeiz, eine Division im Fronteinsatz zu führen, keine Ruhe. Schließlich erreichte er, daß die 162. (Turk-)Infanteriedivision in Jugoslawien im Partisanenkampf eingesetzt wurde. Nachdem sie sich dort bewährt hatte, kam die Division zum Fronteinsatz in Italien. Da Niedermayer seit dem Ersten Weltkrieg nicht mehr in der aktiven Truppe Dienst gemacht hatte, hielt ihn die militärische Führung wegen seiner mangelnden Erfahrung nicht für geeignet, eine Division im Fronteinsatz zu führen. So wurde er zu seinem größten Leidwesen zum Kommandeur der Freiwilligenverbände beim Oberbefehlshaber West ernannt.

Sein Nachfolger wurde Generalmajor Ralph von Heygendorff, ein hochgebildeter Mann, der als Regimentskommandeur über Fronterfahrung verfügte. Er war für diese Aufgabe hervorragend geeignet, denn er sprach fließend Russisch, war 1939 nach Kriegsausbruch Gehilfe des deutschen Militärattachés in Moskau, General Köstring, und Mitglied der deutsch-sowjetischen Grenzkommission gewesen. Wie Niedermayer, Oberländer und Pannwitz sah er in den Freiwilligen gleichberechtigte Kameraden und behandelte sie mit großem Einfühlungsvermögen und ohne jede Überheblichkeit.

Zuletzt sah ich Niedermayer am 14. September 1944 in Simmern, nordwestlich von Koblenz, wo Köstring ihn besuchte, um mit ihm zu besprechen, was jetzt und vor allem nach dem Krieg aus unseren Freiwilligen werden sollte.

Der Hannoveraner Köstring und der Niederbayer Niedermayer waren grundverschieden, aber einig in ihrer Ablehnung Hitlers einerseits und in ihrer Liebe zu den Völkern der Sowjetunion andererseits. Als Niedermayer im Brustton der Überzeugung erklärte, daß ihm die Sowjets bestimmt nichts tun würden, wenn er von ihnen gefangengenommen würde, widersprach ihm Köstring ebenso überzeugt und meinte, sie würden beide aufgehängt, Niedermayer etwas tiefer, denn er sei ja nur Generalmajor. In seiner Prophezeiung für Niedermayer sollte Köstring recht behalten. Niedermayer wurde kurze Zeit später auf Grund einer Anzeige seines Adjutanten wegen defätistischer Äußerungen verhaftet, vor ein Kriegsgericht gestellt und zu einer Zuchthausstrafe verurteilt. Am Ende des Krieges befand er sich in Torgau in Haft. Beim Herannahen der Fronten wurden die Gefangenen ihrem Schicksal überlassen. In Verkennung seiner Lage wandte er sich nach Osten und wurde von den Sowjets gefangengenommen. In Moskau starb er, soweit man weiß, im Gefängnis.

Nach Abschluß unserer Inspektionsreise übergab Köstring dem Chef des Generalstabes Generaloberst Halder einen Bericht über seine Eindrücke. Einleitend bemerkte Köstring, daß etwa achtzig Prozent der hunderttausend Turksoldaten der Roten Armee, die im ersten Kriegsjahr zu uns übergelaufen oder gefangengenommen worden waren, den Winter infolge ungenügender Kleidung und Ernährung nicht überlebt hätten. Trotz dieser furchtbaren und unnötigen Verluste sah Köstring die Möglichkeit, die Lage der Überlebenden so erheblich zu verbessern, daß sie für uns gewonnen werden könnten. Es komme entscheidend darauf an, daß die deutschen Offiziere und Soldaten über Turkestaner und Kaukasier sowie ihre Eigenheiten aufgeklärt würden. Er war überzeugt, daß diese Aufklärungsarbeit zu einem besseren Verständnis zwischen den Deutschen und fremdländischen Freiwilligen führen würde.

Am 10. August 1942 erhielt Köstring die Ernennung zum Beauftragten General für Kaukasusfragen und gleichzeitig die Weisung, sich bei der Heeresgruppe A zu melden, die bereits in den Nordkaukasus eingedrungen war. Dort sollte Köstring mithelfen, Altenstadts und Stauffenbergs Reformideen in die Tat umzusetzen.

# Im Kaukasus

Im Juli 1942, beim Vormarsch in den Nordkaukasus, näherte sich die bayerische 1. Gebirgsdivision langsam dem Massiv des Elbrus, des höchsten Berges in Europa. Die Gebirgsjäger hatten lange Märsche in der Ebene hinter sich, sie waren erschöpft und müde. Als aber die großartige, schneebedeckte Pyramide des gewaltigen Berges vor ihnen auftauchte, waren Mühe und Entbehrungen vergessen.

Eine Gruppe ausgesuchter Gebirgsjäger erhielt den Auftrag, den Elbrus zu ersteigen und nach altem Bergsteigerbrauch die Flagge auf dem Gipfel aufzupflanzen. Als der Divisionskommandeur Generalleutnant Hubert Lanz erfuhr, daß eine SS-Einheit das gleiche plane, feuerte er seine Männer durch Funk an, die ersten zu sein, koste es, was es wolle. Die Gebirgsjäger beeilten sich, den Gipfel so schnell wie möglich zu erreichen. Bald war der Spähtrupp weit auseinandergezogen. Als der Führer des Spähtrupps mit einem einzigen Gebirgsjäger die Schutzhütte unterhalb des Gipfels erreichte und die Tür öffnete, stand er vor einer größeren Gruppe von Rotarmisten. Geistesgegenwärtig rief der Hauptmann: »Hände hoch, ihr seid gefangen«, und gab die entsprechenden Zeichen mit seiner Maschinenpistole. Die sowjetischen Soldaten gehorchten, merkten aber bald, daß sie in der Überzahl waren. Sie erklärten nun ihrerseits: »Ihr seid unsere Gefangenen.« Als der deutsche Offizier ihnen zu verstehen gab, daß der Rest seines Spähtrupps jede Minute eintreffen müsse, gaben die Russen nach. Kurze Zeit später erschienen die Leute tatsächlich.

Köstring und ich verließen Winitsa in der zweiten Hälfte des August 1942, in einem Augenblick, als die ersten Erfolgsnachrichten über die Operationen im Süden die Rückschläge des Winters vergessen ließen. Unsere Truppen hatten die Suchumer Heerstraße und die Gegend um Ordjonikidse (Wladikawkas), den Endpunkt der georgischen Heerstraße, die nach Tiflis führt, erreicht. Als Köstring sich bei dem Oberbefehlshaber der Heeresgruppe A, Feldmarschall Wilhelm List, meldete, konnte man schon aus dem herzlichen Empfang von Anfang an schließen, daß List Köstrings Aufgabe voll unterstützen würde. Da der Stab der Heeresgruppe noch außerhalb des Kaukasus lag, schlug List vor, daß Köstring sich zur 1. Panzerarmee begeben sollte, die am weitesten in den Nordkaukasus vorgedrungen war, um seinem eigentlichen Arbeitsbereich näher zu sein. Köstring war sofort einverstanden, um so mehr, als der Oberbefehlshaber, Generaloberst Ewald von Kleist, Kavallerist und ein alter Freund war. Der Stab der 1. Panzerarmee lag in Pjatigorsk, einem hübschen Badeort am Fuße des Hochkaukasus. Wenn wir nicht im Kaukasus unterwegs waren, lud uns Kleist fast immer zum Essen ein, um mit Köstring zu besprechen, was als nächstes zu geschehen habe. Von Anfang an zeigte sich, daß Kleist und Köstring über die Behandlung der Zivilbevölkerung einer Meinung waren. Köstrings Arbeit wurde noch dadurch erleichtert, daß im Stab von Kleist Offiziere waren, die ihre Einstellung teilten und bereit waren, sie in die Tat umzusetzen.

Bereits vor dem Krieg war festgelegt worden, daß die Gebiete, die hinter der Front lagen, unter Militärverwaltung gestellt und erst später, bei Vorrücken der Front, dem Ostministerium und den Reichskommissaren übergeben werden sollten. Rosenberg hatte bereits Arno Schickedanz als Reichskommissar für den Kaukasus ernannt. Wir wußten nicht, was wir von Schickedanz zu erwarten hatten und welche Politik er verfolgen würde, waren aber relativ optimistisch, weil sein Chef Rosenberg sich für eine gute Behandlung der Kaukasier entschieden hatte, um sie auf diese Weise von ihrer Bindung an Rußland zu lösen. Schickedanz hat schließlich den Ort seiner Bestimmung nicht erreicht; der Nordkaukasus blieb bis zum Rückzug der deutschen Truppen unter militärischer Verwaltung.

Die Vertreter des Ostministeriums bei der Heeresgruppe A waren Professor Gerhard von Mende und Otto Bräutigam. Ihre eigentliche Aufgabe bestand darin, die Übergabe des Kaukasus an das Ostministerium vorzubereiten, eine Aufgabe, die sie nie mit Nachdruck betrieben, da beide fanden, daß der Kaukasus unter der Militärverwaltung besser aufgehoben sei. Bräutigam war vom Auswärtigen Amt in das Ostministerium versetzt worden, um dort nach Möglichkeit mäßigenden Einfluß im Sinne Schulenburgs auszuüben. Er verfügte über langjährige Erfahrung in und mit der Sowjetunion, war kurz vor mir Legationssekretär in Moskau, dann Vizekonsul in Kiew, schließlich Generalkonsul in Tiflis und einige Zeit auch Rußlandreferent im Auswärtigen Amt gewesen. Seine Aufgabe im Ostministerium war es, die Zusammenarbeit mit den militärischen Dienststellen sicherzustellen. Er hatte engen Kontakt vor allem mit Altenstadt aber auch mit Stauffenberg. Professor von Mende stammte aus dem Baltikum, war ein hervorragender Kenner der Sowjetunion und Spezialist für die turkstämmigen Völker. Die Mitarbeit dieser beiden sachverständigen Freunde der Kaukasier war für Köstring eine unschätzbare Hilfe.

Unsere Zusammenarbeit war hervorragend und fand ihre Bestätigung aus »berufenem« Munde eines Parteifunktionärs in einem Dokument[1], das mir vor kurzem in Washington vom George-Kennan-Institut vorgelegt wurde und eine Begebenheit aus dem Sommer 1942 zum Inhalt hat. Damals wurden Schulenburg, Köstring, mein alter Freund und Kollege Pfleiderer, der inzwischen Verbindungsoffizier zu der ebenfalls im Kaukasus operierenden 17. Armee geworden war, und ich beauftragt, die Kriegsgefangenenlager zu besichtigen. Unser Auftrag war nicht genau umrissen und gab uns die Möglichkeit, nicht nur die Zustände in den Lagern genauestens zu untersuchen, sondern auch weitgehende Reformvorschläge zu machen. Wir stellten in unserem Bericht fest, daß sich die Zustände in den Lagern im Vergleich zu früher etwas verbessert hätten, daß aber noch weit mehr getan werden müßte. Ferner wiesen wir darauf hin, daß ein Gesamtplan für die zukünftige politische Struktur des Kaukasus ausgearbeitet werden müßte. Wir befürworteten eine Kaukasische Föderation aus autonomen Gebieten. Nach Beendigung unserer Arbeit hatten wir eine Aussprache mit Parteifunktionären, bei der wir das deutliche Gefühl hatten, daß unsere Auffassungen und die Offenheit, mit der ich sie darlegte, auf Ablehnung und Unverständnis stießen.

Jener Parteifunktionär hatte in seinem Bericht vor dem »Liberalismus« der Kommission gewarnt und geschrieben:

»Das Schlimmste, was ich erlebte, war allerdings eine Äußerung von Herrn Herwarth von Bittenfeld: Einige Herren im Ostministerium, so vor allem Bräutigam und Mende, hätten die gleiche Auffassung wie das Auswärtige Amt.«

Köstring betonte immer wieder, wie wichtig es sei, die Kriegsgefangenen gut zu behandeln. Er wies darauf hin, daß es eine schwere Verletzung der Genfer Konvention gewesen sei, Hunderttausende von Kriegsgefangenen verhungern zu lassen. Daran ändere auch die Tatsache nichts, daß Hitler die Anwendung der Genfer Konvention gegenüber der Sowjetunion außer Kraft gesetzt hatte, weil die Sowjetunion die Konvention nicht unterzeichnet hat. Darüber hinaus traf der – zynische – Ausspruch von Talleyrand »Es ist mehr als ein Verbrechen, es ist ein

Fehler« auch in diesem Fall zu, denn durch seine unmenschliche Behandlung der Gefangenen und der Zivilbevölkerung trieb Hitler die sowjetische Bevölkerung in die Arme Stalins zurück. – Auf Grund der Berichte der Schulenburg-Köstring-Kommission gab Kleist strikte Weisung, die Kriegsgefangenen vom Augenblick ihrer Gefangennahme an menschenwürdig zu behandeln. Ebenso ordnete er, ganz im Sinne Köstrings, an, daß seine Soldaten sich gegenüber der Zivilbevölkerung so benehmen sollten wie bei einem Manöver in Deutschland. Wie Köstring, hatte er gesehen, welche katastrophalen Folgen die koloniale Politik der Zivilverwaltung in den übrigen besetzten Gebieten der Sowjetunion gehabt hatte.

Mit der Unterstützung Kleists und seines Stabes gelang es Köstring, die vom Generalstab des Heeres festgelegten Grundsätze über die Behandlung der Bevölkerung im Nordkaukasus in die Tat umzusetzen. Partei und Zivildienststellen wurden ferngehalten, vor allem wurde Sauckel daran gehindert, Zwangsrekrutierungen für den Arbeitseinsatz in Deutschland durchzuführen. Die Soldaten wurden aufgefordert, die Sitten und Gebräuche des Landes zu achten und das geringe Privateigentum der Menschen unangetastet zu lassen. Flugblätter und Aufsätze in der Armeezeitung klärten die Soldaten über die Geschichte, Geographie und Eigenarten der verschiedenen kaukasischen Völker auf. Es wurde betont, daß die Bevölkerung das Sowjetregime ablehne und bereit sei, mit uns zusammenzuarbeiten. Die Soldaten wurden ständig darauf hingewiesen, daß die Einheimischen erwarteten, als Menschen und gleichberechtigt behandelt zu werden. Die Selbstverwaltung wurde eingeführt, und Deutsche beschränkten sich auf beratende Tätigkeit. Wir förderten die Privatinitiative von Handwerkern und ermunterten sie, sich selbständig zu machen.

Otto Schiller, der frühere Landwirtschaftsattaché der Deutschen Botschaft in Moskau, hatte als Militärverwaltungsrat einen bis ins einzelne gehenden Plan für die Umwandlung der Kolchosen in Genossenschaften ausgearbeitet. Seine Neuordnung befriedigte den sehnlichen Wunsch der Bauern nach Privateigentum und vereinigte damit die Vorteile der genossenschaftlichen Verwendung moderner Maschinen und Technologie. Schillers Plan wurde im Kaukasus mit Erfolg durchgeführt, während in den Reichskommissariaten die Schillersche Landreform oft auf Widerstand der Verwaltung stieß. Hitler und die Kommissare sahen ebenso wie Stalin in den Kolchosen und Sowchosen das beste Instrument, um die landwirtschaftliche Produktion einzutreiben.

Die neue Politik im Nordkaukasus hatte erstaunliche Erfolge. Es gab weder Partisanen noch Sabotage. Das Land war befriedet. Die Zusammenarbeit von Kleist, Köstring und Altenstadt hatte Früchte getragen, und das innerhalb nur weniger Wochen.

Eine weitere wichtige Aufgabe von Köstring war es, an Ort und Stelle zu prüfen, wie sich die im Generalgouvernement in Polen aufgestellten georgischen, armenischen, aserbaidschanischen und nordkaukasischen Bataillone bewährten. Diese Bataillone sollten an der Front eingesetzt und später als einheimische Besatzungstruppen verwandt werden. Wir glaubten, daß kaukasische Soldaten mit landeseigenen Offizieren in ihrer Heimat die guten Beziehungen zwischen der Zivilbevölkerung und dem deutschen Militär nur fördern könnten. Sie sollten auch für die Bevölkerung ein sichtbarer Beweis für unsere guten Absichten sein und ihr Vertrauen in uns stärken. Nicht zuletzt hofften wir, daß die an der vordersten Front eingesetzten Bataillone ihre Landsleute zum Überlaufen bewegen könnten und daß sich dies auch im sowjetisch besetzten Teil des Kaukasus unter der Bevölkerung herumsprechen würde.

Schon bald mußte Köstring, ebenso wie bei seinem Besuch in Polen und in der Ukraine, feststellen, daß viele deutsche Offiziere und Unteroffiziere, die als Rahmenpersonal dienten, trotz meist guten Willens nur wenig über die Menschen wußten, deren Vorgesetzte sie waren. Außerdem machten uns die oft nicht zufriedenstellenden Leistungen der landeseigenen Offiziere Sorgen. Auf Köstrings Bitte veranlaßte Stauffenberg, daß das deutsche Personal sorgfältiger ausgewählt und auf seine Tätigkeit vorbereitet und gleichzeitig die Ausbildung der landeseigenen Führer verbessert wurde. Letzteres war wichtig, weil wir planten, möglichst viele deutsche durch landeseigene Offiziere zu ersetzen. All dies ließ sich nicht von einem Tag auf den anderen bewerkstelligen, aber auf die Dauer zeigten sich Erfolge.

Wir waren jedoch nicht mehr in der Lage, mit Sicherheit festzustellen, ob unsere Erwartungen, die wir in die landeseigenen Truppen setzten, in Erfüllung gingen, weil die Besetzung des Nordkaukasus nur von kurzer Dauer war. Die ersten Freiwilligenbataillone, die noch zu unserer Zeit eingesetzt wurden, entsprachen mit wenigen Ausnahmen unseren Erwartungen. Natürlich gab es Rücküberläufer. Wenn deutsche Soldaten plötzlich vermißt wurden, nahm man selbstverständlich an, daß sie gefangengenommen worden waren. Wenn aber Freiwillige verschwanden, wurde nur zu leicht der Vorwurf erhoben, sie seien übergelaufen. Als kaukasische Kompanien des Verbands Bergmann sowjetischen Verbänden gegenüberlagen, unter denen sich Kaukasier befanden, liefen eine Reihe von ihnen zu Bergmann über, während kaum einer von den Bergmannleuten desertierte. Der Verband Bergmann war auf Anordnung von Admiral Canaris von Hauptmann Theodor Oberländer besonders sorgfältig aufgestellt worden. Im Juni 1942 hatte ich diese Einheit in Mittenwald in Bayern besucht. Es war eine in jeder Beziehung ungewöhnliche Truppe. So wurde sie nicht auf Hitler, sondern auf die deutsche Wehrmacht vereidigt. In der Einheit befanden sich neben Armeniern und Nordkaukasiern vor allem Georgier. Die landeseigenen Offiziere stammten teils aus der Roten Armee, teils waren es georgische Emigranten. Erstaunlicherweise gelang das Experiment, Emigranten und frühere Sowjetoffiziere gemeinsam zu verwenden. Der Zusammenhalt des georgischen Offizierskorps war auch darauf zurückzuführen, daß die georgischen Emigranten sehr viel zahlreicher und besser organisiert waren als die übrigen Kaukasier.

Zwischen Deutschen und Georgiern hatte es schon einmal, im Ersten Weltkrieg, enge freundschaftliche Beziehungen gegeben. Deutsche Truppen hatten 1917 Georgien besetzt, unter ihrem Schutz wurde das Land, das 1801 von Rußland annektiert worden war, wieder selbständig. Graf Schulenburg als Vertreter des Auswärtigen Amtes sowie die Generäle von Lossow und Kress von Kressenstein hatten dem jungen Staat Starthilfe gegeben. Auch bei der Verteidigung der gerade gewonnenen Unabhängigkeit Georgiens hatten sich die Deutschen bewährt. In Aserbaidschan und Baku standen damals türkische Truppen, die den Versuch machten, nach Georgien einzudringen. Obwohl Deutsche und Türken verbündet waren, kam es am georgisch-aserbaidschanischen Grenzfluß Aragwa zu einem blutigen Zusammenstoß zwischen den Verbündeten. Die Türken wurden von Deutschen und Georgiern zurückgeschlagen. 1922 wurde Georgien von der Sowjetunion annektiert. Schulenburg, Lossow und Kress blieben jedoch unvergessen, und die Erinnerung an diese kurze, aber hilfreiche Besetzung blieb lebendig.

Oberländers Werdegang und die Entwicklung seiner Persönlichkeit sind nicht untypisch für die Zeit des Nationalsozialismus. Ich lernte Oberländer Mitte der dreißiger Jahre in Moskau kennen. Unser Presseattaché, Wilhelm Baum, ein erklärter Antinazi, hatte Oberländers Reise organisiert, weil er eine gute Meinung von ihm hatte und ihn als ernsthaften Wissenschaftler schätzte. Oberländer war Professor und Leiter des Osteuropa-Instituts an der Universität Königsberg. Da ich wußte, daß er der Partei angehörte, war ich ihm gegenüber zurückhaltend und vorsichtig in meinen Äußerungen. Als ich ihn 1942 in Mittenwald als Offizier wiedertraf, entdeckte ich eine ganz andere Seite an ihm. Wir waren beide Offiziere mit einer gemeinsamen Aufgabe, die uns verband. Ich war beeindruckt, mit welchem Geschick Oberländer seine Kaukasier behandelte und wie sie ihm ihrerseits vertrauten.

Eines Morgens machten wir uns beide auf den Weg, um eine Schießübung im Hochgebirge zu beobachten. Während des stundenlangen Aufstieges sahen wir plötzlich eine Gams, die gerade ein Kitz gesetzt hatte. Es war rührend, Mutter und Kind zu beobachten. Dieses Erlebnis gab, ich weiß nicht, wie, den Anstoß für ein Gespräch über den Fortgang des Krieges. Ich erklärte Oberländer ohne viele Umschweife, daß der Krieg in Afrika bereits verloren und der große Krieg auch nicht zu gewinnen sei. Daran ändere auch die Tatsache nichts, daß große Teile der Sowjetbevölkerung, die von uns befreit worden waren, ihre Hoffnungen auf einen deutschen Sieg setzten. Oberländer hoffte noch immer, daß Hitler sich entschließen würde, eine realistische Politik gegenüber der Sowjetunion einzuschlagen. Unter diesen Umständen hielt er einen Sieg im Osten noch für möglich. Die Vorkommnisse in der Ukraine und das Wüten von Koch, mit dem Oberländer schon in Königsberg Meinungsverschiedenheiten gehabt hatte, hatten in ihm Zweifel am Nationalsozialismus geweckt. Wäre er noch ein überzeugtes Parteimitglied gewesen, hätte er mich anzeigen müssen.

Köstring und ich hielten mit Oberländer im Nordkaukasus engen Kontakt und besuchten ihn sehr oft in den Jahren 1942 und 1943, um mit ihm Erfahrungen auszutauschen. Er hatte in seinem Verband die volle Gleichberechtigung zwischen dem deutschen Rahmenpersonal und seinen Kaukasiern eingeführt, lange bevor dies für die anderen landeseigenen Verbände von oben her befohlen wurde. Sein Beispiel der verständnisvollen Behandlung der Kaukasier wurde von seinen Offizieren und Unteroffizieren nachgeahmt.

Oberländer verfolgte die Entwicklung in der Ukraine mit besonderer Anteilnahme, weil er 1941 bei Ausbruch des deutsch-sowjetischen Krieges Verbindungsoffizier bei der ukrainischen Abwehreinheit »Nachtigall« gewesen war. 1942 und 1943 war er so empört über die Behandlung der Ukrainer, daß er in zwei Denkschriften die Methoden Kochs anprangerte und für eine radikale Kursänderung eintrat. Im Juni 1943 faßte er noch einmal seine Vorstellungen über die Zukunft der Freiwilligen und die deutsche Politik im Osten in der Denkschrift »Bündnis oder Ausbeutung« zusammen. Mit seinen Gedanken sprach er Köstring und mir aus der Seele. Es gehörte sehr viel Mut dazu, dieses Memorandum zu schreiben. Oberländer mußte voraussehen, daß es für ihn unangenehme und gefährliche Folgen haben würde. Himmler wollte gegen ihn vorgehen und ihn vor ein Kriegsgericht stellen. Köstring und der Generalstab setzten sich sofort mit Nachdruck für ihn ein, aber nur mit begrenztem Erfolg. Er mußte nicht nur die Führung des Verbands Bergmann abgeben, sondern wurde auch aus der Wehrmacht entlassen. Bis 1945 lehrte er an der Universität Prag, dann wurde er noch einmal kurz unter Generalleutnant Aschenbrenner, dem früheren Luftwaffenattaché in Moskau, eingesetzt. Aschenbrenner war nach der Gründung des Komitees zur Befreiung der Völker Rußlands in Prag im November 1944 Leiter des Wehrmachtsverbindungsstabes zum Wlassow-Komitee geworden.

Das Leben in Pjatigorsk hatte sich wieder normalisiert und erinnerte an die Zeit vor der Revolution. Die nordkaukasische Ebene war besonders fruchtbar und produzierte mehr Lebensmittel, als die Bevölkerung brauchte. Viele für das tägliche Leben nötige Dinge erschienen wieder auf dem Markt. Die Stadt war so gut wie unzerstört, die Bevölkerung, unter der sich auch viele Russen befanden, verhielt sich aufgeschlossen und freundlich zu den Deutschen. Auch das gesellschaftliche Leben blühte auf. Es gab kulturelle Veranstaltungen, Theateraufführungen und Konzerte, bei denen nicht nur Einheimische, sondern auch geflüchtete Künstler mitwirkten. Viele Menschen äußerten mir gegenüber ihre Freude, daß das Leben wieder so sei, wie in den Zeiten vor der Revolution. Auch in Kislowodsk, einem anderen bekannten Badeort, lief das Leben wieder in seinen gewohnten Bahnen. Am 11. Oktober 1942, dem mohammedanischen Bayramfest, hielt Köstring dort eine Ansprache auf Russisch. Seine Ausführungen über die Auflösung der Kolchose und die Gewährung der Selbstverwaltung innerhalb einer kaukasischen Föderation wurden mit großer Begeisterung aufgenommen. Man überreichte ihm Geschenke, die Stimmung war gelöst und freundschaftlich.

Seit seinem Eintreffen im Kaukasus zog Köstring wieder wie ein Wanderprediger von einem Stab und einem Truppenteil zum anderen, um den deutschen Offizieren Vorträge darüber zu halten, wie man die Bevölkerung und die landeseigenen Soldaten behandeln müsse. Hier hatte er gegen zwei Thesen zu kämpfen. Die offizielle Parteipropaganda von den Menschen zweiter Klasse, die die Sowjetunion bewohnten, war nicht ohne Wirkung geblieben, zumindest verwirrte sie die Soldaten. Rosenberg hatte die Parole ausgegeben, daß die nichtslawischen Minderheiten gut behandelt werden sollten, nicht jedoch das alte Herrschaftsvolk der Russen. Köstring mußte also die deutschen Dienststellen im Kaukasus davon überzeugen, daß man nicht nur in den Kaukasiern, sondern auch in den im Kaukasus, vor allem in den Städten, stark vertretenen Russen Verbündete sehen müsse.

Auf seinen Reisen verstand es Köstring, überall die Sympathie der Bevölkerung und der Freiwilligen zu gewinnen. Bei der Vereidigung von armenischen Freiwilligen des Verbands Bergmann hielt Köstring eine zündende Ansprache in russisch. Die Begeisterung der Armenier war ungewöhnlich groß, und ich konnte mir den Grund dafür zunächst nicht erklären. Später fanden wir heraus, daß die Männer Köstring mit seiner großen, scharfen Nase für einen Armenier gehalten hatten. Nun sahen sie vertrauensvoll in die Zukunft, da schon einer der Ihren General geworden war.

Bei seinem Besuch in Naltschik, der Hauptstadt der Kabardiner am Fuße des Kaukasusgebirges, wurde Köstring wie ein Fürst empfangen und von einer großen Volksmenge jubelnd begrüßt. Alle Stammesältesten waren zusammengekommen. Teile des Bergmann-Verbands beteiligten sich an dem Fest. Nach einer Beratung mit den Honoratioren wurde auf einem freien Platz ein großes Treffen veranstaltet. Köstring gab die übliche Erklärung ab, daß die Kabardiner von nun an Herr über ihr eigenes Schicksal und über ihr eigenes Land seien. Die Menschen waren so begeistert, daß sie Köstring hochhoben, mehrmals in die Luft warfen und wieder auffingen. Die Ältesten schenkten ihm hundert ihrer berühmten Pferde und erklärten, daß die Reiter mit diesen Pferden an der Seite der Deutschen kämpfen wollten. Danach gab es ein großes Hammelfest. Ganze gebratene Hammel lagen auf dem Tisch, jeder bediente sich mit seinem eigenen Messer. Köstring und mir wurden von unseren kabardinischen Tischnachbarn sachverständig die besten Stücke herausgeschnitten und feierlich überreicht.

Köstring und ich hatten bereits vor Ausbruch des Krieges mehrere Reisen in den Kaukasus unternommen, wußten aber wenig über die vielen kleinen Völkerschaften, die auch noch verschiedenen Religionen angehörten. So ging Köstring irrtümlich davon aus, daß die einzelnen Völker ihre eigenen Sprachen, die durch die russische Sprache zurückgedrängt worden waren, wieder pflegen wollten, und war bereit, alles zu tun, um die bodenständigen Kulturen neu zu beleben. Selbst die kleinen Völkerstämme, wie die Kabardiner, Osseten und Tscherkessen sollten nach seiner Vorstellung kulturell autonom werden. Die Stammesältesten dieser Völker erklärten uns aber, daß es ein Fehler sein würde, nur auf der einheimischen Kultur aufzubauen. Sie besäßen keine eigene Literatur, es gäbe nur mündliche Überlieferung. Wollte man für sie eine eigene Schriftsprache schaffen, so würden sie damit abgeschnitten von jeder höheren Bildung und Kultur. Sie beschworen Köstring, sie Russisch oder besser noch Deutsch lernen zu lassen. Nur eine Weltsprache könne ihnen den Zugang zu den geistigen Zeugnissen und Erfindungen der Welt vermitteln. Einer der wenigen Vorteile, die die russische Herrschaft für sie gebracht habe, sei die russische Sprache und damit der Kontakt mit der Welt gewesen.

In den dreißiger Jahren hatte sich die russische Nationalitätenpolitik einschneidend geändert. Lenins Losung hatte gelautet: »National in der Form, kommunistisch im Inhalt«. In der Stalinschen Ära des großrussischen Staatssozialismus war dieser Grundsatz in der Praxis geändert worden. Nun galt: »Großrussisch in der Form, russisch-patriotisch im Inhalt«. Viele der Minderheitensprachen, die unter Lenin in das lateinische Alphabet transskribiert worden waren, wurden nun in Kyrillischer Schrift neu bearbeitet. Eine Ausnahme bildeten nur die Georgier, Armenier und Aserbaidschaner, die ihr eigenes Alphabet behielten.

Im Kaukasus trafen wir auf verschiedene kleine Gruppen von Kaukasiern jüdischen Glaubens. Nach Hitlers Befehl über die »Endlösung« hatten sie das Schlimmste zu erwarten. Köstring stellte sich auf den Standpunkt, daß ihre Zugehörigkeit zum jüdischen Glauben noch keineswegs bedeute, daß sie auch ethnisch Juden seien. Er wies darauf hin, daß im Kaukasus und auch auf der Krim einige Bergstämme zwar den jüdischen Glauben angenommen hätten, sich aber sonst in keiner Weise von der restlichen Bevölkerung unterschieden. Eine lange Nase, wie er oder viele Kaukasier sie hätten, sei noch lange kein Beweis dafür, daß ihre Besitzer Juden seien. Viele dieser jüdischen Gebirgsbewohner hätten als Offiziere im Heer des Zaren gedient, in dem kein Jude das Offizierspatent erhielt. Also seien sie auch für den Dienst in der deutschen Wehrmacht geeignet. Köstring wußte sehr wohl, daß seine Argumente Haarspalterei waren, aber er rettete damit das Leben vieler Menschen. Bräutigam, Mende und Oberländer verfolgten die gleiche Taktik, um das Leben der kaukasischen »Juden« und auch der richtigen Juden im Kaukasus zu schützen. So gelang es Oberländer, in seiner Einheit Soldaten zu halten, die nicht nur nach ihrem Glauben, sondern auch ethnisch Juden waren. Diese Strategie führte dazu, daß im Kaukasus die Verluste unter den Juden sehr viel geringer waren, als in der übrigen Sowjetunion.

Während des Sommers und des Herbstes 1942 fanden an den drei Heerstraßen, die über den Hochkaukasus führten, der Suchumer, der Ossetischen und der Georgischen, schwere Kämpfe statt, ohne daß es gelungen wäre, die Pässe zu erobern und damit den Zugang zum Schwarzen Meer zu öffnen. Ebensowenig gelang es, das Kaspische Meer zu erreichen. Hitler machte den Oberbefehlshaber der Heeresgruppe, Feldmarschall List, für diese Mißerfolge verantwortlich und löste ihn ab. An seine Stelle trat nach einiger Zeit Generaloberst von Kleist.

Die Schlacht um Stalingrad und die Kapitulation der 6. Armee begruben alle Hoffnungen auf eine Eroberung des Kaukasus. Nun setzte die Rückzugsbewegung ein, und wir mußten unseren Freiwilligen die Lage ehrlich erklären. Wir konnten und wollten ihnen keine Hoffnungen machen, daß wir den Kaukasus noch befreien könnten. Nun wurde es noch dringlicher, zunächst einmal für unsere kaukasischen und turkestanischen Freiwilligen, die mit uns zurückgingen, die volle Gleichberechtigung mit den deutschen Soldaten zu erreichen. Wir trugen für diese unsere Kameraden, die von der Heimat abgeschnitten waren, von nun an eine noch größere Verantwortung. Als der Rückzug aus dem Nordkaukasus einsetzte, überlegten wir mit Sorgen, wo wir für unsere Freiwilligen aus diesem Gebiet im Westen eine neue Heimat finden könnten.

Im Spätherbst 1942 suchte ich die 17. Armee unter dem Oberbefehl von Generaloberst Ruoff auf. Der Chef des Generalstabes war Generalmajor Vincenz Müller, ein Bayer, der später in der DDR blieb und eine führende Rolle beim Aufbau der »Nationalen Volksarmee« spielte. Müller stand bereits 1942 dem Nationalsozialismus kritisch gegenüber und äußerte sich mir gegenüber auch in diesem Sinne. Eines Abends saßen wir in kleinem Kreis bei Generaloberst Ruoff. Außer ihm waren noch General Müller, der erste Generalstabsoffizier Oberst Wetzel, der Adjutant Oberst von Lewinski, mein alter Freund Rittmeister Pfleiderer in seiner Eigenschaft als Verbindungsoffizier des Auswärtigen Amts und Oberleutnant Ruoff, ein Neffe und Ordonnanzoffizier des Oberbefehlshabers, anwesend. Die Unterhaltung war gelockert und offen. Ich wurde nach meiner Meinung über Ribbentrop gefragt und ließ mich, wie so oft, dazu hinreißen, die Wahrheit zu sagen. Ohne Umschweife bezeichnete ich ihn als unfähig, als einen Mann ohne eigene Meinung, dessen einziger Wunsch es sei, Hitlers Ansichten zu erraten. Von Außenpolitik verstünde er gar nichts. Mitten im Redefluß unterbrach mich Oberleutnant Ruoff und bemerkte, daß ich nicht so über meinen Minister sprechen dürfe. Ich erwiderte ihm, daß ich nicht mehr dem diplomatischen Dienst angehöre und ich im übrigen nur meine ehrliche Meinung gesagt hätte. Auch für einen deutschen Offizier seien solche Worte unpassend, meinte Ruoff. Die gemütliche Stimmung war einer bedrohlichen Spannung gewichen. Jetzt griff Generaloberst Ruoff ein und forderte seinen Neffen auf, das Gespräch abzubrechen. Ich ärgerte mich über mich selber und war gespannt, was sich am nächsten Tag ereignen würde, denn es war mir klar, daß Oberleutnant Ruoff eigentlich die Pflicht hatte, eine Meldung zu machen. Zu seiner Ehre muß gesagt werden, daß er es nicht getan hat.

Kurz bevor im Verlauf der im Spätherbst 1942 einsetzenden Rückzugsbewegung Stawropol von den deutschen Truppen geräumt wurde, ging ich in ein Geschäft der Heereskleiderkasse, in dem ein großer Ausverkauf stattfand. Ohne Kleidermarken erwarb ich einige Hemden, die ich dringend benötigte. Als ich hinausging, bemerkte ich einen blutjungen Leutnant, der, ich traute meinen Augen nicht, einen Offiziersdegen kaufte. Als ich erstaunt fragte, was er denn damit anfangen wolle, antwortete er stolz, er sei gerade zum Offizier befördert worden, und um das zu feiern, brauche er einen Degen. Im stillen fragte ich mich, was der junge Mann wohl mit seinem Degen anfangen werde, wenn die russischen Truppen kämen.

Im Februar 1943 wurden die letzten Teile des Stabes der Heeresgruppe Kaukasus aus dem Kubanbrückenkopf nach Simferopol auf der Krim verlegt, wo sich das neue Hauptquartier befand. Wir wurden in Segelflugzeuge verladen, die von Motorflugzeugen geschleppt wurden. Über dem Asowschen Meer wurden wir von einem sowjetischen Flieger angegriffen. Ein Segelflugzeug wurde ausgeklinkt und mußte auf einer Eisplatte notlanden. Wir waren froh, daß wir heil davon kamen, machten uns aber Sorgen um unsere Kameraden im Asowschen Meer, denn es fing schon an dunkel zu werden. Glücklicherweise hatte sich jeder von unserer Fluggesellschaft kurz vor dem Abflug noch mit einer Flasche Kognak und zwei Pfund Schokolade ausgestattet. Das war nicht so einfach gewesen, da der Zahlmeister, dem das Proviantamt unterstand, sich zunächst strikt geweigert hatte, uns das Gewünschte zu geben. Zum Schluß wurde er mit sanfter Gewalt gezwungen, sich von seinen Schätzen zu trennen, bevor sie den Sowjets in die Hände fielen. Unsere Kameraden auf der Eisscholle hatten zudem das Glück, daß einer von ihnen eine Leuchtpistole bei sich hatte, mit der sie die Suchflugzeuge auf sich aufmerksam machen konnten. Sie verbrannten ihre Akten und versuchten, sich wie die Nordpolfahrer in Richtung Krim durchzuschlagen. Am nächsten Tag wurden sie von einem Suchflugzeug gefunden und sicher bei uns auf der Krim abgeliefert.

In Simferopol mußte ich mich bei Generalfeldmarschall von Kleist melden, um ihm über meine Eindrücke am Kubanbrückenkopf zu berichten. Ich meldete ihm, daß während des Rückmarsches Kriegsgefangene mißhandelt worden waren und daß Kriegsgefangene, die nicht mehr in der Lage gewesen waren, zu marschieren, in einigen Fällen von den Begleitmannschaften erschossen worden waren. Dies sei eine flagrante Verletzung der Genfer Konvention, für die er persönlich zur Verantwortung gezogen werden würde, da diese Untaten in seinem Heeresgruppengebiet begangen worden seien. Ich bezog mich dabei auf Berichte von Offizieren der Einheit Bergmann, die derartige Vorgänge mitangesehen und vergeblich versucht hatten einzuschreiten. Kleist war außer sich vor Zorn, daß sein Befehl, die Kriegsgefangenen menschlich zu behandeln, in so schrecklicher Weise mißachtet wurde und gab auf der Stelle Weisung, solche Verbrechen in Zukunft unter allen Umständen zu unterbinden.

Dann wechselte er abrupt das Thema und erzählte mir, daß Gustav Freiherr von Steengracht als Nachfolger von Weizsäcker zum Staatssekretär des Auswärtigen Amts ernannt worden sei. Kleist wollte von mir wissen, was ich von dieser Ernennung hielte. Ich kannte Steengracht gut, er gehörte nicht dem alten Auswärtigen Amt an, sondern hatte seine Karriere durch die Partei gemacht. Ich hatte ihn in Moskau näher kennengelernt und schätzte ihn als einen anständigen Mann, der es immer abgelehnt hatte, Dinge zu tun, die er mit seinem Gewissen nicht vereinbaren konnte. Vom diplomatischen Geschäft verstand er weit weniger als der erfahrene Weizsäcker. Verbittert von der Situation, wie sie sich nach dem Fall von Stalingrad, dem Ende meiner alten Division und nach unserem Rückzug aus dem Kaukasus darstellte, fragte ich Kleist sarkastisch, was er wohl dazu sagen würde, wenn ich zum Chef des Generalstabes der Heeresgruppe A ernannt würde. Mein militärisches Wissen als Rittmeister der Reserve sei zwar gering, aber das diplomatische Wissen Steengrachts sei noch geringer.

Wieder wechselte Kleist das Thema und kam auf die katastrophale militärische Lage zu sprechen; der Krieg könne nicht mehr auf dem Schlachtfeld gewonnen werden. Ich konnte ihm nur beipflichten, es sei höchste Zeit, daß Hitler über die wahre Lage an der Front unterrichtet würde. Eine hochgestellte militärische Persönlichkeit müßte ihm sagen, er solle den Krieg beenden. Kleist stimmte mir zu und schlug höchst unerwartet für mich vor, daß ich diese Aufgabe übernehmen sollte. Ich versuchte vergeblich, Kleist davon zu überzeugen, daß er selbst als Generalfeldmarschall die richtige Persönlichkeit für diese schwere Aufgabe wäre. Im Verlauf des Gespräches erkannte ich, daß er es für einen Soldaten unangemessen fand, sich in eine so hochpolitische Frage einzumischen. Am Ende des Jahres unternahm Kleist aber doch einen Versuch, auf Hitler einzuwirken. Bei einem Vortrag schlug er ihm vor, den Oberbefehl über das Heer abzugeben, mit dem Erfolg, daß er selbst abgelöst und nicht mehr verwandt wurde.

Auf der Krim waren wir weit von der Front entfernt und fühlten uns fast wie im Frieden. Die Heeresgruppe war jetzt auch verantwortlich für die Verwaltung der Krim.

Kleist und vor ihm Manstein hatten veranlaßt, daß die Kirchen und Moscheen, die unter den Sowjets geschlossen worden waren, wieder in Betrieb genommen wurden, sehr zur Freude der Bevölkerung. In Simferopol trugen die Leute am Osterfest ihre Opfergaben zum Altar und ließen sie segnen. In den tatarischen Dörfern riefen die Mullahs wieder vom Minarett die Gläubigen zum Gebet.

Hitler hatte ursprünglich geplant, die Bevölkerung der Krim auszusiedeln und die Halbinsel mit Deutschen zu besiedeln und zu einer Art von deutschem Gibraltar zu machen. Dabei war ihm nicht bewußt, daß die Krim dicht bevölkert war und daß ein großer Teil der Bevölkerung aus Tataren, nicht aus Russen bestand. Dieses Hirngespinst ist nur ein Beispiel, welch wahnwitzige Ideen in den Köpfen von Hitler und seinen Männern geboren werden konnten.

Generalfeldmarschall von Manstein war Oberbefehlshaber der Armee, die die Krim erobert hatte. Er mußte sich nun in der Praxis mit dem Problem der Tataren, deren Existenz durch Hitlers Pläne bedroht war, auseinandersetzen. Der Fürsprecher und Retter der Tartaren wurde Major Werner Otto von Hentig, der Verbindungsoffizier des Auswärtigen Amtes zu Mansteins 17. Armee. Hentig war vor dem Ersten Weltkrieg in Peking und Konstantinopel auf Posten gewesen. Im Ersten Weltkrieg wurde er durch seine legendäre Afghanistan-Mission berühmt. Er hatte den Auftrag, durch russisches und englisches Einflußgebiet nach Kabul vorzudringen. Dort sollte er den Afghanischen König überreden, an unserer Seite in den Krieg gegen England einzutreten. Das Unternehmen scheiterte, und Hentig kehrte auf abenteuerlichen Wegen über den Hindukusch, Pamir, durch die Wüste Gobi nach Schanghai und von dort nach Deutschland zurück. Seine unglaubliche Energie und Ausdauer trugen ihm den Ruf eines der letzten großen Abenteurer in der Geschichte der Diplomatie ein. Auch in seinem späteren Leben setzte er sich mit seiner ganzen Persönlichkeit ein, wenn er eine Aufgabe in Angriff nahm. So wies er Manstein mit Nachdruck darauf hin, daß die Tataren, deren Land erst unter Katharina der Großen von den Russen erobert worden war, gut behandelt werden müßten. Hierbei wurde er von Schulenburg voll unterstützt. Selbst der verantwortliche SS-Kommandeur ließ sich von Hentig überzeugen und nahm auf die Tataren Rücksicht. Sie wurden von den Deutschen als Hilfspolizei eingesetzt, sie bewachten Brücken sowie militärische Einrichtungen und schützten sie gegen Partisanen.

Diese gute Zusammenarbeit sollte sich nach dem Krieg bitter rächen. Hitlers Plan, die Tataren auszusiedeln, wurde nun von Stalin als Strafaktion für die Kooperation mit uns durchgeführt. Das gleiche Schicksal ereilte die Kabardiner, Karatschaier, Balkaren, Inguschen, Tschetschenen, Kalmücken, Wolgatataren und vor allem die Wolgadeutschen, die nach Kasachstan ausgesiedelt wurden.

Während meines Krimaufenthalts besuchte ich wieder einmal Oberländer und seine Einheit, die in Kokosi, einem früheren Besitz des Fürsten Jusupow, lag. Vor dem Krieg war ich oft auf der Krim gewesen, auch schon durch Kokosi gekommen. Damals waren die Villen der früheren Adligen und Reichen den hohen Parteifunktionären als Erholungsheime vorbehalten. Nun waren sie von uns besetzt, und wir konnten sie besichtigen.

Mit Oberländer und seinen deutschen Offizieren, die zum Teil aus dem Kaukasus stammten oder Rußlandsachverständige waren, hatte ich reichlich Gelegenheit, unser Kaukasuserlebnis noch einmal zu besprechen. Wir hatten viele positive Erfahrungen gesammelt, aber letztlich war doch alles vergeblich gewesen. Oberländer und seinem deutschen Rahmenpersonal war es gelungen, die Moral der Kaukasier, die sich im Verlauf unseres Rückzuges immer weiter von ihrer Heimat entfernten, aufrechtzuerhalten. Wir überlegten uns, wie es nun weitergehen sollte. In Kokosi traf ich auch alte georgische Bekannte aus Luttensee bei Mittenwald wieder, die trotz aller Enttäuschung gelassen in die Zukunft sahen.

Mit einem von ihnen, »Givi« Gabliani, der aus den hohen Bergen des Kaukasus stammte und als Arzt gefangengenommen worden war, hatte ich mich angefreundet. An einem herrlichen sonnigen Frühlingstag gingen wir in den Bergen oberhalb Jaltas spazieren und genossen den überwältigenden Blick auf Jalta und das Schwarze Meer. Vor dieser friedlichen Kulisse begannen »Givi« und ich ein Gespräch über die düstere Zukunft. Ich machte meinem Herzen Luft und sagte ihm, ich könne nicht mehr an einen deutschen Sieg glauben. Es gäbe aber für mich keine Wahl, ich müßte den Weg bis zum bitteren Ende gehen. Givi antwortete darauf einfach: »Ich bleibe bei euch. Euer Schicksal ist mein Schicksal.« Givi überlebte den Krieg. Er war zunächst Arzt in Deutschland und wanderte dann in die Vereinigten Staaten aus. Als ich Adenauer auf seiner Reise nach Amerika begleitete, hielten wir uns im April 1953 drei Tage in Chicago auf und wohnten im Hotel Bismarck. Mitten im Trubel des Kanzlerbesuchs erhielt ich einen Telefonanruf von »Givi«. Er wollte mich unbedingt sehen und bat mich, ihn auch dem Bundeskanzler vorzustellen, den er besonders verehre und bewundere. Als ich Adenauer dies vortrug, war der Bundeskanzler sofort bereit, meinen Freund zu empfangen. Givi setzte sich ins Auto und fuhr mehrere hundert Kilometer nach Chicago. Es war für mich ein bewegender Augenblick, als der Bundeskanzler der Bundesrepublik Deutschland meinem alten Kriegskameraden die Hand schüttelte.

# Ukraine

Während meiner Tätigkeit an der Moskauer Botschaft hatte mich das Problem des ukrainischen Nationalismus eher am Rande beschäftigt. Von Moskau aus war man in Gefahr, die Frage durch die großrussische Brille zu sehen. Während des Krieges als Frontoffizier und dann als Adjutant von General Köstring hatte ich eine einzigartige Gelegenheit, mir durch meine Verbindung zu den ukrainischen Freiwilligen, der Bevölkerung und den ukrainischen Arbeitern in Deutschland ein genaueres Bild von den nationalistischen und separatistischen Strömungen in der Ukraine zu machen. Die auffälligste Erkenntnis meiner Beobachtungen war, daß die Ukrainer keine einheitliche Geschichte verband, weil ihr Land lange Zeit zwischen Polen, Rußland und Österreich aufgeteilt war. Im großen ließen sich drei Zonen unterscheiden: Galizien, Wolhynien, derjenige Teil der Ukraine, der bis 1920 zu Rußland und von 1920 bis 1939 zu Polen gehörte, und schließlich die sogenannte Sowjetukraine. Aufgrund der historischen Entwicklung und der Einflüsse der Fremdherrschaft besaß die Bevölkerung der drei Gebiete unterschiedliche Einstellungen zur nationalen Frage.[1]

## Westukraine, Galizien

Die Westukraine, das sogenannte Galizien, kam durch die polnischen Teilungen unter österreichisch-ungarische Herrschaft, gehörte von 1918/19 bis 1939 zu Polen und nur für zwei Jahre, von 1939 bis 1941, zur Sowjetunion. Die galizischen Ukrainer kamen auf diese Art und Weise mit dem europäischen Gedankengut in Berührung; sie wurden wie alle anderen europäischen Völker der österreichisch-ungarischen Doppelmonarchie von der Welle des Nationalismus erfaßt, der im 19. Jahrhundert seinen Siegeszug antrat und im Anfang des 20. Jahrhunderts seinen

Höhepunkt erreichte. Die österreichische Verwaltung hatte vor allem der kulturellen Entwicklung der ukrainischen Galizier keine wesentlichen Hindernisse in den Weg gelegt. Im ständigen Kampf mit den ebenfalls in Galizien wohnenden Polen, die in der österreichisch-ungarischen Monarchie eine bevorzugte Stellung genossen, erstarkte das Nationalgefühl der ukrainischen Galizier. Hier fand der demokratische Gedanke von Europa her Eingang. Im Unabhängigkeitskampf der Ukraine gegen das bolschewistische Rußland und gegen Polen in den Jahren 1918 bis 1920 war die galizische Ukraine der Vorkämpfer. Mit Gewalt wurde die Westukraine in den polnischen Staat hineingezwungen. Mit Erbitterung kämpfte die Bevölkerung gegen die Polonisierungsbestrebungen. Das ukrainische Nationalgefühl vertiefte sich weiter in diesen ununterbrochenen Kämpfen. Weite Kreise setzten ihre Hoffnungen auf einen bewaffneten Zusammenstoß zwischen dem nationalsozialistischen Deutschland und dem sowjetischen Rußland und hofften, daß aus diesem Ringen ein unabhängiger ukrainischer Staat geboren würde. Als im September 1939 deutsche Truppen bis nach Lemberg vorstießen, wurden sie dort begeistert empfangen. Die Überlassung Galiziens an die Sowjetunion bedeutete eine tiefe Enttäuschung. Als deutsche Truppen 1941 wieder in Galizien einrückten, gingen die Wogen der Begeisterung wiederum hoch.

Die Galizier waren bereit, an die Seite Deutschlands zu treten, um sich ihre nationale Freiheit zu erkämpfen. Sie sahen die Gelegenheit gekommen, ihren Traum eines unabhängigen ukrainischen Staates, frei von Polen und Großrußland, zu verwirklichen. Alle Schichten der Bevölkerung waren sich in diesem Wunsche einig. Das Schwergewicht der OUN (Vereinigung ukrainischer Nationalisten) und der UPA (Ukrainische aufständische Armee) lag in Galizien, wo sie die meisten und treuesten Anhänger hatten. Die Eingliederung Galiziens in das Generalgouvernement Polen wirkte wie ein betäubender Schlag. Die deutsche Verwaltung beging überdies schwerste Fehler, indem sie die Ukrainer zunächst nicht viel besser behandelte als die Polen. Zuweilen hatten die Ukrainer den Eindruck, daß der Generalgouverneur Frank bestrebt war, die Polen in der galizischen Frage nicht vor den Kopf zu stoßen und damit indirekt die polnischen Ansprüche auf Galizien unterstützte. Das Vertrauen in die guten Absichten Deutschlands gegenüber der Ukraine bekam einen weiteren empfindlichen Stoß durch die Nachrichten, die über die brutalen Methoden des Reichskommissars Erich Koch im Reichskommissariat Ukraine eintrafen. Führer der nationalen ukrainischen Bewegung wurden verhaftet. Unter anderen wurde auch Oberst Andrei Melnyk, einer

der Nachfolger des Oberst Eugen Konowalez in der Führung der OUN
festgesetzt. Soweit ich mich erinnere, wurde Melnyk Ende 1944 wieder
auf freien Fuß gesetzt. Vereinzelte Widerstände, vor allem dort, wo sich
deutsche Beamte Übergriffe erlaubt hatten, flammten auf und nahmen
allmählich organisierte Formen an. Im Untergrund entstand eine ukrainische Widerstandsbewegung, die jedoch nicht mit der sowjetischen
Seite zusammenarbeitete. Ihre Losung war: »Wir kämpfen gegen jede
Unterdrückung, von woher sie auch immer kommen mag.« Die von
Moskau geleitete Partisanenbewegung konnte in Galizien niemals Fuß
fassen. Bezeichnenderweise richtete sich die Tätigkeit der ukrainischen
Widerstandsbewegung in erster Linie gegen die deutsche Verwaltung,
die Polizei und die SS. Überfälle auf die Wehrmacht fanden lediglich
statt, um sich Waffen und Ausrüstungsgegenstände zu beschaffen. Wehr-
machtsangehörige wurden gut behandelt und oft wieder in Freiheit
gesetzt. Die ukrainischen Galizier hatten erkannt, daß die Wehrmacht
Verständnis für ihre Ziele hatte, und sie hofften, daß es ihr gelingen
würde, mit der Zeit eine Änderung der deutschen Politik gegenüber der
Ukraine zu erreichen.

Eine gewisse Wandlung zum Besseren trat mit der Ernennung des
Österreichers Otto von Wächter zum Gouverneur in Lemberg ein. Er war
für diesen Posten insofern erblich belastet, als sein Vater in der k. u. k.
Doppelmonarchie Statthalter in Galizien gewesen war. Als österreichisch-
ungarischer Offizier hatte Wächter im Ersten Weltkrieg seine praktischen
Erfahrungen in der Behandlung verschiedener Nationalitäten gesammelt.
Er beherrschte die aus der jahrhundertealten Tradition der österreichisch-
ungarischen Völkerfamilie gewachsene Kunst des Umgangs mit fremdem
Volkstum, der die ehemaligen österreichisch-ungarischen Offiziere und
Beamten im allgemeinen auszeichnet. Im Rahmen der ihm gegebenen
Machtvollkommenheiten sorgte Wächter für eine bessere Behandlung
seiner Ukrainer und gewährte ihnen eine beschränkte Autonomie. Unter
anderem erreichte er, daß die in Deutschland arbeitenden galizischen
Ukrainer nicht der entehrenden Behandlung des sowjetischen Arbeiters
unterworfen wurden. In Galizien trat eine gewisse Entspannung ein, die
aber nicht so weit ging, daß die ukrainische Widerstandsbewegung ihre
gegen die deutsche Okkupation gerichtete Tätigkeit vollkommen aufgegeben hätte. Als die SS eine galizische Freiwilligendivision aufzustellen
begann, gaben die OUN und die UPA ihren Mitgliedern die Weisung, in
die Reihen der SS-Division einzutreten, und zwar aus opportunistischen
Gründen, um möglichst viele Ukrainer mit modernsten Waffen auszubil-

den. Auch der Eintritt in deutsche Heereseinheiten als Freiwillige wurde den Galiziern aus demselben Grunde angeraten.

Als die Sowjettruppen wieder in die Westukraine eindrangen, riefen die OUN und die UPA zum Kampf gegen den großrussischen und bolschewistischen Feind auf. Die »SS-Division Galizien« schlug sich tapfer an der Seite der deutschen Truppen. Nachdem die sowjetischen Truppen ganz Galizien besetzt hatten, blieb die überwiegende Mehrzahl der ukrainischen SS-Freiwilligen im Rücken der sowjetischen Front zurück und vereinigte sich mit den Streitkräften der UPA. Militärisch gut organisierte UPA-Einheiten hielten sich bis zum Schluß des Krieges in Galizien. Deutsche Offiziere und Soldaten, die sich durch die sowjetischen Linien schlugen und sich zu diesen Verbänden begaben und sich dort wochenlang aufhielten, berichteten, daß die Sowjetarmee lediglich die Haupteisenbahnlinien, die Durchgangsstraßen und die größeren Städte nur am Tage beherrsche. Das flache Land war in den Händen der UPA-Einheiten.

Die OUN und die UPA erklärten sich zur Zusammenarbeit mit der deutschen Armee bereit; ihr vordringlichstes Ziel war, Waffen und Munition zu erhalten, um ihren Kampf gegen die Sowjets fortzusetzen. Sie betonten dabei, daß sie nicht so sehr gegen das sowjetische System, als vielmehr gegen die großrussische Unterdrückung kämpften. Im Falle eines erneuten deutschen Vorgehens waren sie bereit, ihren Widerstand gegen Deutschland einzustellen und an unserer Seite zu kämpfen, falls ihnen bindende Zusagen für die zukünftige Unabhängigkeit der gesamten Ukraine gemacht würden. Die Haltung der galizischen Ukrainer kann dahin charakterisiert werden, daß sie überzeugte Verfechter einer unabhängigen Gesamtukraine waren, jede Unterdrückung durch Polen, Deutsche und Großrussen schärfstens ablehnten, wobei sie insbesondere fanatische Gegner des Gedankens eines autonom ukrainischen Staates in einer unter großrussischem Einfluß stehenden Sowjetunion waren.

### Wolhynien

In Wolhynien, dem ukrainischen Gebiet, das nach dem Friedensvertrag von Riga 1920 an Polen kam und 1939 an die Sowjetunion zurückfiel, war das ukrainische Nationalbewußtsein noch nicht in dem Maße erwacht wie in Galizien. Bis 1917 hatte dieses Gebiet zum zaristischen Rußland gehört. Westeuropäisches Gedankengut war nur in geringem

Umfang eingeströmt. Die Bevölkerung hatte ein starkes Heimatgefühl, hing an ihrer Sprache und ihren Sitten. Die Unterdrückungspolitik der polnischen Regierung führte zwangsläufig zu einer Steigerung dieses Heimatgefühls. Das Zusammenleben mit den ukrainischen Galiziern im polnischen Staat ermöglichte einen regen Gedankenaustausch mit diesen. Die galizischen Ukrainer entwickelten eine lebhafte nationalistische Propaganda unter ihren kulturell zurückgebliebenen Brüdern. Ihre nationalistische Saat begann sehr bald aufzugehen.

Die 1939 erfolgte Einverleibung in die Sowjetunion wurde von den wolhynischen Ukrainern mit geteilten Gefühlen aufgenommen. Einerseits war man froh, dem polnischen Terror entronnen zu sein, andererseits befürchtete man die Eingliederung in das kollektive sowjetische Wirtschaftssystem. Die Bevölkerung hatte das Gefühl, vom Regen in die Traufe zu kommen. Die ablehnende Haltung gegenüber der Sowjetunion war indessen mehr wirtschaftlich als national bedingt.

So wurde auch der Einmarsch der deutschen Truppen 1941 mehr als Befreiung von dem Alpdruck des kollektiven Systems und der Unterdrückung der individuellen Freiheiten aufgefaßt. Über die zukünftige politische Gestaltung der Ukraine machte sich die Bevölkerung dieser Gebiete, verglichen mit den Galiziern, nur verschwommene Gedanken. Lediglich im Mittelstand hatte der Gedanke eines ukrainischen Staates tiefe Wurzeln geschlagen, wobei in Moskau nicht nur der wirtschaftliche, sondern auch der nationale Unterdrücker gesehen wurde.

Bald bekam die Bevölkerung die Kolonialmethoden Erich Kochs zu spüren. Die Sympathien für Deutschland sanken. Der OUN und der UPA gelang es auf Grund der aus der polnischen Zeit herrührenden engen Beziehungen, ihre Organisation auch in diesem Gebiet weiter auszubauen. Die gesamte Bevölkerung – wie in Galizien – konnte sie jedoch nicht erfassen. Ein Teil der durch die deutsche Besetzung vor den Kopf gestoßenen Ukrainer bildete von Moskau geleitete Partisanengruppen.

Als die Sowjettruppen das Land wieder besetzten, kam es zwar zu vielen Sabotageakten, der UPA gelang es aber nicht, einen so weitgehenden Aufstand zu entfachen wie in Galizien. Deutsche Offiziere, die sich in diesen Gebieten hinter den Sowjetlinien aufhielten, berichteten, daß der Einfluß der OUN und der UPA im Steigen begriffen sei. Die Wiederaufrichtung der sowjetischen Herrschaft wurde von der Mehrzahl der Bevölkerung mit starkem Unbehagen, insbesondere im Hinblick auf die zukünftige wirtschaftliche Unterdrückung, aufgenommen. Dieses zum

Teil feindliche Formen annehmende Gefühl der Ablehnung war aber mehr gegen Moskau als Träger des Kollektivsystems, als gegen Moskau in seiner Eigenschaft als Exponent des großrussischen Gedankens gerichtet. Zusammenfassend läßt sich von der Bevölkerung dieses Teils der Ukraine sagen, daß ihr Nationalbewußtsein erst im Entstehen war. Dieses noch im Kindesalter befindliche Nationalbewußtsein war aus der natürlichen Abwehr gegen Polen und dann auch zum Teil gegen Deutschland erwachsen, mit dem großrussischen Imperialismus hatte es sich indessen noch nicht auseinandersetzen müssen.

### Sowjetukraine

Den schwersten Leidensweg hatte zweifellos die altsowjetische Ukraine durchmessen. Als die deutschen Truppen 1941/42 die Sowjetukraine besetzten, stellten sie mit Verwunderung fest, daß selbst hier die überwiegende Mehrheit der Bevölkerung das Sowjet-System aus tiefster Seele haßte und die deutschen Soldaten als die Befreier begrüßte. Am schärfsten war die Ablehnung auf dem Lande, auch hier als Folge der Zwangskollektivierung. Auch die Auflockerung der Kollektivwirtschaften, die in den Jahren 1936 bis 1938 erfolgte, hatte den Bauern nicht befriedigt. Er hoffte, mit Hilfe der Deutschen das Joch des Kollektivs abzuschütteln und die eigene Scholle wiedererlangen zu können.

Die Landfrage hatte im Verlauf der russisch-ukrainischen Geschichte, insbesondere aber in der Revolution von 1917, eine entscheidende Rolle gespielt. Als Lenin in genialer Erkenntnis dem Landhunger der Bauern dadurch entgegenkam, daß er ihnen 1917 das Land der Gutsbesitzer freigab, erreichte er, daß die Bauern sich in dem Kampf zwischen Weiß und Rot neutral hielten. Die weißen Generäle unterlagen, weil sie den Anspruch der Gutsbesitzer auf Wiederherstellung ihrer Güter vertraten und sich nicht zu Zugeständnissen an die Bauern entschließen konnten, die an sich mit ihnen sympathisierten.

In der Masse der Bevölkerung war kein ukrainisches Nationalbewußtsein anzutreffen. In den bäuerlichen Schichten war keine Animosität gegen das Großrussentum zu erkennen. Der ukrainische Bauer fühlte sich durch gemeinsames Leid mit seinem großrussischen Standesgenossen verbunden. Im Sowjetsystem sah er den gemeinsamen Feind, gegen den alle Völker der Sowjetunion in Abwehr standen. So eigenartig es

klingt, im ukrainischen Bauern und auch in großen Teilen der Arbeiterschaft war durch die ungeheuren Leiden der letzten dreißig Jahre jedes
nationale oder patriotische Gefühl erloschen. Dem einfachen Ukrainer
war es vollkommen gleichgültig, von wem er regiert wurde, ob von
Moskau, Berlin oder Kiew aus. Sein einziger Wunsch war, eine Regierung zu haben, die ihm die Möglichkeit gab, seine wirtschaftlichen und
geistigen Kräfte frei zu entwickeln. Das Entscheidende war das Verlangen nach besseren Lebensbedingungen. Wie so oft in der Geschichte
zeigte sich, daß ein Volk, das zu viel durchgemacht hat, kaum mehr
politisch, sondern nur noch wirtschaftlich denkt. Nachdem die Ukrainer
im Sowjetsystem lediglich als Bestandteil einer Masse behandelt worden
waren, lebte in ihnen eine tiefe Sehnsucht, als Einzelindividuum gewertet
zu werden.

Die sowjetukrainische Intelligenz war in ihrer Haltung gespalten.
Teile der Intelligenz und auch der gehobenen Arbeiterschaft hatten sich
mit dem Sowjetsystem, das ihnen Bildungs- und Verdienstmöglichkeiten
eröffnete, abgefunden, ohne indessen besonders begeistert zu sein. Schon
die alte zaristische Politik war bestrebt gewesen, die Intelligenz der
Minderheitenvölker ihren eigenen Völkern zu entfremden und sie zu
russifizieren. In dieser Beziehung hatte der Zarismus in der Ukraine
besonderen Erfolg gehabt. In den letzten zehn Jahren vor dem Krieg
hatte die Sowjetregierung diese Russifizierungsbestrebungen in weniger
auffälliger, aber viel geschickterer Weise wieder aufgenommen. Der
Prozentsatz der ukrainischen Intelligenz, der auf sein Volkstum stolz
war, war verhältnismäßig gering, ihre Kampfeinstellung gegen das
Großrussentum indessen um so schärfer. Die national gesinnte Intelligenz der Ukrainer wie auch der anderen Minderheiten sah in Stalin den
getreuen Erben und Nachfolger der Zaren und ihrer großrussischen
Expansions- und Russifizierungspolitik. In diesem Zusammenhang ist
bezeichnend, daß sowohl der Zarismus wie auch die Sowjetregierung
bestrebt waren, eine möglichst große Zahl von Großrussen in leitende
Stellungen in die Ukraine zu schicken und damit bis zu einem gewissen
Grade das Aufkommen einer ukrainischen Oberschicht zu verhindern.
In die Industriezentren in der Ukraine waren in den letzten Jahren
Hunderttausende von großrussischen Arbeitern zugezogen. Die Indu-
striezentren waren zu Schmelztiegeln geworden, in denen Ukrainer und
Großrussen zusammengeschweißt wurden.

Das Verhalten der ukrainischen Freiwilligen und ukrainischen Arbeiter in Deutschland ließ interessante Rückschlüsse auf das Nationalbe-

wußtsein bzw. auf das Heimatgefühl der Sowjetukrainer zu. In der deutschen Armee bestanden rein ukrainische Einheiten und Einheiten, in denen Großrussen und Ukrainer gemischt waren. Im allgemeinen gaben die ukrainischen Freiwilligen dem Wunsch Ausdruck, in rein ukrainischen Einheiten zu dienen. Als Begründung gaben sie an, sie wollten »mit ihren Leuten, die dieselbe Sprache sprechen«, zusammen sein. Großrussen und Ukrainer vertrugen sich in den deutschen Einheiten gut, solange sie von deutschen Offizieren geführt wurden, dagegen kam es öfters zu Schwierigkeiten, wenn ukrainisch-großrussische Einheiten von großrussischen Offizieren kommandiert wurden. Reibungen zwischen Großrussen und Ukrainern entstanden zuweilen auch dadurch, daß die Großrussen auf die Ukrainer mit einer gewissen Überheblichkeit hinabblickten.

Als General Wlassow im November 1944 seinen Führungsanspruch gegenüber den Minderheitenvölkern und damit auch gegenüber den Ukrainern geltend machte, war ein verhältnismäßig großer Teil von Freiwilligen aus der Sowjetukraine bereit, sich ihm unterzuordnen, weil für sie das wichtigste die Zusammenfassung aller Kräfte im Kampf gegen den Bolschewismus war. Ein geringerer Prozentsatz lehnte eine Unterordnung unter Wlassow ab. Die Westukrainer stellten sich radikal gegen Wlassow.

Die ukrainischen Arbeiter in Deutschland zeigten ein starkes Zusammengehörigkeitsgefühl. Sie sonderten sich von den Großrussen und Weißruthenen ab, schlossen sich dagegen eng an die westukrainischen Galizier an, die sie mit ihren scharf national-ukrainischen Gedanken bekannt machten.

Nach dem Zusammenbruch Deutschlands kehrten fast alle sowjetukrainischen Arbeiter aus Deutschland nach der Sowjetukraine zurück. Manche von ihnen traten die Rückfahrt nur schweren Herzens an. Nur ganz wenige entzogen sich dem Rücktransport. Von den galizischen Ukrainern blieben dagegen sehr viele in Deutschland, weil sie nur in eine unabhängige Ukraine zurückkehren wollten.

# Im militärischen Widerstand

Meine Gespräche mit Köstring und vor allem Stauffenberg im Frühjahr und Sommer 1942 führten mich auf den Weg zum militärischen Widerstand. Unser gemeinsames Anliegen war es, Hitlers Ostpolitik entgegenzuwirken. Dieses Ziel bestimmte unsere Arbeit für den Rest des Jahres. Von einem wirklichen organisierten Widerstand gegen das System war noch nicht die Rede.

Während der Zeit, in der Köstring und ich im Kaukasus wirkten, hielten wir engen Kontakt mit Stauffenberg. Die Fernsprechverbindungen mit dem Generalstab des Heeres funktionierten zwar ausgezeichnet, wir konnten sie aber kaum benutzen, weil wir befürchteten, abgehört zu werden. Wir zogen es deshalb vor, mündliche oder schriftliche Berichte den Offizieren mitzugeben, die zum Generalstab des Heeres fuhren. Auf dem gleichen Weg erhielten wir Mitteilungen von Stauffenberg.

Dank dieser Verbindung waren wir genau über die Konferenz von Winniza im Oktober 1942 informiert, bei der Stauffenberg die deutsche Politik in den Ostgebieten so leidenschaftlich verurteilt hatte. Dieses Treffen, an dem etwa drei Dutzend zivile und militärische Vertreter teilnahmen, hatte Oberstleutnant Hans von Altenstadt einberufen, um unsere Agrarpolitik in der Sowjetunion zu diskutieren. Stauffenberg hatte mit Nachdruck darauf hingewiesen, daß die Zivilverwaltung bei der Bevölkerung immer mehr auf Haß und Ablehnung stoße. Es sei höchste Zeit, Menschlichkeit und Gerechtigkeit walten zu lassen. Die Rede Stauffenbergs wurde weithin bekannt und fand große Zustimmung. Daß Stauffenberg von keinem Anhänger der Nazis zur Rechenschaft gezogen wurde, mag daraus zu erklären sein, daß die Teilnehmer der Konferenz seine Ansichten teilten. Altenstadt selber sollte später eine führende Rolle im Widerstand spielen. Ich selbst war mit Altenstadt schon seit langem befreundet. Er war als Fahnenjunker beim Reiterregiment 4 in Potsdam eingetreten und verkehrte viel im Hause meiner Eltern, wo er auch seine spätere Frau kennenlernte.

Im Dezember 1942 wurde eine zweite Konferenz über die Probleme der besetzten Ostgebiete nach Berlin einberufen, an der ich teilnahm. Stauffenberg ordnete an, daß ich mich auf dem Weg nach Berlin bei ihm in Mauerwald in Ostpreußen zu melden habe. Der Generalstab des Heeres war von Winniza dorthin verlegt worden. Ich sollte ihm über die Ereignisse im Kaukasus und meine Eindrücke berichten. Wie sich dann herausstellte, wollte er mit mir ganz allein über die Gesamtlage sprechen.

Die Unterhaltung, die wir in Mauerwald führten, sollte für mich von entscheidender Bedeutung sein. Schon im Frühjahr und im Sommer 1942 hatten wir in einer Reihe von langen Gesprächen die Situation Deutschlands eingehend erörtert. Ich hatte damals immer wieder versucht, Stauffenberg davon zu überzeugen, daß in erster Linie Hitler für alles Schreckliche verantwortlich sei, das im Namen Deutschlands geschah, und daß es keine Veränderung zum Guten geben würde, solange Hitler an der Macht sei. Stauffenberg hatte zunächst eine etwas andere Einstellung. Er meinte, man müsse die führenden Nazis in der Umgebung Hitlers ausschalten, um der Politik eine andere Richtung zu geben. Nach der Entfernung von Leuten wie Himmler, Sauckel, Koch und Keitel wäre es nach Stauffenbergs Meinung möglich gewesen, Hitler unter den Einfluß von gemäßigten Parteileuten und verantwortungsbewußten Offizieren zu bringen. Nur in Augenblicken von Wut und Empörung ließ sich Stauffenberg dazu hinreißen, Hitlers Beseitigung zu erwägen. Es sollte jedoch noch einige Zeit dauern, ehe solche Gedanken zu einem Entschluß führten.

Bei diesem Wiedersehen im Dezember in Mauerwald fand ich Stauffenberg völlig verändert vor. Die Ereignisse der letzten Monate hatten ihn zu der Überzeugung kommen lassen, daß Deutschland einer Katastrophe zutrieb. Er hatte erkannt, daß es erstens nicht möglich sein würde, die Männer um Hitler auszuschalten, und daß dies darüber hinaus auch nutzlos wäre. Er sah nun selbst in Hitler die Wurzel allen Übels. Ich bedauerte, daß Stauffenberg offenbar noch nicht erwog, letzte Konsequenzen zu ziehen, war aber froh über seine realistische Analyse und darüber, daß wir in der Beurteilung der Lage einer Meinung waren. Wir fuhren gemeinsam mit dem Kurierzug nach Berlin zu der Konferenz, die am 18. Dezember 1942 begann.

Die Konferenz, an der Vertreter der Armee, des Ostministeriums und der SS teilnahmen, fand in der früheren Sowjetbotschaft statt, die nun zum Ostministerium gehörte. Außer Stauffenberg waren eine ganze

Reihe von Offizieren beteiligt, die später eine führende Rolle im militärischen Widerstand spielten sollten, darunter Oberleutnant von Schlabrendorff, Oberstleutnant von Altenstadt, Generalleutnant Wagner und Generalmajor von Tresckow.

Der eigentliche Zweck der Konferenz war es, die brutale Politik in den besetzten Ostgebieten anzuprangern und zu bekämpfen und nach neuen Wegen zu suchen. Wortführer waren die Offiziere, sie wurden unterstützt von Mende und Bräutigam vom Ostministerium und sogar von Vertretern der SS, wie Obersturmbannführer Graefe, den ich aus Memel in guter Erinnerung hatte.

Während der lebhaften Diskussion entdeckte ich Karl Albrecht, den früheren stellvertretenden Volkskommissar der Russischen Sowjetrepublik, in der Uniform eines SS-Offiziers. Mein Erstaunen steigerte sich noch, als er das Wort ergriff und sich mit Überzeugung und Nachdruck für eine menschliche und anständige Behandlung der Bevölkerung in der Sowjetunion einsetzte. Dies war um so überraschender, als Albrecht sich damit in offenen Gegensatz zu seinem Herrn und Meister Heinrich Himmler setzte.

Als ich zu Beginn der Konferenz den Sitzungsraum betrat, hatte ich nicht vor, sehr viel zu sagen. Aber wieder einmal ging mein Temperament mit mir durch. Das vorangegangene Gespräch mit Stauffenberg hatte mich in die richtige Stimmung versetzt.

Ich tat, was ich konnte, um diejenigen zu unterstützen, die sich für eine Zusammenarbeit mit den Völkern der Sowjetunion gegen Stalins Herrschaft einsetzten. Obwohl ich als Oberleutnant in diesem Kreis der Rangniedrigste war, gab die Tatsache, daß ich lange Jahre in Moskau gewesen war, meinen Argumenten ein gewisses Gewicht. Meine These »Rußland kann nur mit Hilfe der Russen besiegt werden« wurde das Thema der Konferenz und wurde in allen ihren Aspekten durchleuchtet. Zwei Gesichtspunkte betonte ich ganz besonders: die Notwendigkeit einer vernünftigen humanen Behandlung der Zivilbevölkerung, und der Gleichstellung der sowjetischen Freiwilligen mit den deutschen Soldaten. Weiter durfte ich nicht gehen. Ich konnte in diesem Kreis nicht erklären, daß eine solche Politik mit Hitler nicht möglich sei und daß sich nur ein freies Deutschland mit den antikommunistischen Kräften in der Sowjetunion verbünden könnte.

Am Ende der Konferenz dankte mir Stauffenberg für meine Ausführungen, mit denen er voll und ganz übereinstimme. Er schlug vor, unsere Unterhaltung, die wir in Mauerwald begonnen hatten, bald fortzusetzen.

Ich erklärte ihm, ich sei im Begriff nach Kitzbühl zu fahren, um dort Weihnachten zu feiern und meine Tochter zu taufen. Ich versprach ihm aber, zwischen Weihnachten und Neujahr nach dem Mauerwald zu kommen. Nach einem Blitzbesuch in Kitzbühl kam ich am 27. Dezember bei ihm an.

Stauffenberg war jetzt im Begriff, seinen bisherigen Posten als Leiter der Org. II zu verlassen, um als Ia einer Panzerdivision nach Afrika zu gehen. Seine Stimmung war noch gedrückter als eine Woche zuvor. Ich ließ mich von seiner Niedergeschlagenheit anstecken. Wieder einmal analysierten wir die Lage und überlegten uns, welche Schritte unternommen werden müßten, um dem Wahnsinn Einhalt zu gebieten. Es bedrückte uns, daß wir keine Möglichkeit hatten, etwas zu tun. Wir wußten beide, daß dies Treffen ein Abschied war und das Ende unserer gemeinsamen Anstrengungen für die Freiwilligen bedeutete. Von nun an waren wir geographisch weit getrennt, und Stauffenberg würde als Frontoffizier ohne jeden Einfluß auf den großen Gang der Ereignisse sein.

Ich eilte nach Kitzbühl zurück und kam noch rechtzeitig, um Neujahr zu feiern. Heute wundert es mich, wieviel ich damals unterwegs war, aber das Reisen war leicht für Angehörige der Wehrmacht, und ich war voller Unternehmungslust. Kaum war ich wieder in Kitzbühl, übermittelte mir Stauffenberg schon den Befehl, so schnell als möglich zur Heeresgruppe A in den Kaukasus zurückzukehren. Ich war fest entschlossen, die verbleibenden zwei Tage im Kreise der Familie zu verbringen, zumal ich ahnte, was uns in den kommenden Monaten bevorstand. Die Katastrophe von Stalingrad und der Rückzug aus dem Kaukasus zeichneten sich schon ab. Einige Kitzbühler Damen hatten die Idee, im Tennisklub einen Neujahrsball zu veranstalten, obwohl öffentliche Tanzveranstaltungen nicht erlaubt waren. Zu dem Ball wurden vor allem die verwundeten und die auf Heimaturlaub befindlichen Offiziere eingeladen. Pussi und ich wollten den Abend eigentlich gemütlich zu Hause verbringen, beschlossen dann aber um elf Uhr abends doch, auf den Ball zu gehen. Da es sehr kalt war, zog ich mir über meinen Smoking den Offizierspelz, setzte die Mütze auf und schnallte das Koppel mit Pistole um. In diesem halb militärischen, halb zivilen Aufzug verließ ich mit Pussi das Haus. Es war ein rauschendes Fest, und wir tanzten bis in den Morgen. Plötzlich ertönte der Ruf, das Haus sei von der Polizei umstellt. Kurzentschlossen nahm ich Pussi an der Hand, verwandelte mich wieder in einen Offizier und kletterte mit ihr zum Fenster hinaus, um nach Hause zu gehen. Nach einigen Schritten wurden wir von einem Polizisten angehalten. Bevor er sagen konnte, was er von uns wollte, brüllte ich ihn an, er solle gefälligst militärische Haltung einnehmen und sich im übrigen zum Teufel scheren. Er stand stramm, und wir gingen weiter. Auch anderen gelang es, sich zu entfernen, ohne daß ihre Personalien festgestellt wurden. Einige von uns trafen sich ein wenig später im Hause eines persischen Freundes. Wir waren zwar weniger geworden, feierten aber fröhlich bis fünf Uhr morgens weiter. Unter den späten Gästen waren zwei österreichische Erzherzöge, von denen einer im Heer und einer in der Marine diente.

Die Folgen des Abends waren für einige recht unangenehm. Die Damen, die den Ball organisiert hatten, wurden schon nach wenigen Tagen als Arbeiterinnen in Fabriken geschickt.

Infolge der Konferenz, der Unterredungen mit Stauffenberg und meiner Abenteuer in Kitzbühl war mein Urlaub alles andere als erholsam. Die kommenden Wochen nach meiner Rückkehr zur Heeresgruppe A waren für mich besonders bedrückend. Wir begannen den Kaukasus zu räumen. Unsere ganze erfolgreiche Arbeit war damit umsonst gewesen. Außerdem hatte Köstring Urlaub genommen, um am 22. Januar 1943 die Witwe seines alten Freundes, des Botschafters Roland Köster, zu heiraten. Da mit der Räumung des Kaukasus seine Tätigkeit als Beauftragter General für Kaukasusfragen zu Ende gegangen war, kehrte er nur noch einmal kurz nach Simferopol zurück. Ende April verließen Köstring und ich die Krim. Köstring, für den keine neue Verwendung vorgesehen war, kehrte zu seiner Frau nach Bayern zurück. Ich wurde der Organisationsabteilung des Generalstabs des Heeres, dem ich schon einmal angehört hatte, zugeteilt. Der Nachfolger Stauffenbergs als Leiter der Org. II war Oberstleutnant i.G. Bernhard Klamroth, mit dem ich bald ebenso eng wie mit Stauffenberg zusammenarbeitete. Er war nicht nur der Nachfolger Stauffenbergs in der Organisationsabteilung, sondern wurde bald eine wichtige Figur im Widerstand gegen Hitler.

Kurz nach meiner Ankunft in Mauerwald erfuhr ich zu meiner Bestürzung, daß Stauffenberg in Afrika bei einem Fliegerangriff lebensgefährlich verwundet worden war. Er hatte sein linkes Auge, die rechte Hand und einige Finger seiner linken Hand verloren und war außerdem noch am Bein verwundet worden. Ich besuchte ihn in München im Lazarett und war erschüttert, als ich ihn sah, denn sein Zustand war noch schlechter, als ich erwartet hatte. Er hatte schon mehrere Operationen hinter sich und weitere standen ihm bevor. Er setzte mit ungeheurem Lebenswillen alle Kräfte daran, möglichst schnell gesund zu werden. Er hatte die beginnende Katastrophe in Nordafrika miterlebt und wußte um die bevorstehende Niederlage im Osten. Wir konnten nicht lange miteinander sprechen, aber ich verließ ihn mit dem sicheren Gefühl, daß sein fester Wille, gesund zu werden, mit den Plänen zusammenhing, die in ihm Gestalt annahmen. Sein Körper war übel zugerichtet, aber in ihm brannte das Feuer, das einen Menschen erfüllt, der die Aufgabe seines Lebens vor sich sieht.

Zunächst arbeitete ich in der Organisationsabteilung in meinem alten Arbeitsgebiet, der Freiwilligenfrage. Mein Tagesablauf war der gleiche wie früher unter Stauffenberg. Da die Meldungen von der Front morgens und spät in der Nacht eintrafen, hatten wir einen langen Arbeitstag. Wir arbeiteten bis Mittag. Nach dem Essen gab es eine kurze Ruhepause, in der wir uns hinlegten oder spazierengingen. Dann ging es weiter bis zwei Uhr nachts.

Damals stand ich in enger dienstlicher Verbindung zu Hauptmann Joachim Kuhn, der soeben seinen Generalstabslehrgang beendet hatte. Diese Verbindung dauerte an, auch nachdem Köstring am 13. Juni 1943 zum Inspekteur für turkvölkische und kaukasische Verbände ernannt worden war und ich ihn wieder als sein Adjutant begleitete. Im August rief mich Kuhn in Lötzen an und bat mich, zu ihm zu kommen, da er etwas mit mir zu besprechen habe. Dies war nichts Außergewöhnliches, da wir ständig wegen der Freiwilligen miteinander in dienstlicher Verbindung standen. Ich setzte mich ins Auto und fuhr nach dem Mauerwald in sein Büro. Nachdem wir einige dienstliche Fragen besprochen hatten, schlug er mir vor, einen Spaziergang im Wald zu machen. Als wir außer Hörweite waren, fragte er mich, ob ich mich an meine Gespräche mit Stauffenberg erinnerte. Natürlich erinnerte ich mich und ahnte, was nun kommen würde. Kuhn eröffnete mir, Stauffenberg habe ursprünglich alle Hoffnung darauf gesetzt, daß die Feldmarschälle und Generäle etwas gegen Hitler unternehmen würden. Er habe aber jetzt erkennen müssen, daß diese Hoffnung nicht in Erfüllung gehe. Deshalb sei er überzeugt, daß jüngere Offiziere handeln müßten. Es sei höchste Zeit. Vieles sei schon geschehen, was nicht hätte geschehen dürfen. Äußerste Eile sei daher geboten. Kuhn fragte mich, ob ich bereit sei, meinen Worten Taten folgen zu lassen. Bevor ich etwas sagen konnte, fuhr er fort, ich sollte mir die Antwort in Ruhe überlegen und ihm am nächsten Morgen meine Entscheidung mitteilen.

Ich war zutiefst verwirrt. In meinem Kopf überstürzten sich die Gedanken. Zunächst machte ich mir bittere Vorwürfe und verfluchte meine Offenheit, die nicht nur mich, sondern auch andere in Gefahr gebracht hatte. Wie hatte ich so leichtsinnig sein können, so vielen Leuten zu sagen, daß Hitler beseitigt werden müßte. Ich bekam Angst vor meinem eigenen Mut, als mir der Abgrund bewußt wurde, der zwischen dem Wort und der Tat liegt, wenn es darum geht, die Hand gegen das Staatsoberhaupt zu erheben. Ich fragte mich, ob ich ein Recht dazu hätte, in Gottes Pläne einzugreifen. Ich dachte an den Eid, den ich geleistet hatte und den ich zwar schon verletzt hatte, aber nun endgültig brechen würde. Schließlich fragte ich mich, ob der Versuch, das System zu stürzen, nicht schon zu spät käme, um das Unheil von Deutschland abzuwenden. Diese Frage ließ ich jedoch nicht gelten. Es mußte etwas geschehen, auch um der Welt zu beweisen, daß nicht ganz Deutschland den Verbrechen Hitlers tatenlos zugesehen hatte. Die Ehre der Nation und der Armee stand auf dem Spiel.

Einen Augenblick erwog ich, zu meinem Regiment zurückzukehren, meine Pflicht an der Front zu tun und für »Führer und Vaterland« zu fallen. Ich mußte mir jedoch eingestehen, daß dies ein feiger Ausweg war. Im Gedanken an die vielen meiner Kameraden, die gefallen oder gerade in Stalingrad in Kriegsgefangenschaft geraten waren, fühlte ich mich zum Handeln verpflichtet. Schließlich ging ich ohnehin davon aus, daß ich den Krieg nicht überleben würde. Dann aber machte es letzten Endes keinen Unterschied, ob man an der Front fallen oder wegen Teilnahme am Widerstand hingerichtet werden würde.

Allerdings beunruhigte mich der Gedanke an die möglichen Folgen für meine Familie. Würde ich gefaßt werden, so erwartete meine Angehörigen ein furchtbares Schicksal. Fiele ich dagegen an der Front, so war für die Familie jedenfalls materiell gesorgt. Aber es gab kein Zurück mehr. Wenn ich mich jetzt verweigerte, hätte ich meine eigenen Überzeugungen verraten. Schließlich sagte ich mir, daß ich es mir als Christ und aus der Tradition meiner Familie heraus schuldig sei, an dieser Aufgabe mitzuwirken.

Der Eid war kein wirkliches Problem für mich. Hitler hatte seinen eigenen Eid gegenüber dem deutschen Volk durch vielfache Verbrechen gebrochen, und kein Eid konnte mich an diesen Unmenschen binden. Ich erinnerte mich an das, was uns als Rekruten in der Instruktionsstunde über den Eid gesagt worden war: Befehle sind grundsätzlich ohne Widerrede auszuführen, wenn nicht die Person, die sie gibt, offensichtlich wahnsinnig ist, oder der Befehl gegeben wird, um ein Verbrechen zu begehen. Beide Tatbestände waren erfüllt. Ich war erleichtert. Als ich

Kuhn am nächsten Morgen aufsuchte, erfüllte mich gleichzeitig ein Gefühl von Sorge und Befreiung. Die Entscheidung war nun gefallen.

Ich wußte wohl, daß innerhalb des Auswärtigen Amtes eine organisierte Widerstandsbewegung bestand. Seit 1938 hatte ich mit Erich Kordt in dauernder Verbindung gestanden, in der Sudetenkrise hatte ich im Auftrag von Brücklmeier die ersten Schritte im Widerstand getan. Auch mit Etzdorf hatte ich ständigen Kontakt unterhalten. So war ich schon Teil einer losen Verbindung gleichgesinnter Menschen gewesen. Durch sie wußte ich, daß bereits 1938 höhere Offiziere einen Schlag gegen Hitler vorbereitet hatten und daß vor Beginn des Frankreichfeldzuges Generaloberst Halder geplant hatte, Hitler in den Arm zu fallen. Oberstleutnant Groscurth und Etzdorf waren damals beteiligt gewesen.

Im Frühjahr 1942, als ich das erste Mal in der Organisationsabteilung arbeitete, war ich oft mit Etzdorf, der Vertreter des Staatssekretärs des Auswärtigen Amtes beim Chef des Generalstabs des Heeres war, zusammengetroffen. Als Etzdorf auf Urlaub ging, hatte er mich damals gebeten, ihn zu vertreten, dabei aber nur die Stellung zu halten und nicht aktiv zu werden. Er hatte es für besser gehalten, sich durch mich vertreten zu lassen, als durch einen Angehörigen des Auswärtigen Amtes. Diese Vertretung war mir sehr gelegen gekommen, denn sie hatte mir Gelegenheit gegeben, ohne Aufsehen zu erregen, meine Kontakte in Berlin und im Generalstab des Heeres zu erneuern und zu vertiefen. Das Büro von Etzdorf war beim Oberquartiermeister IV, General Matzky, angegliedert. Sein Ordonanzoffizier war Oberleutnant Richard von Weizsäcker, der Sohn meines früheren Staatssekretärs. Wir waren uns einig in unserer Ablehnung des Nationalsozialismus und tauschten unsere bangen Zukunftsgedanken aus. So hatte ich noch einige Persönlichkeiten in den verschiedenen Abteilungen des Generalstabs des Heeres kennengelernt, die später eine Rolle im Widerstand spielen sollten. Als ich nun auf Kuhns Vorschlag einging, wurde mir bewußt, daß ich eigentlich nichts Neues begann, sondern daß meine bisherigen, mehr zufälligen Verbindungen zum Widerstand nun eine organisierte Form annahmen. Bisher hatte ich gelegentlich in eigener Verantwortung gehandelt, wie zum Beispiel in Moskau vor dem Ausbruch des Kriegs gegen Polen, oder ich war, wie in der Sudetenkrise, auf Grund eines einmaligen Auftrags tätig geworden. Nun war ich Teil einer Organisation. Ich wurde sofort von Kuhn in meine neue Arbeit eingeführt.

Ende November bestellte mich Stauffenberg, der inzwischen seinen neuen Posten als Chef des Stabes des Chefs des Allgemeinen Heeresamtes, General Olbricht, in Berlin angetreten hatte, unter dem Vorwand, mit mir die Probleme der Freiwilligen im Ersatzheer besprechen zu wollen. Stauffenbergs neuer Posten gab ihm ebenso wie seine frühere Stellung im Generalstab des Heeres die Möglichkeit, mich jederzeit zu sehen, ohne irgendeinen Verdacht zu erregen. Am Abend vor meiner Abfahrt rief ich meine Mutter an, um ihr zu sagen, daß ich nach Berlin käme. Ich saß in meinem Quartier auf der Jägerhöhe, vor mir eine Flasche Sekt, und freute mich auf das Wiedersehen mit den Eltern. Meine Mutter antwortete in großer Eile, aber mit ruhiger Stimme: »Unser Haus ist soeben von Brandbomben getroffen worden und steht in Flammen. Ich kann nicht weiter mit dir sprechen, bin aber so froh, daß es dir gut geht.« Als ich später noch einmal anrief, kam keine Antwort mehr. Auch alle Verwandten und Bekannten, die in der Umgebung meiner Eltern wohnten, antworteten nicht. Die gute Stimmung war mir gründlich vergangen, ich war voll Sorge und Angst und fühlte mich hilflos. Ich nahm meinen Fahrer mit nach Berlin. Stauffenberg schickte mir einen Wagen an den Bahnhof, mit dem ich sofort zu meinen Eltern fuhr. Kurze Zeit später stand ich vor den Trümmern unseres Hauses. Ein Eisschrank hing aus einer zerborstenen Mauer aus dem ersten Stock heraus. Ich fand einen Zettel mit der Mitteilung, daß meine Eltern nach Schlesien zur Schwester meiner Mutter, Frau von Falckenstein, gefahren seien. Mein Fahrer bemerkte kühl und treffend: »Wir brauchen hier nach nichts mehr zu suchen, hier ist alles kaputt.« Von Stauffenbergs Büro aus konnte ich meine Eltern erreichen und hörte zu meiner Freude, daß sie unverletzt waren, aber so gut wie nichts gerettet hatten.

Im Laufe meiner Unterhaltung mit Stauffenberg wurde mir klar, daß er nun der Kopf des militärischen Widerstandes war. Er wußte, daß die Zeit drängte. Schon zu viele Attentatsversuche waren fehlgeschlagen. Oberst Henning von Tresckow und Oberleutnant Fabian von Schlabrendorff hatten eine Bombe in Hitlers Flugzeug hineingeschmuggelt, die nicht explodierte. Ein weiterer Plan Tresckows, Hitler von Offizieren des Kavallerieregiments Mitte, dessen Kommandeur Oberstleutnant Freiherr Georg von Boeselager war, erschießen zu lassen, konnte nicht ausgeführt werden, zunächst weil der Oberbefehlshaber der Heeresgruppe Mitte, Generalfeldmarschall Günther von Kluge, und auch Boeselager ethische Bedenken hatten, später weil Hitler keine Frontbesuche mehr machte. Auch der Versuch von Oberst Rudolf-Christoph Freiherr von Gersdorff, sich selbst und Hitler bei einer Besichtigung von eroberten Kriegstrophäen im Berliner Zeughaus in die Luft zu sprengen, schlug fehl. Eine besondere Schwierigkeit für die Vorbereitung eines Attentats auf Hitler lag darin, daß niemals vorher bekanntgegeben wurde, wann und wie und auf welchem Wege Hitler reisen würde.

Kuhn machte mich bald mit den ungeschriebenen Gesetzen des Widerstandes vertraut. Absolute Verschwiegenheit war oberstes Gesetz. Kritik an Hitler war an sich schon gefährlich; wir im Widerstand mußten noch viel vorsichtiger sein als andere und schweigen. Von nun an mußte ich meine Zunge im Zaum halten. Jedes unbedachte Wort konnte ungeahnte Folgen haben. Niemand von uns durfte seine Selbstbeherrschung verlieren und weder die militärische Lage noch das System kritisieren. Beispielsweise war Generalmajor Helmuth Stieff, der Chef der Organisationsabteilung, ein besonders temperamentvoller Mann, dem zuweilen die Nerven durchgingen. Ich kannte ihn aus der Zeit, als ich 1924 beim Reiterregiment eine Übung gemacht hatte: Er war damals Fahnenjunker im Artillerieregiment 3. Wenn wir im Mauerwald abends im Kasino saßen, hatten wir fast immer Frontoffiziere auf der Durchreise zu Gast. Wir hörten müde, abgespannt und niedergeschlagen die schlechten Nachrichten von der Front. Bei solchen Gelegenheiten konnte Stieff sich manchmal nicht beherrschen· und äußerte sich kritisch über Hitler und die militärische Führung. Uns standen dabei die Haare zu Berge. Man konnte nie wissen, ob unsere Gesprächspartner uns anzeigen würden. Stauffenberg selbst mit seinem überschäumenden Temperament befolgte nicht immer die von ihm aufgestellten Regeln der Verschwiegenheit.

Wir mußten auch vermeiden, mit anderen Mitgliedern des Widerstands zusammenzutreffen oder gesehen zu werden. Ich wußte, daß Botschafter Ulrich von Hassell eine führende Persönlichkeit im diplomatischen Widerstand war und daß er gute Aussichten hatte, nach dem Umsturz Reichsminister des Auswärtigen zu werden. Als ich ihn eines Tages von weitem im Gebäude der Bendlerstraße sah, verschwand ich schnell in der Toilette, um nicht mit ihm gesehen zu werden.

Ein anderes ungeschriebenes, aber altbewährtes Gesetz war es, daß kein Mitglied des Widerstands mehr wissen durfte, als unbedingt erforderlich. Jeder hatte seine eigene Aufgabe zu erfüllen, ohne viel zu fragen, was die anderen taten. So führten viele von uns wichtige Einzelaufträge bei der Vorbereitung des Attentats aus, ohne den Gesamtplan oder die Vorstellungen für die Zeit nach Hitler zu kennen. Soweit ich weiß, gab es neben Stauffenberg nur eine Person, die das ganze Ausmaß der Verschwörung sowohl im militärischen wie im zivilen Sektor übersah, Hasso von Etzdorf. Etzdorfs Stellung als Vertreter des Staatssekretärs des

Auswärtigen Amtes beim Chef des Generalstabes des Heeres bot die besten Möglichkeiten, sich, ohne Verdacht zu erregen, über alle Aktivitäten der Verschwörung zu informieren. Etzdorf war jedoch ein Einzelfall. Es mag an der deutschen Widerstandsbewegung viel zu kritisieren geben – eine unleugbare Stärke lag darin, daß nur wenige Personen in alle Einzelheiten eingeweiht waren.

Ich wußte von Stauffenberg, daß Schulenburg neben Hassell als Außenminister im Gespräch war. Das volle Ausmaß seiner Beteiligung erfuhr ich erst später, als er hingerichtet worden war. Obgleich es kaum jemanden gab, mit dem meine Frau und ich so eng verbunden waren wie mit ihm, so daß wir eigentlich keine Geheimnisse voreinander hatten, haben wir doch nie über unsere Rollen im Widerstand gesprochen. Das letzte Mal trafen Pussi und ich Graf Schulenburg am 8. Juni 1944, nur sechs Wochen vor dem Attentat. Wir wohnten im Hotel Imperial in Wien und nahmen an einem turkestanischen Kongreß teil. Wir sprachen über alles Erdenkliche, aber keiner von uns erwähnte das, was uns in diesem Augenblick wohl am meisten beschäftigte. Selbst Schulenburg war nicht in die militärischen Pläne eingeweiht, seine Tätigkeit im Widerstand betraf den diplomatischen Bereich. Da ich inzwischen ausschließlich im militärischen Bereich tätig war, hatte ich im Rahmen des Widerstandes keine Kontakte mit ihm. Nur wenige Wochen später wurde unser väterlicher Freund hingerichtet.

Was hatte Schulenburg bewogen, in den Widerstand zu gehen? In seiner amtlichen Eigenschaft als Leiter der Abteilung Pol. XIII des Auswärtigen Amtes hatte er, der eine humane Politik in den besetzten Gebieten befürwortete, mit wachsender Empörung das Massensterben der Kriegsgefangenen und die Vernichtung der Juden in den Konzentrationslagern beobachtet. Die Behandlung der Polen im Generalgouvernement erschien ihm um so verabscheuungswürdiger, als er tiefe Sympathie für sie empfand. Die furchtbaren Mißhandlungen der Menschen verletzten ihn zutiefst. Sein Weg in den Widerstand war eine langsame und allmähliche Entwicklung, die sich mit jeder Nachricht von neuen Verbrechen verstärkte. Ich war stolz auf ihn, um so mehr als ich dem weisen, abgeklärten Mann diese Wandlung nicht zugetraut hatte.

Die Verbindung zu meinen alten Freunden im Auswärtigen Amt war auf ganz natürliche Weise zum Erliegen gekommen. Kurz vor Beginn des Feldzuges gegen die Sowjetunion war Kordt nach Japan und dann nach China versetzt worden. Brücklmeier war nicht mehr im Auswärtigen Amt. Meine guten Freunde und Jahrgangskameraden Albrecht von

Kessel und Gottfried von Nostitz befanden sich auf Posten in der Schweiz und am Vatikan.

Mein einziger schriftlicher Kontakt mit Nostitz war eine jener unbedachten Handlungen, die einer Verschwörung zum Verderben werden können. Im Spätherbst 1943 schrieb mir Nostitz einen Brief aus Bern, in dem er mir empfahl, mit Adam von Trott zu Solz Verbindung aufzunehmen. Ich war entsetzt. Ich wußte natürlich, daß Trott eine Schlüsselfigur des Widerstandes im Auswärtigen Amt war. Ich wußte aber auch, daß der Brief mit diplomatischem Kurier von Bern in das Auswärtige Amt gegangen und dann mit dem Militärkurier zum Generalstab des Heeres befördert worden war. Gelegenheit genug für Interessierte, die Verbindung zwischen dem militärischen und dem diplomatischen Widerstand aufzudecken. Um die Spuren zu verwischen, antwortete ich Nostitz, daß ich bereits mit Trott Verbindung aufgenommen hätte, und daß diese Verbindung für mich von großer Bedeutung gewesen sei. Ich hätte Trott, der die Verhältnisse in Indien aus eigener Erfahrung gut kenne, um Auskunft über die Stellung der indischen Offiziere in der angloindischen Armee gebeten. Seine Antwort habe uns wichtige Hinweise für die Behandlung der freiwilligen Offiziere gegeben.

Abgesehen von diesem Zwischenfall vermied ich bewußt alle Kontakte mit dem zivilen Widerstand. Ich wußte durch Etzdorf von der Rolle Goerdelers und vor allem von der planenden Tätigkeit des Kreisauer Kreises um Helmuth James Graf von Moltke. Manchmal war ich versucht, mit ihnen in Verbindung zu treten, weil es mich interessierte, was sie für die Zukunft planten; ich hätte sie und mich durch meine Neugier aber nur unnötig gefährdet. Meine Aufgabe war es, im militärischen Bereich die Bedingungen zu schaffen, die die Arbeit der Zivilisten ermöglichen würde. Die Voraussetzung war die Beseitigung Hitlers. Es gab Angehörige des militärischen Widerstands, die in Augenblicken der Niedergeschlagenheit ihre zivilen Mitstreiter beneideten, weil deren Teil die Planung der Zukunft Deutschlands war, während ihnen selbst die »schmutzige Arbeit« der Beseitigung Hitlers zufiel. Aber allen war natürlich klar, daß die Durchführung des Attentats nicht Aufgabe der Zivilisten sein konnte. Der militärische Widerstand wußte sehr wohl, von welch entscheidender Bedeutung die planerische Tätigkeit der hervorragenden Männer des zivilen Widerstands war. Die Wichtigkeit dieser Trennung der Verantwortlichkeiten kann gar nicht überschätzt werden. Nur wenn man sie kennt, kann man die Bedeutung der Rollen würdigen, die Köstring und Schulenburg im Widerstand zugedacht waren. Stauffenberg sagte mir, daß Köstring neben der Verantwortung für die Freiwilligen auch die für die Verwaltung der besetzten Gebiete der Sowjetunion übertragen werden würde; Schulenburg sei ausersehen, nötigenfalls Geheimverhandlungen mit den Russen zu führen. Beide waren also Zentralfiguren in der Planung des Widerstandes. Aber keiner von beiden war in die Vorbereitungen des Attentats eingeweiht. Besondere Vorsicht war angebracht, weil wir durch Canaris gewarnt worden waren, daß Himmler von der Existenz der Verschwörung wußte und anscheinend nur abwartete, noch mehr zu erfahren, bevor er zuschlug.

Mit der Zeit lernte ich durch Köstring eine Reihe von Persönlichkeiten kennen, die zu seinen alten Bekannten zählten und die eine wichtige Rolle im Widerstand spielten. Unter ihnen war General der Artillerie Fritz Lindemann, Oberst i.G. Hans-Ottfried von Linstow und Generalmajor Graf Heinrich von Dohna-Tolksdorf. Köstring war mehrmals bei Dohna auf seinem Gut in Ostpreußen zu Gast. Köstring wußte, daß Dohna und seine Frau unsere Auffassungen teilten, und so konnten wir in ihrem Hause frei und ungezwungen sprechen.

Meine dienstliche Arbeit mit den Freiwilligen und meine Tätigkeit in der Verschwörung führten mich immer wieder zur Organisationsabteilung und zu Stauffenbergs Nachfolger, Oberstleutnant i.G. Bernhard Klamroth, der etwa zur gleichen Zeit wie ich von Stauffenberg für den Widerstand gewonnen wurde. Bald arbeitete ich mit ihm ebenso eng zusammen, wie mit Stauffenberg. Auch mit seinem Mitarbeiter, Oberleutnant Albrecht von Hagen verband mich, ebenso wie mit Kuhn, ein besonderes Vertrauensverhältnis. Köstrings Stellung als Inspekteur für die turkvölkischen und kaukasischen Verbände und später als General der Freiwilligenverbände im Oberkommando des Heeres gab mir die Möglichkeit, praktisch mit jedem Angehörigen des Generalstabs des Heeres, des Ersatzheeres und der Frontstäbe Verbindung aufzunehmen, da es überall Freiwillige gab. Ich hatte also die einmalige Gelegenheit, wie eine gut getarnte Ein-Mann-Verbindungsstelle zu wirken.

Immer wieder beschäftigte uns die Frage, wie das Attentat ausgeführt werden sollte. Die beste Lösung wäre es gewesen, wenn jemand Hitler erschossen hätte. Die Schwierigkeit bestand darin, daß nur wenige ausgesuchte Personen Zugang zu Hitler hatten. Von diesen wenigen war niemand bereit, es zu tun. Im Augenblick, in dem Sprengstoff eingesetzt wurde, bestand die Gefahr, daß unschuldige Personen oder Mitglieder der Verschwörung getötet oder verwundet werden könnten. Letzten Endes waren wir aber alle der Meinung, daß wir keine andere Wahl hatten, obwohl es eine schreckliche Vorstellung war, die unser Gewissen belastete. Schon bei früheren Attentatsversuchen hatte man dieses Risiko bewußt in Kauf genommen. Am 20. Juli 1944 legte Stauffenberg die Bombe, obgleich er wußte, daß er damit das Leben von Freunden aufs Spiel setzte.

Die unblutige Lösung, nämlich Hitler lebend festzunehmen, kam nicht in Betracht, da wir fest davon überzeugt waren, daß die Wehrmacht nicht bereit gewesen wäre, einen Wechsel in der Führung hinzunehmen, solange Hitler lebte. Nur sein Tod konnte den Mythos, der ihn umgab, zerstören. In einer meiner letzten Unterhaltungen mit Stauffenberg im Frühjahr 1944 betonte ich noch einmal, daß wir nur dann mit der Unterstützung großer Teile der Wehrmacht rechnen könnten, wenn Hitler nicht mehr am Leben sei.

Die Org. II unter Oberstleutnant Klamroth war eine wichtige Zelle im Generalstab des Heeres für die Vorbereitung des Attentats in Ostpreußen. Hier befanden sich außer dem Führerhauptquartier Wolfsschanze auch die Feldquartiere Himmlers, Görings und Ribbentrops. Es war die Aufgabe der Mitarbeiter Klamroths, Kuhn und Hagen, mit denen ich zusammenarbeitete, Einzelheiten über diese Plätze auszukundschaften, Möglichkeiten des Vorgehens zu finden und detaillierte Pläne auszuarbeiten. Eine Hauptschwierigkeit bestand darin, unsere Arbeit wirkungsvoll zu tarnen. Dies war natürlich das Problem aller derjenigen, die in der Verschwörung arbeiteten. Die Schwierigkeiten der Tarnung fanden eine befriedigende Lösung erst im Rahmen der »Walküre«-Pläne, welche die Mobilisierung von Einheiten, vor allem im Gebiet des Ersatzheeres, zur Bekämpfung von möglichen Aufständen und von feindlichen Luftlandetruppen vorsahen. Diese Pläne waren besonders geeignet, die von der Verschwörung für erforderlich gehaltenen Vorbereitungen zu tarnen. Nachdem Stauffenberg zum Chef des Stabes im allgemeinen Heeresamt unter General Ollbricht ernannt worden war, hatte er sofort die Möglichkeit erkannt, die sich ihm im Rahmen der »Walküre« boten, einen Generalplan auszuarbeiten. Dies tat er nun mit Nachdruck. Bereits im Juli 1943 erließ er die ersten »Walküre«-Befehle. Im Oktober verfeinerte er seine Anordnungen von Juli und schuf einen Rahmen für unsere weitere Arbeit.

Es gelang Stauffenberg binnen kurzer Zeit, ein Netz von Vertrauensmännern in fast allen Stäben der Front und des Ersatzheeres aufzubauen. Das weitaus größere Problem war aber, Einheiten oder Verbände ausfindig zu machen, auf die wir uns absolut verlassen konnten. Es gab keine Möglichkeit, festzustellen, welche Offiziere im Ernstfall wirklich zu uns stehen würden. Wir mußten davon ausgehen, daß gerade die jüngeren Offiziere besonders hitlergläubig waren. Wie die Mannschaften reagieren würden, war noch unmöglicher vorauszusehen. Selbst wenn wir mit einzelnen Offizieren und Kommandeuren bestimmt rechnen konnten, wußten wir nicht, ob sie ihre Soldaten mitreißen würden.

Die Annahme, Stauffenberg habe sich auch mit dem Gedanken getragen, die Freiwilligenverbände gegen Hitler einzusetzen, trifft nicht zu. Stauffenberg und wir alle waren fest davon überzeugt, daß die Beseitigung Hitlers ein deutsches Problem wäre und nur von Deutschen gelöst werden könnte. Es wäre außerdem unmöglich gewesen, den Freiwilligen klarzumachen, daß sie nicht nur gegen den Diktator Stalin, sondern nun auch gegen den Tyrannen Hitler kämpfen müßten. Stauffenbergs Pläne für die Freiwilligen waren wesentlich einfacher. Die Beseitigung Hitlers sollte eine neue Politik gegenüber dem Osten einleiten. Wir gingen davon aus, daß die neue deutsche Regierung die Völker der Sowjetunion zu einem Freiheitskrieg aufrufen würde, in dem die Freiwilligen eine entscheidende Rolle zu spielen hätten. Es mag sein, daß es damals schon zu spät war, um den Krieg im Osten in einen Bürgerkrieg zu verwandeln, aber trotz Stalingrad hatten wir immer noch die leise Hoffnung, daß nach der Beseitigung Hitlers unsere Pläne doch noch in die Tat umgesetzt werden könnten.

Bei der Suche nach einem zuverlässigen Verband kamen wir auf die 18. Artilleriedivision, die in der Nähe Ostpreußens aus den Resten einer Panzerdivision neu aufgestellt wurde und so, ohne aufzufallen, einige Zeit für unsere Pläne zur Verfügung stand. Der Ia der Division, Major i.G. von Kluge, ein Sohn des Feldmarschalls von Kluge, war mit Klamroth befreundet und besaß dessen volles Vertrauen. Im Gespräch gab Klamroth zu, daß auch er nicht wissen könne, welche Haltung das Gros der Offiziere und Soldaten im Ernstfall einnehmen würde. Es sei wie ein Ritt über den Bodensee. Es ergab sich nie die Gelegenheit, die Zuverlässigkeit der Division auf die Probe zu stellen, da das Attentat immer wieder verschoben wurde und die Division nicht auf unbeschränkte Zeit im Raum Ostpreußen zurückgehalten werden konnte, ohne Verdacht zu erregen.

Im Sommer 1944, in der Zeit vor dem Attentat, hatten wir eine Sturmgeschützbrigade in Lötzen stationiert, die als Eingreiftruppe nach dem Attentat eingesetzt werden sollte. Wir konnten nur hoffen, daß diese Abteilung die von uns erteilten Aufträge auch ausführen würde. Über die

Einstellung der Offiziere konnten wir wieder nur Mutmaßungen anstellen. In den Prozessen nach dem 20. Juli wurde dann auch der Vorwurf erhoben, daß die gewissenlosen und verbrecherischen Verschwörer diese Sturmgeschützbrigade 226 am Einsatz an der Front gehindert hätten.

Unsere Arbeiten im Rahmen der »Walküre«-Pläne verlangten trotz aller guten Tarnung Vorsicht und Geschick. In gewissen Fällen konnten wir uns nicht der Schreibkräfte bedienen, die im allgemeinen zu unserer Verfügung standen. Da die meisten von uns unleserliche Handschriften hatten, hatten wir Schwierigkeiten, die notwendigen Ausführungen der Entwürfe zu schreiben. Ein Retter in der Not war Oberleutnant von Hagen, der ein guter Maschinenschreiber war und oft in seiner Wohnung in Berlin Abschriften fertigte.

Neben den Planungsarbeiten und Erkundungen über die örtlichen Verhältnisse in den Feldhauptquartieren spielten die Beschaffung und Aufbewahrung des für das Attentat notwendigen Sprengstoffes eine wichtige Rolle. Ein von Oberst von Tresckow und Stauffenberg beschaffter Sprengstoff befand sich bei Generalmajor Helmuth Stieff, dem Chef der Organisationsabteilung. Es war ein englisches Fabrikat, das angeblich eine weit höhere Sprengkraft besaß, als die entsprechenden deutschen. Stieff bewahrte den Sprengstoff unter seinem Bett auf. Als er im Oktober auf Urlaub ging, mußte der Sprengstoff an einem anderen Ort untergebracht werden, damit er nicht in Abwesenheit von Stieff zufällig entdeckt werden konnte. Sprengstoff und Zündsatz wurden voneinander getrennt und an verschiedenen Stellen versteckt. Der Platz unter meinem Bett diente eine Zeitlang dem Sprengstoff als Lager, der Zündsatz befand sich unter Köstrings Bett. Im Herbst und Winter 1943 wurde das gefährliche Gut noch mehrmals verlagert. Schließlich wurde beschlossen, den Sprengstoff aus den Unterkünften in ein sicheres Versteck zu bringen. So wurde im Mauerwald, nicht weit von der Baracke der Organisationsabteilung von Hauptmann Kuhn und Oberleutnant Hagen, ein Loch gegraben und der Sprengstoff dort versteckt. In einem zweiten, nicht weit davon entfernt gelegenen Loch wurden besonders geheime Befehle für den Tag des Umsturzes vergraben. Es hatte den Anschein, als sei alles unbemerkt geschehen.

Wir hatten kaum Zeit aufzuatmen, als Kuhn mich in Lötzen, in der Dienststelle Köstrings, anrief und mich bat, ihn sofort wegen einer eiligen Rücksprache aufzusuchen. Als ich ankam, war er sichtlich erregt und bat mich, mit ihm ins Freie zu gehen. Anscheinend waren Kuhn und Hagen von der Geheimen Feldpolizei beobachtet worden, als sie sich im

Wald zu schaffen machten. Mit Hilfe ihrer Spürhunde hatte die Feldpolizei die Bombe gefunden. Wir wußten nicht, ob sie auch das zweite Loch mit den geheimen Befehlen entdeckt hatte, konnten aber diese Möglichkeit nicht ausschließen, da die beiden Löcher nicht weit voneinander entfernt lagen. Kuhn handelte mit bemerkenswerter Gelassenheit, da jede vergeudete Minute zur Entdeckung der ganzen Verschwörung führen konnte. Er hatte erfahren, daß die Geheime Feldpolizei Soldaten mit Schiffchen als Kopfbedeckung in der Nähe der Verstecke gesehen hatte. Er riet mir, von nun an sicherheitshalber nur noch die Schirmmütze aufzusetzen. Stauffenberg hatte verfügt, daß im Fall akuter Entdeckungsgefahr Oberstleutnant Werner Schrader von der Heerwesenabteilung des Generalstabs des Heeres sofort benachrichtigt werden müsse. Kuhn suchte Schrader umgehend auf. Da die Feldpolizei Schrader unterstand, hatte er bereits von dem Fund gehört, wußte aber nicht, daß der Sprengstoff von uns stammte. Diese Nachricht traf ihn völlig unvorbereitet, er wurde blaß und Angstschweiß trat auf seine Stirn.

Schrader faßte sich schnell und handelte sofort, weil die Gefahr bestand, daß die Geheime Staatspolizei mit der Untersuchung des Vorfalls beauftragt werden würde. Schrader begab sich sofort zum Chef des Generalstabes, General Kurt Zeitzler, dem einzigen, der dies verhindern konnte. Schrader berichtete Zeitzler, was vorgefallen war, und fand auch gleich eine plausible Erklärung für die Existenz der Bombe. Der britische Geheimdienst habe offensichtlich ein Attentat gegen ihn, Zeitzler, geplant, um damit eine der führenden Persönlichkeiten der deutschen Kriegsmaschine auszuschalten. Zeitzler erhielt Gelegenheit, die Bombe zu sehen, und stellte selbst fest, daß sie ein britisches Fabrikat war. Schrader überzeugte Zeitzler, daß die Angelegenheit für ihn selbst und den Generalstab des Heeres so bedeutend sei, daß er besser eine qualifizierte militärische Dienststelle mit der Untersuchung beauftrage und nicht die Gestapo. Zeitzler stimmte zu. Vielleicht war er auch ein wenig geschmeichelt, daß der britische Geheimdienst ihn eines Attentats für würdig hielt. So wurde Schrader mit der Untersuchung beauftragt, die natürlich im Sande verlief.

Diese für uns so gefährliche Situation hatte auch ihre komische Seite. Als die Hunde den Sprengstoff gefunden hatten, nahmen sie eine falsche Fährte auf, die sie zur Unterkunft von Generalleutnant Wagner, dem Oberquartiermeister, führte. Wagner gehörte zwar dem Widerstand an, hatte aber mit unserer Bombe und den vergrabenen Geheimbefehlen nicht das geringste zu tun. Wagner war eine energische und imposante Erscheinung; er wurde wegen seines Durchsetzungsvermögens, seiner Genauigkeit und seiner Unbeugsamkeit von allen, die ihn kannten, hochgeachtet und verehrt. Aus nicht ganz erfindlichen Gründen wurde er liebevoll »Nero« genannt. Als die Hunde und die Geheime Feldpolizei in Wagners Wohnung ankamen, war diese leer. Die Hunde stöberten Nero schließlich in seinem Privatklo mit Blick auf den Mauersee auf. Jetzt machte Nero seinem Namen alle Ehre und warf die ganze Bande in hohem Bogen hinaus. Wagner besaß im übrigen auch eine Privatsauna, die er zuweilen für geheime Gespräche benutzte, wie mir Etzdorf, der mit ihm in enger Verbindung stand, später erzählte.

Einige Tage lang lebten wir in ständiger Angst, daß das zweite Versteck auch entdeckt werden würde. Es war für uns unmöglich, die versteckten Papiere selbst auszugraben, da dieser Teil des Waldes jetzt ständig überwacht wurde. Aber wie durch ein Wunder wurden die Geheimbefehle von der Geheimen Feldpolizei nicht gefunden. Auch nach dem 20. Juli blieben die Papiere vergraben und liegen vermutlich noch heute dort.

Da unser Sprengstoff verlorengegangen war, mußten wir uns nach Ersatz umsehen. Die Aufgabe war schwieriger, als man denken sollte. Natürlich gab es Sprengstoff und alles nötige Zubehör in ausreichenden Mengen bei den verschiedensten Einheiten, vor allem bei den Pionieren. Es mußte aber ein Offizier gefunden werden, der über den Sprengstoff verfügte und den wir ins Vertrauen ziehen konnten. Schließlich gelang es Kuhn, diese Vertrauensperson ausfindig zu machen. Ich sollte den Sprengstoff abholen. Da ich mich aber zu dem vereinbarten Zeitpunkt nicht, ohne aufzufallen, von meiner Dienststelle entfernen konnte, fuhr Kuhn an meiner Stelle.

Nachdem er den Sprengstoff übernommen hatte, bat mich Kuhn telegrafisch, ihn am Bahnhof abzuholen. Er müsse sofort zur Wolfsschanze fahren. Kuhns Fernschreiben gelangte wider Erwarten auf den Tisch des Chefs des Stabes, des Generals der Freiwilligenverbände, Oberst i.G. Heinz Herre. Herre ahnte natürlich nicht, warum Kuhn mich gebeten hatte, ihn abzuholen, denn nur ich konnte wissen, daß Kuhn den Sprengstoff bei sich hatte und mit dieser Last nicht in das Hauptquartier Hitlers fahren wollte. Herre fand meinen Gang zum Bahnhof überflüssig und ließ mich nicht fahren. Mir blieb nichts anderes übrig, als zu gehorchen, denn den wahren Grund konnte ich nicht angeben. Für Kuhn wurde die Situation nun schwierig und riskant, da er das gefährliche

Paket in die Höhle des Löwen mitnehmen mußte. Es ging jedoch alles gut, und Kuhn kehrte mit dem Sprengstoff sicher nach dem Mauerwald zurück. Der Sprengstoff wurde dort versteckt, bis er schließlich am 20. Juli in der Aktentasche Stauffenbergs explodierte.

Im Frühjahr 1944 war die Zeit Kuhns bei der Organisationsabteilung abgelaufen. Seine Verwendung an der Front und die damit verbundene Beförderung waren überfällig. Wäre er länger in der Organisationsabteilung geblieben, so wäre dies aufgefallen. Es war wieder das alte Problem: Offiziere, auf die wir uns verlassen konnten, mußten auf andere Posten versetzt werden, weil ihr längeres Verweilen Verdacht erregt hätte.

Kuhn kam als Ia zur 28. Jägerdivision. Ich bedauerte natürlich seinen Weggang. Nach dem 20. Juli hoffte ich, daß auf ihn kein Verdacht fallen würde, aber leider vergeblich. Kuhn sollte wegen seiner engen Mitarbeit mit Stauffenberg und Klamroth festgenommen werden. Sein Divisionskommandeur, General Gustav von Ziehlberg, erhielt den Auftrag, ihn zu verhaften. Ziehlberg war so anständig, Kuhn vorzuwarnen und ihm etwas Zeit zu geben. Er hatte wohl erwartet, daß Kuhn sich das Leben nehmen würde. Aber Kuhn entschied sich dafür, zu den Sowjets überzulaufen. Daraufhin wurde Ziehlberg verhaftet und zu einer langjährigen Zuchthausstrafe verurteilt, weil er Kuhn hatte entkommen lassen. Auf ausdrücklichen Befehl Hitlers wurde Ziehlberg hingerichtet.

Kuhn kehrte aus der Gefangenschaft zurück, hat aber nie mehr die Verbindung zu seinen früheren Freunden aufgenommen. Vielleicht schämte er sich seiner Handlungsweise, die nicht nur von den Nationalsozialisten, sondern auch von manchen seiner Freunde kritisiert wurde, die ihn für den Tod seines Divisionskommandeurs verantwortlich machten. Ich bin überzeugt, daß Kuhn, als er in kürzester Zeit die damalige Entscheidung hatte treffen müssen, sich ihre Konsequenzen nicht klargemacht hatte.

# Freiwillige, Generäle und Verschwörer

Anfang des Jahres 1943 war die Zahl der Freiwilligen – etwa achthunderttausend – so groß geworden, daß sie aus dem Heer nicht mehr wegzudenken waren. Der Widerstand derjenigen, die gegen ihren Einsatz waren, oder ihn behinderten, ließ nach. Im Januar 1943 konnte Klamroth endlich Stauffenbergs ursprünglichen Plan verwirklichen und eine für die Freiwilligen verantwortliche Dienststelle, den General der Osttruppen, schaffen. Klamroth hätte am liebsten Köstring diesen Posten übertragen – dies bot sich auch förmlich an, da Köstrings Aufgabe im Kaukasus sich ihrem Ende näherte. Der alte Widerstand, der sich bei den höchsten Stellen schon 1942 gezeigt hatte, war jedoch noch unüberwindlich. So wurde Generalleutnant Heinz Hellmich, ein typischer preußischer Offizier, ernannt. Als Kommandeur der 23. Infanteriedivision besaß er keine besonderen Kenntnisse über die Sowjetunion und konnte auch nicht russisch sprechen, war aber ein aufrechter und anständiger Mann mit festgefügten Meinungen und starken Gefühlen, die ihn in seiner Arbeit leiteten. Zwei seiner Söhne waren bereits als Offiziere gefallen und er selber fiel am Ende des Krieges als Divisionskommandeur. Hellmich teilte Köstrings Ansichten über die Freiwilligen und über die Behandlung der Bevölkerung in den besetzten Gebieten. Er zeigte sich von Anfang an verantwortungsbewußt und gewissenhaft. Er hatte eine glückliche Hand in der Auswahl seiner Mitarbeiter, die sich mit dem gleichen Enthusiasmus und der gleichen Energie wie er in die Arbeit stürzten.

In langen Gesprächen mit mir bedauerte Klamroth immer wieder, daß die einmaligen Kenntnisse und Fähigkeiten Köstrings nicht genützt würden, und gemeinsam suchten wir nach einem Ausweg. So wurde am 13. Juni 1943 eigens für Köstring die Stelle des Inspekteurs für turkvölkische und kaukasische Verbände geschaffen. Wieder war es nur eine halbe Lösung, aber der Zeitpunkt war immer noch nicht reif, um Köstring den Posten zu geben, auf den er eigentlich gehörte. Die Zuständigkeiten von

Köstring und Hellmich überschnitten sich, aber die Zusammenarbeit zwischen beiden war reibungslos. Hellmich und sein Stab arbeiteten in Lötzen. Köstring bereiste als fliegender General alle Fronten und kümmerte sich im Einverständnis mit Hellmich nicht nur um seine Kaukasier und seine Turkfreiwilligen, sondern auch um die russischen und ukrainischen Freiwilligen. Die beiden kannten sich schon aus der Zeit der Reichswehr, sie respektierten sich gegenseitig und waren frei von persönlichem Ehrgeiz. Ihnen verdankten die Freiwilligen viele Verbesserungen ihres Status. Am 1. Januar 1944 war es dann soweit, daß Köstring Hellmichs Nachfolge antrat. Vor der Übernahme stellte Köstring die Bedingung, die Dienstbezeichnung General der Osttruppen umzubenennen in General der Freiwilligenverbände. Der Name Osttruppen wurde von den Freiwilligen als Abwertung empfunden. Ihre Angehörigen, die in Deutschland arbeiteten, mußten das Ostabzeichen tragen, das sie als Menschen zweiter Klasse und minderen Rechts kennzeichnete.

Hitlers ablehnende Haltung gegenüber den Freiwilligen, und vor allem seine Befürchtung, sie würden im Falle eines Sieges die Rechnung präsentieren, führten immer wieder zu Diskussionen um ihren Nutzen und ihren Einsatz. Unbestreitbar leisteten die Nachschub- und Baueinheiten der Freiwilligen wertvolle Arbeit, das gleiche galt für die Hilfswilligen in den deutschen Einheiten, die inzwischen unentbehrlich geworden waren. Die Verbände hatten bis zu fünfzehn Prozent Hilfswillige. Zahlreiche Feldbataillone hatten sich im Einsatz gut geschlagen. Einige wurden in den Wehrmachtsberichten genannt, was eine besondere Auszeichnung bedeutete. So wurde über den Einsatz der Einheit Bergmann bei der Verteidigung der Landenge bei Perekop auf der Krim berichtet. Ein turkestanisches Bataillon, das bis zum letzten Augenblick in Stalingrad tapfer gekämpft hatte, und das georgische Bataillon 795, das sich in der Verteidigung von Cherbourg hervorgetan hatte, wurden auf diese Weise geehrt. Jedem, der Zweifel an dem Wert der Freiwilligen äußerte, hielt Köstring diese Tatsachen entgegen, gleichzeitig wies er darauf hin, daß ihre Bereitschaft, mit uns zu arbeiten und zu kämpfen, in erster Linie davon abhinge, wie sie von uns behandelt würden. So müßte zum Beispiel eine ungenügende Ausrüstung mit guten Waffen zwangsläufig ihre Schlagkraft mindern. Die italienischen, rumänischen und ungarischen Divisionen, die seit 1941 an der Ostfront kämpften, wären ein warnendes Beispiel. Es sei nicht erstaunlich, daß sie im Donbogen überrannt worden seien. Dies sei in erster Linie eine Folge ihrer schlechten Bewaffnung und Ausrüstung gewesen.

Mit der Zeit stieg die Zahl der landeseigenen Offiziere in der deutschen Armee. Es ist schwer, generelle Ausführungen über sie zu machen, dazu waren sie zu verschieden in ihren nationalen Eigenarten. Nur eins war ihnen gemeinsam: Sie haßten Stalin und das kommunistische System. Sie wollten für sich und ihre Völker eine neue Zukunft bauen und hofften, daß Hitler sie in ihren Bemühungen unterstützen würde. Sie hatten jahrelang in der Sowjetunion abgeschnitten von der Außenwelt gelebt und waren bis 1939 ständig von einer Welle antinationalsozialistischer und auch antideutscher Propaganda überschwemmt worden. Dies hatte aber kaum Spuren hinterlassen. Wie so viele ihrer Landsleute, die ich während meiner Moskauer Zeit kennengelernt hatte, hielten sie alles, was von der Regierung oder auch von der Partei gesagt oder geschrieben wurde, für erlogen. Die Anfälligkeit für Propaganda war in Deutschland viel größer. Die deutsche Bevölkerung glaubte im allgemeinen, was Partei und Regierung ihr mitteilten. Viele Deutsche konnten sich nicht vorstellen, daß eine Regierung so verlogen und verbrecherisch sein könnte. Vielleicht schwang hier noch ein Rest des alten Glaubens mit, daß die Obrigkeit, die von Gott eingesetzt sei, zwar schlecht, aber nicht verbrecherisch handeln könnte. Die Erwartungen der früheren Offiziere der Roten Armee und auch der Mannschaften waren hochgespannt, und so konnten sie sich auch nicht vorstellen, daß die Behandlung, die Hitler den besetzten Ostgebieten zugedacht hatte, ebenso schlecht, wenn nicht schlechter als die Behandlung durch Stalin sein würde. Sie konnten auch nicht verstehen, daß es vielleicht besser für sie gewesen wäre, weiter unter ihrem eigenen Diktator zu leiden, als unter einem fremden. Sie mußten aber erkennen, wozu Menschen wie Koch und Sauckel fähig waren, wenn sie Zeugen der Zwangsrekrutierung ihrer Landsleute und von deren Einsatz in Deutschland wurden. Ihre Enttäuschung war um so größer, als sie Idealisten waren, die an eine Zukunft mit Deutschland glaubten und nicht die innere Einstellung von Söldnern hatten.

Wenn sie trotzdem treu zu uns hielten, so lag es an ihrem Glauben an diejenigen deutschen Offiziere, von denen sie wußten, daß sie gegen die Kolonialpolitik ankämpften. Ihr Vertrauen zu den deutschen Offizieren stieg in dem Maße, in dem sie ihr Vertrauen in die Partei verloren. So entstand eine echte Kameradschaft zwischen freiwilligen und deutschen Offizieren. Es waren Freundschaften, die bis zum Ende des Krieges anhielten.

Köstring war sich wohl bewußt, daß die Kampfkraft der Freiwilligen nur dann gut sein konnte, wenn sie von den Deutschen anständig behandelt und gut versorgt würden. Deshalb bemühte er sich wie schon sein Vorgänger Hellmich, eine Reihe von Maßnahmen teils symbolischer teils praktischer Art zu treffen, welche die Freiwilligen ihren deutschen Waffenkameraden völlig gleichstellen würden.

Köstring hatte sich schon seit langem darüber geärgert, daß seine Freiwilligen nicht mit dem Eisernen Kreuz ausgezeichnet werden konnten. Dies war um so diskriminierender, als die freiwilligen Ausländer in den SS-Verbänden, wie zum Beispiel die Skandinavier, Niederländer, Belgier und auch die Esten und Letten, das Eiserne Kreuz erhielten. Köstring und Hellmich versuchten darum bei hohen und höchsten Stellen, eine Änderung dieses Verbots zu erreichen. Als dies zunächst auf erheblichen Widerstand stieß, weil man bekanntlich die Völker der Sowjetunion als zweitklassig betrachtete, verfielen wir auf den Ausweg, eine eigene Tapferkeitsauszeichnung für Angehörige der Ostvölker zu schaffen. Diese Auszeichnung wurde in drei Klassen, Bronze, Silber und Gold, verliehen, und konnte, einer alten russisch-sowjetischen Tradition folgend, in jeder Klasse mehrmals verliehen werden. Obwohl dies nicht die ideale Lösung war, hatten wir gedacht, daß die Medaille ein kleiner Schritt vorwärts sei. Wir waren deshalb überrascht, als die Freiwilligen sie beanstandeten, weil sie nicht auch an die Deutschen verliehen wurde, mit denen sie zusammen dienten. Sie warfen uns vor, damit das von uns angestrebte Gleichheitsprinzip zu verletzen. Also wurde nun verfügt, daß auch an das deutsche Rahmenpersonal der Freiwilligeneinheiten die Tapferkeitsauszeichnung für Angehörige der Ostvölker verliehen werden konnte. Das deutsche Rahmenpersonal war besonders stolz auf diese bei Deutschen seltene Auszeichnung. Auch ich besaß den Orden in Silber und habe ihn immer neben dem Eisernen Kreuz I. Kl. getragen. Schließlich gelang es Köstring aber doch, auch für seine Freiwilligen das Eiserne Kreuz zu erkämpfen und damit vielen verdienten Männern zu dieser Auszeichnung zu verhelfen. Am Ende des Krieges gab es den »Untermenschen« in deutscher Generaluniform mit dem Eisernen Kreuz.

Ein noch unangenehmeres Problem, das die Ehre der Freiwilligen zutiefst zu verletzen drohte, entstand später, als Hitler plötzlich mit dem Gedanken kam, besondere Uniformen für sie zu schaffen. Er wollte nicht, daß sie das feldgraue Ehrenkleid der deutschen Soldaten trügen. Köstring sah sein ganzes Werk gefährdet und machte sich, zusammen mit dem Generalquartiermeister General Wagner und dessen Oberfeldintendanten Kössler, sofort daran, die Rücknahme dieser Entscheidung, die ein tödlicher Schlag für die Moral der Freiwilligen gewesen wäre, zu erwirken. Schließlich waren es zwei Argumente, die Hitler zur Räson brachten: erstens, daß die deutsche Industrie nicht mit der Herstellung von achthunderttausend neuen Uniformen für bereits vollständig einge- kleidete Truppen belastet werden könnte, und zweitens, daß das deut- sche Rahmenpersonal sich durch seine feldgraue Uniform von den Freiwilligen abheben, sofort vom Feinde erkannt und abgeschossen werden würde. Die Freiwilligen trugen daher weiterhin deutsche Unifor- men und unterschieden sich nur durch ihre nationale Kokarde und durch ein Nationalitätenschild auf dem linken Ärmel von den Deut- schen.

Die Unterschiede in den Rangabzeichen zwischen Deutschen und Freiwilligen wurden beseitigt. Offiziere und Unteroffiziere der Freiwilli- gen trugen die gleichen Schulterstücke und Tressen wie ihre deutschen Kameraden. Die gegenseitige Grußpflicht zwischen Deutschen und Frei- willigen wurde eingeführt. Von nun an mußte der im Rang niedrigere deutsche Soldat dem höherrangigen sowjetischen Freiwilligen die Ehren- bezeigung erweisen. Köstring veranlaßte, daß die verletzende SS-Bro- schüre mit dem Titel »Der Untermensch« aus dem Verkehr gezogen wurde, und Körperstrafen für Freiwillige, die zum Teil unterderhand praktiziert worden waren, aufs schärfste verboten wurden.

General Köstring hielt denjenigen, die sich immer wieder gegen die Gleichstellung der Freiwilligen wehrten, entgegen, daß er sonst nicht mehr für die Zuverlässigkeit von einer Dreiviertelmillion von Freiwilligen in der deutschen Wehrmacht einstehen könne. Seinen Gegnern warf er vor, daß sie die Kampfkraft der Freiwilligen und damit auch der deutschen Armee untergrüben – 1941 bis 1944 war jeder siebente Soldat in der deutschen Armee ein früherer sowjetischer Kriegsgefangener. Er erinnerte sie kühl daran, daß jeder Fehler in der Behandlung der Freiwilligen mit deutschem Blut bezahlt werden müßte.

Der zweite Kampf, den Köstring für seine Freiwilligen führte, ging um ihre materielle Besserstellung. Wir setzten durch, daß die Freiwilligen den gleichen Sold und die gleiche Verpflegung wie die Deutschen erhielten. Besondere Lazarette mit Ärzten und Schwestern aus der Sowjetunion wurden geschaffen, um eine Verständigung zwischen Ver- wundeten und Pflegepersonal in ihren eigenen Sprachen zu ermöglichen. Ende 1944 gab es dreißig solcher Lazarette, zwanzig davon im Kriegsge- biet. Als die Zahl der sowjetischen Ärzte und Schwestern nicht mehr ausreichte, wurden besondere medizinische Ausbildungsstätten in

Deutschland und Frankreich geschaffen, wo Ärzte, Zahnärzte und Schwestern in den Nationalsprachen der Freiwilligen ausgebildet wurden. Für Freiwillige, die schwer verwundet worden waren, wurden Versehrtenheime eingerichtet. Neben der Rehabilitation erhielten die Freiwilligen eine besondere Entschädigung. Außerdem wurden Heime in Deutschland und Norditalien eingerichtet, in denen die Freiwilligen, die ja größtenteils nicht zu ihren Familien reisen konnten, ihren Urlaub verbrachten. Besichtigungsfahrten durch Deutschland und Ferienaufenthalte in deutschen Gastfamilien wurden arrangiert. Das deutsche Rahmenpersonal nahm oft Freiwillige mit in den Urlaub.

Auch auf dem Gebiet der Erziehung und Kultur wurde vieles getan. Der General der Freiwilligenverbände errichtete Offiziersschulen, um Freiwilligenoffiziere heranzubilden, die das deutsche Personal ersetzen sollten. Büchereien mit Literatur in den Landessprachen der Freiwilligen wurden eingerichtet, deutsche Filme wurden mit Untertiteln versehen oder in den Landessprachen synchronisiert. Es entstanden Theatergruppen, der Koran wurde in großer Auflage herausgegeben, und eine Mullahschule wurde in Berlin eröffnet. Bei der Betreuung muslimischer Freiwilliger erwarb sich der bekannte Orientalist Professor Berthold Spuler besondere Verdienste. Trotz seiner hervorragenden Kenntnisse und Leistungen diente Spuler im Range eines Gefreiten, was bedeutete, daß er mit den Mannschaften essen mußte und keinen Zutritt zum Offizierskasino hatte. In der englischen und amerikanischen Armee wäre so etwas undenkbar gewesen. Einer so hochqualifizierten Persönlichkeit wäre dort ein seiner zivilen Stellung und seinen Fähigkeiten entsprechender Offiziersrang auf Zeit verliehen worden. In der deutschen Armee behalf man sich gelegentlich mit einer Ernennung zum Sonderführer, einer schlechten und halben Lösung.

Außerdem erschienen verschiedene Zeitungen, die vom Oberkommando der Wehrmacht (Wehrmachtpropaganda) und dem Ostministerium in Zusammenarbeit mit den Nationalkomitees herausgegeben wurden. An diesen Zeitungen arbeiteten in ziemlicher Selbständigkeit Redakteure, die teilweise Emigranten, zum größeren Teil aber Angehörige der Freiwilligenverbände selbst waren. Schließlich wurden auch Sportprogramme und Wettkämpfe durchgeführt.

Es war von entscheidender Bedeutung für die Stimmung der Freiwilligen, die Lebensbedingungen der Ostarbeiter in Deutschland zu verbessern, da viele Verwandte der Freiwilligen in Deutschland arbeiteten. Bevor Köstring sich dieses Problems annahm, waren alle Versuche, das

Los der Fremdarbeiter zu verbessern, gescheitert. Der Widerstand kam von seiten der Partei, die davon ausging, daß derartige Bestrebungen der nationalsozialistischen Doktrin widersprächen. Die Freiwilligen beklagten sich mit Recht bitterlich darüber, daß sie bei ihren Besuchen ihre Frauen und Verwandten in Lagern hinter Stacheldraht fanden. Das Ostabzeichen, das ihre Angehörigen tragen mußten, empfanden sie als Beleidigung. Wenn sie ihre Angehörigen ins Kino oder Restaurant ausführen wollten, wurde ihnen selbst der Eintritt zwar gestattet, ihren Angehörigen aber verwehrt. Das gleiche galt für die Benutzung von Straßenbahnen und Eisenbahnen. Dies war für die Russen und Ukrainer um so unerträglicher, als nur sie, nicht aber die Kaukasier, Turkestaner und Kosaken, den Einschränkungen für Ostarbeiter unterworfen waren – eine Folge der Rosenbergschen Politik, die Minderheiten gegenüber dem früheren Herrschaftsvolk auszuspielen.

Die Erfolge unserer Kampagne für die Ostarbeiter stellten sich nur langsam ein. Köstring ließ kein Mittel unversucht, selbst Besuche bei hohen Parteiführern, um sie mit seinen Argumenten davon zu überzeugen, daß zufriedene Ostarbeiter und Freiwillige eine wichtige Voraussetzung für den deutschen Sieg seien. Zunächst erhielten wir Erlaubnis, deutsche und Freiwilligenoffiziere in die Lager zu entsenden, um die Arbeits- und Lebensbedingungen der Insassen zu untersuchen. Fanden sie diese unbefriedigend, so waren sie befugt, die örtlichen Behörden anzuweisen, Abhilfe zu schaffen. Die für Mißstände Verantwortlichen, auch wenn sie zivile Werksdirektoren waren, konnten zur Verantwortung gezogen und vor Gericht gestellt werden. Die Befugnis zur Lagerinspektion wurde erst 1944 eingeführt und dadurch behindert, daß wir nicht genügend Offiziere abstellen konnten. Auf die Dauer verschwand auch das Ostabzeichen. Natürlich kamen alle diese Maßnahmen viel zu spät und waren unzureichend, aber Köstring und sein Stab bemühten sich bis zum Kriegsende rastlos darum, das Leben dieser Unglücklichen zu erleichtern.

Ebenso wichtig wie die Verbesserung des Status der Freiwilligen war die Einstellung der deutschen Soldaten im allgemeinen und insbesondere des Rahmenpersonals und der vorgesetzten deutschen Dienststellen. Die deutsche Wehrmacht hatte im Gegensatz zu Engländern und Franzosen wenig Erfahrung im Umgang mit Angehörigen anderer Nationalität und Mentalität. Aus diesem Grunde wurden besondere Schulen und Lehrgänge eingerichtet, in denen das deutsche Personal mit den Sprachen, der Geschichte und Kultur der größeren Sowjetnationalitäten bekannt gemacht wurde. Außerdem besuchte Köstring nach Möglichkeit jeden einzelnen der Generäle und Stäbe persönlich, denen freiwillige Einheiten oder Verbände zugeteilt waren, oder die Hilfswillige in deutschen Einheiten hatten. Wie ein Wanderprediger versuchte Köstring, das Verständnis für seine Freiwilligen, ihre Vergangenheit und ihre Bedürfnisse, zu wecken. Niemand war geeigneter für diese Aufgabe als er, der allen Generälen als der große Rußlandkenner bekannt war.

Köstring und ich besuchten nach und nach fast alle Kriegsschauplätze, da Freiwillige praktisch in jeder Division vorhanden waren. Hitler hatte zwar von Anfang an erklärt, daß die Aufstellung einer Freiwilligenarmee aus früheren sowjetischen Kriegsgefangenen Deutschland um die Früchte seines Sieges bringen würde, da eine solche Armee selbstverständlich ihren Anteil an der Siegesbeute als Belohnung für ihre Leistungen und Opfer verlangen würde. Während es ihm aber gelang, die Bildung einer Freiwilligenarmee zu unterbinden, hatte er die Eingliederung von Hilfswilligen in die reguläre deutsche Armee nicht verhindern können. In jeder an der Ostfront kämpfenden Einheit gab es zwischen zehn und fünfzehn Prozent Freiwillige. Im Oktober 1943 wurde eine größere Anzahl deutscher Truppen von der Sowjetunion nach dem Westen verlegt. Die Frage erhob sich, was nun mit den Freiwilligen geschehen solle. Ersatz durch gleichwertige deutsche Soldaten war zu diesem Zeitpunkt kaum mehr möglich. Die meisten Generäle weigerten sich daher, ihre Freiwilligen, die zuverlässig und kampferprobt waren, zurückzulassen. Als Hitler dies erfuhr, schäumte er vor Wut, daß deutsche Generäle ihre »Ostmenschen« guten deutschen Soldaten vorziehen könnten. Der Chef des Generalstabs, General Zeitzler, vertrat zunächst ähnlich wie Hitler die Ansicht, daß die Freiwilligen zurückgelassen oder in Arbeitslager geschickt werden sollten. Köstring widersetzte sich mit Erfolg dieser degradierenden Maßnahme. Die meisten Generäle waren Köstrings Argumenten von Anfang an gefolgt. In Fällen von Mißerfolgen gab es allerdings immer wieder Versuche, die Schuld allein bei den Freiwilligen zu suchen.

Meine Reisen mit Köstring boten mir eine gute Gelegenheit, unauffällig wichtige Informationen darüber zu sammeln, wie sich führende militärische Persönlichkeiten im Falle eines Putsches gegen Hitler verhalten würden. Durch Klamroth und Stauffenberg kannte ich bereits die Namen einiger höherer Offiziere, auf die wir uns verlassen konnten. Bei meinen Erkundigungen mußte ich vorsichtig vorgehen. Es war natürlich unmöglich, direkt zu fragen, wie sie dem System und Hitler gegenüber

eingestellt waren. Selbst wenn sich meine Gesprächspartner sehr kritisch
äußerten, konnte ich nicht ohne weiteres davon ausgehen, daß sie auch
die letzte Konsequenz ziehen und einen Putsch gutheißen würden.
Meine Erkundigungen wurden aber dadurch erleichtert, daß Köstring
von allen geachtet und verehrt wurde. Darüber hinaus half mir meine
frühere Tätigkeit in Moskau unter Graf Schulenburg, die unsere Gesprächspartner veranlaßte, auch an mich Fragen über die allgemeine
politische Lage und die Aussichten des Krieges zu stellen. Es mag
erstaunlich erscheinen, daß Köstring mich, der ich nur Rittmeister und
Adjutant war, zu allen diesen ungewöhnlich offenen Gesprächen im
kleinsten Kreise mitnahm. Der Grund lag in dem engen Freundschafts-
und Vertrauensverhältnis, das uns beide seit Moskauer Zeiten verband,
und in der Übereinstimmung unserer politischen und moralischen Überzeugungen. Nur zum Vortrag beim Chef des Generalstabes ging er
alleine.

Über das Ergebnis unserer Gespräche berichtete ich regelmäßig
Klamroth. Außerdem fuhr ich von Zeit zu Zeit nach Berlin, um mit
Stauffenberg zu sprechen. Wir tauschten unsere Eindrücke darüber aus,
auf wen wir uns letztlich verlassen könnten und wer sich einem Putsch
entgegenstellen würde. Bei einer Begegnung in Düppel, wohin Stauffenberg nach der Zerstörung seines Büros in der Bendlerstraße umgezogen
war, gab ich ihm einen Rundfunkapparat, der meinen Eltern gehört
hatte und den wir auf volle Lautstärke stellten, um zu verhindern, daß
der kompromittierende Teil unserer Unterhaltung abgehört wurde.

Eine zentrale Figur für die Arbeit des Widerstandes war Admiral
Wilhelm Canaris, der Chef der Abwehr, der es über Jahre hinaus
verstanden hatte, die Tätigkeit des Widerstandes vor Aufdeckung durch
Himmler zu schützen. In mehreren Fällen konnte Canaris Handlungen
vertuschen, die die Bewegung leicht hätten verraten können. Ich traf
Canaris zum ersten und letzten Mal auf einer Reise mit Köstring im
Sommer 1943. Wir verbrachten einen langen Abend in einem Gutshaus
der Ukraine. An dem Abendessen und der sich anschließenden Unterhaltung nahm auch Oberstleutnant Baun teil, der Leiter von Wally I, einer
Unterorganisation der Abwehr. Baun war lange Zeit Konsulatsangestell-
ter in Kiew gewesen. Köstring und ich schätzten ihn als hervorragenden Kenner der Sowjetunion. Seine gegenwärtige Aufgabe bestand darin, geeignete Kriegsgefangene auszusuchen, sie auszubilden und sie dann
hinter den russischen Linien abzusetzen. Baun und ich hörten fasziniert
dem Gespräch zwischen Köstring und Canaris zu, diesen beiden weiß-

haarigen, weisen alten Männern, die ihre Ansichten über die Welt austauschten, so wie sie sie sahen und verstanden. Ich war überrascht, zu sehen, wie wenig Canaris dem Bild entsprach, das man sich von einem Admiral macht, der auf der Brücke steht. Während des ganzen Abends lag etwas Trauriges in seinem Gesicht und in seinen Augen. Er erschien mir weniger als ein Mann der Tat, eher als ein kluger und nachdenklicher Beobachter – eine der ungewöhnlichsten Erscheinungen, denen ich je beim deutschen Militär begegnet bin. Köstring bemerkte in seinen Erinnerungen[1] über dieselbe Unterhaltung, daß ihm erst bei diesem letzten Gespräch mit Canaris klar geworden sei, mit welch abgrundtiefem Haß und Ekel Canaris gegen Hitler und sein System arbeitete.

Canaris brauchte man nicht zu erklären, wie man die Zivilbevölkerung in der Sowjetunion oder die Freiwilligen zu behandeln habe. Er hatte die Aufstellung von Oberländers Einheit »Bergmann« veranlaßt und ihre Entwicklung ständig beobachtet und gefördert. Als Köstring bemerkte, daß wir' mehr Führer von der Art Oberländers brauchten, die mit den landeseigenen Truppen umzugehen verstünden, stimmte Canaris lebhaft zu.

Canaris' Haltung gegenüber den Freiwilligen und der sowjetischen Bevölkerung entsprang nicht nur kühlen Nützlichkeitserwägungen, sondern seinem humanen Wesen, das sich dagegen sträubte, anderen Unrecht und Leid zuzufügen. Dieser Zug seines Wesens war so stark, daß er es auch ablehnte, Hitler mit Gewalt zu töten, sondern für seine Gefangennahme eintrat. Köstring und ich wußten, daß Canaris bereits 1938 an den Vorbereitungen zu einem Putsch gegen Hitler beteiligt war.

Mit Generalmajor Reinhard Gehlen, dem Chef von »Fremde Heere Ost«, der Abteilung des Generalstabs des Heeres für die Feindaufklärung im Osten, stand Köstring in ständigem Gedankenaustausch. Gehlen war verantwortlich für die gesamte Aufklärungsarbeit auf dem sowjetischen Kriegsschauplatz, die die Grundlage für die operativen Entscheidungen bildete. Er war ein harter Arbeiter, hochgeachtet, und lieferte stets genaue und nichts beschönigende Analysen. Die Erkenntnisse, die er und sein Stab sammelten, waren auch für Köstrings Arbeit von großer Bedeutung. Gehlen teilte Köstrings Überzeugungen über eine vernünftige und menschenwürdige Behandlung der Freiwilligen und der Zivilbevölkerung. Er unterstützte bis zum Ende des Krieges tatkräftig alle Initiativen, das Los der Freiwilligen zu verbessern. Vor allem bemühte er sich von Anfang an, General Wlassow seinen Fähigkeiten entsprechend einzusetzen. Außerdem sah auch Gehlen in den Freiwilligen den möglichen Kern einer antistalinistischen Bewegung in der Sowjetunion. Auch er war, wie Schulenburg und Köstring, der Auffassung, daß man den Krieg gegen die Sowjetunion mit Hilfe der Freiwilligen in einen Bürgerkrieg verwandeln müsse. Ähnliche Gedanken hatten die meisten seiner Mitarbeiter, unter denen sich auch zwei Historiker, Georg von Rauch und Franke, befanden. Wir zweifelten nie, daß Gehlen den Widerstand unterstützen würde und sich gefreut hätte, wenn der 20. Juli ein Erfolg gewesen wäre.

Im Spätherbst 1943 reisten wir nach Paris, wo Köstring seinen alten Freund General Karl-Heinrich von Stülpnagel, den Militärbefehlshaber in Frankreich, im Hotel Majestic besuchte. Zunächst besprach Köstring mit ihm seine Sorgen hinsichtlich der Freiwilligen. Köstring hatte zu seiner Entrüstung erfahren, daß Freiwilligeneinheiten in Paris dazu eingesetzt wurden, um Speicher zu bewachen, in denen von französischen Juden konfisziertes Mobiliar aufbewahrt wurde. Köstring bemerkte, daß er nicht darüber urteilen wolle, warum sich dieses Mobiliar überhaupt in diesen Speichern befände, daß er sich aber energisch dagegen verwahren müsse, daß Freiwillige zur Bewachung eingesetzt würden. Er äußerte kühl, daß Freiwillige, die damit beauftragt würden, geplündertes Gut zu bewachen, dem deutschen Beispiel folgen und selber plündern würden.

Stülpnagel, der selbst an dem geplanten Putsch von 1938 beteiligt gewesen war, machte aus seiner Haltung gegenüber Hitler kein Hehl, ebensowenig wie viele andere seiner Offiziere. Am 20. Juli 1944 führte Stülpnagel die Anordnungen Stauffenbergs energisch durch, verhaftete die SS-Führer in Paris und war in kurzer Zeit Herr der Lage. Nach der Verhaftung Stauffenbergs und infolge der unentschiedenen Haltung von Feldmarschall von Kluge wurde Stülpnagel verhaftet und nach Deutschland zurückgeschafft. Während der Autofahrt ließ Stülpnagel an einer Stelle nahe Verdun, wo er als junger Offizier an den blutigen Kämpfen teilgenommen hatte, halten, stieg aus und schoß sich eine Kugel durch den Kopf. Unglücklicherweise war er nicht tot, sondern nur erblindet. Nachdem die Ärzte ihm das Leben gerettet hatten, ließ Hitler ihm den Prozeß machen und ihn erhängen.

Stülpnagels Sekretärin war Gräfin Friederike Podewils, eine Jugendfreundin meiner Frau. Sie hatte gerade erfahren, daß ihr Bruder Max als Artillerieleutnant bei Salerno gefallen war. Als ich sie ahnungslos nach ihrem Bruder fragte, brach sie in Tränen aus. Ich versuchte sie so gut ich konnte, damit zu trösten, daß ihr Bruder einen schnellen Tod erlitten habe und sein Schicksal besser sei als das derjenigen, die als Krüppel weiterleben mußten. Ich war damals ohnehin davon überzeugt, daß die jungen Offiziere auf die Dauer alle das gleiche Schicksal erwartete. Ich war mir darüber im klaren, wie wenig Trost das für sie bedeuten konnte und lud sie, um sie auf andere Gedanken zu bringen, im Auftrag von Köstring zum Abendessen ein. Nach dem Essen brachte ich sie mit dem Fahrrad nach Hause. Paris war düster und menschenleer und hatte keine Ähnlichkeit mehr mit der Stadt, die ich vor mehr als zehn Jahren als junger Attaché kennengelernt hatte. Drei Wochen später erfuhr ich, daß Max Podewils nicht gefallen, sondern gefangengenommen worden war. Er überlebte den Krieg und ist heute deutscher Botschafter in Wien.

Später fuhren Köstring und ich zu General Alexander Freiherr von Falkenhausen, dem Militärbefehlshaber von Belgien und Nordfrankreich. Falkenhausen, ein alter Freund von Köstring, war Militärberater bei Tschiang Kai-schek gewesen. Wir wußten, daß er dem Nationalsozialismus von Anfang an kritisch gegenübergestanden hatte und daß er auch an den Plänen von Beck und Halder von 1938 beteiligt gewesen war. Ich war gespannt, ihn kennenzulernen, nachdem ich schon soviel von ihm gehört hatte. Falkenhausen residierte wie ein Grandseigneur aus alten Zeiten in Schloß Senaffe, wenige Kilometer außerhalb von Brüssel. Das Schloß war erlesen eingerichtet und völlig unversehrt, man aß von altem Silber und Porzellan. Das Essen war einfach und bestand oft aus Wild, das Falkenhausen selbst erlegt hatte und das von einem hervorragenden Koch zubereitet worden war. Nach dem Abendessen, zu dem oft Gäste eingeladen waren, zog sich Falkenhausen gern zu einem gemütlichen und freimütigem Gespräch in kleinem Kreise zurück. Ständiger Teilnehmer an diesen Gesprächen war sein Chef des Stabes, Oberst Bodo von Harbou. Aus beider Äußerungen ging klar hervor, daß sie sich keinerlei Illusionen über die hoffnungslose politische und militärische Lage Deutschlands machten. Falkenhausens Unabhängigkeit und Furchtlosigkeit zeigte sich darin, daß er Verbindungen zu Belgiern unterschiedlichster politischer Überzeugungen unterhielt, darunter auch zu Angehörigen des belgischen Widerstandes. Falkenhausen war nicht unmittelbar in die Vorbereitungen des Attentats am 20. Juli eingeschaltet. Wie er in seiner Eigenschaft als Militärbefehlshaber von Belgien und Nordfrankreich am 20. Juli gehandelt haben würde, weiß man nicht, da er eine Woche vor dem Attentat von seinem Posten abgelöst wurde. Der Grund hierfür entsprang seinem starken Charakter: Er hatte sich geweigert, achtzehnjährige Belgier zum Arbeitseinsatz nach Deutschland abzutransportieren. Falkenhausens dauernde Verbindungen zu den führenden Mitgliedern des Widerstands waren Grund genug, ihn nach dem 20. Juni zu verhaften. Ebenso erging es Oberst von Harbou, der sich nach seiner Verhaftung das Leben nahm.

Unter all den Generälen, die mit dem Widerstand sympathisierten, hatte keiner mehr Charisma als Erwin Rommel. Er wurde von den Soldaten vergöttert. Rommel hatte sich dem Widerstand erst verhältnismäßig spät angeschlossen. Ebenso wie Canaris lehnte er zunächst ein Attentat auf Hitler ab und sprach sich für seine Verhaftung aus. Köstring, der Rommel nach dessen Rückkehr aus Afrika zufällig traf und sich kurze Zeit mit ihm allein unterhielt, war überrascht über die Wandlung, die sich in diesem zunächst an den Nationalsozialismus glaubenden Mann vollzogen hatte. Es war ein schwerer Schlag für das Gelingen des Staatsstreichs, daß Rommel bei einem Besuch der zusammenbrechenden Front an der Kanalküste am 17. Juni 1944 verwundet und handlungsunfähig wurde. Rommel war nicht zu ersetzen, denn kein anderer war so wie er in der Lage, die Truppe mitzureißen. Rommel und sein Chef des Stabes, General Speidel, waren entschlossen, nach dem Attentat die Feindseligkeiten an der Westfront einzustellen. Ich bin überzeugt, daß Rommel diesen Entschluß auch nach dem mißglückten Attentat durchgeführt hätte, und daß ein großer Teil seiner Heeresgruppe seinen Anordnungen gefolgt wäre.

Persönlichkeiten wie Rommel, Stülpnagel, Witzleben, Beck, Hoeppner, Tresckow und manche anderen waren die herausragenden Ausnahmen. Die Mehrheit der Feldmarschälle und Generäle stand loyal zu Hitler. Bestenfalls verhielten sie sich neutral und abwartend gegenüber der Verschwörung. Typisch für diese Haltung war Generalfeldmarschall Erich von Manstein. Manstein, ein hochbegabter militärischer Führer, war nicht in der Lage, sein militärisches Wirken zu der Problematik der Herrschaft Hitlers in Beziehung zu setzen. Im Herbst 1943 erzählte mir Stauffenberg von einer enttäuschenden Unterhaltung mit Manstein. Manstein habe eingesehen, daß die militärische Lage bedrohlich sei, habe es aber abgelehnt, aus dieser Erkenntnis die nötigen Schlüsse zu ziehen. Stauffenberg faßte die Situation grimmig wie folgt zusammen: »Sind wir erfolgreich, ist Manstein für uns, scheitern wir, wird er kein Wort sagen.« Er sagte kein Wort.

Es gab eine Reihe von Generälen, die Köstrings Absichten und Handlungen für die Freiwilligen guthießen, obwohl diese den Auffassungen Hitlers zuwiderliefen, die aber nicht so weit gingen, sich dem allgemeinen Widerstand anzuschließen. Zu ihnen gehörte Generaloberst Heinz Guderian, der zusammen mit Generaloberst Ewald von Kleist die berühmte Panzeroffensive gegen Abbéville geführt und auch im Rußlandfeldzug eine führende Rolle gespielt hatte, bis er von Hitler seines Postens enthoben wurde. Wir trafen Guderian in seinem Hauptquartier im Mauerwald, nachdem er nach dem 20. Juli 1944 zum Chef des Generalstabes ernannt worden war. Guderian lud seinen alten Freund Köstring zum Abendbrot ein, um sich mit ihm auszusprechen. Außerdem nahmen sein Adjutant Major i.G. Bernd Freiherr von Freytag-Loringhoven – ein Vertrauter, mit dem ich mit letzter Offenheit sprechen konnte –, Rittmeister Gerhard Boldt, der Verfasser der Schrift »Die letzten Tage der Reichskanzlei«[2], und ich teil.

Zwischen Guderian und Köstring entspann sich ein vertrauliches Gespräch, dem wir drei aufmerksam zuhörten. Köstring begann mit seinem üblichen Vortrag über die Freiwilligen, danach wandte sich das Gespräch aber bald der katastrophalen Lage an allen Fronten zu. Ich war überrascht zu hören, daß auch Guderian, der Chef des Generalstabes, eingesehen hatte, daß der Krieg nicht mehr zu gewinnen war. Guderian war bei den Panzerdivisionen außerordentlich beliebt. Seine Ablösung im Winterfeldzug gegen die Sowjetunion hatte bei seinen Truppen Empörung ausgelöst. Sie waren begeistert, als er später als Generalinspekteur der Panzertruppen wieder eingesetzt wurde. Hätte er sich dem Widerstand angeschlossen, wäre er von größtem Nutzen gewesen. Er zog es aber vor, Hitler bis zum bitteren Ende zu dienen, obwohl dieser ihn unwürdig behandelt und abgesetzt hatte.

Ein Beispiel für Unentschlossenheit in der Stunde der Entscheidung war Generalfeldmarschall von Kluge, der als Nachfolger von Rundstedt Oberbefehlshaber West geworden war und wie Stülpnagel in Paris stationiert war. Nachdem ich ihn im Gespräch mit Köstring beobachtet hatte, hatte ich den festen Eindruck, daß er den Staatsstreich unterstützen und handeln würde, in dem Augenblick, wenn Hitler von anderen beseitigt worden wäre.

Dieser Eindruck wurde durch früheres Verhalten Kluges bestätigt. Seit 1942 stand er in Verbindung mit Gördeler und anderen Angehörigen des Widerstandes und hatte auch bewiesen, daß er auf ihrer Seite stand. Als General von Stülpnagel am 20. Juli in Paris die Lage unter seine Kontrolle gebracht hatte, hatte Kluge sich zunächst auf seine Seite gestellt. Kaum aber drangen die ersten Nachrichten durch, daß Hitler doch am Leben sei, begann er zu schwanken. Noch bevor bekannt wurde, daß Stauffenberg erschossen worden war, distanzierte er sich von Stülpnagel und schließlich von dem ganzen Attentat. Zu seinem Unglück hatte er sich bereits soweit kompromittiert, daß er, um sich zu rechtfertigen, nach Berlin zurückgerufen wurde. Aber er hatte zu wenig getan, um den Gang der Ereignisse zu beeinflussen. Auf dem Weg nach Berlin beging Kluge Selbstmord.

Mehr als über das vorsichtige Abwarten und die Unentschlossenheit der Generalität waren Stauffenberg und wir über die blinde Anhänglichkeit vieler führender militärischer Persönlichkeiten an Hitler verbittert. Gegen Ende des Krieges, als die Alliierten schon in Italien gelandet waren und nicht mehr weit von Rom standen, suchte General Köstring den Generalfeldmarschall Albert Kesselring in seinem Hauptquartier in den unterirdischen Bunkern des Monte Soracte auf. Hier hatten die Italiener eine bemerkenswerte unterirdische Fabrik errichtet, die einem Riesenschlachtschiff ähnelte und in der die militärische Führung in voller Sicherheit arbeiten konnte. Es war wie in einem Science-Fiction-Film. Die militärische Lage außerhalb des Bunkers war chaotisch; innen tat man so, als ob die militärische Welt noch in Ordnung sei. Bei diesem und bei zwei späteren Treffen mit Kesselring war offenkundig, daß er dem Führer bis zum bitteren Ende treu bleiben würde. Wie Marschall Schörner und anderen fehlte es ihm nicht an persönlichem Mut. Er war ein tapferer Offizier, der seine Truppen an der Front besuchte und dabei auch sein Leben aufs Spiel setzte. Wenn er sich nicht gegen Hitler auflehnte, so nicht aus Mangel an Mut, sondern aus grundsätzlichen Erwägungen und vielleicht auch immer noch in der Hoffnung, ein Ereignis werde eintreten, das die Lage noch zum besseren wenden würde.

Völlig anders war die Haltung Weizsäckers, meines früheren Staatssekretärs des Auswärtigen Amtes, der inzwischen Botschafter beim Vatikan geworden war. Weizsäcker kannte Köstring und schätzte ihn aus seiner Zeit als Militärattaché in Moskau. Was beide Männer von Anfang an befürchtet hatten, war nun eingetreten: Hitler hatte das deutsche Volk durch seine Politik mit unheimlicher Konsequenz dem Abgrund zugeführt. Weizsäcker machte sich über die Hoffnungslosigkeit der Lage keine Illusionen.

Zu den unentschlossenen Persönlichkeiten, die noch erwähnt werden sollten, gehörte Generalfeldmarschall Gerd von Rundstedt. Rundstedt hatte sein Hauptquartier in St. Germain bei Paris, wo Köstring einige Tage bei ihm zu Gast war. Nach dem Essen setzte er sich mit Köstring, seinem Adjutanten Major Hans-Victor von Salviati und mir zusammen. Es war ein merkwürdiges Treffen. Man sprach wie üblich über die militärische Lage, und Köstring legte eindringlich und überzeugend dar, daß der Krieg gegen die Sowjetunion nicht mehr zu gewinnen sei. Rundstedt war von den Äußerungen Köstrings, dem großen Kenner Rußlands, beeindruckt und stimmte ihm zu. An diesem Punkt schaltete sich Salviati entschlossen in die Unterhaltung ein. Wir waren etwa gleichaltrig und hatten voneinander gehört, uns jedoch nie getroffen. Salviati war ebenfalls überzeugt, daß die Lage Deutschlands verzweifelt sei und daß es die Pflicht der Generäle sei, sich gegen Hitler zu erheben. Trotz des Rang- und Altersunterschiedes stand er zu Rundstedt in einem ebensolchen Vertrauensverhältnis wie ich zu Köstring. Ohne Zeugen konnte er daher offen argumentieren und Rundstedt eindringlich vorhalten, daß die Feldmarschälle handeln müßten und daß dies ihre Pflicht als Menschen und Christen auch gegenüber den von ihnen Geführten sei. Solche Bemerkungen Salviatis hätten, wenn sie weitergetragen worden wären, zu seiner und im Zweifel auch unserer sofortigen Erschießung geführt. Salviati ließ aber nicht locker.

Rundstedt hörte aufmerksam zu, zuckte aber am Ende die Schultern und sagte bloß, er könne den Führer nicht beeinflussen. Zu Salviatis und unserer Enttäuschung konnte sich der alte Feldmarschall zu keiner anderen Haltung aufraffen. Salviati zahlte für seine Überzeugungen nach dem 20. Juli mit seinem Leben.

Rundstedt verkörperte das Versagen der Generalität als Gruppe. Kurz nach unserer Unterhaltung wurde er von Hitler seines Postens als Oberbefehlshaber West enthoben. Nach dem 20. Juli 1944 berief Hitler ihn zum Vorsitzenden des Ehrengerichtshofs, dessen Aufgabe es war, die am 20. Juli beteiligten Offiziere aus der Armee auszustoßen, damit man sie dem Volksgerichtshof überstellen könnte. Wären die Offiziere vor ein Kriegsgericht gestellt worden, so wären sie zum Tode durch Erschießen verurteilt worden. Als aus der Armee ausgestoßene konnten sie zum Tode durch den Strang verurteilt werden, was Hitlers ausdrücklicher Wunsch war. Was mag Rundstedt wohl empfunden haben, als er als Präsident des Ehrenhofs einige seiner engsten Kameraden wie Feldmarschall von Witzleben dem Tod durch Erhängen auslieferte?

Ich begleitete General Köstring noch einmal im Dezember 1944 bei einem Besuch Rundstedts. Er war wieder Oberbefehlshaber West und hatte gerade die berühmte Ardennenoffensive begonnen. Ungeachtet all dessen, was inzwischen geschehen war, verfolgten Rundstedt und sein

Stab die einlaufenden Meldungen über den Vormarsch mit makabrer Euphorie. Es war unheimlich zu beobachten, wie die Hoffnung aufflakkerte, daß noch einmal eine Wendung zum Besseren im Westen eintreten könnte. Sie wiegten sich in dem trügerischen Wahn, daß es sich bei der Ardennenoffensive um einen entscheidenden Gegenschlag handele und sahen in jeder neuen Erfolgsmeldung eine Bestätigung ihres Wahns. Weder Köstring noch ich teilten Rundstedts Optimismus im geringsten, Wir waren überzeugt, daß es mehr als nutzlos war, im Westen zu halten und daß wir statt dessen alle noch verbliebenen Kräfte gegen den Vormarsch der Russen hätten einsetzen sollen. Rundstedt machte auf uns den Eindruck eines Ertrinkenden, der bei dem vergeblichen Versuch, sich zu retten, alle anderen mit in die Tiefe zieht.

Immer wieder kamen Stauffenberg, Klamroth, Etzdorf und ich auf die Haltung der Generalität zurück. Wäre sie zu entschiedener Aktion gegen Hitler bereit gewesen, hätte die Geschichte des Widerstandes anders verlaufen können. Vielleicht war ihr Versagen auf die Art und Weise zurückzuführen, wie sie von Hitler behandelt wurden. Die Feldmarschälle und Generalobersten erhielten zusätzlich zu ihrem Gehalt ein erhebliches monatliches »Taschengeld« und in einigen Fällen auch einmalige Zuwendungen. Hitler verfälschte die alte preußische Tradition, wonach Heerführer Belohnungen in Form von Adelsprädikaten und Landgütern erhielten, aber nur, wenn der Krieg gewonnen war. Hitler vergrößerte die Zahl der Feldmarschälle und zog sich damit eine Gruppe von Männern heran, deren Autorität völlig von der seinigen abhing. Dies war seine Form der Bestechung.

Verschiedene andere Gründe mögen die Generalität davon abgehalten haben, der Verschwörung ihre Unterstützung zu leihen. Zweifellos spielte der Eid, den sie Hitler geleistet hatten, eine wesentliche Rolle. Dabei weigerten sie sich bewußt oder unbewußt, einen Unterschied zwischen dem schon einmal in ihrem Leben geleisteten traditionellen Eid auf den Monarchen und einem Eid auf einen verbrecherischen, selbst eidbrüchigen Diktator anzuerkennen. Hinzu kam, daß die Haltung der Alliierten im Falle eines erfolgreichen Staatsstreiches unklar war. Konnte eine nichtnationalsozialistische deutsche Regierung bessere Friedensbedingungen erwarten? Hätten die Alliierten eine entsprechende Erklärung oder auch nur Andeutung gemacht, hätte dies den schwankenden Offizieren die Unterstützung der Verschwörung erleichtert. Ohne Zeichen eines minimalen Entgegenkommens seitens der Alliierten gerieten sie in die Lage von Männern, die zwangsläufig auf eine Kapitulation ihres

Landes hinarbeiteten, ohne die Gewißheit zu haben, daß dies von der Gegenseite honoriert werden würde. Die bekannten Bemühungen von Trott und anderen blieben begrenzt und führten zu keinen greifbaren Ergebnissen, die sich zugunsten der Verschwörung ausgewirkt hätten.

Auch Stauffenberg war tief enttäuscht über das Schweigen der Alliierten. Die Verschwörer zogen daraus aber niemals die Schlußfolgerung, daß sie den Kampf gegen Hitler aufgeben sollten, weil sie ihn im Grunde als einen Kampf der Deutschen gegen ihre eigene verbrecherische Regierung betrachteten, unabhängig von der Haltung des Auslandes. Sie glaubten, daß die Alliierten im Falle eines Erfolges eher bereit sein würden, mit den Vertretern eines politisch gewandelten Deutschlands zu verhandeln.

Ob diese Annahme nun begründet oder unbegründet war – auf viele Offiziere, die zögerten, den entscheidenden Schritt zu tun, machte sie wenig Eindruck. Die alliierte Forderung nach bedingungsloser Kapitulation hatte eine verheerende Wirkung für den Widerstand, da viele nun überzeugt waren, daß eine Beseitigung Hitlers die Friedensbedingungen nicht ändern würde. Es besteht für mich kein Zweifel, daß viele Generäle und auch jüngere Offiziere am Widerstand teilgenommen hätten, hätte es diese berüchtigte und von Goebbels weidlich ausgeschlachtete Doktrin nicht gegeben. Wann immer die Rede auf dieses Thema kam, wies ich darauf hin, daß die Erklärung von Casablanca vor allem den Zweck habe, die Einheit zwischen den Alliierten mit ihren unterschiedlichen Kriegszielen zu festigen und die Sowjets zu beruhigen, die immer einen Alleingang der Westmächte befürchteten. Diese möglicherweise zutreffenden Überlegungen konnten jedoch die tiefen Ängste, die das Gespenst der bedingungslosen Kapitulation auslöste, nicht zerstreuen.

Wie erklärlich auch im Rückblick die Zurückhaltung der Generalität sein mag, uns enttäuschte sie damals grenzenlos. Meine Berichte an Stauffenberg über Köstrings Gespräche mit Spitzen des Offizierskorps bestärkten ihn in seiner Überzeugung, daß die Widerstandsbewegung sich nicht auf die führenden Generale, sondern auf die jungen Offiziere stützen müsse und nur wenige rangältere Offiziere in den Ablauf einbezogen werden sollten.

# Der 20. Juli 1944

Im Frühjahr 1944 traf ich Stauffenberg mehrmals bei meinen Reisen von einer Front zur anderen. Ich erinnere mich besonders deutlich an ein Gespräch mit Stauffenberg und Hauptmann Ulrich Wilhelm Graf Schwerin von Schwanenfeld, einem Vetter Albrecht von Kessels, den ich aus meiner Berliner Zeit gut kannte. Unser Gespräch verlief erregt, wurde aber von einem Rundfunkapparat übertönt, damit niemand unberufen unsere Worte verstehen konnte. Nach so vielen gescheiterten Attentatsversuchen war Stauffenberg verzweifelt. Uns schien es, als ob Hitler vom Teufel selbst beschützt würde, denn einige der Attentatsversuche hätten nach menschlichem Ermessen gelingen müssen.

Als ob er die wachsende Gefahr instinktiv gefühlt hätte, wurde Hitler immer vorsichtiger. Dies ging so weit, daß er seit 1944 zögerte, die Front zu besuchen oder seine sicheren Hauptquartiere überhaupt zu verlassen. Stauffenberg überprüfte nun jede theoretisch noch verbleibende Möglichkeit, direkt an den Führer heranzukommen, war sich aber darüber im klaren, daß jede das Risiko des Scheiterns in sich trug. Er war dennoch der Überzeugung, daß wir unter allen Umständen handeln müßten. Seine Entscheidung, das Attentat selbst auszuführen, war eine Notlösung, weil von den wenigen anderen Personen, die direkten Zutritt zu Hitler hatten, sich niemand dazu bereit fand.

Meine persönliche Rolle in der Verschwörung hatte nichts mit dem Attentatsversuch selbst zu tun, sondern ich sollte bei den Maßnahmen eingesetzt werden, die nach dem Attentat ergriffen werden mußten, um den Sturz des Regimes zu besiegeln. Ich wußte, daß im Juli in Berchtesgaden ein Attentat durchgeführt werden sollte. So hielt ich mich mehrere Wochen lang in Bereitschaft und sorgte dafür, daß Köstring und ich in Berchtesgaden anwesend waren. Unser Aufenthalt erregte keinen Verdacht, weil dort der Wehrmachtsführungsstab lag, der für die sowjetischen Freiwilligen in Frankreich, Italien und auf dem Balkan zuständig war.

Köstring und ich wohnten im Berchtesgadener Hof, in dem auch andere Offiziere, die der Verschwörung angehörten – wie die Generäle Wagner, Lindemann und Stieff – abstiegen. Ich sah Stauffenberg am 3. und nochmals am 6. Juli, als er zum Vortrag bei Hitler über Probleme des Ersatzheeres gerufen worden war. Er erschien im Vollbesitz seiner Kräfte, vielleicht etwas abgespannt, aber konzentriert und äußerlich ruhig.

Stauffenberg hatte den Sprengstoff bei sich, als er am 6./7. und wieder am 11. Juli in Berchtesgaden war. Er führte den Anschlag jedoch nicht aus, weil Himmler und Göring wider Erwarten abwesend waren. Er befürchtete, daß Himmler in der Lage sein würde, auch nach einer Ermordung Hitlers den Putsch zu unterdrücken. Am 14. Juli mußte Köstring abreisen, weil sein Stab vom Mauerwald nach Potsdam verlegt wurde. Köstring war in die Einzelheiten der Verschwörung nicht eingeweiht, ahnte aber meine eigene Beteiligung. Ich begleitete ihn zum Flugplatz in Salzburg. Meine Nerven waren so angespannt, daß ich die Selbstbeherrschung verlor und herausplatzte: »Das nächste Mal jagen wir den Kerl in die Luft.« Köstring sah mich unbewegt an und bemerkte traurig: »Die Deutschen wissen nicht, wie man Revolutionen macht.« Ohne ein Wort mehr bestieg er das Flugzeug. Zu unserem Glück hatten die laufenden Motoren unsere Unterhaltung übertönt.

Der nächste Anschlag war für den 15. Juli in der Wolfsschanze im ostpreußischen Hauptquartier Hitlers geplant. Dieses Mal glaubte ich, daß es endlich soweit sei. Ich erwartete, nach dem Attentat unmittelbar von Stauffenbergs Adjutanten Oberleutnant Werner von Haeften genaue Anweisungen zu erhalten. Als den ganzen Tag kein Anruf kam, wunderte ich mich und befürchtete einen Fehlschlag. Erst am nächsten Morgen erfuhr ich, daß das Attentat wieder verschoben worden war.

Seit Anfang Juli hatte ich eine Reise zur Heeresgruppe Kesselring nach Italien immer wieder verschoben. Kesselrings Chef des Stabes, Generalleutnant Klaus Röttiger, hatte mich verschiedentlich angefordert, um mit mir Schwierigkeiten mit der 162. Turk-Infanteriedivision zu besprechen, in der es Überläufer gegeben hatte. Ich konnte diese Reise nicht noch länger aufschieben, ohne Verdacht zu erregen.

Die Reise nach Italien verlief ohne Zwischenfälle. Die Besprechung mit Röttiger fand in Montecatini zwischen Florenz und Pisa statt. Die Rückreise dagegen gestaltete sich unerwartet schwierig. Die Amerikaner hatten die absolute Luftüberlegenheit. Mein Auto wurde von Tieffliegern in Brand geschossen. Ich hatte Mühe, den Po zu überqueren, dessen

Brücken und Fähren ständig von feindlichen Flugzeugen angegriffen wurden. Der Zug, der nach einem Bombenangriff auf dem Bahnhof von Verona erst mit stundenlanger Verspätung abging, mußte auf der Strecke nach Innsbruck ständig wegen Luftalarm halten. Der Verlauf der Rückreise zeigte die ganze Aussichtslosigkeit unserer militärischen Lage und machte mir deutlich, daß die Verschwörung den Wettlauf mit der Zeit zu verlieren drohte. Da ich nicht wußte, daß ein neuer Attentatsversuch für den 20. Juli angesetzt war, beunruhigte mich die Verzögerung meiner Rückkehr nicht über Gebühr. Auf dem Rückweg nach Berchtesgaden unterbrach ich die Reise in Kitzbühl, um meine Familie zu sehen. Ich traf dort am späten Nachmittag des 19. Juli ein. Von der langen, gefahrvollen Reise voller Zwischenfälle erschöpft, legte ich mich sofort schlafen. Kurze Zeit danach klingelte das Telefon. Meine Frau ging an den Apparat. General Stieff wollte mich sprechen, um mich sofort nach Salzburg zu beordern. Angesichts meiner Erschöpfung konnte sich meine Frau nicht dazu entschließen, mich aufzuwecken. Sie behauptete, ich sei noch nicht aus Italien zurückgekehrt, und bat Stieff, am nächsten Morgen noch einmal anzurufen. Als Stieff sich am Morgen des 20. Juli wieder meldete, schlief ich noch immer und meine Frau verleugnete mich zum zweiten Mal. Im Lauf des Tages merkte ich, wie knapp ich dem Verhängnis entgangen war. Ohne es zu wissen, hatte Pussi mir wahrscheinlich das Leben gerettet. Noch am Abend hörten wir am Rundfunk, daß Stauffenberg ein fehlgeschlagenes Attentat auf Hitler unternommen hatte. Ich hatte das Gefühl, die Welt sei eingestürzt. Pussi wußte von meinen Kontakten mit Stauffenberg und erriet, daß ich in die Verschwörung verwickelt war. Wir machten uns gemeinsam Gedanken, was nun geschehen solle.

Es gab drei Möglichkeiten. Ich konnte versuchen, mich in den österreichischen Bergen zu verstecken, die ich gut kannte, und Verbindung mit der bereits bestehenden österreichischen Widerstandsbewegung aufzunehmen. Ich konnte nach Jugoslawien zum Pannwitzschen Kosakenkorps fahren und von dort aus versuchen, mich zu Fitzroy Maclean durchzuschlagen, von dem ich wußte, daß er sich bei Titos Partisanen aufhielt. Schließlich konnte ich in die Höhle des Löwen nach Potsdam zurückkehren, wohin der Stab des Generals der Freiwilligenverbände verlegt worden war.

Nach tagelangem Überlegen entschied ich mich für den dritten Weg. Jedes andere Verhalten wäre einem Schuldbekenntnis gleichgekommen mit der Folge, daß die Nazis sich an meiner Frau und meinen Angehörigen gerächt hätten. So blieb mir keine Wahl, als auf Gott zu hoffen und nach Potsdam zurückzukehren.

Ich mußte mich entsprechend den Vorschriften beim Stadtkommandanten von Kitzbühl melden. Major Emil Herter war mir schon von früheren Urlauben her bekannt. Am Morgen des 21. Juli ging ich in sein Büro und stieß dort auf einen Oberst, der sofort begann, sich über die Ereignisse des Vortages auszulassen. Er erklärte, daß Stauffenberg und die anderen Offiziere die Kugel nicht wert gewesen seien und daß man ihnen besser jeden Knochen einzeln hätte brechen sollen. Ich empfand es als Demütigung, auf die Beschimpfung meiner Freunde nicht entgegnen zu können. Es war ein furchtbares Gefühl, schweigen zu müssen, um das eigene Leben nicht aufs Spiel zu setzen. Offensichtlich empfand Herter die Situation ähnlich. Als ich ihn nach dem Krieg wiedertraf, meinte er, dies sei einer der schlimmsten Augenblicke seines Leben gewesen.

Ich verließ Kitzbühl am 25. morgens und traf nach einer angsterfüllten Reise am 26. Juli in Potsdam ein. Sofort begab ich mich in das mir zugewiesene Arbeitszimmer, um mich dort, als ob nichts geschehen sei, an die Arbeit zu machen. Zu meinem Entsetzen entdeckte ich auf meinem leeren Schreibtisch folgende Notiz: »Anruf vom 19. Juli von Oberleutnant von Haeften, Adjutant Oberst Graf Stauffenberg. Rittmeister von Herwarth wird gebeten, sofort Oberst Graf Stauffenberg anzurufen.« Es war mir klar, was diese Notiz bedeutete. Stauffenberg und Haeften hatten mich vor dem Attentat erreichen wollen. Ich wurde leichenblaß. Diese Mitteilung hatte seit sechs Tagen auf meinem Schreibtisch gelegen. Wer hatte den Telefonanruf entgegengenommen? Wer hatte die Notiz gesehen? Als ich im Begriff war, zur Toilette zu gehen, um das Stück Papier zu verbrennen, betrat mein Freund Oberleutnant Wilhelm Reissmüller das Zimmer. Reissmüller war mit der Widerstandsbewegung verbunden. Er wußte auch von meiner Beteiligung. Als ich ihm wortlos die Notiz zeigte, goß er mir sofort einen Kognak ein, um meine Nerven zu beruhigen. Noch immer nicht wieder gefaßt, ging ich zu General Köstring und meldete mich bei ihm zurück. Er empfing mich mit den Worten: »Was, Sie leben noch?«

Köstring bestand darauf, daß ich sofort aus Potsdam verschwinden müsse. Ich stimmte zu, machte ihm aber den Vorschlag, auch selbst Potsdam zu verlassen. Viele seiner Freunde waren bereits verhaftet und ich befürchtete, daß auch er gefährdet wäre. Seine enge Zusammenarbeit mit Stauffenberg und Schulenburg war bekannt. Wir beschlossen, zur

Heeresgruppe nach Belgrad zu fahren, flogen zunächst bis Wien und nahmen von dort den Zug nach Budapest. Auf der Fahrt nach Budapest im überfüllten Zug lud Köstring drei oder vier gutaussehende Damen, offenbar Angehörige des österreichisch-ungarischen Landadels, in unser Abteil ein. Ihrer Unterhaltung über ihre Kinder, ihre Pferde und das Leben auf dem Lande zuzuhören, war fast gespenstisch. Sie schienen nicht zu ahnen, daß sie binnen kurzem von Kräften überwältigt werden würden, die ihre hergebrachte Lebensordnung ein für alle Mal zerstören würden.

Während ich ihnen zuhörte, mußte ich an meine eigene Lage denken. Graf Stauffenberg, Oberleutnant Werner von Haeften und mein Potsdamer Schulfreund Oberst i.G. Albrecht Mertz von Quirnheim waren erschossen worden. Fast alle anderen, mit denen ich eng im Widerstand zusammengearbeitet hatte, waren verhaftet, darunter auch mein Botschafter in Moskau, Graf von der Schulenburg. Etzdorf hatte ich vor meiner Abreise zufällig in Potsdam auf der Straße getroffen. Wir waren, ohne uns zu begrüßen, aneinander vorbeigegangen. Im Vorübergehen hatte Etzdorf nur geflüstert: »Davon später.« War auch er inzwischen verhaftet worden?

Nach einer Nacht in Budapest flogen wir weiter nach Belgrad. Auf dem Flugplatz Belgrad begegnete uns Oberstleutnant i.G. Karl Rathgens, der gerade in Handschellen zum Flugzeug gebracht wurde, um in Berlin verhört zu werden.

Köstring und ich meldeten uns bei Generalfeldmarschall Freiherr Maximilian von Weichs, der in der früheren Residenz des Prinzregenten Paul, dem späteren Sitz Titos, residierte. Nach allem, was geschehen war, war er nicht allzu erfreut, uns zu sehen. Weichs war viel zu klug, um keinen Verdacht gegen mich zu hegen. Als Verwandter meiner Frau wußte er auch, daß ein gemeinsamer Vetter, Oberst Rudolf Marogna-Redwitz, als Angehöriger der Abwehr in Wien an der Verschwörung·beteiligt gewesen und bereits verhaftet worden war.

Gerade als meine erste Erregung abzuklingen begann, wurde Köstring telegrafisch nach Potsdam zurückberufen. Wir hatten erfahren, daß Schulenburg vernommen worden war und befürchteten, daß Köstring wegen seiner engen Verbindung zu Schulenburg ebenfalls verhört werden sollte. Ich erklärte sofort, daß ich mitfahren würde. Köstring erwiderte unverzüglich: »Sie bleiben hier!« Als ich darauf bestand, ihn zu begleiten, richtete sich Köstring auf und brüllte mich an: »Rittmeister von Herwarth, ich habe Ihnen einen Befehl gegeben, den Sie nicht verstehen wollen. Ich bin nicht bereit, mich weiter mit Ihnen zu streiten, denn ich bin General und Sie sind Rittmeister. Sie bleiben hier, verdammt noch mal! Wenn Sie den Versuch machen, mitzukommen, werde ich Sie aus dem Flugzeug werfen lassen.«

Köstring flog nach Potsdam. Da ich nicht untätig und angstvoll in Belgrad warten wollte, war ich nur allzugern bereit, Rittmeister Carl Fürst Wrede vom Stab des Militärbefehlshabers Serbien zu begleiten, der sich im Niemandsland mit Cetniki-Offizieren des Generals Drasa Michailowitsch in Topola, einer früheren Sommerresidenz der serbischen Könige, treffen wollte. An diesem Ort außerhalb des von deutschen Truppen beherrschten Gebiets fühlte ich mich sicher. Wir hielten uns einige Zeit als Gäste in Topola auf. In den Verhandlungen schlugen die Cetniki vor, wir sollten ihnen im Zuge des ohnehin unvermeidbaren deutschen Rückzuges unser Kriegsmaterial überlassen. Sie würden ihrerseits bereit sein, unseren Rückzug nicht durch Kampfhandlungen zu behindern. Wir mußten ihnen sagen, daß Hitler diesen an sich vernünftigen Plan sicherlich ablehnen würde. Im übrigen waren wir überzeugt, daß der Gedanke der Cetniki, gleichzeitig gegen die Sowjets und gegen Tito zu kämpfen, abgesehen von der Materialfrage völlig aussichtslos war. Wir waren beeindruckt von dem Kampfeswillen und dem Todesmut der Offiziere, die keinerlei Unterstützung von den sich zurückziehenden deutschen Truppen erhielten. Bereits im Mai 1944 hatten die Alliierten die Cetniki und ihren Führer Michailowitsch zugunsten von Tito aufgegeben.

Ich atmete erleichtert auf, als Köstring nach vierzehn Tagen zurückkehrte. Man hatte ihn zu Besprechungen über die Freiwilligen nach Berlin zurückgerufen und ihn überhaupt nicht verhört. Er hatte seinen Aufenthalt dazu benutzt, den einschlägigen Dienststellen eine nachdrückliche Warnung hinsichtlich der Behandlung der Freiwilligen zukommen zu lassen. Köstring hatte erklärt, er könne sich nicht mehr für die Zuverlässigkeit der sowjetischen Freiwilligen in der deutschen Armee verbürgen, wenn nicht die unsinnigen und entwürdigenden Bestimmungen für Verwandte der Freiwilligen, die als Ostarbeiter im Arbeitseinsatz waren, wie zum Beispiel das Verbot des Kinobesuchs und ähnliche Beschränkungen, für die Freiwilligen selbst aufgehoben würden.

Während der ganzen Zeit nach dem mißglückten Attentat und vor allem während der Abwesenheit Köstrings stand ich immer wieder vor der Frage, ob bei den Vernehmungen meiner verhafteten Freunde mein Name fallen würde. In Belgrad konnte ich mich nicht nach dem Schicksal meiner Freunde erkundigen. Köstring kam mit der Nachricht zurück, daß viele von ihnen vom Volksgerichtshof abgeurteilt und hingerichtet worden waren. Unter ihnen waren Oberstleutnant i.G. Klamroth und Oberleutnant von Hagen, mit denen ich im Mauerwald zusammengearbeitet hatte. Wie viele andere waren sie während der Vernehmungen gefoltert worden. Aber nicht einmal unter der Folter hatten sie oder irgendeiner der anderen Offiziere, die mich kannten, meine Teilnahme an der Verschwörung preisgegeben. Ich verdanke mein Leben der Tapferkeit und Treue dieser Männer, die bis zum letzten Atemzug die Willenskraft zeigten, die sie während ihrer Beteiligung am Widerstand bewiesen hatten.

Erst nach dem Krieg erfuhr ich, daß mir eine Hilfe zuteil wurde, von der ich zu der damaligen Zeit nichts ahnte. Unser Ia Schreiber und Registrator Fritz Gärtner, der im Zivilberuf Amtsrichter war, hatte von sich aus nach dem 20. Juli meine Korrespondenz mit Stauffenberg geistesgegenwärtig und mutig vernichtet.

Nach Köstrings Rückkehr nach Belgrad hielten wir es für angezeigt, uns noch weiter von Berlin zu entfernen und setzten unsere Absetzbewegung nach Athen fort. Als Begründung diente uns die Anwesenheit des III. georgisch-nordkaukasischen Bataillons des Verbands Bergmann, das westlich von Athen bei Megara eingesetzt war. Bei Athen lag auch ein Sonderverband, der seinerzeit aufgestellt worden war, um in Syrien eingesetzt zu werden. Wir wurden von General Felmy, dem kommandierenden General, und seinem Stab, dessen Offiziere sich teilweise äußerst kritisch und mit erstaunlicher Offenheit zum Kriegsverlauf äußerten, empfangen. Ich erinnere mich an die sarkastische Bemerkung des Chefs des Stabes, man könne sich vorstellen, mit welcher Begeisterung die auf den griechischen Inseln stationierten Bewährungsbataillone eine Landung des Feindes verhindern würden. Nach einigen Tagen in Athen und Saloniki, gelang es uns gerade noch rechtzeitig, von Sofia abzufliegen, bevor Bulgarien aus dem Krieg austrat. Nach einigen Tagen in Budapest glaubten wir, daß nun genug Zeit verstrichen wäre, um nach Potsdam zurückzukehren. Als wir Ende September ankamen, war die Welle der Verhaftungen abgeebbt, unter anderem auch deshalb, weil die Machthaber bestrebt waren, das wahre Ausmaß des Widerstandes nicht allzu deutlich werden zu lassen.

Nach dem 20. Juli wurden in der Wehrmacht gewisse unerfreuliche Neuerungen eingeführt. Zunächst wurde der militärische Gruß abgeschafft. Statt dessen mußten wir den Arm zum deutschen Gruß ausstrekken und »Heil Hitler!« rufen. Außerdem wurde für jede Einheit ein nationalsozialistischer Führungsoffizier ernannt, der fatal an die politischen Kommissare der Roten Armee erinnerte. Er durfte zwar nicht in militärische Fragen hineinreden, sollte sich aber um die politische Moral der Truppe kümmern. Die Abkürzung NSFO wurde schnell in NSFNull umgeprägt, als Zeichen der Verachtung für die ganze Institution. Stäbe wie der unsere, die nichts vom Nationalsozialismus hielten, sorgten dafür, daß diese Aufgabe Offizieren übertragen wurde, die den äußerlichen Formen der Loyalität Genüge taten, uns aber in Ruhe ließen. Köstring ernannte Hauptmann Karl Michel – ein Parteimitglied, das aber klug genug war, nichts zu tun.

Am 15. Februar 1945 wurde unser Stab nach Bad Reichenhall verlegt. Als wir Ende März noch einmal nach Berlin fuhren und im April mit dem Auto nach Reichenhall zurückkehrten, waren die Zeichen der Auflösung unübersehbar. Überall herrschte Chaos. In der Tschechoslowakei war schon nicht mehr festzustellen, welche Gebiete noch tatsächlich von uns beherrscht wurden.

Ich wußte, daß sich mein alter Moskauer Kollege Hilger mit den Resten des Auswärtigen Amts bei Ribbentrops Hauptquartier in Fuschl bei Salzburg befand. Da wir keine Kraftfahrzeuge mehr hatten, radelte ich nach Fuschl. Hilger war äußerst niedergeschlagen und machte sich bittere Vorwürfe, daß er für Ribbentrop gearbeitet und damit Hitlers Politik gefördert hatte. Sein einziger Sohn war an der Ostfront bei Orel gefallen. Daß er in einem Krieg zwischen Deutschland und Rußland sterben mußte, war für Hilger und seine Frau, die beide Länder gleich liebten, ein besonders schwerer Schlag. Hilger war so verzweifelt, daß er von Selbstmord sprach. Ich faßte ihn so energisch als möglich an, wobei ich ihn wie üblich mit seinem Moskauer Spitznamen Papsi anredete und erinnerte ihn daran, daß er als Mitarbeiter unseres unvergessenen Botschafters Graf Schulenburg ständig bemüht gewesen sei, Ribbentrop in allen Angelegenheiten der Sowjetunion mit großem Mut richtig zu beraten. Er habe eine Frau und eine Tochter, und es sei seine Pflicht, für sie zu sorgen. Auch er selbst würde noch gebraucht werden. Immer wieder forderte ich ihn auf, vernünftig zu sein. Schließlich sagte ich lachend, er sei ohnehin so unpraktisch, daß es ihm doch nicht gelingen würde, sich im See zu ertränken oder zu erschießen. Zunächst glaubte Hilger, ich wollte mich über ihn lustig machen und ärgerte sich; schließlich aber hatte ich den Eindruck, ihn beruhigt zu haben.

Wir lebten in einer düsteren Zeit ohne Hoffnung. Nachdem der

Versuch, das Regime zu stürzen, mißlungen war und die Katastrophe sich mit Riesenschritten dem Ende näherte, schien alles, was wir noch tun konnten, sinnlos. Ich fragte mich oft, warum wir gescheitert waren und was geschehen wäre, wenn das Attentat auf Hitler Erfolg gehabt hätte. Ein erfolgreicher Staatsstreich konnte zu einem Zeitpunkt, in dem die Landung in der Normandie bereits stattgefunden hatte, keine bedeutenden militärischen Folgen mehr haben. Der Krieg im Westen war praktisch verloren. Auch die militärische Lage im Osten konnte nicht mehr zu unseren Gunsten gewendet werden, da die sowjetischen Truppen schon hart an der deutschen Grenze standen. Erheblichere politische Konzessionen allein auf Grund eines gelungenen Staatsstreichs waren zu diesem späten Zeitpunkt von keinem der Alliierten mehr zu erwarten. Es bestand nur eine schwache Hoffnung, daß die Kapitulationsbedingungen für ein nichtnationalsozialistisches Deutschland letztlich doch etwas milder ausfallen würden. Die wichtigste positive Wirkung eines gelungenen Attentats hätte daher darin gelegen, der Welt zu beweisen, daß es Deutsche gab, die dem verhaßten System aus Gewissensgründen, nicht aus politischen Zweckmäßigkeitserwägungen, ein Ende setzen wollten.

Die innenpolitischen Folgen waren schwer voraussehbar. Ich fürchtete, daß viele Deutsche sich empört gefragt haben würden, mit welchem Recht wir ihren Führer ermordet hätten. Noch 1944 war die Zahl derer, die überzeugt waren, daß Hitler den Krieg gewinnen würde, groß. Die Menschen wurden in ihrer Hoffnung durch die von den Nazis bewußt verbreiteten Gerüchte über neue Wunderwaffen immer wieder bestärkt. Es war nicht auszuschließen, daß wie nach dem Ersten Weltkrieg eine Dolchstoßlegende entstanden und der Widerstand zum eigentlichen Sündenbock für das Scheitern der Politik Hitlers und den verlorenen Krieg geworden wäre. Erst nach der totalen Niederlage Deutschlands war es auch für den Uneinsichtigen schwer, zu bestreiten, daß Hitler selbst das Land in den Untergang geführt hatte.

Außerdem verstand ich allmählich, warum die deutsche Öffentlichkeit so große Schwierigkeiten hatte, die Motive der Verschwörer zu akzeptieren. Tausende von Familien hatten ihre Männer und Söhne geopfert, zahllose Zivilisten ihr Leben verloren. Anzuerkennen, daß Hitlers Herrschaft verbrecherisch war, hätte bedeutet, gleichzeitig anzuerkennen, daß all diese Opfer für eine schlechte Sache gebracht worden waren.

# Wlassow und das Ende der Freiwilligen

Schon 1942 erkannte die Armee, daß nicht nur die Verwaltung der besetzten Gebiete grundlegend geändert werden mußte, sondern daß auch politische Zugeständnisse nicht länger hinausgeschoben werden konnten. Verloren in den unendlichen Weiten Rußlands, hatte die Armee das Gefühl, daß dieser Raum nur mit russischer Hilfe regiert werden konnte.

Generalmajor Max von Schenckendorff, der Befehlshaber des rückwärtigen Heeresgebietes Mitte, und sein Chef des Stabs Oberstleutnant Kurt von Kraewel, machten den Versuch, in den besetzten Gebieten um Smolensk eine Selbstverwaltung einzurichten. Dies geschah mit voller Billigung von Altenstadt und Stauffenberg.

Einen fähigen russischen Führer fanden sie in der Person des Generals Andrei Wlassow, der als Befehlshaber der 20. Armee im Winter 1941/42 Moskau erfolgreich verteidigt hatte und der später in deutsche Gefangenschaft geriet. In dem berühmt gewordenen Smolensker Manifest vom Dezember 1942 verkündete General Wlassow als Vorsitzender des Komitees für die Befreiung Rußlands den Aufbau eines neuen, demokratischen Rußland als gleichberechtigter Bundesgenosse Deutschlands, nachdem das Sowjetsystem von Deutschen und Russen gemeinsam gestürzt worden wäre. Das Manifest wurde von der Bevölkerung und von den Freiwilligen mit großer Begeisterung aufgenommen. Wenn General Wlassow seine mitreißenden Reden auf Massenkundgebungen hielt, schlug er die Zuhörer in seinen Bann. Auch die Freiwilligen waren von seiner Persönlichkeit beeindruckt.

In Hitlers Kolonialpolitik gab es keinen Raum für politische oder wirtschaftliche Zugeständnisse an das russische Volk. So bereitete er diesem vielversprechenden Beginnen ein schnelles Ende. Die Generäle, die an dies Experiment glaubten, wurden von ihm »törichte politische Generäle« genannt. Wlassow wurde jedes öffentliche Auftreten in den besetzten Gebieten und vor den Freiwilligen verboten, es wurde ihm ein

Aufenthaltsort in Deutschland zugewiesen, und er durfte nur noch schriftliche Propaganda für die Freiwilligen machen.

Köstring und ich hatten Wlassows vielversprechende Anfänge mit großer Anteilnahme verfolgt. Köstring war sich darüber im klaren, daß Wlassow erst nach Hitlers Beseitigung sinnvoll eingesetzt werden könnte. Er wußte, daß Hitler einem überzeugten russischen Nationalisten, wie es Wlassow war, nie entgegenkommen würde. Als Köstring endlich im Januar 1944 zum General der Freiwilligenverbände ernannt worden war, hatte ihm Generalfeldmarschall Keitel kurz und bündig erklärt, er sollte sich aus der Geschichte mit Wlassow heraushalten. Wlassow zu unterstützen, widerspreche der These Hitlers, die Deutschen müßten mit ihrem Blut und die Russen mit ihrem Schweiß für den Sieg im Osten bezahlen. Unter diesen Umständen erschien es Köstring hoffnungslos, sich für die Aufstellung einer aus Russen zusammengesetzten Befreiungsarmee einzusetzen; denn, weil er im Grunde seines Herzens russisch eingestellt war, hielt er diese Lösung für ideal. Aber noch regierte Hitler, und der Weg für diesen großen Plan war nicht frei, darum setzte er sich mit aller Kraft für eine Zwischenlösung ein und bemühte sich um die Eingliederung der früheren sowjetischen Soldaten in die deutsche Armee und ihre völlige Gleichstellung mit den deutschen Soldaten.

Köstrings Überlegungen und seine Handlungsweise wurden von Hauptmann Wilfried Strik-Strikfeldt, der Wlassow als Berater beigeordnet und mit ihm befreundet war, und von manch anderen deutschen Offizieren nicht verstanden. Sie warfen Köstring vor, er wolle aus den Freiwilligen gutbezahlte Söldner machen, anstatt sich für die Aufstellung einer echten Befreiungsarmee einzusetzen. Sie wollten nicht einsehen, daß dies unter Hitler unmöglich war, und daß man sich im Augenblick darauf beschränken mußte, kleinere nationale Einheiten aufzustellen. Strikfeldt hat Köstring diesen anscheinenden Mangel an Sympathie für Wlassow und seine Ziele nie verziehen. Leider konnten wir ihm nicht sagen, daß wir durchaus seiner Meinung waren, daß seine Pläne aber zu Hitlers Lebzeiten nicht durchgeführt werden konnten.

Er konnte auch nicht verstehen, daß Köstring es immer wieder ablehnte, mit Wlassow zusammenzutreffen. Köstring vermied eine Begegnung mit Wlassow, weil er ihm, ebenso wie Strik-Strikfeldt, aus begreiflichen Gründen seine wahren Gedanken und Gefühle nicht mitteilen konnte. Gerade, weil Köstring große Achtung vor der Lauterkeit und Vaterlandsliebe Wlassows hatte, war er überzeugt, daß Wlassow von einer Unterhaltung mit ihm nur enttäuscht werden könnte.

Strik-Strikfeldt war ebenso wie viele Baltendeutsche im zaristischen Rußland geboren und erzogen worden. Im Ersten Weltkrieg war er russischer Offizier gewesen. Er war eine liebenswerte Persönlichkeit, ein großer Idealist und fühlte sich ebenso wie Hilger Deutschland und Rußland zugleich verbunden. Während der großen Hungersnot nach dem Bürgerkrieg hatte Strik-Strikfeldt schon Hilfsmaßnahmen eingeleitet, noch bevor der Hoover-Plan wirksam wurde. Mit der gleichen Zähigkeit und Energie, die er damals bewiesen hatte, setzte er sich nun für Wlassow ein. Zwischen 1942 und 1944 bemühte er sich, die Aufstellung einer russischen Befreiungsarmee und eines russischen Befreiungskomitees für Wlassow zu erreichen.

Im Herbst 1944 hatte sich die militärische Lage so verschlechtert, daß Himmler eine völlige Kehrtwendung machte. Im Gegensatz zu seiner früheren ablehnenden Haltung gegenüber den Russen gab er Wlassow nun die Erlaubnis, ein Komitee für die Befreiung der Völker Rußlands (KONR) zu gründen, dem die dreizehn Punkte des Smolensker Manifests vom 27. Dezember 1942 zugrunde lagen. Am 14. November 1944 nahmen Köstring und ich an der Gründungsfeier des Komitees in Prag teil, der Stadt, in der einst so viele Slawen-Kongresse getagt hatten. Obwohl hier eines unserer Ziele Wirklichkeit wurde, konnte in uns keine rechte Freude aufkommen. Wir wußten, daß diese Proklamation viel zu spät kam, um wirkungsvoll zu sein. Die Alliierten standen an Deutschlands Westgrenze, die Rote Armee stieß aus dem Osten vor.

Köstring vermied es daher, sich mit Wlassow in ein ernsthaftes Gespräch einzulassen und verharrte in der Rolle des wohlmeinenden Beobachters. Er wußte, daß diese aus der Verzweiflung geborene Zusammenarbeit Wlassows mit Himmler zum Scheitern verurteilt war. Als wahrer Freund Wlassows hätte er ihm nur raten können, ins Kriegsgefangenenlager zurückzukehren.

Die Feierlichkeiten in der goldenen Stadt Prag waren von düsteren Vorahnungen überschattet. Eines der Probleme, die sich von Anfang an stellten, war die Koordinierung des russischen Befreiungskomitees mit den Nationalkomitees der verschiedenen Völker der Sowjetunion, die bereits früher dank Rosenbergs Theorie gegründet worden waren. Schon 1942 hatten die meisten ethnischen Gruppen in der Sowjetunion Befreiungskomitees mit Hilfe des Auswärtigen Amtes, des Ostministeriums und der militärischen Dienststellen aufgestellt. Einige wenige hofften, daß sie sich vom sowjetischen System und von Stalin befreien konnten, wenn sie sich dem Komitee Wlassows anschlossen. Die meisten standen aber dem Gedanken einer Zusammenarbeit mit Wlassow ablehnend gegenüber, weil sie ihn für einen großrussischen Nationalisten hielten.

Dieses Problem wurde bei einem Kongreß des Turkestanischen Nationalkomitees besonders deutlich, das Professor von Mende im Juni 1944 nach Wien einberufen hatte. Schulenburg und ich waren erstaunt über die mangelnde Bereitschaft der Turkestaner, mit Wlassow und den russischen Freiwilligen gemeinsame Sache zu machen. Sie waren höchstens bereit, ihn als Führer der großrussischen Nation und als »Primus inter pares« mit den anderen nationalen Führern anzuerkennen. Auch als Wlassow seine Organisation »Komitee für die Befreiung der Völker Rußlands« genannt hatte, sahen viele der nicht-russischen Vertreter gerade in dem Namen, den Wlassow für sein Komitee gewählt hatte, nur eine Fortsetzung der großrussischen Politik der Zaren und Stalins. Sie erklärten, daß sie mit Deutschland nicht nur zusammen kämpften, um das sowjetische System zu stürzen, sondern auch um ihre Völker vom russischen Joch zu befreien.

Obgleich wir uns keine Illusionen machten über Wlassows Erfolgsaussichten, taten wir doch unser Bestes, ihm zu helfen. Nach Prag erhielt Wlassow die Erlaubnis, zwei russische Divisionen, die 600. und die 650., aufzustellen. Als Himmler diesen Plan bei Hitler vortrug, dachte er zunächst an eine größere Anzahl Divisionen, wie es auch Wlassow wünschte. Hitler gab nur widerwillig seine Genehmigung und beschränkte die Anzahl der Divisionen auf zwei, mit der Auflage, daß die Aufstellung vor allem propagandistisch ausgewertet werden sollte. Auch Ribbentrop setzte sich für Wlassow ein in der Hoffnung, damit sein schwindendes Ansehen wieder aufzuwerten. Außerdem sah er in der Unterstützung Wlassows ein geeignetes Mittel, um den Einfluß seines alten Rivalen Rosenberg zu schwächen und sich selber wieder größeren Einfluß in den politischen Entscheidungen, die die Sowjetunion betrafen, zu verschaffen. Oberst i.G. Heinz Herre, Köstrings früherer Chef des Stabes, erhielt den Auftrag, bei der Aufstellung der zwei Divisionen für Wlassow zu helfen. Es hätte genügend Offiziere und Mannschaften gegeben, die bereits als Hilfswillige oder in russischen Einheiten dienten, um mehrere Divisionen aufzustellen. Die Beschaffung der Ausrüstung gestaltete sich aber schon für die zwei Divisionen als äußerst schwierig.

Als die erste russische Division einsatzbereit war, wurde Köstring aufgefordert, auf dem Truppenübungsplatz Münsingen mit Wlassow zusammen die Parade der 600. Infanteriedivision abzunehmen. Die Eisenbahnfahrt nach Münsingen war infolge der ständigen alliierten

Luftangriffe schwierig und zeitraubend. Der zuständige Transportoffizier hatte den Fehler begangen, Köstring in einem Abteil für sich, Wlassow dagegen mit seinem Adjutanten in einem Schlafwagenabteil unterzubringen. Wlassow und seine russischen Offiziere waren beleidigt. Wir konnten die Situation retten. Köstring bot Wlassow sofort sein Abteil an und zog mit mir in ein Abteil. Dieser Vorfall erschien mir als ein schlechtes Vorzeichen. Als die Russen stolz an Wlassow und Köstring vorbeimarschierten, war mir elend zumute, weil ich mir Gedanken über die aussichtslose Zukunft dieser tapferen Soldaten machte.

Die 600. russische Infanteriedivision wurde im März 1945 an der Oder zusammen mit einer deutschen Infanteriedivision eingesetzt, um einen sowjetischen Brückenkopf zu bereinigen. Sie schlug sich tapfer, hatte aber keinen Erfolg. Erstaunlich war, daß auch zu diesem Zeitpunkt noch einige sowjetische Soldaten zu unserer russischen Division überliefen.

Danach erhielt die 600. Infanteriedivision nach vielem Hin und Her einen Marschbefehl in den Frontabschnitt von Brünn. Der Divisionskommandeur, Generalmajor Sergei Bunjatschenko, warf sich aber mit seiner Division eigenmächtig auf Prag, um den aufständischen Tschechen zu helfen und mit ihnen gegen die Deutschen zu kämpfen. Im Widerspruch zur sowjetischen Darstellung, wurde Prag von den tschechischen Freiheitskämpfern und der 600. Division, nicht aber von der Roten Armee befreit. – Die 650. russische Infanteriedivision, dazu der Armeestab, die Offiziersschule, die Reservebrigade und andere Einheiten wurden unabhängig hiervon Ende April 1945 in den Raum südlich von Budweis verlegt. – Dieser letzte, verzweifelte Versuch Bunjatschenkos, die russische Befreiungsarmee (ROA) zu retten, schlug schließlich doch fehl. Die Armee wurde von den Amerikanern gefangengenommen und an die Sowjetunion ausgeliefert, Wlassow und seine Offiziere wurden hingerichtet.

Nachdem Himmler in die Aufstellung von zwei russischen Divisionen eingewilligt hatte, kam zwangsläufig eine Zusammenarbeit zwischen Köstring und seinem Stab mit militärischen Dienststellen der SS zustande. Köstring bestimmte meinen Freund Reissmüller als Verbindungsoffizier zur SS. Reissmüller hatte nicht nur einen tiefsinnigen bayerischen Humor, sondern auch eine gehörige Portion Geduld und war damit der richtige Mann für diese schwierige Aufgabe. Er war wütend über diesen Auftrag, mußte ihn aber ausführen. Eines Tages kam er sichtlich erregt von der SS zurück. Er hatte mit seinen Gesprächspartnern eine hitzige Auseinandersetzung gehabt, in deren Verlauf er sie »bornierte Idioten«

genannt hatte, weil sie noch nicht begriffen hätten, daß der Krieg haushoch verloren sei. Die SS-Offiziere hatten ihn ausgelacht, weil sie sich nicht vorstellen konnten, daß man so etwas ernsthaft behaupten könnte. Einige Zeit später, in den letzten Tagen des Februar 1945, hatte Reissmüller ein noch erstaunlicheres Erlebnis. Die SS-Offiziere hatten ihn wissen lassen, es sei an der Zeit, Hitler auszuschalten, und hatten ihn gefragt, ob er bereit sei, sich an einem solchen Unternehmen zu beteiligen. Reissmüller lehnte höflich aber bestimmt ab, weil es dafür viel zu spät sei. Er wies darauf hin, daß andere diese gute Idee schon früher gehabt hätten.

Der Plan der SS, Hitler zu beseitigen, ging von der SS-Propagandastandarte »Kurt Eggers« aus. Der Kommandeur war Gunther d'Alquen, der Herausgeber des »Schwarzen Korps«, des Sprachrohrs der SS. Bis 1944 hatten Gunther d'Alquen und das »Schwarze Korps« unbeirrbar den bevorstehenden Sieg Deutschlands verkündet, am Ende aber eingesehen, daß es keine Hoffnung mehr gab.

Ich selber machte die unmittelbare Bekanntschaft mit dem Zynismus in der Partei, als der Herausgeber der Zeitung für die russischen Soldaten Köstring einen Artikel über die Einstellung der Freiwilligen zur jüdischen Frage zur Genehmigung vorlegte. Da der Artikel völlig frei von Antisemitismus war, unterschrieb Köstring und beauftragte mich, den Artikel zurückzubringen. Ein älterer Offizier und begeisterter Nationalsozialist bemerkte sarkastisch, daß ich wohl die projüdische Haltung der »alten Bolschewiken« teile. Ich bejahte dies und fügte sarkastisch hinzu, daß ich nicht bereit sei, meine späteren Berufschancen durch diese idiotische Zeiterscheinung Antisemitismus beeinträchtigen zu lassen. Diese Bemerkung traf die zynische Stimmung so mancher Nazis, und der Artikel erschien so, wie ihn Köstring genehmigt hatte.

Da die SS schon zu einem früheren Zeitpunkt zu der Auffassung gelangt war, die Kosaken seien eine eigene Nation und damit keine russischen Menschen zweiter Klasse, gab es schon seit einiger Zeit eine Zusammenarbeit zwischen der SS und der Kosakendivision von Pannwitz, die in Jugoslawien stand und später das XV. Kosakenkavalleriekorps wurde. Pannwitz war ein echter Landsknechtführer, dem es gelungen war, die überall verstreuten Kosakeneinheiten und vor allem einen Kosakenverband, den Oberst i.G. Wessel Freiherr von Freytag-Loringhoven aufgebaut hatte, zu einer Division zusammenzuschweißen. Seine besondere Begabung lag in der Behandlung der Kosaken; er verstand es wie kein anderer, sich in ihre Gefühlswelt hineinzuversetzen. Es gelang ihm, aus Deutschen, ehemaligen Emigranten und sowjetischen Kriegsgefangenen ein einheitliches Offizierskorps zu schaffen. Pannwitz vertrat mit Recht den Standpunkt, daß seine Kosaken in gleicher Weise ausgerüstet sein müßten wie die Deutschen. Er beschwerte sich bei den übergeordneten Heeresdienststellen bitterlich über den Mangel an Uniformen und Waffen. Er wandte sich schließlich an die SS, da er, wie er sagte, notfalls auch vom Teufel Geld nehmen würde. Seine deutschen Offiziere, die aus Kavallerieregimentern kamen und zum Teil aus Österreich stammten, lehnten es schlicht ab, SS-Uniformen zu tragen.

General Köstring und ich besuchten Pannwitz und seine Kosaken, um uns diese exotische Truppe selber anzuschauen. Pannwitz und seine Offiziere empfingen uns auf dem Bahnhof von Agram, sie trugen Kosakenpelzmützen, Umhänge nach Kosakenart und breite bunte Streifen an den Hosen. Köstring strahlte, als er das Empfangskomitee sah, denn es erinnerte ihn an die Offiziere im alten zaristischen Rußland. Die Fahrt im offenen Wagen vom Bahnhof zum Hauptquartier von Pannwitz außerhalb von Agram entsprach ganz der alten Kosakentradition. Zu beiden Seiten des Wagens galoppierten Kosaken, die nach einigen hundert Metern vom nächsten Reiterpaar abgelöst wurden. Am Abend erschienen das Trompeterkorps und der Chor der Kosaken vor dem Kasino. Den Platz erleuchteten Fackeln. Wir hörten vom Balkon des Kasinos der Musik und den schwermütigen Gesängen zu. Köstring besuchte die verschiedenen Regimenter, die im Partisanenkampf eingesetzt waren, und gewann den Eindruck, daß die Kosaken ausgezeichnete Soldaten wären. Diese Auffassung teilten auch Tito und die Partisanen. Die Kosaken waren aber auch rauhe Krieger, die mit ihren Gefangenen und auch mit der Bevölkerung nicht zimperlich umgingen. Der Krieg in Kroatien und Slowenien zeichnete sich durch besondere Grausamkeit aus. Karl-Ludwig Freiherr von Guttenberg, bei dem ich einige Tage in Agram wohnte und der als Vertreter der Abwehr beim bevollmächtigten General für Kroatien tätig war, schilderte mir die grausamen Exzesse, zu denen der Haß zwischen den katholischen Kroaten und den orthodoxen Serben führte. Mit Guttenberg, der dem engeren Kreis des Widerstandes angehörte, erörterte ich auch die übliche Frage nach der Haltung der führenden Offiziere im Falle eines Staatsstreichs. Er war ein Vetter meines Regimentskameraden Max Guttenberg, der sich 1935 so abfällig über Horst Wessel geäußert hatte, und auch ein entfernter Verwandter meiner Frau. Er wurde nach dem 20. Juli verhaftet und hingerichtet.

Der Kampfgeist der Kosaken und ihre Disziplin zeigten sich noch

einmal, als sie am Schluß des Krieges von Einheiten der Volksbefrei-
ungsarmee Titos eingekreist waren und unter schweren Verlusten durch-
brachen, um sich den Briten zu ergeben. Nach der Kapitulation wurden
sie in Vollzug des Abkommens von Jalta, aber im Widerspruch zum
Völkerrecht und zur Menschlichkeit an die Sowjets ausgeliefert. Die
überwiegende Mehrheit der deutschen Offiziere konnte sich rechtzeitig
absetzen. Pannwitz blieb bei seinen Kosaken und erklärte, er sei in guten
Zeiten ihr Kommandeur gewesen und wolle sie nun in der Stunde der
Not nicht verlassen. Er wurde an die Sowjets ausgeliefert und hingerichtet.

Die exotischste Einheit, die sich die SS leistete, war ein indisches Infanterieregiment, das zunächst zum Küstenschutz in Holland eingesetzt war.
Es bestand aus indischen Soldaten, drei Fünftel Hindus und je ein Fünftel
Sikhs und Moslems, die in Afrika gefangen worden waren. Köstring und
ich waren beeindruckt von den großen, gutaussehenden Männern mit
ihren hohen Turbanen und kurzen Hosen. Das deutsche Rahmenpersonal
hatte Schwierigkeiten, die Inder davon zu überzeugen, daß ihr Auftrag
auch für sie sinnvoll sei. Um ihnen den Einsatz schmackhaft zu machen,
entwickelten sie die folgende These: Die Inder würden eines Tages die
Briten aus Indien vertreiben. Die Briten würden sicherlich versuchen,
Indien mit Waffengewalt zurückzuerobern. Dann würde die Erfahrung
der Inder, die sie in Holland bei der Abwehr eines englischen Angriffs gesammelt hätten, von großem Nutzen sein. Während der Zeit ihres Dienstes
in der SS erhielten die Inder vom englischen Roten Kreuz weiter Pakete
für Kriegsgefangene mit Schokolade und Zigaretten, die sie mit dem deutschen Rahmenpersonal teilten. Das indische Regiment wurde schließlich
in die Nähe von Bordeaux verlegt, weil das holländische Klima den Soldaten nicht bekam.

Im Februar 1945 mußte Köstring Himmler aufsuchen, um mit ihm
Fragen der Freiwilligen und vor allem der Wlassow-Divisionen zu be-
sprechen. Himmler hatte soeben die Armeegruppe Oberrhein, die im
Elsaß eingesetzt war, übernommen und befand sich in Hornberg im
Schwarzwald. Die Fahrt von Reichenhall führte uns deutlich das Chaos
vor Augen, das in Deutschland herrschte. In Offenburg mußten wir den
Zug verlassen, weil die Eisenbahnlinie nach Freiburg völlig zerstört war.
Nur unter großen Schwierigkeiten gelang es mir, telefonisch zu Himmlers Stab durchzukommen und ein Auto zu organisieren. Die Fahrt durch
das Rheintal war schrecklich. Ständig wurden wir von Tieffliegern
angegriffen und mußten in Deckung gehen. Auf beiden Seiten der Straße

gingen Gehöfte in Flammen auf, und Ochsen und Pferde lagen in ihrem Blut. Himmlers Gefechtsstand war sein Befehlszug. Bevor Köstring und ich zu Himmler geführt wurden, mußte ich mein Koppel mit Pistole und meine Aktentasche abgeben. Nach dem Attentat vom 20. Juli waren die Nazigrößen vorsichtig geworden. Es war eine merkwürdige Begegnung. Himmler machte keineswegs den Eindruck eines skrupellosen Machtmenschen, er wirkte farblos und völlig nichtssagend. Das Auffälligste an ihm war seine völlige Unauffälligkeit. Es war schwer, sich vorzustellen, daß diese farblose Erscheinung Verbrechen solchen Ausmaßes aus tiefster Überzeugung befohlen hatte. Köstring entwickelte seine Thesen über die Bedeutung der Freiwilligen im Kampf gegen die Sowjetunion und ihre Behandlung. Himmler hörte aufmerksam zu und erhob zu unserem Erstaunen keinerlei Einwände. Offensichtlich hatte er begriffen, daß die aussichtslose Lage Lösungsvorschläge erforderte, die früher für ihn undenkbar gewesen wären.

In den letzten Monaten des Krieges ließen die Moral und die Disziplin der Freiwilligen zusehends nach. Als die deutsche Armee zum Rückzug gezwungen wurde, stellten die Freiwilligen jeden Abend fest, daß sie weiter von ihrer Heimat, die sie befreien wollten, entfernt waren, als am Morgen. Der Traum einer Rückkehr in die Heimat verflüchtigte sich.

Unter diesen Umständen waren die Beispiele von Tapferkeit und Treue der Freiwilligen in den letzten Monaten des Krieges um so bewundernswerter. Einen Fall von solch heldenhaftem Verhalten erlebten wir im März 1945 während eines amerikanischen Luftangriffs auf Reichenhall, wo der Stab des Generals der Freiwilligen lag.

Es war ein herrlicher Frühlingstag. Als die Sirenen ertönten, beschlossen wir, nicht in der Stadt zu bleiben, sondern hinaus auf einen nahegelegenen Hügel zu gehen. Kurz darauf sahen wir am Horizont die amerikanischen Flugzeuge auftauchen. Nicht ohne Schadenfreude hofften wir, sie wären auf dem Weg zu Hitlers Berghof in Berchtesgaden. Plötzlich leuchteten die Christbäume über Reichenhall auf, und kennzeichneten damit die Stadt als Ziel. Wir hatten gerade noch Zeit, in Deckung zu gehen, als schon die ersten Bomben in unserer Nähe einschlugen.

Als alles vorbei war, eilten wir in die Stadt zurück. Ein russisches Bataillon, das sich auf dem Weg zur italienischen Front befand, war, noch während die Bomben fielen, der Zivilbevölkerung zur Hilfe gekommen. Wir waren beschämt von diesem selbstlosen Einsatz russischer Freiwilliger. Der Kommandeur des Bataillons war ein mit dem Eisernen Kreuz Erster Klasse ausgezeichneter früherer sowjetischer Offizier.

Am nächsten Morgen verlieh Köstring den Angehörigen des Bataillons Auszeichnungen. Wir deutschen Offiziere waren bedrückt, denn wir wußten, daß unsere tapferen russischen Kameraden die Ehrung verdient hatten, und daß wir bald nichts mehr würden tun können, um ihnen, die so treu zu uns gestanden hatten, zu helfen.

In dieser Zeit der Auflösung gab es absurde und tragikomische Situationen, die ein Schlaglicht auf die verworrene Lage und die Verwirrung der Menschen warfen. Kurz nach der Bombardierung von Reichenhall saßen Oberleutnant Reissmüller und ich in unserem Büro und unterhielten uns. Ein früherer russischer General, der jetzt die deutsche Generalsuniform trug, betrat unser Zimmer. Der Vorschrift entsprechend sprang ich auf und erstattete ihm Meldung. Reissmüller, der den Krieg schon als beendet ansah, hielt diese Förmlichkeit für überflüssig, blieb sitzen und grüßte den General mit einem freundlichen »Grüß Gott«. Der General stellte ihn sofort zur Rede und fragte ihn, warum er nicht vorschriftsmäßig gegrüßt und gemeldet hatte. Nun sprang auch Reissmüller auf und nahm Haltung an.

Der Zerfall der Freiwilligeneinheiten machte sich an der Westfront deutlicher bemerkbar, da es für die Freiwilligen keinen Grund mehr gab, zu kämpfen. Ich selbst kam in eine unangenehme Lage, weil ich mich mit einem unserer deutschen Offiziere, Leutnant Werner Blanke, der Adjutant eines turkestanischen Bataillons in Frankreich war, über die Sinnlosigkeit unterhielt, bis zum letzten Blutstropfen und bis zur letzten Patrone zu kämpfen. Ich gab ihm den Rat, zu gegebener Zeit die Waffen zu strecken, da es keinen Sinn habe, das Leben seiner Soldaten unnötig zu opfern. Als er meinem Rat folgte, wurde er in Abwesenheit kriegsgerichtlich verurteilt. Während der Verhandlung kam der Verdacht auf, daß Reißmüller und ich Blanke geraten hätten, sich gefangennehmen zu lassen. Ich konnte mich bei der nachfolgenden Untersuchung nur mit Mühe herausreden.

Je näher das Ende des Krieges kam, desto mehr bemühten wir uns, die Anerkennung der Freiwilligen als deutsche Soldaten durchzusetzen, damit sie nicht gegen ihren Willen in die Sowjetunion zurückgeschickt werden konnten. Für die an der Ostfront kämpfenden Freiwilligen konnten wir nichts tun. Immerhin war es gelungen, eine große Anzahl von Freiwilligeneinheiten, vor allem Turkestaner und Kaukasier, in den Westen zu verlegen. Wir gingen dabei davon aus, daß die Briten und Amerikaner sie nicht an die Sowjetunion ausliefern, sondern sich an den internationalen Grundsatz halten würden, daß die Uniform, nicht aber die Nationalität entscheidet. Wir versuchten die Alliierten zu einer Zusage zu veranlassen. Über Hilger baten wir das Auswärtige Amt, die notwendigen Schritte mit dem internationalen Roten Kreuz und der Schweizer Regierung, die unsere Interessen vertrat, zum Schutz unserer Freiwilligen zu unternehmen. Als die ersten Freiwilligen in Italien gefangengenommen wurden, baten wir das Auswärtige Amt noch einmal, sich dafür einzusetzen, daß die Freiwilligen als deutsche Soldaten und nicht als sowjetische Staatsangehörige behandelt würden. Wir wiesen darauf hin, daß während des Ersten und Zweiten Weltkrieges Tschechen, Polen und andere Ausländer, die auf alliierter Seite gekämpft hatten oder noch kämpften, von uns entsprechend der Genfer Konvention als Kriegsgefangene behandelt wurden.

Alle unsere Bemühungen waren umsonst. Nach der bedingungslosen Kapitulation waren Zehntausende von Freiwilligen in alliierte Gefangenschaft geraten. Jetzt waren wir machtlos und ohne Einfluß. Es ist bekannt, daß die westlichen Alliierten sich an die in Jalta übernommenen Verpflichtungen hielten und alle früheren sowjetischen Freiwilligen und sogar manche Emigranten auslieferten. Es gelang uns in einigen wenigen Fällen, Freiwillige vor diesem Schicksal zu bewahren. Sie wurden mit gefälschten Papieren ausgestattet, die keinen Hinweis darauf gaben, daß ihre Inhaber aus der Sowjetunion stammten. Manche konnten auf andere Weise untertauchen, vor allem diejenigen, die die deutsche Sprache einigermaßen beherrschten.

Als einige SS-Offiziere, die mit unserem Stab dienstlich zu tun hatten, erfuhren, daß wir Papiere ausstellten, die ihre Inhaber als Angehörige der deutschen Armee auswiesen, versuchten sie, auf die gleiche Weise ihre Haut zu retten.

Das Schicksal der Freiwilligen und ihre Behandlung durch die Alliierten, die allen Regeln der Menschlichkeit und des Völkerrechts widersprach, ist in den letzten Jahren bekannt geworden. Nach Lord Nicholas Bethels Buch »Das letzte Geheimnis«[1], hat Graf Nikolai Tolstoy in »Die Verratenen von Jalta«[2] einen in allen schrecklichen Einzelheiten gut dokumentierten Bericht veröffentlicht. Auch in Solschenizyns »Archipel GULAG«[3] findet das Schicksal dieser Männer Erwähnung. Die Freiwilligen im Mannschaftsgrad und diejenigen, die als Zwangsarbeiter in Deutschland gearbeitet hatten, wurden nur kurze Zeit in Lagern interniert und umerzogen. Die Unteroffiziere wurden im allgemeinen zu fünfundzwanzig Jahren Lager in Sibirien verurteilt. Die Offiziere wurden fast alle erschossen.

Der Initiative einzelner britischer und amerikanischer Offiziere, die gegen den Befehl handelten, ist es zu verdanken, daß einige wenige Freiwillige von diesem Schicksal verschont blieben. Ein bewundernswertes und mutiges Beispiel, sich unmenschlichen Forderungen zu widersetzen, gaben der regierende Fürst Franz-Josef von Liechtenstein, sein Regierungschef Alexander Frick und die Bevölkerung von Liechtenstein. Sie gestatteten am Ende des Krieges den Überresten eines russischen Korps unter General Smyslowsky den Übertritt auf liechtensteinisches Gebiet. Die Russen wurden interniert und von der zahlenmäßig kleinen Bevölkerung von Liechtenstein freundlich versorgt. Als die Sowjets von Fürst Franz-Josef die Auslieferung verlangten, weigerte er sich kurzerhand unter Berufung auf das Völkerrecht. Er war über die Geschichte der Freiwilligen in der deutschen Armee genau informiert, da eine Cousine seiner Frau mit Major Erwein Graf Eltz, dem Ic (Feindaufklärung) des Pannwitzschen Kosakenkorps, verheiratet war. Vor allem aber hatten er und seine Liechtensteiner den Mut, ihrem Gewissen zu folgen, in einer Zeit da es oft an Mut und Gewissen fehlte.

Die Geschichte der achthunderttausend Freiwilligen endet nicht mit ihrer Auslieferung an die Sowjetunion. Viele starben in Stalins Lagern, aber viele überlebten. Einige tauchten sogar ganz unerwartet wieder in meinem Leben auf. Im Sommer 1959 lud mich John Carras, ein griechischer Reeder, der in London lebte, zu einer Kreuzfahrt in der Ägäis ein. Bei meiner Ankunft auf dem Flughafen von Athen herrschte eine fast unerträgliche Hitze. Als ich müde und benommen das Flugzeug verließ, sprach mich ein Mann in gebrochenem Deutsch an: »Unteroffizier Panayotou vom Kuban-Kosaken-Regiment meldet sich zur Stelle, Herr Rittmeister!« Im ersten Augenblick glaubte ich zu träumen oder einen Geist zu sehen. Dann erinnerte ich mich an ihn. Es war ein Freiwilliger griechischer Abstammung, dessen Vorfahren in die Gegend von Odessa ausgewandert waren. Er war in Villach in britische Gefangenschaft geraten, an die Sowjets ausgeliefert und zu fünfundzwanzig Jahren Lager verurteilt worden. Im Herbst 1955 wurde er freigelassen. Er vermutete, daß er dies Bundeskanzler Adenauer verdankte, der im Mai bei seinem Besuch in Moskau die Freilassung der deutschen Kriegsgefangenen erreicht hatte. Einige Monate nach dem Besuch wurden auch ehemalige sowjetische Freiwillige entlassen, wobei die Sowjets wohl nicht bedacht hatten, daß die Freiwilligen, wie das Beispiel von Panayotou zeigt, dies fälschlicherweise auf Adenauers Initiative zurückführen würden.

Nach seiner Entlassung aus dem Lager begann Panayotou, ungebrochen vom Lager, einen Kleinkrieg mit den Behörden. Er verlangte seine Ausreise nach Griechenland, mit der Begründung, er sei griechischer Abstammung. Schließlich gaben die Behörden nach und ließen ihn ziehen. Da er in Griechenland weder Verwandte noch Freunde hatte, meldete er sich als ehemaliger deutscher Unteroffizier bei der deutschen Botschaft in Athen. Der Botschafter war mein alter Freund und Gönner Theodor Kordt. Als er, der im Ersten Weltkrieg aktiver Offizier gewesen war, von dieser abenteuerlichen Geschichte hörte, ließ er Panayotou zu sich kommen, stellte fest, daß er ein Kriegskamerad von Köstring und mir war, und stellte ihn als Fahrer in der Botschaft ein. Als er in Ruhestand trat, wurde ihm die Verdienstmedaille des Verdienstordens der Bundesrepublik verliehen.

# Das Ende des Krieges

Köstring hatte im Januar 1943 geheiratet, in einer Zeit, als seine Mission als Beauftragter General für Kaukasusfragen durch den Rückzug ein Ende gefunden hatte. Seine Frau, die gehofft hatte, er werde nun bei ihr zu Hause bleiben, war über seine neue Verwendung als Inspekteur für turkvölkische und kaukasische Verbände wenig begeistert. Um sie zu beruhigen, versprach ich leichtsinnigerweise, den General am Ende des Krieges heil und gesund bei ihr abzuliefern. Anfang Mai 1945 war der Augenblick gekommen, dieses Versprechen einzulösen. Reissmüller, Gebirgsjäger und mit der Gegend, ebenso wie ich, gut vertraut, war mit von der Partie. Es war ein Glücksfall, daß wir in der Nähe von Lofer (Salzburg) auf der Reiteralpe lagen, nicht weit entfernt von Unterwössen, wo Frau Köstring einen schönen Bauernhof besaß.

Der Stab des Generals der Freiwilligenverbände hatte Reichenhall verlassen müssen, als die Amerikaner und die Franzosen vorrückten. Wir hatten nun den Auftrag, die nicht vorhandene Alpenfestung zu verteidigen. Das taten wir, indem wir uns auf eine Jagdhütte der Reiteralpe zurückzogen und das Ende des Krieges abwarteten. Wir mußten bei der Heimschaffung Köstrings vorsichtig vorgehen, denn Angehörige der Wehrmacht, die ihren Truppenteil verlassen hatten, wurden kurzerhand aufgehängt. Eine weitere Schwierigkeit war, daß Unterwössen bereits von den Amerikanern besetzt war.

Bevor wir aufbrachen, erklärte ich Köstring, bei unserem Unternehmen müßte allerdings die militärische Rangordnung auf den Kopf gestellt werden. Ich sei der Führer des Spähtrupps, Reissmüller mein Stellvertreter, und er als General habe in diesem Fall nur die Aufgabe, uns zu folgen. Wenn wir ausfielen, so sei das Unternehmen als gescheitert zu betrachten. Er solle dann am besten nicht weitermarschieren und warten, bis ihn entweder Deutsche oder die Amerikaner finden würden.

Köstring war einverstanden. Wir fuhren zunächst mit unserem Holzgasauto zum Hauptquartier der 1. Armee, der gleichen Armee, deren Oberbefehlshaber Kleist im Kaukasus gewesen war. Nun waren nur noch traurige Reste von dieser Armee übrig. Der Stab lag in Sankt Johann in Tirol, etwa zehn Kilometer von Kitzbühl entfernt. Ich rief Pussi an, und sagte ihr, ich müsse zunächst, zusammen mit Reissmüller, den General zu seiner Frau nach Unterwössen bringen, dann würde auch ich nach Hause kommen. Zuerst suchte ich den Chef des Generalstabs auf, Generalmajor Hauser, und bat ihn, ordnungsgemäße Entlassungspapiere für Köstring auszustellen. Hauser hielt unseren Plan, heimlich in das schon von Amerikanern besetzte Unterwössen zu gelangen, für völlig undurchführbar. Ich wies ihn darauf hin, daß ich, als alter Kavallerist, ebenso wie er, eine gewisse Erfahrung in solchen Spähtruppunternehmen hätte. Dann hatte Hauser Bedenken, das Papier ohne Genehmigung des Personalamtes, das irgendwo in Schleswig Holstein lag, auszustellen. Darauf bot ich ihm an, das Papier selber anzufertigen und es mit Herwarth von Bittenfeld, General der Kavallerie zu unterschreiben. Da erklärte er sich doch bereit, das Dokument auszustellen und erkundigte sich, was er sonst noch für uns tun könne. Ich bat ihn um sein Auto, da unser Holzgaser große Steigungen nur im Rückwärtsgang nehmen könne. Dies sei nicht nur unbequem, sondern auch eines Generals der Kavallerie nicht würdig. Hauser war besorgt, daß er sein Auto nie wieder sehen würde, aber mein Ehrenwort beruhigte ihn. So fuhren wir mit Hausers Auto zufrieden bis Kössen, von wo wir zu Fuß weiter gehen wollten.

Vor unserem Aufbruch traf ich Oberst Hugo Freiherr von Lerchenfeld, einen entfernten Vetter meiner Frau, und auch ein Onkel von Gräfin Nina Stauffenberg. Er hatte sich notgedrungen wie alle anderen entschlossen, in Sankt Johann abzuwarten, ob man ihn gefangennehmen würde. Auch er hielt unser Unternehmen für verrückt, wünschte uns aber Hals- und Beinbruch. So nahmen wir unser Schicksal in die eigene Hand. In Kössen suchte ich den ersten Generalstabsoffizier der dort liegenden Gebirgsdivision auf, um auf der Lagenkarte festzustellen, wo die deutschen und die amerikanischen Linien verliefen. Köstring machte sich Sorgen, daß wir auf amerikanische Soldaten stoßen könnten. Ich beruhigte ihn; mit Vorbedacht hätte ich von zwei möglichen Straßen diejenige gewählt, deren Brücke über die Ache gesprengt sei. Die Amerikaner, im Hochgefühl des gewonnenen Krieges, hätten sicher keine Lust mehr, sich die Füße naß zu machen und würden die andere Straße mit der heilen Brücke wählen. Kaum hatte ich ihn beruhigt, als wir in einer

Wegbiegung plötzlich vor einer Gruppe von SS-Soldaten standen. Wären sie weniger zahlreich gewesen, hätten wir vielleicht versucht, mit Gewalt durchzubrechen, so aber blieb nichts anderes übrig, als ihren Führer mit einem herzhaften »Heil Hitler, Sturmbannführer!« zu begrüßen. Ich stellte General Köstring als den berühmten früheren Militärattaché in Moskau und bekannten Sowjetkenner vor, der jetzt von Großadmiral Dönitz den Auftrag erhalten hatte, mit den Amerikanern Verbindung aufzunehmen und ihnen vorzuschlagen, gemeinsam mit uns den Krieg gegen die Sowjetunion fortzusetzen. Der Sturmbannführer war begeistert von dem Plan und ließ uns mit guten Wünschen weiterziehen. Köstring, verblüfft über meine Unverfrorenheit, sagte: »Sie sind ein freches Kind.«

Nun erschien es uns ratsam, die Straße zu verlassen und den Weg über die Berge zu nehmen, um weitere Begegnungen zu vermeiden. Nach einiger Zeit erreichten wir eine Almhütte, die vom Reichsarbeitsdienst besetzt war. Später stellte sich heraus, daß diese Almhütte Frau Köstring gehörte. Da wir nicht bei Tageslicht ins Dorf gehen wollten, blieben wir bis zum Einbruch der Dunkelheit in der Hütte. Wir hüteten uns, den Leuten vom Reichsarbeitsdienst mitzuteilen, was wir vorhatten. Ganz in der Nähe befand sich die kleine gotische Streichenkirche mit berühmten Flügelaltaren und Fresken. Reissmüller und ich fanden dies den rechten Ort und die richtige Zeit, ein kurzes Stoßgebet zum Himmel zu senden. Als es dunkel wurde ging ich auf Erkundung voraus. Frau Köstrings Bauernhof lag allein auf einem kleinen Hügel etwas außerhalb des Ortes, aber jenseits des Flusses und der Landstraße. Die Hauptbrücke war von Amerikanern bewacht, aber schließlich entdeckte ich einen unbewachten Steg, auf dem wir um zehn Uhr nachts die Ache überquerten. Nun galt es, die Straße zu überwinden, ohne von den Amerikanern entdeckt zu werden. Glücklicherweise fuhren die Amerikaner in ihren Jeeps mit aufgeblendeten Scheinwerfern, so daß sie von weitem zu sehen waren. Wir warteten einige Zeit im Straßengraben und sprangen dann über die Straße. Ich ließ Köstring und Reissmüller in einer Schlucht in Deckung zurück und näherte mich vorsichtig dem Hof. Als ich keine Jeeps sah, schloß ich, daß der Hof nicht besetzt sei, und klingelte. Das Mädchen öffnete und war zutiefst erschrocken, einen deutschen Offizier vor sich zu sehen. Ich hinderte sie am Schreien, indem ich ihr die Hand vor den Mund hielt, und schickte sie zu Frau Köstring mit der Mitteilung, daß der General in wenigen Minuten kommen würde. Kurze Zeit danach saßen wir am gedeckten Tisch bei einer guten Flasche Wein und feierten in voller Uniform in einem amerikanisch besetzten Dorf die Heimkehr eines deutschen Generals. Köstring war unruhig und befürchtete, die Amerikaner könnten jeden Augenblick erscheinen. Ich wies darauf hin, daß christliche, noch dazu siegreiche Soldaten nach Mitternacht nicht mehr Krieg führten.

Nachdem wir ausgeschlafen hatten, meldeten wir uns bei unserem General in aller Form ab. Dann zogen wir unsere Uniformen aus, und Frau Köstring gab uns Anzüge ihres ersten Mannes.

Wir blieben einige Tage unbehelligt auf dem Hof. Nach der Kapitulation beschloß ich, den amerikanischen Kommandanten von Unterwössen aufzusuchen und in einem Gespräch herauszufinden was mit dem General passieren sollte. Als ich ihm in kurzen Zügen erklärt hatte, wer General Köstring war, meinte er, der General sei zu Hause am besten aufgehoben und solle zunächst dort bleiben. Sodann erkundigte ich mich, wie Reissmüller und ich am besten nach Hause kommen könnten. Ich griff zu einer List und behauptete, ich sei Österreicher und wolle so schnell wie möglich nach Kitzbühel zu meiner Familie. Meine Bitte um einen Passierschein lehnte er ab, gab mir aber den guten Rat, nach Möglichkeit keine Straßen zu benutzen, um Begegnungen mit amerikanischen und deutschen Truppen zu vermeiden. Die Amerikaner hätten eine SS-Einheit eingesetzt um die vielen herumziehenden deutschen Soldaten einzusammeln. Ich bedankte mich für diesen guten Rat und beglückwünschte ihn zu der großartigen Idee, hierfür ausgerechnet eine SS-Einheit zu verwenden. Auf jeden Fall war ich dem Hauptmann dankbar, daß er mich davor bewahrte, zum zweiten Mal einem Sturmbannführer in die Hände zu fallen.

Nach zwei Tagen brachen Reissmüller und ich bei Morgengrauen auf. Bald trennten sich unsere Wege, denn er wollte nach Ingolstadt. Ich habe erst viel später erfahren, wie es ihm nach unserer Trennung ergangen war. Als er in der Nähe des Chiemsees in der Ebene über die Felder und Wiesen ging, wurde er von einer amerikanischen Patrouille angehalten und als Offizier erkannt, da seine Stirn, normalerweise von der Schildmütze geschützt, nur teilweise sonnenverbrannt war. Reissmüller wurde in das Gefangenenlager in Grassau eingeliefert, was ihm gar nicht behagte. So kroch er nachts unter dem Stacheldraht durch und kehrte, nun vorsichtiger geworden, in Nachtmärschen nach Ingolstadt zurück. Dort versuchte Reissmüller im amerikanischen Kriegsgefangenenlager einen Entlassungsschein aus der Wehrmacht zu bekommen. Der Lagerkommandant verfügte, daß Reissmüller als Lagerarzt eingesetzt werde, nur weil in seinem Soldbuch der Doktortitel vor seinem Namen stand. Alle Versuche, den Irrtum aufzuklären, nützten nichts. Die Ärzte im Lager halfen ihm, seine »ärztlichen Aufgaben« zu erfüllen.

Ich ging den gleichen Weg zurück, den wir mit Köstring gekommen waren, nur diesmal nicht im Tal sondern auf dem sogenannten Schmugglerweg auf halber Höhe. Im Talkessel von Kössen stieß ich auf einen Professor aus München, der in aller Ruhe Schmetterlinge mit einem Netz fing. Ich mußte lachen, denn hier hatte offenbar der Frieden Einzug gehalten. Auf meine Frage, wo ich den Fluß am besten überqueren könnte, beschrieb er mir den Weg zu einer Stelle, wo Baumstämme im Flußbett den Übergang möglich machten. Kurz darauf wanderte ich sorglos und fröhlich am Bach entlang das Tal hinauf. Plötzlich hörte ich Gewehrfeuer und das Explodieren von Handgranaten. Ich warf mich sofort zu Boden. Mein Herz hämmerte, als die Kugeln über meinen Kopf hinwegpfiffen. Ich fürchtete, daß fanatische SS-Männer den Amerikanern ein letztes Gefecht lieferten und nun mein letztes Stündlein schlagen würde, nachdem ich den ganzen Krieg heil überstanden hatte. Als der Gefechtslärm verstummte, blieb ich noch eine Zeitlang liegen, und machte mich dann zitternd auf den Weg. Plötzlich standen amerikanische Soldaten vor mir, die über die Begegnung genauso erstaunt waren wie ich. Erregt fragte ich die Amerikaner, was denn los sei. Sie erklärten grinsend, sie hätten auf Eichhörnchen geschossen und mit Handgranaten Forellen gefischt. Um mich zu beruhigen, gaben sie mir ein Päckchen Zigaretten und ließen mich laufen. Mit wunden Füßen kam ich in Kitzbühl an. Das Haus, in dem wir wohnten, war von Amerikanern besetzt. Pussi hatte aber entgegen den Bestimmungen die Erlaubnis erhalten, in einem Mansardenzimmer wohnen zu bleiben. Dort hauste sie mit unserer österreichischen Köchin, die wir schon aus Rußland mitgebracht hatten, einer jungen russischen Ostarbeiterin aus Sewastopol und unserer vierjährigen Tochter Alexandra. In dem ohnehin kleinen Raum fand auch ich noch Platz.

Die Wohnverhältnisse waren zwar sehr beengt, aber es ging uns relativ gut. Unsere amerikanischen Soldaten, meist Studenten, verwöhnten Alexandra, die zum ersten Mal in ihrem Leben Schokolade bekam. Sie waren trotz Fraternisierungsverbot freundlich und nett. Als sie abzogen, hinterließen sie das Haus in tadelloser Ordnung, selbst die unter einem Bett versteckten Weinflaschen waren unberührt.

Nach meiner Rückkehr war ich zum ersten Mal seit langen Jahren in der ungewohnten Lage, keine Beschäftigung zu haben. Ich versuchte, mich so gut es ging, nützlich zu machen. Um vier Uhr morgens stellte ich mich um Blutwurst oder Brot an und kam nach einigen Stunden stolz mit dem Erstandenen zurück. Tagsüber versuchte ich mich im Garten im Gemüsebau. Während ich so friedlich vor mich hin werkelte, wurde Pussi eines Tages völlig unerwartet verhaftet und im Kitzbühler Gefängnis eingesperrt. Ich konnte mir nicht erklären, warum sie und nicht ich verhaftet worden war, und ich suchte sofort den CIC auf. Ich erklärte dort, ich sei nie ein Nazi gewesen, hätte der Widerstandsbewegung angehört, und zwei meiner letzten Vorgesetzten, Botschafter Graf von der Schulenburg und Oberst Graf Stauffenberg seien hingerichtet worden. Es stellte sich heraus, daß sie an mir gar nicht interessiert waren, sondern Pussi verdächtigten, mit einer für Zwangsarbeiter zuständigen SS-Dienststelle zusammengearbeitet zu haben. Das stimmte in gewisser Hinsicht. Ich und später unser russisches Mädchen Walja versuchten, dem CIC den Sachverhalt zu erklären.

Da Pussi Russisch, Französisch und Italienisch sprach, war sie als Dolmetscherin und Sachverständige für fremde Völker herangezogen worden. Sie hatte in dieser Stellung viel tun können, um den Fremdarbeitern zu helfen. Oft hatte sie Unheil von ihnen abgewandt und Mißverständnisse aufgeklärt. Die Fremdarbeiter nannten sie ihren »Schutzengel«. Sonntags hielt sie Sprechstunde und ihre Schutzbefohlenen kamen zuhauf. Sie brauchten Rat und Hilfe und oft nur ein gutes Wort. Pussi hatte sich gegenüber den deutschen Dienststellen auf General Köstring berufen, um eine bessere Behandlung der Ostarbeiter zu erreichen. Sie hatte die zuständigen Zivilbeamten gewarnt, daß jeder zur Verantwortung gezogen würde, der die Ostarbeiter schlecht behandle. Die Moral der Freiwilligen würde dadurch beeinträchtigt und damit die Kampfkraft der deutschen Armee geschwächt.

Pussi hatte im übrigen die Erfahrung gemacht, daß die Russen und Ukrainer die besten Fremdarbeiter waren und oft sogar besser und fleißiger arbeiteten als die Deutschen.

Als Pussi nicht sofort freigelassen wurde, alarmierte Walja die anderen Fremdarbeiter in Kitzbühl. Diese zogen in dankbarer Erinnerung an ihren Schutzengel zahlreich zur Militärregierung und verlangten ihre unverzügliche Freilassung. Sie drohten, das Gefängnis zu stürmen und sie mit Gewalt zu befreien. Nach drei Tagen war Pussi wieder frei.

Kurze Zeit später erließen die Amerikaner eine Aufforderung an alle deutschen Offiziere und Soldaten, sich in einem Kriegsgefangenenlager

in Wörgl zu melden. Nach einigem Zögern beschloß ich, der Aufforderung doch Folge zu leisten. Bevor ich nach Wörgl ging, besuchte ich die
Frau eines Vetters meiner Frau, der als Hauptmann bei einem Freiwilli-
genverband gewesen war und noch nicht zurückgekehrt war. Als wir
gerade eine Tasse Tee tranken, erschien plötzlich ein hünenhafter amerikanischer Offizier an der Tür, feldmarschmäßig angezogen, mit dem
Stahlhelm auf dem Kopf, und erklärte, er müsse das Haus besichtigen,
um es gegebenenfalls zu beschlagnahmen. Als er uns Tee trinken sah, bat
er auch um eine Tasse und beauftragte den ihn begleitenden Soldaten,
Kekse für die Kinder zu holen. Ich erzählte ihm, daß ich deutscher
Offizier gewesen sei, und fragte ihn, ob er denn mit mir sprechen dürfe.
Er wollte meinen Namen wissen. Als ich mich vorstellte, erkundigte er
sich lachend, ob ich der Mann von der seltsamen Frau sei, für die die
Fremdarbeiter in Kitzbühl auf die Barrikaden gegangen seien. Dann
wollte er wissen, was ich jetzt vorhätte. Er meinte, die Reise nach Wörgl
sei unangebracht. Pussis Geschichte hatte ihn so beeindruckt, daß er mir
sofort anbot, bei ihm Dolmetscher zu werden. Er müsse morgen nach
Innsbruck fahren und werde mich im Gefangenenlager abliefern. Bei
seiner Rückkehr von Innsbruck würde er wieder in Wörgl im Lager
vorbeikommen und mich, entlassen oder nicht, wieder mitnehmen. Ich
ging gern auf den Vorschlag ein, fand aber das Lager unerfreulich. Wir
hatten zwar den Krieg verloren und durften nach allem, was geschehen
war, nicht mit einer zartfühlenden Behandlung rechnen, aber der Um-
gangston mit den Gefangenen war niederdrückend, und ich war betroffen, als ich einen deutschen Soldaten sah, den man als Bestrafung an
einem Pfahl angebunden hatte.

Als mein neuer Arbeitgeber Captain Robert Kennefax nach einigen
Stunden zurückkehrte, war ich natürlich noch nicht entlassen und
heilfroh, daß er sein Versprechen einlöste und mich mitnahm. Nach
einigen Wochen teilte mir Kennefax mit, daß die 42. Infanteriedivision
nach Salzburg verlegt würde, weil Kitzbühl den Franzosen übergeben
würde. Kennefax war wütend, Kitzbühl verlassen zu müssen, denn
schließlich hätten die Amerikaner und nicht die Franzosen den Krieg
gewonnen. Er warnte mich vor den Franzosen, die deutsche Kriegsgefangene abtransportierten, um in Frankreich die zerstörten Städte wiederaufzubauen. Er meinte, dies sei notwendig, aber sicher nicht das Richtige
für mich. Also nahm er mich mit nach Salzburg.

So verabschiedete ich mich wieder einmal von meiner Familie und
fand in Salzburg bei Bekannten Unterkunft. Nach wenigen Tagen wurde

die 42. Division und damit auch mein Beschützer Kennefax nach Wien verlegt, und ich saß in Salzburg ohne Arbeit und, was schlimmer war, ohne Lebensmittelkarten. Außerdem hatte ich einen Hexenschuß, der täglich schlimmer wurde. Auf dem Weg zur Passierscheinstelle in Salzburg sah ich plötzlich ein Schild »State Department«. Kurzentschlossen ging ich hinein, in der Hoffnung, irgend etwas von meinen alten Moskauer Freunden zu hören. Ich wurde freundlich empfangen, konnte aber nichts erfahren. Sie boten mir an, Briefe an alte Kollegen bei ihnen zur Weiterbeförderung abzuliefern. Ich war nun fest entschlossen, nach Kitzbühl zurückzukehren, da ich in Salzburg nichts mehr zu tun hatte und ohne Lebensmittelkarten der Familie, bei der ich wohnte, zur Last fiel. Am nächsten Morgen rief mich Kennefax, der für kurze Zeit wieder in Salzburg war, an und lud mich zum Abendessen ein. Wir verabredeten uns für acht Uhr abends vor dem Haus meiner Bekannten. Hungrig und in freudiger Erwartung war ich sehr zeitig da und wartete. Nach einer Stunde erhob ich mich enttäuscht und humpelte mit meinem Hexenschuß zum Haus zurück.

In diesem Augenblick bremste hart vor mir ein amerikanisches Militärauto, ein Offizier sprang heraus und umarmte mich. Ich schrie vor Schmerzen auf und wußte nicht wie mir geschah. »Was, du erkennst mich nicht, Johnnie, ich bin doch Charlie!« Es war mein alter Moskauer Freund Charles Thayer. »Mein Gott, Charlie, was machst du denn hier?« Er erklärte mir, daß er der Chef des Office of Strategic Services (OSS) für Österreich sei. Der Beamte des State Department, bei dem ich mich nach alten Bekannten erkundigt hatte, hatte Charlie von einem englischsprechenden Deutschen namens Johnnie erzählt, der sich unter anderem auch nach ihm erkundigt hatte. Charlie vermutete sofort, es könne sich nur um mich handeln und leitete eine große Suchaktion nach mir ein. Er ließ mich sogar durch den Rundfunk ausrufen und ahnte nicht, daß ich nur wenige hundert Meter vom Sitz der OSS entfernt wohnte. Charlie bestürmte mich sofort mit Fragen. Ich erklärte ihm, ich sei viel zu hungrig, um ihm zu antworten. Ich hätte im übrigen einen furchtbaren Hexenschuß. Er brachte mich, fürsorglich wie immer, zu seinem Truppenarzt und anschließend in die Offiziersmesse. Als wir eintraten, bat er die anderen Offiziere, vor dem deutschen Rittmeister aufzustehen, den sie alle tagelang vergeblich gesucht hätten.

Etwa neun Wochen blieb ich bei Charlie. Wir hatten uns viel über unsere Erlebnisse in den letzten vier Jahren zu erzählen. In dieser Zeit erfuhr ich auch näheres über das Schicksal unserer Freiwilligen. Charlie erklärte mir, daß auf Grund der in Jalta übernommenen Verpflichtungen alle Sowjetstaatsangehörigen nach der Sowjetunion repatriiert werden müßten. Ich beschwor Charlie, alle diejenigen, die sich darauf beriefen, deutsche Soldaten zu sein und die in Deutschland bleiben wollten, nicht gegen ihren Willen zurückzuschicken. Aber es war schon zu spät. Die Amerikaner und die Briten hatten bereits begonnen, ihre Verpflichtungen mit erschreckender Gewissenhaftigkeit zu erfüllen. Charlie bat mich, meine Erfahrung im Krieg gegen die Sowjetunion niederzuschreiben und vor allem die Tätigkeit des Generals der Freiwilligenverbände genau zu schildern. Jeden Tag begleitete ich Charlie in das Büro seiner Dienststelle, das sich im alten Kloster Sankt Peter befand.

Charlie interessierte sich aber auch für das, was jetzt in Bayern vor sich ging, obwohl dies nicht zu seinem unmittelbaren Arbeitsgebiet gehörte. So fuhr ich nach München, besuchte alte Freunde und suchte auch die Bayerische Staatskanzlei auf. Ich brachte Charlie mit Prinz Albrecht von Bayern und seiner Frau zusammen. Prinz Albrecht war gerade von den Amerikanern aus dem Konzentrationslager befreit worden und für Charlie ein interessanter und aufschlußreicher Gesprächspartner. Die Amerikaner waren unmittelbar nach dem Krieg bestrebt, sich von Persönlichkeiten, die niemals Nazis gewesen waren, beraten zu lassen. So war an einem Abend auch Karl Seitz, der vor dem Anschluß Bürgermeister von Wien gewesen war, zu Gast bei Charlie. Er machte den Versuch, den Amerikanern die komplizierten Verflechtungen in den Beziehungen zwischen Deutschland und Österreich klarzumachen. Mit großer Offenheit sprach er davon, daß die überwältigende Mehrheit der Österreicher und auch die österreichischen Sozialisten 1918 für den Anschluß an Deutschland eingetreten seien und dies auch in einer Volksabstimmung bekundet hätten. Die Amerikaner waren verblüfft über diese Offenheit. Sie wollten nicht glauben, daß die Österreicher auch im Zweiten Weltkrieg tapfer als deutsche Soldaten gekämpft hatten. Seitz wies sie darauf hin, daß die Friedhöfe die besten Zeugen seien, hier könne man die Bilder der gefallenen Österreicher in deutscher Uniform auf den Grabsteinen sehen und in den Inschriften ihren Rang in der deutschen Armee ablesen. Es wäre für die Angehörigen ein leichtes gewesen, diese Zeichen der Vergangenheit zu beseitigen, sie hätten es aber nicht getan. Gleichzeitig versicherte er, daß seine Landsleute dankbar seien, daß die Amerikaner sie von Hitler befreit und ihre Unabhängigkeit wiederhergestellt hätten. Für einen Ausländer seien diese Zusammenhänge schwer zu verstehen, er müsse sie aber kennen, wenn er die Lage richtig beurteilen wolle.

Mit Charlies Hilfe wurde meine Entlassung aus der deutschen Armee zu einer Minutensache. Sehr viel schwieriger war es, mir meinen Wunsch zu erfüllen, Pussi in Kitzbühl besuchen zu können. Der Übertritt von der amerikanischen in die französische Zone Österreichs war zu dieser Zeit kaum möglich. Der erfindungsreiche Charlie fand einen Ausweg und stellte Papiere aus, die mich als Kriegsgefangenen auswiesen, der nach Kitzbühl gebracht werden sollte, um verhört zu werden. In zwei Stunden waren wir in Charlies Auto in Kitzbühl, und es gab ein fröhliches Wiedersehen. Die Franzosen hatten sich bereits bei Pussi nach mir erkundigt, weil unser alter Freund Juniac sie auf mich aufmerksam gemacht hatte. Am Abend waren Charlie, Pussi und ich bei Charlies französischem Abwehrkollegen eingeladen. Die Franzosen stellten mir sofort Papiere aus, mit denen ich mich ungehindert zwischen Deutschland und Österreich bewegen konnte.

Charlie sorgte dafür, daß ich im Spätsommer der amerikanischen historischen Forschungsgruppe in Wiesbaden zugeteilt wurde, die von Oberst Pope, einem Angehörigen des State Department, geleitet wurde. In dieser Zeit verfaßte ich unter anderem ein Memorandum über die ukrainische Frage. Zu meinem größten Erstaunen traf ich bei der Forschungsgruppe meinen früheren Moskauer Botschafter Herbert von Dirksen und Unterstaatssekretär Andor Hencke, der lange Zeit in der Sowjetunion auf Posten gewesen war. Beide waren noch Gefangene und durften das Haus nicht verlassen. Sie waren genauso erstaunt, mir als freiem Mitarbeiter zu begegnen. Ich durfte sie dann auf Ehrenwort zu Spaziergängen ausführen und auch auf Besuche zu ihrer Verwandtschaft begleiten.

In meiner Wiesbadener Zeit befreundete ich mich mit Captain Peter Harnden, Architekt von Beruf, der wegen seiner hervorragenden deutschen Sprachkenntnisse zur Forschungsgruppe kommandiert worden war. Peter hatte vor dem Krieg in München studiert und bei Professor Anton Pfeiffer, dem Bruder meines Moskauer Kollegen Peter Pfeiffer, gewohnt. Peter Harnden verlobte sich mit Prinzessin Missi Wassiltschikow, die in der Nähe von Wiesbaden bei ihrer Schwester Tatjana und ihrem Schwager, Fürst Paul Metternich, auf dem Johannisberg wohnte.

Eines Abends saßen Peter und ich in der Offiziersmesse und unterhielten uns über meine Zukunft. Wir erörterten wieder einmal, ob ich in die Vereinigten Staaten auswandern sollte. Ich hatte mich schon lange mit diesem Gedanken beschäftigt, da ich befürchtete, daß die Teilung Deutschlands in vier Zonen von Dauer sein könnte. Ich konnte mir nicht vorstellen, daß es wieder einen deutschen Auswärtigen Dienst geben würde. In diesem Augenblick erschien Reissmüller mit einem Brief von Anton Pfeiffer, der inzwischen Staatsminister und Chef der Bayerischen Staatskanzlei geworden war. Pfeiffer fragte mich im Auftrag des Bayerischen Ministerpräsidenten Wilhelm Hoegener, ob ich bereit sei, in der Bayerischen Staatskanzlei zu arbeiten. Ich ließ mir dieses unerwartete Angebot gerade durch den Kopf gehen, als Peter Harnden ein Telegramm erhielt, er sei an das Amerikanische Generalkonsulat in München versetzt. Peter schwenkte das Telegramm und rief: »Das Schicksal hat gesprochen. Jetzt gehen wir beide nach München und bauen Bayern wieder auf. Wenn dir das nicht gefällt, kannst du immer noch nach Amerika auswandern.«

Im Herbst 1945 traten wir beide unsere Posten in München an. Im Winter heirateten Peter und Missi in Kitzbühl. Da Missi orthodox war, wurde die Trauung von einem Popen nach orthodoxem Ritus vollzogen. An einem sonnigen Wintertag zogen wir in einer kleinen Prozession hinauf zur altehrwürdigen katholischen Frauenkirche, die beherrschend über Kitzbühl liegt. Nach orthodoxem Brauch muß ein kleiner Junge dem Brautpaar eine Ikone vorantragen. Unsere vierjährige Tochter Alexandra wurde also als Junge verkleidet. Der Bräutigam trug amerikanische Uniform. Dem Brautpaar folgten die drei Trauzeugen, Hauptmann Graf Guy La Brosse von der französischen Militärregierung in französischer Uniform, Paul Metternich und ich, die wir beide deutsche Offiziere gewesen waren. Abwechselnd hielten wir während der Trauungszeremonie eine schwere Krone über die Köpfe des jungen Paares. Wir waren wohl alle ergriffen von der symbolischen Bedeutung dieser Stunde. Menschen aus vier Nationen, die noch vor kurzem in einem grausamen Krieg gegeneinander gekämpft hatten, waren in dieser feierlichen Handlung miteinander vereint.

In diesem Augenblick wurde mir bewußt, daß mich ein Schutzengel durch alle Fährnisse geleitet hatte: Die ersten Jahre des Nationalsozialismus hatte ich wohlbehütet von meinen Botschaftern in Moskau verbracht. Im Krieg war ich nicht verwundet worden und nach dem 20. Juli 1944 der Rache der Nationalsozialisten entgangen. Durch Zufall hatte ich Charlie Thayer in Salzburg wiedergetroffen, eine Begegnung, die für meine Zukunft von großer Bedeutung war. Nun stand ich vor der neuen

Aufgabe, meinen Teil zum Wiederaufbau Bayerns und Deutschlands beizutragen. Meine Gedanken waren bei meinen Lieben und den treuen Freunden, von denen so viele ihr Leben hatten lassen müssen. Dankerfüllt kam mir die zweite Strophe des alten Kirchenliedes von Joachim Neander in den Sinn:

>>Lobe den Herren, der alles so herrlich regieret,
der dich auf Adelers Fittichen sicher geführet,
der dich erhält,
wie es dir selber gefällt;
hast du nicht dieses verspüret?<<

# Anmerkungen

Nicht belegte Quellen und Dokumente befinden sich im Besitz des Autors.

## Einleitung, Seite 10

1   Charles Eustis Bohlen, Witness to History 1929–1969, New York 1973, S. 69–83.

## Blick nach Osten, Seite 32

1   Klaus Mehnert, Jugend in Sowjetrußland, Berlin 1932.

## Kontakt mit Russen, Seite 49

1   GPU: Gossudarstwennoje Polititscheskoje Uprawlenije (= Staatliche Politische Verwaltung), bis 1934 die 1922 aus der Tscheka (Tschreswitschajnaja Kommissija = außerordentliche Kommission) hervorgegangene Geheimpolizei, 1934 dem Volkskommissariat für innere Angelegenheiten (NKWD = Narodnij Kommissariat Wnutrennich Djel) unterstellt.

## Ausländer in Moskau, Seite 67 und 79

1   William Henry Chamberlin, Russia's Iron Age, Boston 1934; drs. The Russian Revolution 1917–1921, Bd. 1–2, New York 1935; deutsche Ausgabe: Die russische Revolution 1917–1921, Bd. 1–2, Frankfurt am Main 1958.
2   Fitzroy Maclean, Escape to Adventure, Boston, Mass. 1950; die englische, textlich identische Ausgabe erschien unter dem Titel: Eastern Approaches, London 1949.

## Die deutsche Botschaft, Seite 84

1   Die Friedrich Krupp AG, Essen, hatte in der Zeit der »Neuen Ökonomischen Politik«, die von Lenin nach dem Scheitern des Kriegskommunismus eingeführt wurde (1921), ein großes landwirtschaftliches Gebiet gepachtet, das »Konzession« genannt wurde.

## Deutschland und die Sowjetunion nach der Machtergreifung Hitlers, Seite 121–128

1   Louis Fisher, The Soviets in World Affairs, A History of Relations between the Soviet Union and the Rest of the World, Bd. 1–2, London 1930.

2 Friedrich Werner Graf von der Schulenburg hielt den Vortrag »Politische Beziehungen Deutschlands zur Sowjetunion« am 25. November 1937. Eine Abschrift befindet sich in meinem Besitz; vgl. auch Politisches Archiv des Auswärtigen Amts, Bonn: Pol-Verschluß, Rußland g, lfd. Nr. 73.

3 Das Werk »Verratene Revolution« schrieb Leo Trotzki im Jahr 1936; es erschien sogleich in deutscher, englischer und französischer Sprache. Isaak Deutscher hat es als »klassisches Werk der marxistischen Literatur« bezeichnet. Deutsche Ausgabe: Verratene Revolution, Was ist die USSR und wohin treibt sie? Zürich, Antwerpen und Prag 1937; englische Ausgabe: The Revolution betrayed, What is the Soviet Union and where is it going? London 1937 und Garden City, New York 1937; französische Ausgabe: La Révolution trahie, Paris 1937.

### Die Sudetenkrise und mein erster Schritt im Widerstand, Seite 134–151

1 Documents on British Foreign Policy 1919–1939, hrsg. von Ernest L. Woodward und Rohan Butler, Serie 3, Bd. 2: 1938, London 1949, S. 140/41.

2 Ibidem S. 141, Anm. 3.

3 Ibidem S. 179.

4 Karl E. Schorske, Two German Ambassadors: Dirksen and Schulenburg, in: Gordon A. Craig und Felix Gilbert, The Diplomats. 1919–1939, Bd. 2: The Thirties, New York 1971, S. 491.

5 Akten zur deutschen auswärtigen Politik 1918–1945, Serie D (1937–1945), Bd. 2: Deutschland und die Tschechoslowakei (1937–1938), Baden-Baden 1950, S. 523/24, Anlage 2 zu Nr. 403: Moskau, den 29. August 1938 (Pol. IV 5790).

6 Ibidem S. 531/32, Nr. 411.

7 Fitzroy Maclean, Escape to Adventure, Boston, Mass. 1950, S. 178.

8 Charles Wheeler Thayer, Hands across the Caviar, London 1953; deutsche Ausgabe: Hallo, Genosse General, Bonn 1953, S. 199–201; Thayer behandelt in diesem Buch die Jahre 1944 und 1945.

### Der deutsch-sowjetische Nichtangriffspakt 1939, Seite 167–188

1 Akten zur deutschen auswärtigen Politik, Serie D (1937–1945), Bd. 6: Die letzten Monate vor Kriegsausbruch (März bis August 1939), Baden-Baden 1956, S. 490/91, Nr. 441: Der Reichsaußenminister an die Botschaft in Moskau (Instruktionstelegramm), Berlin Mai 1939.

2 Mario Toscano, L'Italia e gli Accordi Tedesco-Sovietici dell'Agosto 1939, Florenz 1952, S. 46 ff.

3 Ibidem S. 47/48.

4 Politisches Archiv des Auswärtigen Amts, Bonn: Bürostaatssekretär Rußland, Band 1, Telegramm Nr. 252 vom 13. Juni 1939; die angekündigte Fortsetzung (Telegramm vom 16. Juni 1939) enthält nichts über Rußland.

5 Charles E. Bohlen, Witness to History 1929–1969, New York 1973, S. 70/71.

7 Ibidem S. 73.

8    Ibidem S. 75/76.
9    Ibidem S. 80/81.
10   Ibidem S. 82/83.

### Polen und der Westfeldzug 1939 bis 1940, Seite 199–201

1    Michele Lanza hat einen Teil seiner Erinnerungen unter dem Pseudonym
     Leonardo Simoni veröffentlicht: Berolina ambasciata d'Italia 1939–43, Rom
     1946; vgl. dort Seite 47/48.
2    Charles Eustis Bohlen, Witness to History 1929–1969, New York 1973, S. 97.
3    Barton Whaley, Codeword Barbarossa, 1973, S. 38–40 und 149–150
     William Stevenson, A Man Called Intrepid, New York 1976, S. 224–225
     Walter Laqueur, Zeitschrift Monat Nr. 2, 1980, S. 115–117
     The Memoirs of Cordell Hull, Vol. 2, New York 1948, S. 967–968
     Zeitschrift Spiegel, Nr. 31, 2. 8. 1982, Art. »Johnnies Geheimnis«, S. 34–39
     Erklärung von Prof. Harold Deutsch, Department of the Army, US Army
     War college, 6. 12. 1982

     *Barton Whaley hat mich in seinem Buch »Codeword Barbarossa« auf Grund eines Ge-*
     *sprächs mit Prof. Harold Deutsch (Department of the Army, US War College) als*
     *Woods Informant genannt. Diese Behauptung wurde von William Stevenson in seinem*
     *Buch »A Man Called Intrepid«, von Walter Laqueur in der Zeitschrift »Monat« und*
     *auch im »Spiegel« unter der Überschrift »Johnnies Geheimnis« übernommen. Prof.*
     *Deutsch, den ich um Aufklärung bat, hat mir in einer offiziellen Erklärung bestätigt,*
     *daß seine Vermutung, ich sei der Informant von Woods gewesen, auf einem Irrtum beruhe.*
     *Botschafter Charles Bohlen, Berater des Präsidenten Roosevelt in Sowjetfragen von*
     *1940–1945 habe ihm erklärt, daß der Informant von Sam Woods der frühere Zentrums-*
     *abgeordnete Respondek gewesen sei und daß ich nichts mit der Information zu tun gehabt*
     *hätte. Dies geht auch aus den Memoiren von Cordell Hull hervor, der 1940/1941 ameri-*
     *kanischer Außenminister war. Hull erfuhr vom ehemaligen Reichskanzler Heinrich*
     *Brüning, der Respondek kannte, daß die Informationen authentisch seien.*

### Am Vorabend des 22. Juni 1941 – Kriegsausbruch, Seite 207 und 209

1    Armand Augustin Louis de Caulaincourt, Mémoires, hrsg. von Jean Hano-
     teau, Bd. 1–3, Paris 1933; deutsche Ausgabe in zwei Bänden, ausgewählt und
     bearbeitet von Friedrich Matthaesius, Bd. 1: Mit Napoleon unter vier Augen,
     Bd. 2: Mit Napoleon in Rußland, Bielefeld 1937.
2    Gebhardt von Walther hat seine Gedanken für Hasso von Etzdorf niederge-
     schrieben, der die Denkschrift am 2. November 1940 Franz Halder vorgelegt
     hat, um dessen Argumentation gegen Hitlers Angriffsplan zu stärken. Vgl.
     Robert Gibbons, Opposition gegen »Barbarossa« im Herbst 1940, Eine
     Denkschrift aus der deutschen Botschaft, in: Vierteljahreshefte für Zeitge-
     schichte 23, 1975, S. 332–340.

## Im Kaukasus, Seite 264

1 National Archives Washington, Document NG 1657 (13. Juli 1942).

## Ukraine, Seite 278

1 Dieses Kapitel basiert auf einer von mir im Spätsommer 1945 verfaßten Denkschrift »Deutschland und die ukrainische Frage 1941 bis 1945« für die amerikanische historische Forschungsgruppe in Wiesbaden.

## Freiwillige, Generäle und Verschwörer, Seite 314 und 318

1 Ernst Köstring, Der militärische Mittler zwischen dem Deutschen Reich und der Sowjetunion, 1921–1941, bearbeitet von Hermann Teske, Profile bedeutender Soldaten, Bd. 1, Frankfurt am Main 1965, S. 93.

2 Gerhard Boldt, Die letzten Tage der Reichskanzlei, Hamburg 1947; erweiterte Neuausgabe unter dem Titel: Hitler – die letzten zehn Tage, Frankfurt am Main und Berlin 1973.

## Wlassow und das Ende der Freiwilligen, Seite 342

1 Nicholas Bethell, The Last Secret Forcible Repatriation to Russia 1944–47, London 1974; deutsche Ausgabe: Das letzte Geheimnis, Die Auslieferung russischer Flüchtlinge an die Sowjets durch die Alliierten 1944–47, Berlin 1975.

2 Nikolai Graf Tolstoy, The Victims of Yalta, London 1977; deutsche Ausgabe: Die Verratenen von Jalta, Englands Schuld vor der Geschichte, München 1978.

3 Alexander Solschenizyn, Der Archipel GULAG, Bern und München 1974.

# Personenregister